Georg Forster

Ansichten vom Niederrhein, von Brabant, Flandern, Holland, England und Frankreich im April, Mai und Juni 1790

Erster Teil

Georg Forster

Ansichten vom Niederrhein, von Brabant, Flandern, Holland, England und Frankreich im April, Mai und Juni 1790

Erster Teil

ISBN/EAN: 9783959136662

Auflage: 1

Erscheinungsjahr: 2017

Erscheinungsort: Treuchtlingen, Deutschland

Literaricon Verlag UG (haftungsgeschränkt), Uhlbergstr. 18, 91757 Treuchtlingen. Geschäftsführer: Günther Reiter-Werdin, www.literaricon.de. Dieser Titel ist ein Nachdruck eines historischen Buches. Es musste auf alte Vorlagen zurückgegriffen werden; hieraus zwangsläufig resultierende Qualitätsverluste bitten wir zu entschuldigen.

Printed in Germany

Cover: Caspar Scheuren, Rheinlandschaft (Ausschnitt), Abb. gemeinfrei

Ansichten

vom

Niederrhein, von Brabant, Flandern, Holland, England und Frankreich,

im April, Mai und Juni 1790.

Von

Georg Forster

Mit Einleitung und Anmerkungen

herausgegeben

von

Wilhelm Buchner.

~~~~~~

In zwei Theilen.

~~~~~~

Erster Theil.

Leipzig:

F. A. Brockhaus.

1868.

Georg Forster.

Unter den deutschen Schriftstellern des 18. Jahrhunderts nimmt Georg Forster, Cook's Reisegenosse auf dessen zweiter Weltfahrt, der geistvolle Verfasser der „Ansichten vom Niederrhein", der Abgesandte der linksrheinischen Republik an den französischen Nationalconvent, eine der bedeutsamsten Stellungen ein. „Gib mir, wo ich stehe, und ich will die Erde bewegen!" sprach Archimedes, der gefeierte Mathematiker des Alterthums; auch Forster besaß die geistige Bedeutung, wenn nicht die Erde, doch Deutschland in Bewegung zu setzen, hätte er jemals die Stelle gefunden, wo er feststehen und zur vollen Entfaltung seiner Kraft gelangen konnte. Daß es nicht geschah, daran war theils sein eigenes Wesen schuld, sein durch die Wandlungen einer in Mühen und Aufregung verlebten Jugend hervorgerufenes unstetes Streben in die Weite, theils und weit mehr noch die Elendigkeit der politischen Verhältnisse, welche dem freien Geiste des merkwürdigen Mannes keinen freudigen Wirkungskreis bereiteten, ihn in schriftstellerischer Tagelöhnerei verkümmern ließen; und als er endlich im staatsmännischen Wirken einen vollen reichen Lebensgehalt zu finden meinte, da riß ihn die Haltlosigkeit nicht sowol seines Wesens als seiner ganzen Zeit in irre Bahnen hinaus voll Thorheit, Leidenschaftlichkeit und Trübsal. Er krankte und starb an den Leiden seiner Zeit.

Wie kommt es, daß gerade in der durch und durch politischen Gegenwart Forster, der vielgepriesene und vielgeschmähte, so mannichfach Gegenstand eingehender Charakterschilderung, wissenschaftlicher Forschung geworden ist? Forster vermittelt wie kein anderer Schriftsteller das 18. Jahrhundert mit dem 19., das Zeitalter ausschließlich schöngeistiger und wissenschaftlicher Strebungen mit dem Zeitalter staatlicher und gesellschaftlicher Kämpfe. Er war ein politischer Mann im vollen Sinne des Worts. Während die Zeitgenossen an den großen Streitfragen der französischen Staatsumwälzung sich zagend vorüberdrückten, oder sich nach rasch aufflackernder Begeisterung zürnend von dem gewaltigsten geistigen Kampfe der neuern Zeit abwandten, blickte Forster in das Chaos streitender Kräfte mit dem klaren Auge des Naturforschers, welcher in dem wilden Kampfe ums Dasein ein gesetzmäßiges Wachsthum erkennt, mit dem ruhigen Scharfsinn des Philosophen, für den ein Zufall und eine Willkür nicht vorhanden sind. Sein Briefwechsel, seine „Ansichten vom Niederrhein" sind voll dieses Prophetenthums, und er war auch darin ein Prophet, daß er im Vaterlande nichts galt. Unsere Zeit sieht die Saat der französischen Staatsumwälzung reifen, sie hat das Verständniß für Forster's politische Ansichten gewonnen, und wenn sie seine Irrthümer nicht zu verzeihen vermag, kann sie dieselben doch erklären und entschuldigen.

Georg Forster war ursprünglich britischer Abkunft; seine Vorfahren waren Gutsbesitzer in Yorkshire im nördlichen England. Ein Georg Forster, ein getreuer Anhänger des entthronten und enthaupteten Königs Karl I., siedelte in der Mitte des 17. Jahrhunderts nach dem polnischen Preußen über, wie überhaupt Danzig, Königsberg u. s. w. damals viele solcher Flüchtlinge aufnahmen; auch Kant, der Weltweise von Königsberg, entstammte einer um jene Zeit in Preußen eingewanderten schottischen Familie.

Johann Reinhold Forster, unsers Georg Vater, geboren 1729 zu Dirschau an der Weichsel, war gegen seinen Wunsch zum Studium der Theologie genöthigt worden und erhielt die Predigerstelle in dem Dorfe Hochzeit bei Danzig. Er war mit einem so merkwürdigen Sprachtalent begabt, daß er sich nicht weniger als siebzehn verschiedene Sprachen aneignete; nebstdem beschäftigte er sich eifrig mit naturwissenschaftlichen Studien. Unruhigen leidenschaftlichen Sinnes, mit fünfundzwanzig Jahren verheirathet und an ein Amt gekettet, fand er in dem stillen Pfarrhause zu Hochzeit kein Behagen, zumal die Einkünfte der Stelle den Bedürfnissen des ziemlich rasch mit sieben Kindern gesegneten Haushalts nicht

sonderlich entsprechen mochten. Als daher der russische Geschäfts=
träger bei der damaligen Republik Danzig ihm 1765 den Vorschlag
machte, im Auftrage der kaiserlichen Regierung die neuangelegten
deutschen Colonien an der Wolga zu bereisen, über dieselben zu
berichten und ein Gesetzbuch für sie auszuarbeiten, nahm er den
Auftrag an, welcher Befreiung aus drängender Enge verhieß, und
behielt sich nur vor, seinen ältesten Sohn Georg mitnehmen zu
dürfen.

Dieser, geboren am 27. Nov. 1754 zu Hochzeit, hatte des
Vaters Unterricht genossen und war zeitig von ihm zu derselben
Vielseitigkeit des Strebens gebildet worden, theilte aber auch
durch frühe Gewöhnung jenes unruhige Bedürfniß nach mannich=
facher Anregung, welches nicht zu behaglichem Genuß des Lebens
und gleichmäßiger Entwickelung gelangen läßt. So durchreiste
jetzt der zehnjährige Knabe mit dem Vater das südliche Ruß=
land bis zur Wolga und dem Kaspischen See, verbrachte mit
ihm einen Winter zu Petersburg und besuchte daselbst die Schule.
Johann Reinhold Forster verlangte für seinen Bericht von der
russischen Regierung mehr als die festgesetzten tausend Rubel und
verfolgte, wie es scheint, seine Ansprüche so barsch und ungeschickt,
daß er schließlich ohne alle Belohnung entlassen ward. Er
fand bei der Heimkehr die Predigerstelle zu Hochzeit anderweit
besetzt und wußte keinen bessern Rath, als mit seinem ältesten
Sohne nach England zu gehen, wo er als Lehrer und Schrift=
steller einen ihm besser zusagenden Wirkungskreis zu finden hoffte.
Es wurde ihm auch im Jahre 1766 ein Lehramt der Naturgeschichte
am Collegium zu Warrington übertragen; Georg sollte in ein
Handelsgeschäft zu London eintreten, kam aber wegen Krankheit
bald wieder zurück zur Familie, welche der Vater unterdeß nach
Warrington hatte nachkommen lassen. Durch Theilnahme an der
Uebersetzung wissenschaftlicher Werke ins Englische und durch Un=
terrichtgeben sah sich der Knabe in einem Alter, welches gewöhnlich
nur zum Lernen berufen ist, bereits in das Joch straffer Arbeit
eingespannt. Was eine fröhliche sorgenlose Jugend heißt, hat er
wol nie kennen gelernt, und dieser frühen Reife und Ueberreizung
seines Geistes müssen wir ohne Zweifel manche Falte zuschreiben,
welche lebenslang in seiner Seele haftete, manche Lichtseite in seinem
Geistesgang wie manchen wunderlichen Sprung in seinem Em=
pfinden und Handeln. In einem halben Dutzend Sprachen mußte

er schon als Knabe zum Broterwerb schreiben; aber diese harte
Schule lehrte ihn Selbständigkeit, übte seine Kraft, obwol der Mangel
einer Heimat und einer sichern, befriedigten Thätigkeit in seinem
sonst so offenen harmlosen Gemüthe zugleich jenes unstete rasch
auffliegende Wesen nährte, welches er mit dem väterlichen Blute
geerbt hatte.

Indeß eine Nachjugend war unserm Georg vom Geschick als
Entschädigung beschieden, eine Nachjugend reich an Beschwerden
und Entbehrungen, aber auch an den mannichfachsten großartigsten
Eindrücken. Seit einigen Jahren weilte die Familie von Mangel
und Sorgen bedrängt zu London; da ward im Juni 1772 dem
Vater der Antrag gestellt, Kapitän Cook, den berühmten Durch=
forscher der Südsee, auf seiner zweiten Weltfahrt zu begleiten
und später an der Beschreibung dieser Reise mitzuarbeiten. Rasch
nahm er das willkommene Anerbieten an und stellte nur, wie
vor einigen Jahren an die russische - Regierung, die Bedingung,
daß es ihm freistehe, seinen ältesten Sohn Georg auf die Reise
mitzunehmen. Ein Theil des Gehalts ward der zurückbleibenden
Familie zu dürftigem Unterhalt angewiesen, und am 13. Juli
1772 schaukelten bereits Vater und Sohn auf den Wogen des
Atlantischen Meeres.

Cook hatte den Auftrag, die südliche Hälfte des Stillen Oceans
zu durchforschen, in welcher man damals irrthümlich ein großes
Festland vermuthete. Er führte zwei Schiffe; auf dem größern, der
von Cook selbst befehligten „Resolution", befanden sich auch die
beiden Forster. Die Einzelheiten der Weltreise dürfen wir hier
übergehen. Drei Sommer der südlichen Erdhälfte benutzte Cook,
um vom Vorgebirge der guten Hoffnung aus ostwärts den Rand
des südlichen Eismeers zu umsegeln und so weit nach dem Pole
vorzudringen, als das Treibeis es gestattete. Die grauenhafte
Einöde des Eismeers mit ihren Stürmen und Entbehrungen war
monatelang die einzige Umgebung; zweimal dazwischen während
der Dauer des antarktischen Winters verweilte das Schiff zur Stär=
kung der von Krankheit und schlechter Nahrung entkräfteten Mann=
schaft auf Neuseeland, auf den tropischen Inseln des Stillen Meeres,
dem paradiesischen Tahiti, den Gesellschafts= und Freundschaftsinseln
mit ihrer harmlosen liebenswürdigen Bevölkerung, ihrem wunder=
vollen Pflanzenwuchs, ihrem anmuthigen Genußleben. Das waren
Bilder des Glücks und der Schönheit, die nie aus Georg Forster's

Gedächtniß schwanden und die er in seinem Reisewerke mit der Begeisterung einer reinen und leichtauffassenden Jugend geschildert hat. Leider aber brachte er von der Reise als Nachwirkung der schlimmen Schiffskrankheit, des Skorbuts, jene bösartige Verderbniß der Säfte mit, welche ihn lebenslang in verschiedener Gestalt mit Krankheit heimsuchte und zu seinem frühen Tode beitrug.

Erst nach vollen drei Jahren kehrte die „Resolution" im Sommer 1775 nach England zurück, und Johann Reinhold Forster begann alsbald die Abfassung seines Reiseberichts. Sei es, daß die Arbeit den Wünschen des Ministers Sandwich nicht entsprach, sei es, daß der eigensinnige Mann unbillige Forderungen machte, genug, nach verschiedenen Versuchen ward ihm der Auftrag entzogen. Georg war keine Verpflichtungen eingegangen; er hatte an des Vaters Erfahrungen und Forschungen theilgenommen und bearbeitete alsbald, dessen Aufzeichnungen und die seinen benutzend, eine Reisebeschreibung, die 1777 zuerst englisch, 1779 deutsch erschien und den Ruf des jungen Mannes glänzend begründete. Hat das Buch bisweilen im Herbeiziehen von Dichterstellen und philosophischen Betrachtungen etwas Gezwungenes, so fesselt es dagegen durch die lebendige Schilderung der Völker und herrlichen Inselandschaften der Südsee, durch die warme Menschenfreundlichkeit, womit der junge Schriftsteller den glücklichen Zustand dieser damals noch nicht durch die fremde Cultur beleckten Oceanier mit der übertünchten Roheit Europas vergleicht, durch das Geschick, frisch und anmuthig zu schreiben, ohne doch oberflächlich zu werden.

Vater Forster verfiel in London bald wieder quälenden Nahrungssorgen, umsomehr als er sich in der Hoffnung auf eine reichliche Belohnung von der englischen Regierung getäuscht sah; er gerieth in Schulden, schließlich ins Schuldgefängniß. Die schwere Pflicht der Sorge für die zahlreiche Familie lag nun auf Georg als dem ältesten Sohne. Um die aus der Südsee mitgebrachten Seltenheiten zu verwerthen, sowie um für den Vater Geldhülfe und womöglich eine Stelle zu suchen, reiste Georg im Herbst 1778 nach Deutschland. Mit rührender Sorgfalt war er für den hochfahrenden eigensinnigen Mann bemüht, und es gelang ihm, namentlich durch die Spenden der Freimaurerlogen, den Vater aus dem Schuldgefängniß zu befreien; auch erwirkte er ihm eine Professur der Naturgeschichte zu Halle, welche derselbe bis zu seinem Tode 1798 bekleidete. Er selbst, der weitgereiste, weltgewandte junge Gelehrte, als Reisegenosse Cook's wie ein Meerwunder angestaunt, fand bei dieser Gelegenheit eine Stelle als Professor der Naturgeschichte an dem sogenannten Carolinum, einer höhern Lehranstalt, zu Kassel. Im Frühling 1779 trat er sein Amt an.

Kassel war damals eine der leichtlebigsten Hauptstädte von Deutschland. Landgraf Friedrich II. von Hessen geberdete sich mit Wohlgefallen als Gönner von Kunst und Wissenschaft, soweit die Regierungssorgen es ihm gestatteten, welche damals hauptsächlich im Verkauf seiner unglücklichen Unterthanen in englische Kriegsdienste bestanden. Forster hatte wenig Amtsarbeit und einen für jene Zeit leidlichen Gehalt; Johannes Müller, der nachmals so gefeierte Geschichtschreiber der Schweiz, und der berühmte Anatom Sömmerring weilten gleichzeitig in Kassel und boten anregenden Verkehr; Göttingen mit seinen Bücherschätzen und gelehrten Größen jeder Wissenschaft war nahe und leicht erreicht; die anmuthige Gegend lud zu mannichfachen Ausflügen ein — und doch fühlte sich Forster nicht heimisch. Ihn bedrückte lebenslang jene Unfähigkeit zum „geistigen Nestmachen", um einen treffenden Ausdruck Jean Paul's zu gebrauchen, welches der Weise von Baireuth freilich unübertrefflich verstand. Als Naturforscher und Erdbeschreiber bedurfte er zu seinen Studien kostbarer umfassender Werke, deren Ankauf seine beschränkten Mittel über Gebühr angriff. Nahm er in Reisen und Bücherkaufen darauf keine Rücksicht, so gerieth er in Schulden, die ihm als eine lebenslängliche Krankheit das Dasein verbitterten und die freie Entschließung beschränkten. Von Jugend auf nicht gewöhnt an ein stetiges behagliches Wirken, jahrelang fast abenteuerlich auf- und abgeschleudert, gesättigt mit den gewaltigen Anschauungen einer in jener Zeit des Stillsitzens in Deutschland unerhörten Weltfahrt, wurzelte Forster sich eigentlich nie und nirgends ein, hauste er überall nur wie der Vogel auf dem Ast, alsbald durstig nach neuen Eindrücken und doch durch keinen Wechsel auf die Dauer befriedigt. Als ihm daher Ausgang 1783 die Stelle eines Professors der Naturgeschichte an der neubegründeten polnischen Hochschule zu Wilna angeboten ward, griff er rasch genug zu, mit jener Lebhaftigkeit des Sanguinikers, welcher das Unbekannte stets rosig sieht, freilich um gemeiniglich nur desto leidigere Enttäuschung zu finden. Nach fünfjährigem Aufenthalt schied er im Frühling 1784 von Kassel. Zu

Göttingen, auf der Durchreise, verlobte er sich mit Therese, der Tochter des gefeierten Alterthumsforschers Heyne. Auf weitem Umwege über Prag und Wien reiste er dem Polenlande zu, von welchem er erwartete, was er bisher in England und Deutschland nicht gefunden, ein sorgenloses befriedigtes Dasein, einen gesegneten Wirkungskreis.

Von Forster's Erscheinung in jener ersten Zeit ihrer Bekanntschaft gibt Therese folgende Schilderung: „Seine Persönlichkeit vermehrte das Interesse, das er als Weltumsegler einflößte; nicht weil er hübsch war — seine ursprünglich regelmäßigen Züge waren durch die Kinderblattern eingeschrumpft und mit Narben bedeckt; der heftige Skorbut, den er auf seiner Seereise erlitten und von dem die Masse seiner Säfte auf immer angesteckt war, hatte das Weiße seiner Augen gefärbt und seine Zähne gänzlich verdorben; aber sobald er durch das Gespräch belebt ward, erhielten seine Züge den mannigfachsten Ausdruck, und kaum sah ich je ein Gesicht, das durch Geist und Empfindung einer größern Verschönerung und eben auch des Gegentheils fähig gewesen wäre. Ein Ausdruck von Bescheidenheit und Sicherheit zugleich gab ihm den Anstand der besten Gesellschaft, sodaß er in dem geistvollsten Cirkel gefiel und im vornehmsten an seinem Platze war. Unaufgeregt sprach er nicht, aber sobald er von einer Idee erwärmt war, drückte er sich, nicht im Deutschen allein, sondern auch im Englischen und Französischen, mit so viel Leichtigkeit und in so klarem Zusammenhange aus, daß seine Unbehülflichkeit, auf dem Lehrstuhle zu sprechen, gar nicht zu erklären ist. Sein Betragen im engen Familienkreis war immer so fein und gesittet, wie in der Gesellschaft. Nie hörten die Seinen ein rauhes Wort von ihm, nie vernachläßigte er seine Kleidung, seine Zimmer, noch versäumte er die Aufmerksamkeit eines Mannes von seinem Ton gegen weibliche Bekannte. Bei diesem höchst gebildeten Betragen bezeigte er die gütevollste Theilnahme an fremden Schicksalen, er wurde leicht heimisch im engern Kreise und machte keine Art von gesellschaftlichen Ansprüchen. Dafür hatte er aber auch das Glück einer Art unschöner Männer, daß ihm die Frauen auf halbem Weg entgegenkamen, was ihm bei seinem sehr weichen Herzen den Genuß einer gesteigerten Freundschaft gewährte."

Wie konnte nun Polen einer so fein organisirten, geistiger Anregung so bedürftigen Natur genügen, wie diejenige Forster's war! Schon der erste Eindruck verhieß nichts Gutes; der „Verfall, die Unflätterei im moralischen und physischen Verstand, die Halbwildheit und Halbcultur des Volks, die Ansicht des sandigen mit schwarzen Wäldern überall bedeckten Landes" — wir gebrauchen hier Forster's eigene Worte — preßten ihm in einer einsamen Stunde Thränen aus; und diese Stimmung konnte bei näherer Bekanntschaft mit Land und Volk nicht wol besser werden. Die Universität eine ehemalige Jesuitenschule; die Professoren unbedeutende Köpfe, „armselige Schächer", wie er selbst bekennt, eine zusammengewürfelte Gesellschaft von Polen, Italienern, Franzosen, außer ihm selbst nur Ein Deutscher, ein Arzt aus Wien; alle wissenschaftlichen Einrichtungen in kläglichem Zustand, die Büchersammlung ärmlich, der Pflanzengarten ein Fleck, kaum groß genug, um Kohl zu pflanzen; die Zuhörer ein Gemisch von Mönchen und halbwüchsigen unwissenden Jungen; dazu die Nothwendigkeit, lateinisch vorzutragen, der Mangel an jedem buchhändlerischen Verkehr mit Deutschland, die Vergnügungssucht und prunkvolle Leere der Hohen, die Gemeinheit und hündische Kriecherei der Niedern, die Verkommenheit des ganzen Volks! Was half es unserm Freunde, daß er als Professor alle Rechte des polnischen Adels genoß, Güter kaufen und besitzen konnte, daß seine zu hoffenden Kinder geborene polnische Edelleute waren, daß er mit dem König, mit den höchsten geistlichen und weltlichen Würdenträgern speiste, mit Gräfinnen zwanglos verkehrte in einem Lande, „wo die Gräfinnen sich zum Fenster hinaus kämmen, Ritter des Stanislausordens sich in des Fürstbischofs Abendgesellschaft die Nase mit den Fingern schneuzen"! Forster fand „polnische Wirthschaft" im vollen Sinne des Worts; vergebens holte er seine Therese als Frau nach Wilna, er konnte sich nicht eingewöhnen. Dabei reichten nach der dortigen Lebensweise und bei der ausdauernden Unwirthschaftlichkeit des geistreichen Ehepaares die Einkünfte nicht einmal für die Bedürfnisse des jungen Haushalts aus, und Forster dachte ernstlich daran, um im Lande der Sarmaten nur leben zu können, zur Heilkunde überzugehen; er selbst erkrankte wiederholt. Und dabei fesselte ihn an das unwirthliche Land eine Kette, die ihn lebenslang unfrei hielt. Um seine Schulden in Kassel zu bezahlen, hatte er vor seinem Eintritt in Wilna über tausend Dukaten als Vorschuß empfangen und sich dafür auf acht Jahre gebunden, während welcher Zeit das Geld nach und nach vom Gehalte abgezogen werden sollte. Wollte er früher scheiden, wie hätte er jenen Vorschuß zurückerstatten können?

Seltsam genug sollte Forster durch russisches Gold aus der polnischen Knechtschaft befreit werden. Die Kaiserin Katharina II. beabsichtigte damals eine große Entdeckungsfahrt nach der Südsee, welche ein Kapitän Mulowsky mit fünf Schiffen im Frühjahr 1788 antreten sollte. Forster ward aufgefordert, als Naturforscher daran theilzunehmen. Mit dem ganzen Feuereifer seines Wesens ergriff er einen Plan, welcher seinem fieberischen Reisedrang Befriedigung versprach und ihn zugleich aus dem trostlosen Polen hinwegführte. Für ihn selbst und Therese, welche mit dem Töchterchen einstweilen bei Vater Heyne zu Göttingen verweilen konnte, sagte die russische Regierung einen anständigen Gehalt zu, und, was die nächste Hauptsache war, sie löste den bedrängten Naturforscher mit 2500 holländischen Dukaten von der Verbindlichkeit gegen Polen. Seelenvergnügt fuhr Forster nach Göttingen heim. Allerdings zerschlug sich die beabsichtigte Weltfahrt noch in demselben Herbst 1787 wegen des damals zwischen Rußland und der Türkei ausbrechenden Krieges; aber von Wilna sah sich doch Forster losgemacht und konnte in Göttingen unbekümmert abwarten, wann sein weiter Ruf ihm eine neue Stellung verschaffen würde.

Und diese ließ nicht lange auf sich warten. Johannes Müller, Forster's Freund von Kassel her, war unterdeß Universitätsbibliothekar zu Mainz und jüngst kurfürstlicher Cabinetsrath geworden. Forster machte einen Besuch in Mainz, gefiel dem Kurfürsten wohl und ward zum Bibliothekar ernannt, mit der Erlaubniß, den Sommer noch in Göttingen zu verweilen und sich für sein künftiges Amt vorzubereiten. Im Herbst 1788 siedelte er über nach dem goldenen Mainz. Die prachtvolle Lage der Stadt an der Völkerstraße des Rheinstroms muß auch den entzücken, der nicht aus Lithauen zurückkehrt; da Freund Sömmerring gleichfalls zu Mainz hauste — mit dem unzugänglichen Müller hatte Forster fast nur schriftlichen Verkehr und zwar seltsamerweise in französischer Sprache —, fehlte es nicht an Gelegenheit zu wissenschaftlichem Austausch; die Amtsgeschäfte waren wenigstens anfangs gering, denn viele Bücher harrten, im Staub verschiedener Klosterspeicher vergraben, noch der zukünftigen Ordnung; so hatte Forster Zeit genug zu wissenschaftlicher Arbeit und schriftstellerischer Betriebsamkeit. Aber auch hier fehlte dem Lichte nicht der Schatten; sein Geist verlangte

nachhaltigere, mannichfachere Anregung, die alten leidigen Geld=
sorgen stellten sich ein, und dazu kam, daß er im Hause nicht
jenes stille Behagen fand, welches doch das beste Gegenmittel
gegen die kleinen Leiden des Lebens ist. Mochte Forster's eigene
nervöse Unruhe es verschulden, oder Theresens mehr leidenschaftlich
erregtes als weiblich hingebendes Wesen, mochte beides gemeinsam
wirken: die Gatten verstanden sich nicht, und in diesem Miß=
behagen mußte der Schreibtisch der beste Tröster sein.

Es drängte Forster hinaus. Die französische Staatsumwälzung
war losgebrochen, mit ihr eine Bewegung der Geister, welche auch
in Forster's allezeit mehr auf das thatkräftige Wirken im Menschen=
leben als auf gelehrte oder speculative Beschaulichkeit hingerichtete
Seele breite Wellen warf. Er bedurfte einer Reise, um neue
Anschauungen zu gewinnen, und das Ziel sollte England sein, für
welches er trotz mancher trüben Erfahrung eine leicht erklärliche
Vorliebe in sich trug. An fernern Gründen fehlte es nicht, um
das kostspielige Unternehmen auch finanziell vortheilhaft erscheinen
zu lassen. Forster hoffte, in London vielleicht die beanspruchte
Reiseentschädigung oder doch einen bescheidenen Jahrgehalt zu er=
langen, sowie einen Verleger für das große Werk über die Süd=
seepflanzen zu finden, zu dessen Herausgabe er in Deutschland
bisher vergebens alle Anstrengung gemacht hatte; zu einer mit
Sömmerring beabsichtigten vergleichenden Naturgeschichte des Men=
schen und Affen dachte er in den großen naturwissenschaftlichen
Sammlungen von England und Holland reichen Stoff zu gewinnen,
und von seinem Reisebericht durfte er auch buchhändlerischen Erfolg
erwarten.

Forster's classisches Werk, die hier folgenden „Ansichten vom
Niederrhein", sind die Frucht dieser dreimonatlichen Reise, die
unser Freund, auf der Höhe des Mannesalters und der geistigen
Reife stehend, in den Frühlingsmonaten des Jahres 1790 unter=
nahm. Sein Reisegenosse war der zwanzigjährige Alexander
v. Humboldt. Ein vielgebildeter, schon damals unendlich reich=
haltiger Geist, war Humboldt nicht blos ein werther Reisegesell=
schafter, sondern es ist auch nicht zu bezweifeln, daß der Verkehr
mit dem geistreichen jungen Manne dem ältern Freunde Gelegen=
heit bot, über manches sich klar zu werden, was später in den
„Ansichten" seinen schönen lichtvollen Ausdruck fand; hin und wieder,
wie in den Bemerkungen über die geologische Bildung des Rhein=

thals, blickt der künftige Verfasser des „Kosmos" sehr merklich durch die Zeilen. Ueber Köln, Düsseldorf, Aachen, Lüttich, Brüssel, Antwerpen, den Haag, Amsterdam folgen wir den beiden Reisenden bis zur Ueberfahrt nach England, wo der von Forster ausgearbeitete erste Theil des Werks abbricht. Ueber den Aufenthalt in England und die Rückreise durch Frankreich besitzen wir nur die bald ganz kurzen, bald mehr oder minder ausgeführten Aufzeichnungen, welche erst nach dem Tode des Verfassers herausgegeben wurden, an künstlerischer Durchbildung dem ersten Theile nachstehend, an lebendiger Unmittelbarkeit ihm zum Theil überlegen und darum nicht minder anziehend; ja Gervinus nennt dieses letzte Drittel der Reiseschilderungen das Schönste von allem. „Wir überraschen hier", spricht er, „den Schriftsteller in seinem Hauskleide und finden ihn liebenswürdiger, weil er ungezwungen ist, weil er die Eleganz abgelegt hat, ohne von seinem natürlichen Adel das geringste einzubüßen": ein Urtheil, welches übrigens unserer Ansicht nach auf manche bedeutungslose oder in ganz unverarbeiteter Gestalt aufbewahrte Stelle wol von Gervinus selbst nicht angewandt werden dürfte. Mit der landläufigen Touristensalbaderei älterer und neuerer Zeit ist das Buch freilich nicht entfernt zu vergleichen; es läßt sich nicht vor dem Mittagsschlaf auf dem Sopha genießen, es fordert straffe geistige Arbeit; es ist anziehend, aber es ist schwer, weil der Schriftsteller die Gelegenheit ergreift, auf den mannichfaltigsten Gebieten sich zu ergehen, nicht mit leichter Oberflächlichkeit, sondern mit der Gediegenheit eines reichen, vielseitigen, eigenartig denkenden Geistes. Forster's Lebens- und Geistesgang war derart, daß er für das Verschiedenartigste Theilnahme und Verständniß besaß. Manche Ansicht, die er ausspricht, ist einseitig, wie die Verurtheilung der niederländischen Malerei; manche veraltet, wie die Bemerkungen über den rheinischen Basalt, über die vermeintliche Wechselbeziehung zwischen Steinkohlenlagern und Weinbau; manche Schilderung steht zu unserer Zeit in schroffem Gegensatz, wie beispielsweise die des Köln und Aachen von 1790; aber wir finden sie nur um so ansprechender. Die umfassend dargestellten belgischen Vorgänge jener Zeit erscheinen uns jetzt kleinfügig und haben vor den gewaltigen Ereignissen der Folgezeit ihre Bedeutsamkeit verloren; aber darum bleibt Forster's Bericht nicht minder ein Meisterstück klarer, vom verständigsten Geiste getragener Entwickelung, und Gervinus steht nicht an, ihm den

Werth einer Quellenschrift zuzuweisen. Es gibt kaum ein Gebiet, das Forster nicht im Vorübergehen berührte, wenn dieses leichte Wort von einer keineswegs gelehrten, aber stets tiefdurchdachten Erörterung gebraucht werden darf. Ebenso liebenswürdig wie geistreich spricht sich Forster's Freund, der bekannte Humorist Lichtenberg, über die „Ansichten" aus: „Ich habe einmal in einem Feenmärchen eine sehr angenehme Vorstellung gelesen: der Held nämlich reist, und unter der Erde reist ihm beständig ein Schatz nach, wohin er auch geht. Bedarf er etwas, so pocht er nur leise an die Erde, so steht der Schatz still und öffnet sich ihm. Sie sind mir, bester Freund, auf Ihrer Tour hundertmal so vorgekommen wie jener Glückliche in der Feenwelt; auch da, wo Ihr Stab den Boden nicht anschlug, sah ich immer den Schatz Ihnen folgen. Wer Ihre Worte zu wägen weiß, kann es auch unmöglich übersehen. Die Gabe, jeder Bemerkung durch ein einziges Wort Individualität zu geben, wodurch man sogleich erinnert wird, daß Sie die Bemerkung nicht blos sprechen, sondern machen, habe ich nicht leicht bei einem Schriftsteller in solchem Grade angetroffen." Die naturwissenschaftlichen Eigenthümlichkeiten des Rheinthals, sein Weinbau und seine vulkanischen Bildungen, die landwirthschaftliche Erscheinung der durchreisten Landstriche, Lebensweise und Wohlstand des Volks, Fabrikthätigkeit, bürgerliche Verfassung, Sammlungen jeder Art, künstlerische, religiöse und volkswirthschaftliche Fragen bespricht Forster mit jener ihm eigenthümlichen Liebhaberei, nicht am Einzelnen zu haften, sondern zum Allgemeinen überzugehen, einer Eigenthümlichkeit, welche die „Reise um die Welt" bereits im Keime zeigte. Diese Darstellungsweise, welche durch das stete Ausgehen von einer philosophischen Grundansicht dem Ganzen die Wirkung des Gedankenreichen und Schweren gibt, ist nicht etwa gesucht, denn sie lag in Forster's Wesen; aber sie ist, um sein eigenes Wort zu gebrauchen, bisweilen etwas gespannt, oder nach Gervinus' Ausdruck angestrengt oder vornehm. Besonders eingehend betrachtet er die Kunstwerke, und seine Auseinandersetzungen über den kölner Dom, die erste volle Würdigung des wundersamen Bauwerkes, seine Schilderung der düsseldorfer Bildersammlung gehören, mag man auch nicht allezeit mit den leitenden Grundsätzen der Beurtheilung einverstanden sein, zu den geistvollsten Kunstschriften, die wir besitzen. Der mächtige Kampf der Geister, welcher damals durch Joseph II. auf religiösem Gebiete, durch

die Französische Revolution im gesammten Staatsleben Europas
ausgebrochen war, führt ihn naturgemäß wiederholt auf politische
Fragen, und es ist ein Vergnügen zu sehen, wie der klarblickende
Mann durchaus freisinnig, aber maßvoll über die Gewaltherrschaft
von oben oder von unten gleich entschieden den Stab bricht. Gerade
daß Forster aus dem Einzelnen allezeit das Allgemeine hervor=
zuheben weiß und den gewöhnlichen Ballast der Reisebeschreibungen
ganz über Bord wirft, gibt neben der Frische und dem Glanze der
Darstellung dem Werke seine dauernde Jugend und Bedeutung.

Wir nähern uns nun dem letzten Zeitraume in Forster's Leben,
dem seiner Parteinahme für die französische Staatsumwälzung.
Dieselbe ist damals schon sehr verschiedenartig beurtheilt worden;
es geschah gleicherweise seitdem und geschieht noch jetzt. Ueber
Forster den Forscher und Schriftsteller haben sich die Urtheile längst
festgestellt: um Forster den Politiker wogt der Streit der Par=
teien; die wohlmeinende Schönfärberei, mit welcher der Liberalismus
der vierziger Jahre Forster's Verhalten als berechtigt vertheidigte,
die bausbackige Lobpreisung der radicalen Demokratie, und die
schroffe Verdammung der neuesten Schriften über ihn stehen ein=
ander unvereinbar gegenüber. Vielleicht ist es möglich, eine Ver=
mittelung zu finden.

Die französische Staatsumwälzung, deren Schaumspritzen Forster
in den Niederlanden beobachtet, hatte rasche Fortschritte gemacht.
Von seinem Ministerium gedrängt, erklärte der unglückliche
Ludwig XVI. im Frühjahr 1792 der deutschen Coalition den
Krieg; ein preußisch=österreichisches Heer drang im Sommer nach
der Champagne vor, um wenige Wochen danach durch Hunger
und Krankheiten furchtbar zerrüttet an den Rhein zurückzukehren;
ihnen folgten auf der Ferse die Franzosen. Während zu Paris
der morsche Königsthron zusammenbrach und der Nationalconvent
die Leitung der französischen Republik übernahm, drang General
Custine nach dem Oberrhein vor und bedrohte die wichtige Reichs=
festung Mainz. In wirrer Flucht eilten der Kurfürst und sein
Hofadel von bannen; die Stadt war mit Geschütz und Pulver
reichlich versehen, auch gegen einen Handstreich hinreichend be=
festigt; die Besatzung war zwar nicht zahlreich, aber die Bürger=
schaft zeigte den besten Willen zu ihrer Unterstützung; die Ober=
offiziere dagegen waren Feiglinge und Schwachköpfe: so ward

Mainz, das Bollwerk des Rheinstroms, am 21. October schimpflich
dem Reichsfeind übergeben, nachdem derselbe zwei Tage vor der
Stadt gelegen und kaum einige Kugeln mit ihr gewechselt hatte.

Forster blieb. Warum auch nicht? Soll er abenteuernd mit
dem Kurfürsten und seinem Adel ausziehen? Er hatte weder die
Lust noch die Mittel dazu. Soll er ausharren, versuchend, ob
die Hochschule sich halte, er selbst bei der Sicherung des ge=
meinen Besten helfen könne? „Was denken Sie wol", schreibt er
an seinen Schwiegervater, „daß in einer solchen Lage zu thun
sei? Mein Haus und Ameublement, d. h. was ich in der Welt
habe, zu verlassen und aufs gerathewohl mit Frau und Kind
umherzuirren, bis es uns an Mitteln zu unserer Erhaltung fehlt,
oder hier zu bleiben, die Universität aufrecht zu erhalten suchen,
sich der Bürgerschaft anzunehmen, sie auf vernünftigem, gemäßigtem
Wege so zu führen, daß ihnen bei dem Frieden die Wiederver=
einigung mit dem deutschen Reiche, wenn sie nothwendig sein sollte,
nicht nachtheilig wird, und bei dieser Laufbahn zu wagen, was
zu wagen ist?" Aber in solcher Stunde der Entscheidung muß
gerade der geistig Bedeutende Partei ergreifen. Wegen seiner
Kenntniß der französischen Sprache wie wegen seines wissenschaft=
lichen Rufs und seiner bekannten Freisinnigkeit ward Forster zum
Sprecher der Hochschule gewählt, welche Custine um Sicherstellung
ihrer Einkünfte bat. Behufs Verwaltung des eroberten Gebiets
setzte der General einen Administrationsrath nieder und verlieh
Forster, welchen er als einen begabten Kopf kennen gelernt, eine
Stelle darin. Forster nahm sie an. Zur Stubengelehrsamkeit nur
durch seinen Lebensgang hingeführt, dem Lehramt und dem Schreiber=
wesen, welche ihm Brot schaffen mußten, im Herzen abgeneigt, besaß
er, vielleicht mehr aus dem Bedürfniß der Aufregung als aus
wirklicher Befähigung, einen Drang zu thätigem Wirken, dem er
bis dahin in keiner Weise hatte genügen können. Der Gedanke
der Nationalität, welcher heutzutage die Welt umgestaltet, war da=
mals kaum in seinen schwächsten Anfängen vorhanden; Weltbürger=
thum, Humanität, Freiheit waren die Stichworte der erleuchteten
Geister des philosophischen Jahrhunderts, sie mußten es um so mehr
sein bei Forster, welcher, geboren auf polnischem Grunde, seine Ju=
gend in Rußland und England, seine Jünglingsjahre auf Cook's
Schiff in der Südsee verbracht hatte; als Professor in Kassel konnte
er für Deutschland kein sonderlich warmes Herz fassen, sowenig als

in dem aus Freigeisterei, Pfafferei und Genußleben gemischten Mainz; dazwischen hatte er vier Jahre in Wilna gehaust. Die letzten mainzer Vorgänge, die klägliche Hülflosigkeit des Heiligen römischen Reichs gegenüber einigen tausend Franzosen, die grenzenlose Erbärmlichkeit alles dessen, was er sah und erlebte, konnten ihm, dem Schwärmer für geistige und politische Freiheit, ihm, der dem englischen Begriff Gemeingeist erst den deutschen Ausdruck schuf, keine Begeisterung für das todkranke Deutschland einflößen, für einen Begriff, der eigentlich erst auf den Leichenfeldern der Befreiungskriege aufgewachsen ist und noch zur Stunde seine volle staatliche Gestaltung nicht gefunden hat.

Also Mittellosigkeit und die Furcht, feig zu erscheinen, hielten Forster in Mainz fest; das Bedürfniß, thätig zu wirken in einer Zeit, welche für Reiseberichte und Südseepflanzen keine Theilnahme hatte, der Drang, seinen Mitbürgern und der Hochschule nützlich zu sein, führten ihn zur Mithülfe bei der Neugestaltung der Verhältnisse; als politischer Mann theilte er die Begeisterung für die Freiheit der französischen Republik, die seine leichtentzündliche Phantasie in ganz anderer idealer Gestalt träumte, als sie in Wirklichkeit war; die philosophische Schwärmerei des damaligen Weltbürgerthums ließ ihn schließlich ganz und gar vergessen, daß er nicht blos Mensch, sondern auch Deutscher sei. Mit klarer Ueberlegung und ehrlicher Ueberzeugung war er eingetreten in die Bahn; er selbst schreibt ganz richtig: „Mein Unglück ist das Werk meiner Grundsätze, nicht meiner Leidenschaften"; aber er irrt, wenn er meint, es sei so geblieben; bald riß im Drange der weltgeschichtlichen Entscheidung die unruhige Hast seines allezeit aufgeregten Wesens ihn zu Worten und Thaten hin, die wir bei ihm und unter jenen Zeitumständen als eine schwere Verirrung beklagen dürfen, wenn sie heutzutage geschähen, ein Verbrechen, einen Vaterlandsverrath nennen müßten.

Nur zögernd trat Forster in den neugebildeten mainzer Club, ward zweiter Vorsitzender desselben; bald aber war er einer der eifrigsten Sprecher, verkündigte ohne Rückhalt die Lehre von der Rheingrenze, schrieb in Flugblättern und Zeitungen täglich hitziger für die neufränkische Freiheit. Als Mitglied der Verwaltung bewies er eine zu jener Zeit seltene Uneigennützigkeit und Selbständigkeit: des französischen Commissars Merlin Schimpfwort über Forster, er sei ein stolzer Lump, rechnen wir Forster zur besondern

Ehre an. Aber daß er die Zwangsmaßregeln gegen diejenigen
guthieß und unterstützte, welche bei der vom Convent angeordneten
allgemeinen Abstimmung gegen den Anschluß an Frankreich wirkten,
daß er gegen die Grafen Leiningen zu Grünstadt mit offener
Gewalt vorging, daß er als hervorragendes Mitglied oder, wie
er wol selbst meinte, als Seele des neugewählten mainzer Con-
vents, ausgezeichnet durch seinen Namen und Geist, seine Schreib-
fertigkeit und glühende Theilnahme, den Beschluß entwarf, durch
welchen der zu Mainz versammelte „rheinisch-deutsche Nationalconvent" am 18. März 1793 erklärte, der ganze Landstrich von
Landau bis Bingen solle von jetzt an einen freien, unabhängigen,
unzertrennlichen Staat ausmachen, aller Zusammenhang mit dem
deutschen Kaiser und Reich aufgehoben, die bisherigen linksrheinischen Fürsten, falls sie ihre Ansprüche behaupteten, mit ihren Un-
terhändlern und Helfershelfern der Todesstrafe verfallen sein:
das wird allezeit ein Fleck auf dem strahlenden Namen Georg
Forster's bleiben. Er verfaßte ferner und verfocht den Beschluß
vom 21. März 1793, demzufolge das rheinisch-deutsche freie Volk
die Einverleibung in die fränkische Republik wolle; er selbst ward
mit zwei andern zum Ueberbringer dieser Schmachurkunde an den
pariser Nationalconvent gewählt und entwarf, nicht in seiner klaren
frühern Schreibweise, sondern in den großprahlerischen aufgebla-
senen Redensarten der Neufranken, die Urkunde, durch welche das
linke Rheinufer sich der pariser Blutregierung in die Arme warf.
Am 25. März trat er die verhängnißvolle Reise nach Paris an,
um den deutschen Boden nie wieder zu betreten. Ueber alle Hel-
fershelfer der Franzosen war bereits im Spätjahr 1792 die Reichsacht
ausgesprochen; seitdem Anfang April das preußische Heer Mainz
einschloß, war die Brücke hinter dem Geächteten und Verbannten
völlig abgebrochen.

Forster's letzte öffentliche Kundgebung geschah am 30. März, an
welchem Tage er im französischen Nationalconvent jenes unwürdige
Schriftstück vortrug; sofort beschloß die Versammlung die Einverleibung des linken Rheinufers in die Frankenrepublik. Forster
selbst hatte eigentlich in Paris nichts mehr zu thun; indeß, da
er nicht nach Mainz zurückkonnte, mußte er mit einem kärglichen
Tagegeld ausharren und hatte dabei Gelegenheit, in dem stets
wüstern Treiben der Parteien jene Freiheit, Gleichheit und Brüder-
lichkeit kennen zu lernen, welchen er, der philosophische Idealist,

Amt und Vaterland, Freunde und Familie geopfert hatte; er sah mit bitterm Schmerz und sittlichem Ekel, wie grenzenlos er sich getäuscht. Seine Bücher und Papiere waren in der belagerten Stadt zurückgeblieben; so verbrachte er denn, mit wenigen Bekannten verkehrend, von quälenden Sorgen und Zweifeln umgetrieben, mit Entbehrung und häuslichem Misbehagen kämpfend, ohne Lebenszweck und erquickliche Arbeit, müßige Monate in Paris. Der Briefwechsel mit Therese, welche sich schon seit December nebst den beiden Töchterchen und L. F. Huber, Forster's mainzer Hausfreunde und ihrem nachmaligen zweiten Gatten, nach der Schweiz begeben hatte, war seine einzige Freude; die Briefe der übrigen Freunde blieben seit seiner verhängnißvollen Wendung auf die Seite der Franzosen völlig aus. Im Sommer 1793 gab ihm der Convent, wol wegen seiner Sprachkenntniß, den Auftrag, an der französisch-niederländischen Grenze mit den Engländern über die Auswechselung der Gefangenen zu verhandeln; er verweilte einige Monate in langweiliger Unthätigkeit zu Cambrai und Arras, ohne irgendetwas zu erreichen. Die Briefe aus jener Zeit sprechen bisweilen eine herzzerreißende Schwermuth des unglücklichen Mannes aus. Im Spätherbst traf er noch einmal mit der Gattin und Huber verstohlen in dem schweizerischen Grenzdorfe Travers zusammen; zum letzten mal sah er die Kinder, an denen sein ganzes Herz hing; sie und die Gattin wußte er durch des Freundes Sorge geschützt vor einer hülflosen Zukunft; so fuhr er Ende November schweren Herzens wieder zurück in seine pariser Einsamkeit.

Wir nahen dem Ende. Im December erkältete sich Forster heftig und erkrankte an einer Brustentzündung. Eine fliegende Gicht suchte ihn mit Schlaflosigkeit und heftigen Schmerzen heim; dazu kam Eingang Januar ein fürchterlicher skorbutischer Speichelfluß; er selbst fühlte sich sehr und schmerzlich krank, glaubte indeß nicht an Gefahr. Aber die Gicht stieg ihm in die Brust, und am 21. Nivose (10. Januar) 1794 endigte ein Schlaganfall seine Leiden; er war eben in sein vierzigstes Jahr getreten. Die letzten Worte des Sterbenden galten seinen Kindern.

So fand Georg Forster ein unbekanntes Grab in seinem neuen Vaterlande, dem er alles, was er an Glück und Hoffnungen besaß, geopfert hatte. Die verschiedenartigsten Stimmen erhoben sich bei seinem Hinscheiden. Sein eigener Vater, der plumpe Polterer, erklärte noch kurz zuvor öffentlich, es sollte ihn freuen, den Sohn am Galgen zu sehen; der Schwiegervater Heyne dagegen schrieb: „Forster's Tod rührt mich schmerzlicher, als ich sagen kann. Ich kann mich gar nicht fassen, nicht sammeln. Ich liebte den Mann unaussprechlich; er war mir mehr als ein Kind." Während Schiller in zwei scharfen Xenien noch nach Jahren den Todten brandmarkte, schrieb Goethe die mildversöhnenden Worte: „So hat der arme Forster denn doch auch seinen Irrthum mit dem Leben büßen müssen, wenn er schon einem gewaltsamen Tode entging. Ich habe ihn herzlich bedauert." Goethe's menschlicher Sinn hat das schönste, würdigste Wort für den Grabstein des unglücklichen Mannes gefunden. Die Nachwelt erkennt seine schweren Verirrungen an; aber sie weiß auch, daß dieselben aus einem edeln begeisterten Herzen flossen, aus einer geistvollen trefflichen Seele, welcher aber in stürmischer Zeit die sichere Stütze der Vaterlandsliebe fehlte; und daß sie fehlte, erklärt sich aus Forster's Lebensgang, aus der Erbärmlichkeit der damaligen deutschen Zustände überhaupt. Kann man ihm, dem Vielgereisten, der elf Jahre etwa in Deutschland verbrachte, die Lockerheit seines nationalen Bewußtseins so hart anrechnen; ihm, dem Kinde einer Zeit, die überhaupt von der Bedeutung und dem Rechte der Nationalität kaum einen Begriff hatte, die sich eines gestaltlosen Weltbürgerthums rühmte, einer Zeit, in welcher der straffe Lessing sagte, daß er von der Liebe des Vaterlandes keinen Begriff habe, die ihm aufs höchste eine heroische Schwachheit scheine? Und nun wird Forster, der Naturforscher, der Weltfahrer, der Halbengländer, aus dem stillen Studirzimmer plötzlich in den Wirbel der wildesten Entscheidung gerissen, er, der nicht zu Haus ist in seinem Hause, nicht befriedigt in seinem Wirkungskreise. Der deutsche Stubengelehrte hätte sich an sein Schreibpult gesetzt und weiter getagelöhnert an der Uebersetzung englischer Reisen; daß Forster in einem fast ausschließlich schöngeistigen Strebungen hingegebenen Jahrhundert ein politischer Mann war, verwickelte ihn in den furchtbaren Zwiespalt der Zeit. Er sendet die Frau hinweg, die ihn nicht liebt; er tritt als Sprecher vor Custine; er übernimmt ein Amt. Er, der als Knabe englischen Gemeingeist in sich aufgenommen, dessen Wahlspruch war: „Frei sein heißt Mensch sein!" — Forster wirft sich mit der verzweifelnden Hast eines Haus- und Heimatlosen, wie Uebertäubung seiner Oede suchend, in das von den Franzosen ihm übertragene Amt, erhitzt sich und schreitet im Taumel des Fanatismus bis zur letzten Grenze, zur Uebergabe deutschen Bodens an den Reichsfeind, von dem er die Freiheit erwartet. Wahrlich, er ist gewaltthätig gewesen, er hat Unverzeihliches gesprochen und geschrieben und sich schwer versündigt an Deutschland, das trotz alledem sein Vaterland war, aber doch sollen wir ihn lieber mit Goethe bedauern, als mit seinem Vater verdammen. Was er auch gethan haben mag, er hat es sicherlich mit ehrlicher Ueberzeugung gethan; denn Forster war bei allen seinen Schwächen eine wackere sittliche Natur; er war schwach, verblendet, verrannt; aber wenn wir billig sein wollen, müssen wir einen guten Theil seiner moralischen Verantwortung auf die Uebel seiner Zeit werfen.

Gervinus äußert in seiner geistvollen lebensgeschichtlichen Einleitung zu Georg Forster's Werken: „In den gesammelten Schriften Forster's ist auch unter dem Geringfügigsten das lautere Gold mit Händen zu greifen. Aus jedem, auch dem kleinsten dieser Fragmente redet ein Geist von ungewöhnlicher Stärke, der in einer Anstrengung hält, welcher die Masse der Leser nicht gewachsen ist, der sich auch bei kleinen Anlässen zu großen Gesichtspunkten erhebt, der immer die gesammten Kräfte des Geistes in Anspruch nimmt, den Mann der Anschauung zur Abstraction nöthigt, und wieder den, dem nur die Speculation geläufig ist, auf das unermeßliche Gebiet der Thatsachen und Erfahrungen zurückruft." Inwiefern dieser Ausspruch für Forster's Hauptwerk, die „Ansichten vom Niederrhein", Geltung hat, ist bereits erwähnt; er gilt gleichermaßen für die kleinern Aufsätze geographischen und geschichtlichen, natur- und kunstwissenschaftlichen Inhalts, welche mehrere Bände seiner gesammelten Werke füllen. Wir möchten jenes Wort auch vor allen Dingen hinbeziehen auf dasjenige, was nach dem erwähnten Werke uns das Bedeutendste in Forster's Nachlaß erscheint, auf seine „Briefe". Wenig Briefsammlungen aus der an solchen Denkmalen eines hochgesteigerten geistigen Lebens überreichen Zeit unserer zweiten Literaturblüte zeigen uns in gleichem Maße das Bild einer allezeit angeregten, geist- und lebensprühenden, allseitigen Antheil nehmenden Persönlichkeit. Die Veröffentlichung eines Briefwechsels ist sonst gemeiniglich kein Gefalle, welcher dem bedeutenden Schriftsteller geschieht; er zeigt uns den Mann, welcher der Welt bisher nur die reifen Früchte seines Denkens und

Empfindens bot, unter den wechselnden Anregungen des Tags, oft leidenschaftlich, oft vorschnell urtheilend, und dies um so mehr, wenn er, wie solches Forster war, von leichtbeweglichem Temperament ist. Die kleinen Irrthümer und Schwächen, denen auch der Beste nicht entgeht, stehen da in monumentaler Starrheit und trüben allzu leicht das Urtheil der Nachwelt. Auch unser Georg Forster hat unter diesem Misgeschick gelitten; aber derselbe Briefwechsel zeigt auch die Klarheit und Frische seines Denkens, seine Liebenswürdigkeit, seine im Wesen grundgute Natur im schönsten Lichte; er zeigt uns zugleich, wie furchtbar dieser edle Geist büßen mußte für die Irrthümer, zu denen er vom tollen Wirbel der Zeit sich hinreißen ließ. Erkennen wir ehrlich diese Irrthümer eines bedeutenden und von den besten Zeitgenossen hochgeachteten Mannes an, um desto herzlicher uns seiner schönen und edeln Seiten erfreuen zu können.

Wilhelm Buchner.

Inhalt des ersten Theils.

Seite

Georg Forster V

Erste Abtheilung.
Ansichten vom Niederrhein, von Brabant, Flandern und Holland.

I. Boppard.
Rheinfahrt. Frühlingsblüten. Bildung des Rheinbettes. Weinbau im Rheingau und Armuth der Rheinländer. Abenteuer . 3

II. Andernach.
Koblenz und Ehrenbreitstein. Gefangene daselbst. Ungenähtes Hemde Christi. Lederfabriken. Neuwied. Herrnhuter. Seelenunzucht. Menschenrasse des Niederrheins 9

III. Köln.
Gebirge zwischen Bingen und Bonn. Bimssteinlager bei Andernach. Vulkanistische Hypothesen. Basaltberge, insbesondere der Basaltbruch bei Unkel. Naturaliencabinet des Kurfürsten von Köln in Bonn. Fälschlich sogenannter fossiler Menschenschädel. Charakteristik unsers Zeitalters 14

IV. Köln.
Der Dom oder die Kathedralkirche. Versuch über die Humanität des Künstlers 24

V. Düsseldorf.
Anblick von Köln. Pöbel und Geistlichkeit. Bettelei und Intoleranz. Pferdeknochen unter den Gebeinen in der Ursulakirche. Klimatischer Unterschied in der Religion. Kreuzigung Petri von Rubens. Neuangelegte Stadt bei Düsseldorf. Ueber die Regierungskunst und über Regentenkünste. Kloster la Trappe. 30

VI. Düsseldorf.
Ueber die Mittheilung der Eindrücke des Gesehenen. Wie bildet sich der Künstler? Erste Ansicht der Bildergalerie. Rubens' Jüngstes Gericht 37

VII. Düsseldorf.

Fernere Erinnerungen aus der Galerie Rubens. Albrecht Dürer. Gerard Douw. Teniers. Schalken. Gasparo (Dughet). Snyders. Van der Werff. Crayer. Van Dyck 52

VIII. Düsseldorf.

Vom Ideal. Italienische Malerei. Susanna von Domenico Zampieri (Domenichino) und von Annibal Caracci. Heilige Familien von Rajael und von Andrea del Sarto. Pietro da Cortona's Ehebrecherin. Carlo Dolce. Johannes in der Wüste von einem Ungenannten. Guido Reni's Himmelfahrt der Jungfrau. Aretin von Tizian. Christus mit der Dornenkrone von Correggio. Barbarei 62

IX. Aachen.

Lage von Jülich. Verminderte Volksmenge von Aachen und deren Ursachen. Kaiserliche Commission seit 1786. Neuer Constitutionsplan des Herrn von Dohm. Das Zunftwesen mit seinen Folgen. Verfall der Tuchmanufactur. Flor der benachbarten Fabriken. Armuth und Bettelstand in Aachen. Mögliche politische und sittliche Freiheit 78

X. Aachen.

Lage von Burtscheid. Nadelfabrik und Tuchfabrik daselbst. Tuchfabriken in Vaals. Färberei. Tuchhandel. Ideen über den künftigen Zustand von Europa. Krönungsstuhl von Marmor in der Kathedralkirche. Zerspaltene Thore von Erz, nebst der dazu gehörigen Legende. Charfreitagsprocession 88

XI. Lüttich.

Aussicht der Stadt. Französische Nationalzüge in Bildung und Charakter der Lütticher. Wallonische Sprache. Reise von Aachen nach Lüttich. Ansicht des Limburgischen. Brabantische Miliz. Abstich der lütticher Nationaltruppen dagegen. Stimmung des Volks. Freiheitssinn. Apologie der uneingeschränkten Denk- und Sprechfreiheit. Definition der Bestimmung des Menschen. Abweichung des wirklich Existirenden vom hypothetischen Unbedingten. Politische Verfassung von Lüttich seit 1316 bis 1789. Misbrauch der Gewalt. Von willkürlicher Gewalt nicht zu unterscheidender rechtmäßiger Zwang. Grund der wirklich bestehenden Verfassungen. Unveräußerliche Rechte des Menschen. Ursachen von dem Unbestande der Verfassungen. Antinomien der Politik. Gleich unausführbare Entwürfe zur Universalmonarchie und zum allgemeinen Staatenbunde. Ringende Kräfte im Menschen und in der ganzen Natur. Blick über Lüttich von der Citadelle. Politik der Nachbarn. Vertheidigungsanstalten. Unfall, der den preußischen General betroffen hat 101

XII. Löwen.

Ansicht der Gegend von Lüttich bis Löwen. La puissance de Dieu est grande. Schöne Dörfer und Menschen. Tirlemont. Anbau. Reisegesellschaft. Universitätsgebäude in Löwen. Unausgepackte Bibliothek. Doctorpromotionen. Methodische Ignoranz. Joseph's II. Reform. Neue Barbarei. Das Rathhaus. Collegium Falconis. Blämische Sprache. Löwener Bier. Volksmenge 128

XIII. Brüssel.

Fahrt von Löwen auf der Barke nach Mecheln. Irländischer Mönch. Todtenstille in Mecheln. Kathedralkirche zu St.-Romuald. Cardinal-Erzbischof von Mecheln. Gemälde von Rubens in der Johanniskirche. Prunkendes Portal der Jesuitenkirche. Geschnitzte Kanzel in der Kirche Unserer Lieben Frauen von Hanswyk. St.-Bernhard und die Mutter Gottes. Vor der Hostie knieender Esel. Schwarm von Ordensgeistlichen. Ansicht der Gegend zwischen Mecheln und Brüssel. Recht der Geringen, über die Großen zu urtheilen 140

XIV. Brüssel.

Ansicht von Brüssel. Pracht der Gebäude. Anekdote von Peter dem Großen. Veränderter Zustand der Stadt seit achtzehn Jahren. Kühner Spitzthurm des Rathhauses. Prinz Karl's Statue zu Pferde auf dem Giebel des Brauerhauses. Neue Häuser an der Stelle aufgehobener Klöster. Kornmarkt. Physiognomische Anzeichnungen über den Pöbel von Brüssel. St.-Gudulakirche. Vortreffliches Gemälde von Rubens. Kreuzigung Christi von Crayer in der Kirche des großen Beguinenhofs. St.-Jakobskirche zum Kaudenberg. Herrn Danhot's Gemäldesammlung. Danaë von Tizian. Porträt eines Frauenzimmers von Leonardo da Vinci . . . 146

XV. Brüssel.

Revolution aus Unwissenheit. Fanatismus. Nous ne voulons pas être libres. Wirkungen des Verfolgungsgeistes auf die Anlagen im Menschen. Kein großer Mann in Brabant. Gleichgültigkeit und dummer Widerstand der Niederländer gegen Joseph's Wiedereröffnung der Schelde. Vergängliches Phänomen des Kunstsinnes. Phlegma. Mechanische Künste und Ackerbau. Proceßsucht. Erwachen des Begriffs von den Rechten der Menschheit bei den Rechtsgelehrten. Einfluß der hierarchischen Seelentyrannei 153

XVI. Brüssel.

Zustand der Belgier unter Prinz Karl von Lothringen. Staatseinkünfte aus den Niederlanden. Joseph's Ersparnisse. Aufhebung des Barrièrentractats. Schelde= und Tauschprojecte. Ueber die Rechtmäßigkeit von Joseph's Maßregeln. Wer auf Hoffnung säen dürfe. Misbrauch des Princips, das von Erhaltung der Ruhe ausgeht. Usurpation des Adels und des Klerus. Chimären der Gleichförmigkeit in Verfassung und Gesetzgebung wie in der Religion. Einführung des neuen politischen Systems und des Generalseminariums. Kampf mit dem Aberglauben. Ausbruch der Widersetzlichkeit während des Kaisers Aufenthalt in Cherson. Nachgiebigkeit des Generalgouverneurs. Widerrufung aller Neuerungen. Rebellion der Geistlichkeit. Weigerung der Subsidien. Aufhebung der Joyeuse entrée. Mönche schießen auf die Truppen in Tirlemont. Vonk's patriotische Verbrüderung. Emigranten in Hasselt und Breda. Uneinigkeit zwischen d'Alton und Trautmannsdorf. Einnahme von Gent. Waffenstillstand von Leau. Unruhe in Brüssel. Die vergebliche Milde des Ministers. Räumung der Hauptstadt und Flucht der Kaiserlichen. Van der Noot's Triumph. Unabhängigkeitsacte der vereinigten belgischen Staaten 158

XVII. Brüssel.

Brabantische Broschüren. Vorgeschlagene Wiedereinsetzung der Jesuiten. Der Abbé Ghesquiere. Charakterzüge der Brabanter. Einfluß der Revolution auf die Sitten. Phlegmatisches Temperament. Politik der Nachbarn. Kaiserliche Partei. Die patriotische Gesellschaft und ihre Bittschrift an die Stände. Erzwungene Gegenadresse. Walkiers. Mordbrennerei in Brüssel von den Söldnern der Stände. Ihr Sieg über Walkiers. Aufhebung der patriotischen Gesellschaft . . 184

XVIII. Brüssel.

Bedauernswerthe Lage des brabantischen Volks. Aufwallung über den Brief des Generals van der Mersch. Geschichte seiner Entwaffnung. Schwankendes Betragen der Volkspartei. Aristokratische Verblendung gegen Leopold's Anerbietungen. Zustand der Wissenschaften in Brüssel. Königliche Bibliothek. Verfall der Manufacturen und des Handels. Simon's Wagenfabrik. Beschreibung des Lustschlosses Schooneberg. Allgemeine Liebe des Volks für den Herzog Albert. . . 200

Anmerkungen. 212

Ansichten

vom Niederrhein, von Brabant, Flandern, Holland, England und Frankreich.

Erste Abtheilung.
Ansichten vom Niederrhein, von Brabant, Flandern und Holland.

I.
Boppard.

Rheinfahrt. Frühlingsblüten. Bildung des Rheinbettes. Weinbau im Rheingau und Armuth der Rheinländer. Abenteuer.

Den 24. März 1790.

Ich war eben im Begriff, unserer Philosophie eine Lobrede zu halten, als mir einfiel, daß im Grunde wenig dazu gehört, sich in ein Schicksal zu finden, welches Deinem Reisenden noch Feder, Tinte und Papier gestattet. Behaglicher wäre es allerdings gewesen, Dir alles, was ich jetzt auf dem Herzen habe, aus Koblenz und in der angenehmen Erwartung einer süßen Nachtruhe zu sagen; dafür aber sind Abenteuer so interessant! Ein gewöhnlicher Reisender hätte das Ziel seiner Tagefahrt erreicht; wir sind drei Stunden Weges diesseit desselben geblieben.

Es war einmal Verhängniß, daß es uns heute anders gehen sollte, als wir erwartet hatten. Statt des herrlichen gestrigen Sonnenscheins, mit dessen Fortdauer wir uns schmeichelten, behielten wir einen grauen Tag, dessen minder glänzende Eigenschaften aber, genau wie man in Romanen und Erziehungsschriften lehrt, das Nützliche ersetzte. Denn weil der Zauber einer schönen Beleuchtung wegfiel und der bekannten Gegend keine Neuheit verleihen konnte, so blieb uns manche Stunde zur Beschäftigung übrig. Auf der Fahrt durch das Rheingau hab' ich, verzeih es mir der Nationalstolz meiner Landsleute! eine Reise nach Borneo gelesen und meine Phantasie an jenen glühenden Farben und jenem gewaltigen Pflanzenwuchs des heißen Erdstrichs, wovon die winterliche Gegend hier nichts hatte, gewärmt und gelabt. Der Weinbau gibt wegen der krüppelhaften Figur der Reben einer jeden Landschaft etwas Kleinliches; die dürren Stöcke, die jetzt von Laub entblößt und immer steif in Reih und Glied geordnet sind, bilden eine stachlichte Oberfläche, deren nüchterne Regelmäßigkeit dem Auge nicht wohlthut. Hier und dort sahen wir indeß doch ein Mandel= und ein Pfirsichbäumchen und manchen Frühkirschenstamm mit Blütenschnee weiß oder röthlich überschüttet, ja selbst in dem engern Theile des Rheinlaufs, zwischen den Bergklüften, hing oft an den kahlen, durch die Rebenstöcke verunzierten Felswänden und Terrassen ein solches Kind des Frühlings, das schöne Hoffnungen auf die Zukunft in uns weckte.

Nicht immer also träumten wir uns in den ewigen Sommer der Palmenländer. Wir saßen stundenlang auf dem Verdeck und blickten in die grüne, jetzt bei dem niedrigen Wasser wirklich erquickend grüne Welle des Rheins; wir weideten uns an dem reichen, mit aneinanderhangenden Städten besäeten Rebengestade, an dem aus der Ferne her einladenden Gebäude der Propstei Johannisberg, an dem Anblicke des romantischen Mäusethurms und der am Felsen ihr gegenüber hangenden Warte. Die Berge des Niederwalds warfen einen tiefen Schatten auf das ebene, spiegelhelle Becken des Flusses, und in diesem Schatten ragte, durch einen zufälligen Sonnenblick erleuchtet, Hatto's Thurm weiß hervor, und die Klippen, an denen der Strom hinunterrauscht, brachen ihn malerisch schön. Die Nahe, mit ihrer kühnen Brücke und der Burg an ihrem Ufer, glitt sanft an den Mauern von Bingen hinab, und die mächtigern Fluten des Rheins stürzten ihrer Umarmung entgegen.

Wunderbar hat sich der Rhein zwischen den engern Thälern einen Weg gebahnt. Kaum begreift man auf den ersten Blick, warum er hier (bei Bingen) lieber zwischen die Felswände von Schiefer sich drängte, als sich in die flachere Gegend nach Kreuznach hin ergoß. Allein bald wird man bei genauerer Untersuchung inne, daß in dieser Richtung die ganze Fläche allmählich steigt und wahrer Abhang eines Berges ist. Wenn es demnach überhaupt dem Naturforscher ziemt, aus dem vorhandenen Wirklichen auf das vergangene Mögliche zu schließen, so scheint es denkbar, daß einst die Gewässer des Rheins vor Bingen, durch die Gebirgswände gestaucht und aufgehalten, erst hoch anschwellen, die ganze flache Gegend überschwemmen, bis über das Niveau der Felsen des Bingerlochs anwachsen, und dann unaufhaltsam in der Richtung, die der Fluß noch jetzt nimmt, sich nordwärts darüber hinstürzen mußten. Allmählich wühlte sich das Wasser tiefer in das Felsenbett, und die flachere Gegend trat wieder aus demselben hervor. Dies vorausgesetzt war vielleicht das Rheingau, ein Theil der Pfalz und der Bezirk um Mainz bis nach Oppenheim und Darmstadt einst ein Landsee, bis jener Damm des binger Felsenthals überwältigt ward und der Strom einen Abfluß hatte.

Der stärkere Wein, den das Rheingau hervorbringt, wächst nicht mehr jenseit der Enge von Bingen. Die Richtung des Flusses von Morgen gegen Abend durch das ganze Rheingau gibt den dortigen Rebenhügeln die beste Lage gegen den Strahl der mittäglichen Sonne, und die Gestalt des östlichen Gebirgs, das auf seiner Oberfläche beinahe ganz eben ist, trägt vieles zur vorzüglichen Wärme dieses von der Natur begünstigten Thales bei. Der Nord= und der Ostwind stürzen sich, wenn sie über jene erhabene Fläche herstreichen und an den Rand derselben kommen, nicht geradezu hinab, sondern äußern ihre meiste Kraft erst auf der entgegengesetzten Seite des Flusses; das Thal unmittelbar unter dem Berge berühren sie kaum. Was für Einfluß die mineralischen Bestandtheile des Erdreichs und die Verschiedenheit der Gebirgslager auf die Eigenschaften des Weins haben können, ist noch nicht entschieden. Je weniger man über diesen Punkt weiß und bestimmt wissen kann, desto weiter treibt die grübelnde Hypothesensucht ihr Spiel damit. Hier darf sie sich keck auf ihre empirische Weisheit berufen; denn sie kann sich vor Widerlegungen wenigstens so lange sicherstellen, als man nicht Erfahrung gegen Erfahrung aufzuweisen hat. Soviel ist indessen immer an der Sache, daß, wo alle übrige Umstände völlig gleich sind und nun doch eine Verschiedenheit im Erzeugniß bemerklich wird, die Ursache davon in der Beschaffenheit des Bodens gesucht werden darf. Bekanntlich entspringen auf jenem östlichen Gebirge mehrere zum Theil heiße Quellen, von denen einige Schwefel, andere Vitriolsäure und Eisen enthalten. Man hat mich auch versichern wollen, daß ein Kohlenflötz sich unter dem Hügel von Hochheim erstrecke und dem dort wachsenden vortrefflichen Weine der Domdechanei seinen berühmten edeln Geschmack und sein Feuer gebe. Ich erinnere mich hierbei, daß der Schnee am Gehänge dieses Rebenhügels gegen Mainz eher als vor dem entgegengesetzten Thore schmilzt. Der Unterschied war mir und andern oft in wenigen hundert Schritten so auffallend, daß sogar die Lufttemperatur unter völlig gleichen Umständen dem Gefühle merklich verschieden vorkam. Sowie man das abendliche Thor von Hochheim verläßt, um nach Mainz zu gehen, glaubt man in einem mildern Klima zu sein.

Ich würde freilich diesen Unterschied dem Winde zuschreiben, der auf der Ebene von dem Altkönig her frei und ohne Widerstand hinstürmen und die Kälte der obern Luftregion herunterführen, oder besser die zum Gefrieren erforderliche schnelle Verdünstung befördern kann. Allein andere schreiben die wärmere Temperatur des Weinbergs den darunterliegenden Kohlen zu. Wahr ist es, eine Kohle, wie überhaupt jeder Brennstoff, fühlt sich unter einerlei Umständen viel wärmer an als ein Stück Kalkstein oder Schiefer, und dieses Gefühl beweist, daß wirklich aus der Kohle in den berührenden Körper mehr Wärmetheilchen übergehen; nicht minder gewiß ist es auch, daß die brennbaren Mineralien bei einer gewissen Lufttemperatur unaufhörlich Wärme ausströmen. Wie, wenn der Weinstock besonders vor andern Gewächsen organisirt wäre, von dieser Ausdünstung begünstigt zu werden? Das Beste zur Vergeistigung des Traubensaftes thut zwar die Sonne; ihr Licht, das von den schwammigen Früchten eingesogen und in ihrer Flüssigkeit fixirt wird, würzt und versüßt die Beere. Daher bleiben auch unsere Weine gegen die griechischen, italienischen, spanischen, ja sogar gegen die ungarischen und französischen so herbe, daß sie bei den Ausländern und dem Frauenzimmer wenig Beifall finden.

Für die Nacktheit des verengten Rheinufers unterhalb Bingen erhält der Landschaftkenner keine Entschädigung. Die Hügel zu beiden Seiten haben nicht jene stolze, imposante Höhe, die den Beobachter mit Einem mächtigen Eindruck verstummen heißt; ihre Einförmigkeit ermüdet endlich, und wenngleich die Spuren von künstlichem Anbau an ihrem jähen Gehänge zuweilen einen verwegenen Fleiß verrathen, so erwecken sie doch immer auch die Vorstellung von kindischer Kleinfügigkeit. Das Gemäuer verfallener Ritterfesten ist eine prachtvolle Verzierung dieser Scene; allein es liegt im Geschmack ihrer Bauart eine gewisse Aehnlichkeit mit den verwitterten Felsspitzen, wobei man den so unentbehrlichen Contrast der Formen sehr vermißt. Nicht auf dem breiten Rücken eines mit heiligen Eichen oder Buchen umschatteten Bergs, am jähen Sturz, der über eine Tiefe voll wallender Saaten und friedlicher Dörfer den Blick bis in die blaue Ferne des hüglichten Horizonts hinweggleiten läßt, — nein, im engen Felsthal, von höhern Bergrücken umschlossen und wie ein Schwalbennest zwischen ein paar schroffen Spitzen klebend, ängstlich, hängt hier so mancher zertrümmerte, verlassene Wohnsitz der adelichen Räuber, der einst das Schrecken des Schiffenden waren. Einige Stellen sind wild genug, um eine finstere Phantasie mit Orcusbildern zu nähren, und selbst die Lage der Städtchen, die eingeengt sind zwischen den senkrechten Wänden des Schiefergebirgs und dem Bette des furchtbaren Flusses — furchtbar wird er, wenn er von geschmolzenem Alpen=

schnee oder von anhaltenden Regengüssen anschwillt — ist melancholisch und schauderhaft.

In Bacharach und Kaub, wo wir ausstiegen und auf einer bedeckten Galerie längs der ganzen Stadtmauer hin an einer Reihe ärmlicher, verfallener Wohnungen fortwanderten, vermehrten die Unthätigkeit und die Armuth der Einwohner das Widrige jenes Eindrucks. Wir lächelten, als zu Bacharach ein Invalide sich an unsere Jacht rudern ließ, um auf diese Manier zu betteln; es war aber entweder noch lächerlicher oder, wenn man eben in einer ernsthaften Stimmung ist, empörender, daß zu St.=Goar ein Armenvogt, noch ehe wir ausstiegen, mit einer Sparbüchse an das Schiff trat und sie uns hinhielt, wobei er uns benachrichtigte: das Straßenbetteln sei zu Gunsten der Reisenden von Obrigkeits wegen verboten. Seltsam, daß dieser privilegirte Bettler hier die Vorüberschiffenden, die nicht einmal aussteigen wollen, belästigen darf, damit sie nicht auf den möglichen Fall des Aussteigens beunruhigt werden!

In diesem engern, obern Theile des Rheinthals herrscht ein auffallender Mangel an Industrie. Der Boden ist den Einwohnern allerdings nicht günstig, da er sie auf den Anbau eines einzigen, noch dazu so ungewissen Products wie der Wein einschränkt. Aber auch in ergiebigern Gegenden bleibt der Weinbauer ein ärgerliches Beispiel von Indolenz und daraus entspringender Verderbheit des moralischen Charakters. Der Weinbau beschäftigt ihn nur wenige Tage im Jahre auf eine anstrengende Art; bei dem Gäten, dem Beschneiden der Reben u. s. w. gewöhnt er sich an den Müßiggang, und innerhalb seiner Wände treibt er selten ein Gewerbe, welches ihm ein sicheres Brot gewähren könnte. Sechs Jahre behilft er sich kümmerlich oder anticipirt den Kaufpreis der endlich zu hoffenden glücklichen Weinlese, die gewöhnlich doch alle sieben oder acht Jahre einmal zu gerathen pflegt; und ist nun der Wein endlich trinkbar und in Menge vorhanden, so schwelgt er eine Zeit lang von dem Gewinne, der ihm nach Abzug der erhaltenen Vorschüsse übrigbleibt, und ist im folgenden Jahre ein Bettler wie vorher. Ich weiß, es gibt einen Gesichtspunkt, in welchem man diese Lebensart verhältnißmäßig glücklich nennen kann. Wenngleich der Weinbauer nichts erübrigt, so lebt er doch sorglos in Hoffnung auf das gute Jahr, welches ihm immer wieder aufhilft. Allein wenn man so raisonnirt, bringt man die Herabwürdigung der Sittlichkeit dieses Bauers nicht in Rechnung, die eine unausbleibliche Folge seiner unsichern Subsistenz ist. Der Landeigenthümer zieht freilich einen in die Augen fallenden Gewinn vom Weinbau; denn weil er nicht aus Mangel gezwungen ist, seine Weine frisch von der Kelter zu veräußern, so hat er den

Vortheil, daß sich auch das Erzeugniß der schlechtesten Jahre auf dem Fasse in die Länge veredelt und ihm seinen ansehnlichen Gewinn herausbringen hilft. Man rechnet, daß die guten Weinländer sich, ein Jahr ins andere gerechnet, zu sieben bis acht Procent verinteressiren, des Miswachses unbeschadet. Es wäre nun noch die Frage übrig, ob dieser Gewinn der Gutsbesitzer den Staat für die hingeopferte Moralität seiner Glieder hinlänglich entschädigen kann.

Der ungewöhnlich niedrige Stand des Rheinwassers war schuld, daß unsere Jacht nur langsam hinunterfuhr. Erst um 8 Uhr abends erreichten wir Boppard beim Mondlicht, das den ganzen Gebirgskessel angenehm erleuchtete. Wir eilten dem besten Wirthshause zu, allein hier fanden wir alle Zimmer besetzt. In einem zweiten sahen wir alle Fenster eingeworfen; von dem dritten schreckte uns die Schilderung der darin herrschenden Unreinlichkeit zurück. Also mußten wir auf gut Glück im vierten einkehren und uns an einer kalten Kammer und einem gemeinschaftlichen Lager genügen lassen. Hier wärmen wir uns jetzt beim Schreiben mit Deinem russischen Thee und preisen die gütige Vorsorge, die uns damit beschenkte. Ohne ihn darbten wir in dieser Amazonenstadt, wo noch vor wenigen Tagen dreihundert Mann Executionstruppen den Muth der Weiber dämpfen mußten, die sich gegen eine misverstandene Verordnung aufgelehnt und einigen Soldaten blutige Köpfe geschlagen hatten. Die militärische Gewalt hat jetzt die Oberhand über das schöne Geschlecht, das, nach einem paar Gestalten, die an uns diesen Abend vorüberschwebten, zu urtheilen, für ganz andere Kriege gebildet zu sein scheint.

Ein für allemal bitte ich jetzt um Deine Nachsicht, wenn ich künftig auf Abschweifungen gerathe oder nicht so zierlich wie ein Gelehrter, der auf seinem Studirzimmer reist, frisch nach der That, nur auch von der Spannung des Beobachtens ermüdet, erzähle. So dürftig und desultorisch aber dieser erste Reisebericht ausgefallen ist, verspreche ich mir gleichwol einen Rückblick auf das etwaige Verdienst, welches ihm unsere unbequeme Lage geben kann. Wir schreiben hier bei einem Lichte, welches von Zeit zu Zeit Funken sprüht und nach jeder solchen Anstrengung dermaßen erschöpft ist, daß uns kaum Hellung genug übrigbleibt, unsere Schriftzüge zu erkennen. Kein lebhafteres Bild von unserm eigenen Zustande nach einer dreizehnstündigen Wasserfahrt könnte ich Dir jetzt ersinnen. Nach jedem Bemühen, einen Gedanken zu Papier zu bringen, verengt sich der Raum zwischen unsern Augenlidern und ein Nebelflor umhüllt das ewige Lämpchen des innern Sinnes.

II.
Andernach.

Koblenz und Ehrenbreitstein. Gefangene daselbst. Ungenähtes Hemde
Christi. Lederfabriken. Neuwied. Herrnhuter. Seelenunzucht.
Menschenrasse des Niederrheins.

An einem milden Sommermorgen bei Sonnenaufgang müßte
es köstlich sein, sich mitten auf dem See zu befinden, den der
Rhein bei Boppard, weil er ringsum von hohen Gebirgen ein=
geschlossen ist, zu bilden scheint; denn ungeachtet der feuchten
Kälte, womit uns der Ostwind die aufsteigenden Nebel ent=
gegenwehte, konnten wir uns doch nicht entschließen, in unserer
Kajüte zu bleiben. Die schöngewölbten Berggipfel erheben sich
hier mit reichlicher Waldung, welche das Malerische der Gegend,
sobald sie mit frischem Laube geschmückt sein wird, um vieles
erhöhen muß.

Die Nähe von Koblenz rief uns bald zum zweiten mal hervor.
Hier öffnet sich ein Reichthum der Natur und der Verzierung,
den das Ufer des Rheins seit der Gegend, wo der Fluß die
Schweiz verläßt, nirgends zeigt. Schöne Formen von Gebirgs=
rücken, Baumgruppen und Gebäuden wechseln hier miteinander
ab; die Hügel tragen eine dichte Krone von Wäldern; das neue
kurfürstliche Schloß prangt am Ufer, und der Ehrenbreitstein hängt
herrlich und erhaben auf dem jenseitigen Gebirge. Beleuchtung
wäre hier wieder ein willkommenes Geschenk gewesen, allein auch
heute ward uns diese Spende versagt; unser Morgenhimmel war
mit dünnem grauem Gewölk durchstreift und uns dämmerte nur ein
halbes Licht.

Wir erstiegen den Ehrenbreitstein. Nicht die unwichtige Kost=
barkeit dieser Festung; nicht der Vogel Greif, jene ungeheuere
Kanone, die eine Kugel von hundertundsechzig Pfunden bis nach
Andernach schießen soll, aber doch wol nie geschossen hat; nicht
alle Mörser, Haubitzen, Feldschlangen, Zwölf= und Vierundzwanzig=
pfünder, lange gezogene Röhre, Kartätschenbüchsen, Graupen und
was sonst im Zeughause oder auf den Wällen zu bewundern ist;
nicht die weite Aussicht von dem höchsten Gipfel des Bergs, wo
Koblenz mit dem Rhein und der Mosel landkartenähnlich unter den
Füßen liegt — nichts von dem allen konnte mich für den ab=
scheulichen Eindruck entschädigen, den die Gefangenen dort auf mich
machten, als sie mit ihren Ketten rasselten und zu ihren räucherigen

Gitterfenstern hinaus einen Löffel steckten, um dem Mitleiden der Vorübergehenden ein Almosen abzugewinnen. Wäre es nicht billig, fiel mir dabei aufs Herz, daß ein jeder, der Menschen zum Gefängniß verurtheilt, wenigstens Einen Tag im Jahre mit eigenen Ohren ihr Gewinsel, ihre himmelstürmende Klage vernehmen müßte, damit ihn nicht der todte Buchstabe des Gesetzes, sondern eigenes Gefühl und lebendiges Gewissen von der Rechtmäßigkeit seiner Urtheile überzeugte? Wir bedauern den unsittlichen Menschen, wenn die Natur ihn straft und physisches Uebel über ihn verhängt; wir suchen sein Leid zu mildern und ihn von seinen Schmerzen zu befreien: warum darf nicht Mitleid den Elenden erquicken, dessen Unsittlichkeit den Arm der beleidigten Bürgerordnung reizte? Ist der Verlust der Freiheit kein hinreichendes Sühnopfer, und fordert die strenge Gerechtigkeit noch die Marter des Eingekerkerten? Mich dünkt, die Abschaffung der Todesstrafen hat uns nur noch grausamer gemacht. Ich will hier nicht untersuchen, ob ein Mensch befugt sein könne, einem andern das Leben zu nehmen; aber wenn es Güter gibt, die unantastbar und allen heilig sein sollen, so ist das Leben gewiß nicht das einzige, welches unter diese Rubrik gehört; auch diejenigen Zwecke des Lebens gehören hierher, ohne welche der Mensch seinen Rang auf der Leiter der Wesen nicht behaupten kann, ohne welche er Mensch zu sein aufhören muß. Die Freiheit der Person ist unstreitig ein solches von der Bestimmung des Menschen unzertrennliches und folglich unveräußerliches Gut. Wenn also der bürgerliche Vertrag ein so schreckliches Uebel wie die gewaltsame Beraubung eines unveräußerlichen Gutes über einen Menschen um der Sicherheit aller willen verhängen muß, so bleibt zu entscheiden übrig, ob es nicht zwecklose Grausamkeit sei, das Leben durch ewige Gefängnißstrafe in fortwährende Qual zu verwandeln, wobei es schlechterdings zu keiner andern Absicht als zum Leiden erhalten wird, anstatt es durch ein Todesurtheil auf einmal zu enden? Die fromme Täuschung, die man sich zu machen pflegt, als ob ein Delinquent während seiner lebenslänglichen Gefangenschaft Zeit gewönne, in sich zu gehen, eine sittliche Besserung anzufangen, sich durch seine Reue mit Gott zu versöhnen und für ein künftiges Leben zu bereiten, würde schnell verschwinden, wenn man sich die Mühe gäbe, die Erfahrung um Rath zu fragen, ob dergleichen Bekehrungen die gewöhnlichen Folgen der ewigen Marter sind. Die finstern modernden Gewölbe der Gefängnisse und die Ruderbänke der Galeren würden, wie ich fürchte, hierüber schauderhafte Wahrheiten verrathen, wenn man auch nicht, durch richtiges Nachdenken geleitet, schon im voraus überzeugt werden könnte, daß die Bekehrung im Kerker zwecklos sein müsse, weil sie unfruchtbar bleibt, und daß ein Augenblick wahrer Reue so viel werth sei als ein in Thränen und Büßungen hingeschmachtetes halbes Jahrhundert. Allein die Furcht vor dem Tode, die nur durch eine der Würde des Menschen angemessene Erziehung gemildert und in Schranken gehalten wird, lehrt den Richter das Leben in immerwährender Gefangenschaft als eine Begnadigung schenken, und den Verbrecher es unter dieser Bedingung dankbar hinnehmen. Auch hier wirkt also die Furcht, wie sie sonst immer zu wirken pflegt: sie macht grausam und niederträchtig. Doch den Gesetzen will ich hierin weniger Schuld beimessen als der allgemeinen Stimmung des Menschengeschlechts. Solange es Menschen gibt, die das Leben ohne Freiheit, an der Kette und im Kerker, noch für ein Gut achten können, solange bedauere ich den Richter, der vielleicht nicht weiß, welch ein schreckliches Geschenk er dem unglücklichen Verbrecher mit der Verlängerung eines elenden Lebens macht; aber verdenken kann ich es ihm nicht, daß er sich von dem Geiste seines Zeitalters hinreißen läßt.

Unter den Merkwürdigkeiten des Ehrenbreitsteins zeigte man uns auch das ungenähte Kleid des Heilands. Der ungeziemende Scherz, den ein unvorsichtiger Zuschauer sich darüber erlaubte, erregte bei einem unserer Führer solchen Abscheu, daß er seine heftigen Aeußerungen nicht ohne ein krampfhaftes Zucken unterdrücken konnte. War es echte Frömmigkeit, war es der verzeihliche Aberglaube des Pöbels, was diese Wirkung hervorbrachte? Ich vermuthe, diesmal keins von beiden. Es gibt Menschen, deren Seele die Vorstellung eines schuldigen Respects so ganz erfüllt, daß sie bei einer Spötterei über den geschmacklosen Galarock eines Ministers genau dieselbe Angst empfinden würden.

In dem alten, leeren, geräumigen Dikasterialgebäude zu Ehrenbreitstein hat der Kaufmann Gerhardi eine neue Lederfabrik angelegt, wozu ihm der Kurfürst von Trier auf fünf oder sechs Jahre Befreiung von allen Abgaben bewilligt hat. In einiger Entfernung von diesem Orte, zu Vallendar, zieht eine große Lederfabrik ihre Häute unmittelbar aus Buenos Ayres in Südamerika. So knüpfen der Handel und die Industrie das Band zwischen den entferntesten Welttheilen!

Von Koblenz fuhren wir nach Neuwied und besahen dort das Brüderhaus der Herrnhuter nebst den mancherlei Werkstätten dieser fleißigen und geschickten Gesellschaft. Ihre Kirche ist ein einfaches, helles Gebäude, das mir recht gut gefiel. An die Stelle der Agapen oder Liebesmahle der ersten Christen ist hier ein gemeinschaftliches Theetrinken in der Kirche eingeführt, wozu sich die ganze Gemeinde von Zeit zu Zeit versammelt. Meine Vorliebe zum Thee ist es nicht allein, die mich mit diesem Gebrauche versöhnt. Wenn ich schon nicht mitschwärmen mag, so ist mir doch eine Schwärmerei ehrwürdig, sobald sie auf Geselligkeit und frohen Genuß des Daseins führt. Diese Stimmung läßt sich, wie Du leicht denken kannst, mit der herrnhutischen Einrichtung, welche die unverheiratheten Männer und Weiber mit klösterlicher Strenge voneinander trennt, schon nicht so leicht in eine Gleichung bringen. Ich glaube in meiner Erfahrung hinlänglichen Grund zu der Ueberzeugung zu finden, daß man in der Welt nie stärker gegen das Böse und seine Anfechtungen ist, als wenn man ihm mit offener Stirne und edelm Trotz entgegengeht; wer vor ihm flieht, ist überwunden. Wer steht uns auch dafür, daß, wo der gebundene Wille mit der erkannten Pflicht im Kampfe liegt, die Sünden der Einbildungskraft nicht unheilbarer und zerrüttender sein können als die etwaigen Folgen eines gemischten und durch freiwillige Sittsamkeit gezügelten Umgangs? Gibt es nicht wollüstige Ausschweifungen der Seele, welche strafbarer als physische Wollüste sind, da sie den Menschen im wesentlichsten Theile seines Daseins entnerven? Die lehrreichen Schriften der berühmten Guyon, die freilich wol in einer ganz andern Absicht gedruckt worden sind, und die Bekenntnisse des wackern Jameray Duval schildern die Krankheit der Entzückten durch alle ihre verschiedenen Stadien als eine metaphysische Selbstschändung. Bei einem eingeschränkten Erkenntnißvermögen und einer armen Einbildungskraft sind die Symptome nicht gefährlich und das Uebel bleibt in den Schranken, die ihm die Unerheblichkeit des Individuums anweist. Wenn hingegen diese Seelenepidemie ein gebildetes, edles Wesen ergreift, dann äußern sich Wirkungen, welche Völker vergiften, die bürgerlichen Verhältnisse stören und die Sicherheit des Staats untergraben können. Die Täuschung, womit man sich über den Gegenstand dieser Entzückungen hintergeht, ist so vollkommen, daß die tiefste Tiefe, wohin der menschliche Geist sinken kann, dem Verblendeten die höchste Stufe der Tugend, der Läuterung und der Entwickelung zum seligen Genusse scheint. Genau wie die Entartung des physischen Triebes die Gesetze der Natur beleidigt, ebenso muß in einem noch ungleich höhern Grade der Seelenraub strafbar sein, den man durch jene unnatürliche Vereinigung mit einer Idee am ganzen Menschengeschlechte begeht. Geistesarmuth ist der gewöhnliche, jedoch von allen gewiß der unzulässigste Vorwand zu dieser Theopornie, die erst in der Einsamkeit und Heimlichkeit angefangen und dann ohne Scheu öffentlich fortgesetzt wird. Zuerst ist es Trägheit, hernach Egoismus, was den Einfältigen über die natürlichsten Mittel, seinem Mangel abzuhelfen, irreführt. Ist hingegen eine Seele reich und groß: o, dann suche sie ein Wesen ihrer Art, das Empfänglichkeit genug besitzt, sie ganz zu fassen, und ergieße sich in ihr! Selten oder nie wird es sich ereignen, daß ein Geist dieser endlichen Erde einzeln und ohnegleichen steht; und bliebe nicht diesem Erhabenen selbst, der kein Maß für seine Größe fände, der göttliche Genuß noch übrig, sich mehrern theilweise hinzugeben und allen alles zu werden? Die Weisheit der Natur ist zum Glück noch mächtiger und consequenter als die Thorheit der Menschen, und ehe man es sich versieht, führt sie auch den Schwärmer wieder in das Gebiet des Wirklichen zurück. Bei den Herrnhutern ist überdies dafür gesorgt, daß man sich nicht zu weit aus demselben verlieren kann. Fleiß und Arbeitsamkeit sind kräftige Verwahrungsmittel gegen das Ueberhandnehmen der Seelenkrankheiten, die sie nur dann begünstigen, wenn allzu große Anstrengung, allzu langes Einsitzen, allzu strenge Diät die Kräfte des Körpers untergraben. Ein Kennzeichen, woran wir deutlich sahen, daß die Schwärmerei hier sehr erträglich sein müsse und daß die guten Leute auf die Weisheit der Kinder dieser Welt nicht ganz und gar Verzicht gethan hätten, war der hohe Preis, den sie auf alle ihre Fabrikate setzten. Ich weiß in der That nicht, wie ich diesen mit ihrem unstreitig sehr musterhaften Fleiße reimen und wie ich mir die Möglichkeit eines hinlänglichen Debits dabei denken soll.

Andernach erreichten wir noch vor Sonnenuntergang. Ich bemerkte hier jetzt zum zweiten mal eine Nuance im Menschengeschlecht, welche gegen die Bewohner oberhalb dieses Orts merklich absticht; und da meine Reisegefährten die Bemerkung einstimmig bestätigten, so ist es vielleicht minder keck, daß ich sie Dir vorzulegen wage. Unter dem gemeinen Volke nämlich trifft man hier und weiter hinabwärts am Rhein etwas regelmäßigere, blondere Gesichter an, wiewol sich etwas Plumpes, Materielles in die Züge mischt, das dem Niederrhein eigen ist und dem Phlegma im Charakter vollkommen entspricht. Ich will hier nur im Vorbeigehen und ohne eine bestimmte Anwendung zu machen den Gedanken äußern, daß die Art der Beschäftigung in der Länge der Zeit wenigstens mittelbaren Einfluß auf die Verschiedenheit der körperlichen Bildung und folglich auch des Charakters hat. Armuth zum Beispiel ist unzertrennlich von dem Landvolke, das den Weinstock zu seiner einzigen Stütze wählte, und Armuth wirkt nachtheilig zurück auf die Gestalt. Um Andernach und weiter hinabwärts steht der Weinbau in keinem bedeutenden Verhältnisse zu den übrigen Erzeugnissen des Bodens. Wie aber, wenn, noch ehe Wein in Deutschland gebaut ward, bereits in Sprache, Farbe und Gestalt eine Abschattung zwischen den ober- und niederrheinischen Stämmen bemerkbar gewesen wäre? Dann könnte sie durch die Länge der Zeit und die Verschiedenheit der Lebensart nur noch schneidender geworden sein. Die weichere, plattere Mundart fällt indeß erst auf, wenn man sich der Gegend von Köln zu nähern anfängt.

III.
Köln.

Gebirge zwischen Bingen und Bonn. Bimssteinlager bei Andernach. Vulkanistische Hypothesen. Basaltberge, insbesondere der Basaltbruch bei Unkel. Naturaliencabinet des Kurfürsten von Köln in Bonn. Fälschlich sogenannter fossiler Menschenschädel. Charakteristik unsers Zeitalters.

Wohin sich das Gespräch der Edeln lenkt,
Du folgest gern, denn dir wird's leicht, zu folgen.

Hier, wo der Rhein sich zwischen ebenen Flächen schlängelt, blick' ich wieder nach den Gebirgen zurück, deren letzte Gipfel Bonn gegenüber am Horizont sich noch in schwachen Linien zeichnen.

Mit welchem ganz andern Interesse, als der unwissenschaftliche Reisende daran nehmen kann, hält der Naturforscher die Schau und Musterung über jene Unebenheiten unserer Erde, denen er noch die Spur ehemaliger Umwandlungen und großer entscheidender Naturbegebenheiten ansieht! Auf unserer kurzen Rheinfahrt haben wir oft mit den Pflanzen und den Steinen am Ufer gesprochen, und ich versichere Dich, ihre Sprache ist lehrreicher als die dicken Bücher, die man über sie geschrieben hat. Soll ich Dir von unsern Unterhaltungen nicht etwas wiedererzählen?

Die Gebirgskette, die sich durch Thüringen, Fulda und die Wetterau bis an den Rhein erstreckt, endigt sich oberhalb Bonn in dem sogenannten Siebengebirge, welches prallig in mehrern hohen Spitzen und Gipfeln seine Granit=, Gneis= und Porphyrmassen emporhebt, auf denen hier und dort andere kiesel=, thon= und bittersalzerdige Mischungen, wie Kieselschiefer, Hornschiefer und Basalte, nebst den zwischen ihnen durch verschiedene Verhältnisse der Bestandtheile verursachten Schattirungen von Gestein liegen. Die südlichen Zweige des hessischen Gebirgs setzen über den Rhein fort und gehen in die vogesische Kette über. Von Bingen bis Bonn enthalten sie Thon= und Kieselschiefer von mancherlei Gefüge, Härte, Farbe und Mischung, auf welchen man zuweilen große Sandsteinschichten antrifft. Im allgemeinen streichen die Schichten von Abend nach Morgen und gehen mit einem Winkel von sechzig bis fünfundsechzig Graden nach Süden in die Tiefe.

Ehe uns die Nacht in Andernach überfiel, machten wir noch einen mineralogischen Gang nordwestlich von der Stadt. An einem Hohlwege, gleich unter der Dammerde, zeigte sich ein Bimssteinlager, welches an einigen Stellen mit Schichten von Traß, oder wie ich es lieber nenne, von zerstörten, zu Staub zerfallenen und dann vermittels des Wassers wieder zusammengekitteten Bimssteinen, abwechselte. Die Bimssteine sind von weißlicher Farbe, sehr leicht, bröcklich, löcherlicht, rauh anzufühlen und gewöhnlich in ganz kleinen Stückchen von der Größe einer Erbse und noch kleiner, bis zu zwei Zollen im Durchmesser. In diesen Stückchen finden sich zuweilen kleine Fragmente von Kohlen eingebacken.

Die Erscheinung dieser unbezweifelten Erzeugnisse des Feuers am friedlichen Rheinufer hat schon manchen Gebirgsforscher in Erstaunen gesetzt, welches vielleicht vom ruhigen Wege des Beobachtens abwärts führt. In der Strecke von Andernach bis Bonn glaubten Collini, Hamilton, de Luc und andere Freunde der Feuertheorie die deutlichsten Spuren ehemaliger feuerwerfenden Schlünde zu sehen. Vulkane dampften und glühten; geschmolzene Lavaströme flossen, kühlten sich plötzlich in dem Meere, das damals alle diese Länder bedeckte, und zerklüfteten sich in säulenförmige Theile; ausgebrannte Steine, Asche und Kohlen flogen in die Luft und fielen in Schichten nieder, die man jetzt angräbt und zum Wasserbau nach Amsterdam versendet; kurz, ehe es Menschen gab, die den Gefahren dieses furchtbaren Wohnorts trotzten und das plutonische Gebiet mit Weizen oder mit Reben bepflanzten, kreißte hier die Natur und die Berge wanden sich in gewaltsamen Krämpfen. Ist das nicht prächtig — geträumt? Es kommt ja nur auf uns an, ob wir den Hekla und Aetna, den Vesuv und den Chimborasso an dem Gestade unsers vaterländischen Rheins erblicken wollen. Wenn die Erscheinungen, die das hiesige Gebirge uns zeigt, Vergleichungen dieser Art begünstigen, wer dürfte uns verbieten, unserer Einbildungskraft die Ergänzung einer Lücke in den Annalen der Erdumwandlung aufzutragen? Ueber jene Erscheinungen aber ist man bisjetzt noch nicht einig.

Der Bimsstein ist zwar zuverlässig ein Feuerproduct; allein, daß wir uns ja nicht mit der Folgerung übereilen, es müsse deshalb bei Andernach einst ein Vulkan gelodert haben! Hier ist nirgends eine begleitende Spur von Vulkanen sichtbar; nichts leitet auch nur von fern her auf die Vermuthung, daß diese Schichte, wo sie liegt, im Feuer entstanden sein könne. Ihre Lage unmittelbar unter der Dammerde scheint sie vielmehr für fremdartig zu erklären. Wer kann nun bestimmen, durch welche Revolutionen und wie viele tausend Meilen weit her diese Bimssteine hier angeschwemmt sind: welche Flut sie von weit entlegenen Gebirgen abwusch, um sie hier allmählich abzusetzen? Das Dasein eines über alle hiesigen Berggipfel gehenden Meeres muß man ja bei der Feuertheorie ebenfalls voraussetzen, um die Möglichkeit der Entstehung des Basalts nach den Grundsätzen dieser Theorie zu erweisen; folglich verlangte ich hier nichts Neues. Allein auch ohne dieses Element zu Hülfe zu nehmen: soll denn immer nur das Feuer eines Vulkans im Stande gewesen sein, hier ein Bimssteinlager hervorzubringen? Konnte nicht etwa ein Kohlenflötz in dieser Gegend in Brand gerathen, ausbrennen und den Letten, der ihm zum Dach und zur Sohle diente, zu einer bimssteinähnlichen Masse verändern? Es ist in der That zwischen den Substanzen, die man mit dem gemeinschaftlichen Namen Bimsstein belegt, sehr oft ein weiter Unterschied, über den man in der Mineralogie nicht so leichtsinnig wie bisher hinwegsehen sollte. Im Grunde hat man den Bimsstein wol noch nicht anders definirt, als daß er ein sehr leichtes, bröckliches Feuerproduct sei; denn die unzähligen Verschiedenheiten der Farbe, der Textur und der übrigen äußerlichen Kennzeichen, die ich in Cabineten an den sogenannten Bimssteinen bemerkt habe, ließen keine andere allgemeine Form als diese übrig. Offenbar aber sind darunter Steine von dem verschiedensten Ursprunge begriffen, die nicht einmal immer einerlei Umwandlungsproceß erlitten haben. So viel ist gewiß, daß der Bimsstein von Andernach nicht zu jener Art gehört, welche die Mineralogen von der Zerstörung des Asbests im Feuer herzuleiten pflegen, und auch nicht wie der Bimsstein von Tauna aus kleinen spitzigen Krystallen besteht, sondern, wenn er seine jetzige Gestalt im Feuer erhielt, wahrscheinlich aus Letten verändert worden ist.

Als wir am folgenden Tage unsere Wasserfahrt fortsetzten, kamen wir dem Flecken Unkel gegenüber an die merkwürdigen Basaltgruppen, über deren säulenförmige Bildung schon Trembley erstaunte, ohne jedoch etwas von dem Streite zu ahnen, den man zeither über ihre Entstehung mit so vieler Wärme geführt hat. Bei niedrigem Wasser ragen sie aus diesem hervor und sind, soweit es sie bedecken kann, mit einem kreideweißen Schlamm überzogen, welcher auch die Thonschieferfelsen bei Bingen bedeckt. Wahrscheinlich macht dieser Schlamme den Rhein so trübe, wenn er von Berggewässern hoch angeschwollen ist. Wir wanderten über die Gipfel oder Enden der convergirenden Säulen und gingen in den Steinbruch, der jetzt einen Flintenschuß weit vom Ufer hinaufwärts liegt, ob er sich gleich ehemals bis dicht an das Wasser erstreckte. Hier standen die sehr unvollkommen und regellos gegliederten Säulen von ziemlich unbestimmt eckiger Form und Mannsdicke aufrecht auf einem Lager von braunem, thonartigem Gestein voll Höhlen, die zum Theil noch mit verwitterndem Kalkspat angefüllt waren. Die Säulen sind von ziemlich festem Korn, dichtem Bruch, mattschwarz mit schwarzen Schörlpunkten und lauchgrünen Olivinen reichlich angefüllt, die sich zuweilen in faustgroßen Massen darin finden. Außerdem enthalten diese Basalte öfters Wasserkies in dünnen Streifen, desgleichen einen gelbbraunen Tropfstein oder Kalksinter, womit sie durchwachsen sind, und endlich, nach Aussage der Arbeiter, auch klares Wasser in ganz verschlossenen Höhlungen, die zuweilen im Kern einer Säule angetroffen werden.

Das Losbrechen der Säulen sieht gefährlich aus. Es geschieht vermittels eines spitzen Eisens, das an einem langen Stocke befestigt ist und das der Arbeiter zwischen die Fugen bringt. Der Sturz ganzer Massen von Säulen hat etwas Fürchterliches, und sobald man merkt, daß sie stürzen wollen, rettet sich ein jeder, um nicht beschädigt zu werden. An vielen Säulen, welche auf diese Art in unserer Gegenwart losgebrochen wurden, bemerkte ich einen weißen, vermuthlich kalkigen Beschlag oder Anflug, dessen Ursprung sich so wenig wie der Ursprung des bereits erwähnten Sinters erklären läßt, wenn man anders nicht künftig Kalkarten in der Nähe findet. Doch können auch die Wasser auf sehr langen Strecken Kalktheilchen aufgelöst enthalten und weit mit sich führen, ehe sie dieselben wieder absetzen.

Sowol auf diesem westlichen als auf dem entgegengesetzten östlichen Ufer des Rheins, bis in das Siebengebirge hinunter, sind diese Basaltbrüche häufig genug, um für die ganze Gegend Bau = und Pflastersteine zu liefern. Das ehemalige Jesuitencollegium in Koblenz ist von außen mit Basaltstücken bekleidet, und die Heerstraßen werden damit in gutem Stande erhalten. Was suchen wir also weiter nach den Werkstätten, wo die Natur den Bimsstein von Andernach bereitete, wenn, wie es heutigentags bei so manchem Naturforscher für ausgemacht gilt, Basaltberge und erloschene Vulkane völlig gleichlautende Benennungen sind? Können wir noch die Spuren des ehemaligen Brandes vermissen, wo der Basalt sogar, wie hier bei Unkel, auf einer braunen, löcherichten Lava steht? Haben die Basaltberge nicht die charakteristische Kegelgestalt, und ist hier nicht ein Krater vorhanden, den de Luc zuerst entdeckt hat und dessen Oeffnung er mit der Hand bedecken konnte?

Ich gebe Dir mein Wort, daß der Muthwille des Reisenden, der den ganzen Tag hindurch in frischer Luft und in munterer Gesellschaft schwelgte, keinen Antheil an dieser Darstellung der vulkanischen Logik hat. Es ist wahr, daß man unaufhörlich von dem Punkt ausgeht, den man erst beweisen sollte und dann, wie gewisse Exegeten, zurückbeweist: Basaltberge sind erloschene Vulkane; also ist der Basalt ein vulkanisches Product; oder: Basalt steht auf löcherichter Lava, also ist Basalt feste Lava; oder: Vulkane sind kegelförmige Berge, also sind kegelförmige Basaltkuppen Vulkane; oder endlich: ein Schlund, aus welchem der Rauch und die Flamme des Vulkans emporsteigen und Bimssteine und Felsstücken herausgeschleudert werden, ist ein Krater, also ist ein Loch auf einem Basaltberge, welches man mit der Hand bedecken kann, ein Krater und der Basaltberg ein Vulkan. Ohne das Geringste von der Sache zu wissen, sieht man ein, daß diese sämmtlichen Schlüsse nichts beweisen, da bald der Obersatz, bald die Folgerung ungegründet ist. De Luc's Krater lasse ich für sich selbst sprechen. Die Kegelform der Vulkane, die natürlich genug durch die Anhäufung der ausgeworfenen Steine, Erde und Asche entsteht, beweist nichts für die Entstehung der festen säulenförmig zerklüfteten Basaltkegel, zumal da es auch kegelförmige Kalkberge genug gibt und wiederum Basaltmassen, die sich in ganz verschiedenen Gestalten zeigen. Die löcherichte Steinart bei Unkel ist darum noch keine Lava, weil sie einigen Laven ähnlich sieht; und nun möchte es um den ersten willkürlich angenommenen Satz, daß Basaltberge Vulkane sind, etwas mislich stehen. Diejenigen, die sich auf die Urtheile anderer verlassen und die Vulkanität des Basalts auf Treu und Glauben annehmen, sollten sich erinnern, daß das nullius in verba nirgends unentbehrlicher ist als im hypothetischen Theile der Naturgeschichte. Bescheidene Forscher, die der vulkanistischen Vorstellungsart gewogen sind, erkennen dennoch, daß sie nur Hypothese bleibt und vielleicht nie zur Evidenz einer ausgemachten Sache erhoben werden kann. Allein die mineralogischen Ketzermacher, die auch in den Erfahrungswissenschaften die Tyrannei eines allgemein geltenden Symbols einführen wollen, verdammen gern einen jeden, der ihren Träumen nicht ebenso viel Glauben beimißt wie ihren Wahrnehmungen.

Ich bin weit davon entfernt, den Basalt geradezu für eine im Wasser entstandene Gebirgsart zu halten; allein ich gestehe zugleich, daß mir keine von den bisher bekannten Erklärungen derer, die seinen Ursprung vom Feuer herleiten, Genüge leistet, ja, daß mir insbesondere seine Entstehung in den brennenden Schlünden, die wir Vulkane nennen, völlig widersprechend und unmöglich scheint. Wäre der Basalt vulkanischen Ursprungs, so müßte man die Gebirgsart entdecken können, aus welcher er in sein jetzige Form und Beschaffenheit geschmolzen ward. Aber noch nie hat man in irgendeinem Naturaliencabinet oder auf

irgendeinem Gebirge ein Stück Basalt gezeigt, an welchem sich
hätte erkennen lassen, ob es aus Granit, aus Gneis, aus Porphyr, aus Thonschiefer, aus Kalkstein u. s. w. zu Basalt geschmolzen worden sei.

Bei Jacci in Sicilien hat man Basaltsäulen unter einem Lava-
lager gefunden. Daraus folgt aber nicht, daß beide von gleichem
Ursprunge sind. Der Basalt konnte, als ein ursprüngliches Gebirgslager, längst vorhanden sein, ehe die Lava darüber hinfloß.
Hoch hinauf am Aetna liegt ebenfalls Basalt. Nach der vulkanistischen
Hypothese wäre dies im Wasser zu Prismen abgekühlte Lava; folglich
ging bei seiner Entstehung das Mittelländische Meer fast bis an den
Gipfel des Aetna! Wohlan, eine solche Wasserhöhe zugegeben,
erkläre man nun auch, warum tief am Fuße des Vesuv uralte Laven,
unweit von dem jetzigen Stande der Meeresfläche, noch ungebildet
geblieben sind, da es nicht einen Augenblick bezweifelt werden kann,
daß, jenen hohen Stand der Mittelländischen See vorausgesetzt,
auch diese Laven von ihr hätten bedeckt werden und folglich säulenförmig zerspringen müssen. Viele wirklich geflossene Laven haben
in ihren Bestandtheilen, in ihrer Farbe und selbst in ihrem Gewebe
eine auffallende unleugbare Aehnlichkeit mit Basalt. Unbegreiflich
ist es mir daher, weshalb man nicht ebenso leicht hat annehmen
wollen, solche Laven wären aus Basalt entstanden, welcher von
dem vulkanischen Feuer ergriffen, verändert oder geschmolzen worden sei, als man sich die entgegengesetzte Meinung, Lava ver-
ändere sich durch plötzliches Erkalten in Basalt, annehmlich gedacht, ob man gleich noch in keinem Basalt die Steinart nach-
gewiesen hat, aus welcher die ihm ähnliche Lava geschmolzen worden
ist. Mit dem nämlichen Rechte könnte man auch behaupten, alle
andere Steinarten, die einer italienischen Lava ähnlich sehen und
deren es so viele gibt, wären im Feuer der Vulkane entstanden.
Allein mir kommt es einmal natürlicher vor, daß, je nachdem der
Brand in einem Berge einen Granit, einen Gneis, einen Porphyr,
einen Thonschiefer, einen Basalt, einen Marmor ergriff, und je
nachdem er diese ursprünglichen Steinarten mehr oder weniger
veränderte, heftiger oder gelinder, einzeln oder mit andern zugleich
durchdrang, daß demgemäß die Producte gerade so mannichfaltig verschieden ausfallen mußten, wie man sie wirklich unter
die Hände bekommt. Eine der schönsten und vollständigsten Sammlungen von vesuvischen Producten, welche ich je gesehen habe, die
im kurfürstlichen Naturaliencabinet von Bonn, enthält meines
Bedünkens unverwerfliche Belege für diese Behauptung, die noch
überdies durch den Umstand Bestätigung bekommt, daß die Laven
aus verschiedenen echt vulkanischen Gegenden, wie zum Beispiel die
isländischen und die santorinischen, von den italienischen sichtbarlich

verschieden sind: augenscheinlich, weil die Mischung der Gebirgsart, aus welcher sie entstanden, verschieden war.

Nimmt man endlich noch hinzu, daß die Verwitterung sowol an Laven als an ursprünglichen Gebirgsarten völlig ähnliche Wirkungen hervorbringt, so wird es immer unwahrscheinlicher, daß sich etwas Positives über die Frage behaupten lasse: ob die Entstehung unserer Rheinlande dem Feuer zuzuschreiben sei. Porphyr, Porphyrschiefer, Mandelstein nebst den hierhergehörigen Gebirgsarten werden durch die leicht zu bewirkende Auflösung ihrer Feld- und Kalkspatkörner zu leichten löcherichten Massen, welche den schwammigen verwitterten Auswürfen der Vulkane aus Island und aus Italien ähnlich sehen. Aber eine echte glasige, geflossene, schlackige Lava, die vor allen diesen Namen verdient, eine Lava, wie man sie in Island, am Vesuv, am Aetna findet, wie ich sie auf der Osterinsel, in Tanna und zuletzt auf der Ascensionsinsel selbst gesehen habe, ist mir weder in den rheinländischen, noch in den hessischen, hannöverischen, thüringischen, fuldischen, sächsischen, böhmischen und karpatischen Basaltbergen vorgekommen.

Alles, was ich hier von unsern vermeintlichen Vulkanen am Rhein mit wenigen Worten berühre, findet sich in den beiden Quartanten des Dr. Nose und in den zusammengedrängten Beobachtungen unsers scharfsinnigen Freundes A. v. H. bestätigt. Wenn nun aber der Basalt nicht Lava ist, wie entstand er denn? Aufrichtig gesagt, ich weiß es nicht. Ich kenne weder den Urstoff noch die chemische Operation, woraus und wodurch die Natur die sämmtlichen Gebirgsarten werden ließ. Wird mir jemand beweisen, daß, ehe es noch Vulkane gab, ein ganz anderer Brand, ein fürchterliches allgemeines Feuer den Basalt in allen fünf Welttheilen erzeugte; wird er mir den Urstoff nennen können, aus welchem dieses Feuer, wie noch keins war und dem wir folglich nach Willkür Eigenschaften und Wirkungen beimessen können, den Basalt geschmolzen habe: so will ich das nicht nur geschehen lassen, sondern sogar dieser Meinung beipflichten, sobald sie mehr als ein bloßes Meisterwort, sobald sie gründliche Beweise für sich hat. Bis jetzt wissen wir indessen noch wenig oder nichts Zuverlässiges von der Bildung unserer Erdrinde; denn wir haben von einer weit spätern Bildung, von der Bildung der Pflanzen und Thiere auf diesem Boden, nicht einmal einen Begriff! Wo wir Schichten regelmäßig übereinanderliegen sehen, halten wir uns für berechtigt, sie einem allmählichen Niederschlag aus dem Wasser zuzuschreiben. Allein ob alle Kalklager unsers Planeten aus Gehäusen von Würmern entstanden, oder ob das Meer, welches einst die ganze Kugel umfloß, ein von den jetzigen Meeren sehr verschiedenes chaotisches Flüssiges war, worin theils Kalk, theils Thon und Bittersalzerde, unausgeschieden, vielleicht als mögliche Bestandtheile schwammen, das ist und bleibt unausgemacht. Wir wissen zwar, daß der uralte Granit bei seiner seltsamen Mischung von Quarz, Feldspat und Glimmer keine Spur von einer geschichteten Entstehung zeigt; aber darum ist noch nicht entschieden, ob auch diese Gebirgsart ein Präcipitat aus jenem elementarischen Meere, oder, wie der große dichterische Buffon will, ein Werk des Sonnenbrandes sei. Vielleicht ist er keines von beiden. Ehe wir dahin gelangen, über die Ereignisse der Vorwelt etwas mehr als schwankende, von allem Erweis entblößte Muthmaßungen in der Naturgeschichte vortragen zu können, müssen wir zuvor in der unterirdischen Erdkunde ungleich wichtigere Fortschritte machen als bisher; wir müssen wo nicht Maupertuis' berühmten Schacht bis zum Mittelpunkt der Erde abteufen, doch wenigstens ein paar Meilen tief unter die Oberfläche, die wir bewohnen, senkrecht hinabsteigen und von dorther neue Gründe für eine Theorie der Erd-Entstehung und Umwandlung entlehnen. Bedenkt man aber, mit welchen Schwierigkeiten wir bisher nur wenige Klafter tief in das Innere der Gebirge gedrungen sind, so müssen wir über die Arbeit erstaunen, die nicht uns, sondern den späten Nachkommen des Menschengeschlechts aufgehoben bleibt, wenn sie vor lauter ewigem Frieden nicht wissen werden, was sie mit ihrer Zeit und ihren Kräften anfangen sollen.

Ich kann dieses Blatt, das ohnehin so viel Naturhistorisches enthält, nicht besser ausfüllen als mit ein paar Worten über das schon erwähnte Naturaliencabinet in Bonn. Von der herrlichen Lage des kurfürstlichen Schlosses und seiner Aussicht auf das Siebengebirge will ich nichts sagen, da wir die kurze Stunde unsers Aufenthalts ganz der Ansicht des Naturaliencabinets widmeten. Die dabei befindliche Bibliothek füllt drei Zimmer. In den reichvergoldeten Schränken steht eine Auswahl brauchbarer theurer Werke, die eines solchen Behältnisses wohl werth sind. Ich bemerkte darunter die besten Schriftsteller unserer Nation in jedem Fache der Literatur, ganz ohne Vorurtheil gesammelt. Aus der Bibliothek kommt man in ein physikalisches Cabinet, worin sich die Elektrisirmaschine, der große metallene Brennspiegel und der ansehnliche Magnet auszeichnen. Die Naturaliensammlung füllt eine Reihe von acht Zimmern. Das größte enthält vierfüßige Thiere, Vögel, Amphibien und getrocknete Fische in keiner systematischen Ordnung, theils in Glasschränken, theils im Zimmer umhergestellt, theils hangend an der Decke und mit Kunstsachen vermischt, die nicht alle von gleichem Werth oder ihres Platzes würdig sind. Die ausgestopften vierfüßigen Thiere sind meistentheils sehr mißgestaltet; ein Tadel, der mehr oder weniger alle Naturaliensammlungen trifft. Die Vögel sind weniger verzerrt und man sieht darunter manche seltene Gattung nebst ihren Nestern und Eiern. Die Decke des Zimmers ist mit verschiedenen Vögeln bemalt, die der Sammlung fehlen. Das Conchyliencabinet hat nicht viele Seltenheiten, Kostbarkeiten und sogar nicht viele Gattungen; es enthält nur die gemeinsten Sorten und eine Menge Doubletten. Desto reicher ist aber die schöne Mineraliensammlung, die zwar keine methodische Ordnung hat und ebenso wenig eine vollständige Folge aufweisen kann, aber gleichwol, wenn man sie nicht als ein Ganzes beurtheilen will, manches Kostbare enthält und dem Kenner willkommene und lehrreiche Bruchstücke darbietet, besonders die unvergleichliche vesuvisch-vulkanische Sammlung in einem braunstehenden Schranke, einen reichen Vorrath von Goldstufen, sehr schönen weißen Bleispat vom Glücksrad am Harz, Eisenglaskopf von den seltensten Configurationen, prächtiges rothes Kupferglas, Flußspatdrusen, Versteinerungen u. dgl. m. Das Merkwürdigste war mir ein Menschenschädel, der gleichsam aus gelbbraunem Tuff von sehr dichtem, festem Bruch, woran keine Lamellen kenntlich sind, besteht. An einigen Stellen ist die Substanz desselben zolldick, ohne daß man auf dem Schnitte die geringste Spur von Incrustation erkennen kann. Der halbe Oberkopf ist nämlich bis an die Augenbrauen und hinten bis auf die Hälfte des Hinterhauptes wie ein Segment ausgeschnitten, sodaß man es herausnehmen und inwendig alles besehen kann. Ein Umstand ist dabei sehr auffallend: die Substanz dieses Schädels hat in ihrer Veränderung fast alle feinern Hervorragungen so bedeckt und alle Vertiefungen so ausgefüllt, daß man sowol auf der innern als auf der äußern Oberfläche nur kleine abgerundete Spuren erblickt; gleichwol sind die Gelenkflächen des Kopfes und des Unterkiefers allein verschont und in ihrem natürlichen Zustande geblieben. Dies allein beweist schon, daß dieses seltene Stück nur zur Erläuterung der Lehre von den Krankheiten der Knochen dienen kann und keineswegs, wie man vorgibt, ein versteinerter Menschenschädel ist. Solche Versteinerungen sind zwar von andern Thierklassen nicht selten, hingegen vom Menschen ist bis jetzt noch schlechterdings kein einziges unbezweifeltes Petrefact gefunden worden. Die Krankheit, welche hier diese sonderbare Erscheinung an einem Menschenschädel hervorgebracht, ist eine der ungewöhnlichsten gewesen, nämlich ein Ueberfluß von wucherndem Knochensaft oder Knochenstoff, wodurch bei Lebzeiten des unglücklichen Individuums die Theile des Schädels zu einer unförmlichen Gestalt angewachsen sind und ihn allmählich aller Sinnorgane beraubt haben müssen. Dabei ist es vorzüglicher Aufmerksamkeit werth, daß die Nervenlöcher doch verhältnißmäßig nur wenig verengt worden sind. Man hat bereits in d'Argenville's Oryktologie die Abbildung eines dem hiesigen vollkommen ähnlichen Schädels, und unser Sömmerring besitzt einige auf ebendieselbe Art unförmlich angequollene Hühnerknochen.

Ich will mir den Glauben nicht nehmen lassen, daß diese wissenschaftlichen Ansichten, welche Dich gewiß sehr lebhaft beschäftigen werden, eine Seite haben, an der sie auch eine weniger vorbereitete Wißbegierde befriedigen können. Es kommt einestheils nur darauf an, diese allgemein interessirende Seite herauszukehren, und anderntheils müßte der Zuhörer nur eine gewisse Thätigkeit der eigenen Geisteskräfte und einen richtigen Sinn besitzen, um überhaupt alles Neue, sobald es nicht in Kunstwörtern verborgen bleibt, unterhaltend, richtig und anwendbar zu finden. Je reicher die Ausbildung unsers Zeitalters, je größer die Anzahl unserer Begriffe, je erlesener ihre Auswahl ist, desto umfassender wird unser Denk- und Wirkungskreis, desto vielfältiger und anziehender werden die Verhältnisse zwischen uns und allem, was uns umgibt. Daß wir uns auf diesem Punkte der Geistescultur befinden, das beweist der gegenwärtige Zustand der Erziehungsanstalten, der Universitäten, der belletristischen und ernsten Literatur, der politischen und statistischen Verfassungen, der physischen und hyperphysischen Heilkunde, ja sogar der raisonnirten Schwelgerei und raffinirten Sinnlichkeit, worin alles auf einem encyklopädischen Inbegriff und Zusammenhang aller möglichen Zweige der Erkenntniß beruht. Dieser nunmehr in allen Fächern aufgesuchten und mit so vielem Glück verfolgten Verwebung und Verbindung der verschiedenartigsten Kenntnisse sind wir es schuldig, daß der Gang unserer Erziehung sich beflügelt und daß unsere sechzehnjährigen Jünglinge ein vollständigeres, zusammenhängenderes System von nützlichen, praktischen Begriffen innehaben, als man sich zu Locke's Zeiten mit dreißig Jahren erwerben konnte. Die Spreu ist besser von reinem Korn geschieden, und wir genießen, wenigstens in gewisser Rücksicht, die Frucht des Schweißes von Jahrtausenden. Unsere Frauenzimmer selbst finden es leicht und anmuthig, alle Gefilde des Wissens zu durchstreifen, sie wie Gärten geschmückt zu sehen und ihre Blumen in einen Strauß zusammenzubinden, den man im bunten gesellschaftlichen Kreise nicht ohne Selbstgefallen jedem zur Erquickung darreichen kann. Wir wollen uns über diese oberflächliche Weisheit nicht entrüsten; denn sie ist reeller, als man denkt und als es mürrische oder pedantische Sittenrichter zugeben mögen. Alles ist gewonnen, wenn es zur Gewohnheit wird, die Geisteskräfte zu beschäftigen und die Vernunft, die man dem größten Theile des Menschengeschlechts so lange und so gern abgeleugnet oder auch wol unmenschlich entrissen hat, in ihrer Entwickelung überall zu begünstigen. Nur der Geist, welcher selbst denkt und sein Verhältniß zu dem Mannichfaltigen um sich her erforscht, nur der erreicht seine Bestimmung. Wie wir anfingen, so endigen wir dann; durch die Wirbel aller möglichen Zusammensetzungen hindurch kehren wir, reich in uns selbst und frei, zu der ursprünglichen Einfalt zurück.

Du weißt, ich kenne auch die Rückseite des schönen Gepräges, welches unsere Einbildungskraft den Weltbegebenheiten aufdrückt; allein jede Ansicht hat nur Einen ihr eigenen Gesichtspunkt, und wer ihn verrückt, der hascht nach einem Schatten, über welchen das Wesentliche selbst ihm entgeht. Wenn wir uns am heitersten Frühlingsmorgen des Lichtes freuen, dessen milder Strom den Himmel und die Erde verjüngt und Lebenswonne in der ganzen Schöpfung anzündet: was kümmert uns der Sonnenstich oder die Donnerwolke, die möglichen Folgen der Einwirkung jenes wohlthätigen Elements in einen unvollkommenen, ungleichartigen Planeten?

IV.
Köln.

Der Dom oder die Kathedralkirche. Versuch über die Humanität des Künstlers.

Wir gingen in den Dom und blieben darin, bis wir im tiefen Dunkel nichts mehr unterscheiden konnten. So oft ich Köln besuche, geh' ich immer wieder in diesen herrlichen Tempel, um die Schauer des Erhabenen zu fühlen. Vor der Kühnheit der Meisterwerke stürzt der Geist voll Erstaunen und Bewunderung zur Erde; dann hebt er sich wieder mit stolzem Flug über das Vollbringen hinweg, das nur Eine Idee eines verwandten Geistes war. Je riesenmäßiger die Wirkungen menschlicher Kräfte uns erscheinen, desto höher schwingt sich das Bewußtsein des wirkenden Wesens in uns über sie hinaus. Wer ist der hohe Frembling in dieser Hülle, daß er so in mannichfaltigen Formen sich offenbaren, diese redenden Denkmäler von seiner Art, die äußern Gegenstände zu ergreifen und sich anzueignen, hinterlassen kann? Wir fühlen Jahrhunderte später dem Künstler nach und ahnen die Bilder seiner Phantasie, indem wir diesen Bau durchwandern.

Die Pracht des himmelan sich wölbenden Chors hat eine majestätische Einfalt, die alle Vorstellung übertrifft. In ungeheuerer Länge stehen die Gruppen schlanker Säulen da, wie die Bäume eines uralten Forstes; nur am höchsten Gipfel sind sie in eine

Krone von Aesten gespalten, die sich mit ihren Nachbarn in spitzen Bogen wölbt und dem Auge, das ihnen folgen will, fast unerreichbar ist. Läßt sich auch schon das Unermeßliche des Weltalls nicht im beschränkten Raume versinnlichen, so liegt gleichwol in diesem kühnen Emporstreben der Pfeiler und Mauern das Unaufhaltsame, welches die Einbildungskraft so leicht in das Grenzenlose verlängert. Die griechische Baukunst ist unstreitig der Inbegriff des Vollendeten, Uebereinstimmenden, Beziehungsvollen, Erlesenen, mit einem Worte des Schönen. Hier indessen, an den gothischen Säulen, die einzeln genommen wie Rohrhalme schwanken würden und nur in großer Anzahl zu einem Schafte vereinigt Masse machen und ihren geraden Wuchs behalten können, unter ihren Bogen, die gleichsam auf nichts ruhen, luftig schweben wie die schattenreichen Wipfelgewölbe des Waldes: hier schwelgt der Sinn im Uebermuth des künstlerischen Beginnens. Jene griechischen Gestalten scheinen sich an alles anzuschließen, was da ist, an alles, was menschlich ist; diese stehen wie Erscheinungen aus einer andern Welt, wie Feenpaläste da, um Zeugniß zu geben von der schöpferischen Kraft im Menschen, die einen isolirten Gedanken bis auf das äußerste verfolgen und das Erhabene selbst auf einem excentrischen Wege zu erreichen weiß. Es ist sehr zu bedauern, daß ein so prächtiges Gebäude unvollendet bleiben muß. Wenn schon der Entwurf, in Gedanken ergänzt, so mächtig erschüttern kann, wie hätte nicht die Wirklichkeit uns hingerissen!

Ich erzähle Dir nichts von den berüchtigten heiligen drei Königen und dem sogenannten Schatz in ihrer Kapelle, nichts von den Hautelissetapeten und der Glasmalerei auf den Fenstern im Chor, nichts von der unsaglich reichen Kiste von Gold und Silber, worin die Gebeine des heiligen Engelbert ruhen, und ihrer wunderschönen ciselirten Arbeit, die man heutigentags schwerlich nachzuahmen im Stande wäre. Meine Aufmerksamkeit hatte einen wichtigern Gegenstand: einen Mann von der beweglichsten Phantasie und vom zartesten Sinne, der zum ersten mal in diesen Kreuzgängen den Eindruck des Großen in der gothischen Bauart empfand und bei dem Anblick des mehr als hundert Fuß hohen Chors vor Entzücken wie versteinert war. O, es war köstlich, in diesem klaren Anschauen die Größe des Tempels noch einmal, gleichsam im Widerschein, zu erblicken! Gegen das Ende unsers Aufenthalts weckte die Dunkelheit in den leeren, einsamen, von unsern Tritten widerhallenden Gewölben, zwischen den Gräbern der Kurfürsten, Bischöfe und Ritter, die da in Stein gehauen liegen, manches schaurige Bild der Vorzeit in seiner Seele. In allem Ernste, mit seiner Reizbarkeit und dem in neuen Bilderschöpfungen rastlos thätigen Geiste möchte ich die Nacht dort nicht einsam durch-

wachen. Gewiß entſetzeſt Du Dich ſchon vor dem bloßen Gedanken,
wie ihm ſelbſt davor graute.

Ich eilte mit ihm hinaus ins Freie, und ſobald wir unſern
Gaſthof erreicht hatten, erwachte die beneidenswerthe Laune, womit
er, durchdrungen vom Genuß der lieblichen Natur, ſchon auf der
ganzen Fahrt von Koblenz her die einförmigen Stunden uns ver-
kürzt hatte. Noch kann ich mir den großen Zweifel nicht löſen, ob
es befriedigender ſei, Bilder des Wirklichen unmittelbar aus der
umgebenden Weite zu ſchöpfen, oder ſie von zahlloſen Anſchauungen
bereits überallher geſammelt, erleſen, geordnet, zuſammengeſetzt,
zu ſchönen Ganzen vereinigt aus einer reichen Menſchenſeele, unſerm
Weſen ſchon mehr angeeignet, in uns übergehen zu laſſen? Beides
hat ſeinen eigenthümlichen Werth, und beides haben wir ſeit unſerer
Abreiſe ſchon reichlich gekoſtet. Lebendiger wirkt die unmittelbare
Gegenwart der beſeelten Natur; tief und ſcharf beſtimmt und alle
Verhältniſſe erſchöpfend graben ſich die Bilder des Daſeins, das
unabhängig von dem Menſchen, ohne ſein Zuthun iſt und war und
ſein wird, ins Gedächtniß ein. Dagegen geſellen ſich von einer
menſchlichen Organiſation aufgefaßt die mannichfaltigſten Formen
aus allen Welttheilen zugleich, aus der Vergangenheit und — darf ich
es ſagen? — aus der Zukunft zum Gegenwärtigen und verweben
ſich mit ihm zu einem die Wirklichkeit nachahmenden Drama. Wir
ſelbſt, ich fühle es wenigſtens, können nicht immer ſo richtig, ſo
ins Weſentliche eingreifend empfangen, ſo die unterſcheidenden Merkmale der Dinge uns ſelbſt bewußt werden laſſen, wie ſie uns auf-
fallen, wenn ein anderer ſie vom Außerweſentlichen abgeſchieden
und in einen Brennpunkt vereinigt hat. Zum Beweiſe brauchte ich
nur an das ſchwere Studium des ſo vielfältig und ſo zart nuancirten Menſchencharakters zu erinnern. Je feiner die Schattirungen
ſind, wodurch ſich ſo nahe verwandte Geſchöpfe unterſcheiden, deſto
ſeltener iſt ſowol die Gabe der beſtimmten Erkenntniß als die
Kunſt der treuen Ueberlieferung ihres Unterſchiedes.

Der Genuß eines jeden durch die Empfindung eines andern
gegangenen und von ihm wieder mitgetheilten Eindrucks ſetzt aber
eine frühere, wenngleich unvollkommene, Bekanntſchaft mit dem
bezeichneten Gegenſtande in uns voraus. Ein Bild, wäre es auch
nur Umriß, müſſen wir haben, worin unſere Einbildungskraft die
beſondern Züge aus der neuen Darſtellung übertragen und ausmalen könne. Die beſtimmte Empfänglichkeit des Künſtlers für das
Individuelle erfordert daher, wenn ſie recht geſchätzt werden ſoll,
einen kaum geringern Grad der allgemeinen Empfänglichkeit des
Kunſtrichters, und die Seltenheit dieſes Grades iſt ohne Zweifel
der Grund, weshalb die höchſte Stufe der Kunſt in allen ihren
Zweigen ſo leicht verkannt werden oder auch beinahe gänzlich

unerkannt bleiben kann. Was der große Haufe an einem Gemälde, an einem Gedicht oder an dem Spiel auf der Bühne bewundert, das ist es wahrlich nicht, worauf die Künstler stolz sein dürfen; denn diesem Haufen genügt die Täuschung, die ihm Erdichtetes für Wahres unterschiebt, und wer weiß nicht, wieviel leichter sich Kinder als Erwachsene, gewöhnliche Menschen als gebildete täuschen lassen? Darum kann auch nicht die Illusion als solche, sondern es muß die ganze Vollkommenheit der Kunst der letzte Endzweck des Künstlers sein, wie sie allein der Gegenstand der höchsten Bewunderung des Kenners ist, der sich nicht mehr täuschen läßt, außer wenn er mit dem feinen Epikurismus der Cultur eben gestimmt wäre, im Beschauen eines Kunstwerks nur den Sinn des Schönen zu befriedigen, und wenn er auf das erhöhte, reflectirte Selbstgefühl, welches aus der Erwägung der im Menschen wohnenden Schöpferkraft entspringt, absichtlich Verzicht thäte.

Was wäre aber die Kunst, was hätte sie, hinweggesehen vom Sinnlichen, Erweckendes und Anziehendes für unsern denkenden Geist, wenn es nicht diese dem Naturstoff, den sie bearbeitet, eingeprägte Spur der lebendig wirkenden, umformenden Menschheit wäre? Das Siegel des Herrschers in der Natur ist es eben, was wir an jedem Kunstwerk, wie das Brustbild eines Fürsten auf seiner Münze, erblicken wollen; und wo wir es vermissen, da ekelt die allzu sklavisch nachgeahmte Natur uns an. Daher hat jede Kunst ihre Regeln, ihre Methodik; eine wahrhafte Geistesschöpfung von abgezogenen Begriffen liegt ihr zum Grunde, nach welcher der Künstler im Materiellen wirken und der Richter ihn beurtheilen muß. Der metaphysische Reichthum, den sich der Künstler aus unbefangenen Anschauungen der Natur erwarb, den er in das System seiner Empfindungen und Gedanken verwebte, den strömt er wieder über alle seine Werke aus. So entstanden der Apoll vom Belvedere, die mediceische Venus, die Schule von Athen, die Aeneide, der Mahomet; so bildeten sich Demosthenes und Cicero, und Molé und Garrick. Die Ideale des Meißels und der Malerei, der Dichtkunst und der Schauspielkunst finden wir sämmtlich auf dem Punkte, wo das einzeln zerstreute Vortreffliche der Natur zu einem Ganzen vereinigt, eine nach den Denkformen unserer Vernunft mögliche, auch von unserm Sinne zu fassende und sogar noch sinnlich mittheilbare, aber in der lebendigen Natur nirgends vorhandene Vollkommmenheit darstellt. Göttlich groß ist das Künstlergenie, das den Eindrücken der Natur stets offen, tief und innig unterscheidend empfindet und nach seiner innern Harmonie das Treffendste vom Bezeichnenden, das Edelste vom Edeln, das Schönste vom Schönen wählt, um die Kinder seiner Phantasie aus diesen erlesenen Bestandtheilen in Zauberformen zu gießen, welche wahr in jedem einzelnen Punkt ihres Wesens und nur, insofern der Mensch sie vereinigte, liebliche Träume sind.

Nur das Gleichartige kann sich fassen. Diesen Geist zu erkennen, der über die Materie hinwegschwebt, ihr gebietet, sie zusammensetzt und schöner formt, bedarf es eines ähnlichen prometheischen Funkens. Allein wie viele Stufen gibt es nicht zwischen der Unwissenheit, die an einer Bildsäule nur die Glätte des Marmors begafft, und dem Genie, das mit unnennbarem Entzücken die Phantasie Poly= klet's darin ahnt? zwischen jenem Landmanne, der sich scheute, die Herren auf der Bühne zu behorchen, und dem Hochbegabten, der in der Seele des Schauspielers von einem Augenblick zum andern den Ausdruck des Empfundenen von der Urtheilskraft re= gieren sieht? Wenn auch die allgemeine Bewunderung einem echten Meisterwerke huldigt, so ist es darum noch nicht ausgemacht, daß gerade das Eigenthümliche, was nur des Künstlers Geistesgröße ihm geben konnte, den Sinn der Menge hinreißt. Wir ehren im unerreichbaren Shakspeare den kühnsten Dichterflug und den treffend= sten Wahrheitssinn; was dem Parterre und den Galerien in London an seinen Schauspielen die höchste Befriedigung gewährt, dürfte leichte twas anderes sein. Doch ich habe ja wol eher sogar den Kenner gesehen, der über Minervens Helm Minerven selbst vergaß. An einem Gemälde Rafael's, wo seine hohe Ahnung des Göttlichen aus den Gesichtszügen strahlte, sah ich einen großen Kunstlehrer Proportionen bewundern! Befrage nur die wortgelehrten Commen= tatoren um die Schönheit römischer und griechischer Dichter, wenn Du erstaunen willst, daß sie in der Wahl kurz= und langsilbiger Wörter, in der Mischung der Dialekte, in hundert Artigkeiten, wo Du sie nie gesucht hättest, besteht. Laß doch Leute von Geschmack Dir's erklären, daß Goethe's „Iphigenie" Dich entzückt, weil Euri= pides zuerst eine schrieb. Und wenn ein Hamlet, oder ein Lear, oder ein Macbeth vor Dir auftritt, wie der Dichter selbst sich nie träumen ließ, daß man sie darstellen könnte, so vernimm von einem Kunstverständigen des Theaters den belohnenden Ausruf seiner höchsten Zufriedenheit: er hat sich trefflich einstudirt.

Wahrlich, wäre fremde Anerkennung des eigenthümlichen Ver= dienstes der einzige Lohn, um welchen der große Künstler arbeiten möchte, ich zweifle, ob wir dann je ein Meisterwerk gesehen hätten. Ihn muß vielmehr, nach dem Beispiele der Gottheit, der Selbst= genuß ermuntern und befriedigen, den er sich in seinen eigenen Werken bereitet. Es muß ihm genügen, daß in Erz, in Marmor, auf der Leinwand oder in Buchstaben seine große Seele zur Schau liegt. Hier fasse, wer sie fassen kann! Ist das Jahrhundert ihm zu klein, gibt es keinen unter den Zeitgenossen, der im Kunstwerke den Künstler, im Künstler den Menschen, im Menschen den schöpfe=

rischen Demiurg erblickte, der eins im andern bewunderte und
liebte und alles, den Gott und den Menschen, den Künstler und
sein Bild, in den Tiefen seines eigenen verwandten Wesens hoch=
ahnend wiederfände: so führt doch der Strom der Zeiten endlich
das überbleibende Werk und die gleichgestimmte Seele zusammen,
die dieser große Einklang füllt und in die lichte Sphäre der Voll=
kommenheit entzückt!

Auf diesen Vortheil aber, möge er viel oder wenig gelten, muß
derjenige Künstler Verzicht thun, der weder im Materiellen arbeitet,
noch durch conventionelle Zeichen sein Geisteswerk der Nachwelt
überliefern kann, weil er selbst sein eigenes Kunstwerk ist, weil in
seiner persönlichen Gegenwart die Aeußerung alles dessen beschlossen
liegt, was er mit eigenthümlicher Sinneskraft Individuelles aus
der Natur um ihn her auffassen und mit dem lebendigmachenden
Siegel seines Geistes stempeln konnte, weil endlich mit ihm selbst
seine Kunst und jede bestimmte Bezeichnung ihres Werthes stirbt.
Der Natur den Menschen nachzubilden, nicht blos seine körperlichen
Verhältnisse, sondern auch die zartern Spuren des in seiner Or=
ganisation herrschenden Geistes so hinzustellen, daß sie in unserer
Phantasie Eingang finden, dieses schöne Ziel der Kunst erreicht so=
wol der Dichter als der Bildner, ein jeder auf seinem besondern
Wege. Doch den Bildern eigenes Leben einzuhauchen, ihnen gleichsam
eine Seele zu leihen, die mit der ganzen Kraft ihrer Verwandtschaft
in uns wirkt, dies vermag nur der Schauspieler, indem er seine
eigenen Züge, seinen Gang und seine Stimme, seinen ganzen
Körper mit seiner Lebenskraft in das Wesen, das er uns mit=
theilen will, hineinträgt, indem er sich mit diesem Ideal, das
er zuvor sich aus der Natur abzog, identificirt und vor unsern
Augen mit dem Charakter auch die Handlungsweise, die ganze
Aeußerungsart, ja sogar die Gestalt eines andern annimmt.
Wenn nun die Schöpfungen anderer Künstler nach Jahrtausenden
noch bestehen und ebendas wirken, was sie neu aus der Hand des
Meisters wirkten, so ist hingegen die Empfänglichkeit, die Sonderungs=
gabe, die bildende Energie des großen Schauspielers, die nicht langsam
und allmählich an ihrem Werke fortarbeitet, bessert, ändert, vervoll=
kommnet, sondern im Augenblick des Empfangens schon vollendete
Geburten in ihm selbst offenbart, auf die bestimmteste Weise nur
für das Gegenwärtige berechnet. So glänzend ist der Anblick dieses
Reichthums in Eines Menschen Seele, so hinreißend das Talent,
ihn auszuspenden, daß seine Vergänglichkeit kaum befremdet. Man
erinnert sich an jene prachtvollen Blumen, deren Fülle und Zartheit
alles übertrifft, die in einer Stunde der Nacht am Stengel der
Fackeldistel prangen und noch vor Sonnenaufgang verwelken. Dem
so zart hingehauchten Leben konnte die Natur keine Dauer verleihen;

und — sie warf es in unfruchtbare Wildnisse hin, sich selbst genügend, unbemerkt zu verblühen, bis etwa ein Mensch, wie ich das Wort verstehe, das seltenste Wesen in der Schöpfung, es findet und der flüchtigen Erscheinung genießt.

Es reicht über den Kreis des Dilettanten hinaus, der Humanität des Künstlers ein Denkmal zu errichten, wenn diese Begeisterung, wozu sein Anblick erwecken konnte, nicht etwa die Stelle vertritt. Du kennst ihn schon: es ist unser J. Du wirst ihn sehen und ihm danken; das ist des Kommens werth.

V.
Düsseldorf.

Anblick von Köln. Pöbel und Geistlichkeit. Bettelei und Intoleranz. Pferdeknochen unter den Gebeinen in der Ursulakirche. Klimatischer Unterschied in der Religion. Kreuzigung Petri von Rubens. Neuangelegte Stadt bei Düsseldorf. Ueber die Regierungskunst und über Regentenkünste. Kloster la Trappe.

Das finstre, traurige Köln haben wir recht gern verlassen. Wie wenig stimmt das Innere dieser weitläufigen, aber halb entvölkerten Stadt mit dem vielversprechenden Anblick von der Flußseite überein! Unter allen Städten am Rhein liegt keine so üppig hingegossen, so mit unzähligen Thürmen prangend da. Man nennt sowol dieser Thürme als überhaupt der Gotteshäuser und Altäre eine so ungeheure Zahl, daß sie meinen Glauben übersteigt. Gleichwol ist neben so vielen kein Plätzchen mehr übrig, wo die Christen, die den Papst nicht anerkennen, ihre Andacht frei verrichten dürften. Der Magistrat, der den Protestanten bereits die freie Religionsübung innerhalb der Ringmauern bewilligt hatte, mußte seine Erlaubniß kürzlich wieder zurücknehmen, weil der Aberglaube des Pöbels mit Aufruhr, Mord und Brand drohte. Dieser Pöbel, der beinahe die Hälfte der Einwohner, also einen Haufen von zwanzigtausend Menschen ausmacht, hat eine Energie, die nur einer bessern Lenkung bedürfte, um Köln wieder in einiges Ansehen zu bringen. Traurig ist es freilich, wenn man auf einer Strecke von beinahe dreißig deutschen Meilen so manche zum Handel ungleich vortheilhafter als Frankfurt gelegene Stadt erblickt, und es sich nun nicht länger verbergen kann, daß mehr oder weniger eben=

dieselben Ursachen überall dem allgemeinen Wohlstande kräftigst entgegengewirkt haben, der sich nur in Frankfurt entwickeln konnte.

In Köln sollen viele reiche Familien wohnen; allein das be=
riedigt mich nicht, solange ich auf allen Straßen nur Scharen
von zerlumpten Bettlern herumschleichen sehe. So oft ich hingegen
nach Frankfurt komme, weide ich mich mit herzlichem Genuß am
Anblick des gemeinen Mannes, der fast durchgehends geschäftig,
reinlich und anständig gekleidet ist. Der Fleißige, der seine Kräfte
rechtschaffen anstrengt, um hernach seines Erwerbes froh zu werden,
ihn mit den Seinigen zu theilen, regelmäßig mit ihnen einfache
gute Kost zu genießen und mit ganzem Rock zu erscheinen — dieser
Arbeitsame ist unstreitig sittlicher, gesunder und glücklicher als der
Müßiggänger; er·ist ein Mensch, wo dieser nur ein Thier und
zwar mit menschlichen Anlagen ein desto gefährlicheres Thier ist.
Bekanntlich geht die Unsittlichkeit der Bettler in Köln so weit, daß
sie den Müßiggang systematisch treiben und ihre Plätze an den
Kirchthüren erblich hinterlassen oder zum Heirathsgut ihrer Töchter
schlagen. In der Osterwoche ist es gewöhnlich, daß die Armen,
die sich schämen, öffentlich zu betteln, in schwarze Kittel vermummt
und mit einem Flor über dem Gesicht auf die Straße gehen,
niederknien, den Rosenkranz beten und die Vorübergehenden um Al=
mosen anrufen. Man nennt diese Leute hier mit einem eigenen
Namen „Kappengecken", und ihr widerlicher Aufzug ist so auffal=
lend, daß die halbnackten Straßenkinder ihre zerrissenen Hemdchen
sich über den Kopf schlagen, um ihnen diese Mummerei nach=
zumachen.

Wer begreift nicht, daß die zahlreiche Bande von sitten= und
gewissenlosen Bettlern, die auf Kosten der arbeitenden Klasse
leben, hier den Ton angeben muß? Allein da sie träge, unwis=
send und abergläubisch ist, wird sie ein Werkzeug in der Hand
ihrer theils kurzsichtigen, sinnlichen, theils ränkevollen, herrsch=
begierigen Führer. Die Geistlichen aller Orden, die hier auf allen
Wegen wimmeln und deren ungeheure Menge auf einen Reisenden
immer einen unangenehmen Eindruck macht, könnten zur Moralität
dieser rohen, ungezügelten Menge auf das heilsamste wirken, könnten
sie zum Fleiß, zur Ordnung anführen und ihnen billige Gesin=
nungen gegen ihre andersdenkenden Mitbürger, ein Gefühl von
Ehre und Schande, von Eigenthum und Recht einimpfen. Dies
und noch weit mehr könnten, sollten sie thun, da sich ihr Stand
nur durch diese Verwendung für das gemeine Beste zur Existenz
legitimiren kann. Allein sie thun es nicht und — sind! Die
Bettlerrotten sind ihre Miliz, die sie am Seil des schwärzesten
Aberglaubens führen, durch kärglich gespendete Lebensmittel in
Sold erhalten und gegen den Magistrat aufwiegeln, sobald er

ihren Absichten zuwiderhandelt. Es ist wol niemand so unwissend, daß er noch fragen könnte, wer den Pöbel gereizt habe, sich der Erbauung eines protestantischen Gotteshauses zu widersetzen?

Soeben sind auch von der kölnischen Klerisei an ihren Kurfürsten Vorstellungen ergangen, worin er im Namen der echten rechten Lehre aufgefordert wird, dem Professor der Philosophie in Bonn den Gebrauch des Feder'schen Handbuchs bei seinen Vorlesungen zu untersagen. Unter andern Argumenten heißt es in ihrer Schrift, daß Feder von den Protestanten selbst für heterodox gehalten werde: eine Behauptung, die im protestantischen Deutschland unerhört ist, da es schon im Wesen des Protestantismus liegt, daß darin die verabscheuungswürdigen Unterschiede von Orthodoxie und Heterodoxie gar nicht stattfinden können. Wie es scheint, erlaubt man sich also in Köln den Grundsatz, daß gegen den Feind alle Vortheile gelten; und in einer Sache, wo es keinen haltbaren Grund gibt, in der Sache geistlicher Verfolgungssucht, ist freilich das schlechteste Argument so viel werth wie jedes andere, sobald man es nur geltend machen kann. Der Gewissenhafte, der sich bemüht, der strengen Wahrheit und der Vernunft treu zu bleiben, kommt gegen einen Widersacher nicht auf, welcher wissentlich zu täuschen und zu übertäuben sucht und zu seinem Zwecke alle Mittel für erlaubt hält.

Die Zeiten, sagt man, sind vorbei, da der Scholastiker fragen durfte, was Aristoteles von diesem oder jenem Geheimnisse der katholischen Lehre, zum Beispiel von der Jungfrauschaft der Mutter Gottes, gehalten habe. Ich hingegen behaupte, daß diese Zeiten nie ganz aufhören können, solange es kein Mittel gibt, den Menschen Ehrfurcht gegen das Edelste, was ihrer Natur zum Grunde liegt, gegen ihre eigene Vernunft einzuflößen. Wo diese Ehrfurcht fehlt, da wird man sich immerfort Ungereimtheiten erlauben, da wird man, sobald politische Verhältnisse es gestatten, intolerant sein und die Gewissen mit Zwang beherrschen wollen. Wenn nicht diese verkehrte Herrschbegierde die Triebfeder der widersprechendsten Aeußerungen wäre, so müßte man sich ja wundern, wie es nur möglich ist, daß irgendeiner Geistlichkeit nicht alle philosophischen Lehrbücher höchst gleichgültig sein sollten. Die Philosophie muß sich schlechterdings nur auf das Begreifliche, auf das Erweisliche einschränken; da hingegen die Theologie unbegreifliche Mysterien lehrt, welche nicht demonstrirt, sondern geglaubt werden müssen, vermittels eines Glaubens, der die unbedingte Gabe der Gottheit ist. Soll man nun doch das Unbegreifliche demonstriren, das heißt begreiflich machen? Einen plattern Widerspruch gibt es nicht.

Wie mag es aber wol kommen, daß man heutigentags zu

solchen Widersprüchen seine Zuflucht nimmt? Soviel ich sehe, liegt eben darin ein auffallender Beweis der Schwäche, deren sich die Herren bewußt sein müssen. Wenn man versinken will, hascht man begierig auch nach dem Strohhalm, der doch niemand retten kann. Ehedem verfuhren sowol die weltlichen als die kirchlichen Despoten ganz anders. Sie ließen es ihre geringste Sorge sein, die Vernunft mit ihren Aussprüchen in Harmonie zu bringen, brauchten Gewalt, wo sie ihnen in die Hände fiel, und erstickten dann die Keime des Denkens. Aber hier und dort ist ihnen ein Samenkörnchen entgangen und zu einem schönen Baume aufgesproßt, unter dessen Schatten sich die Völker schon sammeln. Mit Schrecken und Abscheu bebt man bereits vor jedem zurück, der unsere freie Willkür, es sei worin es wolle, beschränken möchte, und am allermeisten vor dem, der ein Interesse hat, etwas Unbegreifliches als positive Wahrheit anerkannt zu wissen. Ein Mensch kann dem andern nicht gebieten, was er thun soll, als insofern dieser es für gut findet, sich befehlen zu lassen; wie viel widerrechtlicher also, wenn jemand gebieten will, was man glauben soll, und denen, die das Gebotene nicht glauben können oder nicht glauben wollen, die Rechte schmälert, die ein Mensch dem andern nicht nehmen darf, die ein Bürger dem andern garantirt! In dieser Lage der Sachen ist es so befremdend nicht, daß man jetzt einen letzten Versuch macht, ob man nicht noch die angehenden Denker selbst durch ein Gewebe von betrüglichen Schlüssen hintergehen und einfangen könne. Allein die Vernunft rächt sich an denen, die sie so lange verachteten und verfolgten; und wenn jemand mit der Demonstrationsmethode, die im vorigen Jahrhundert noch gut genug war, jetzt auftritt, so nimmt es sich ungefähr so aus wie ein Kind, das einen Erwachsenen mit eben dem Popanz schrecken will, vor welchem seine Spielkameraden liefen.

Das sicherste Zeichen eines zerrütteten, schlecht eingerichteten, kranken Staats hat man immer daran, wenn er eine große Menge Müßiggänger nährt. Der Fleißige, der die Früchte seines Schweißes mit diesen Raubbienen theilen muß, kann sich endlich des Gedankens nicht erwehren, daß man die unbilligste Forderung an ihn thut, indem man seiner Redlichkeit die Strafe auferlegt, die eigentlich strafwürdigen Faulenzer zu füttern. Die natürliche, unvermeidliche Folge dieser Reflexion ist, wenn man sich zu schwach fühlt, dem Uebel abzuhelfen, eine tödliche Gleichgültigkeit gegen das gemeine Beste, gegen die Verfassung selbst. Welcher Staat kann public spirit von seinen Bürgern erwarten, wenn er sie mißhandelt? Es ist gleichviel, ob ein Despot oder eine Horde von Bettlern die Freiheit des arbeitsamen, tugendhaften Bürgers vernichtet, diese Ungerechtigkeit muß der Staat allemal büßen. Aus gleichgültigen, kalten Mitgliedern des Ganzen werden die Hintangesetzten und Gedrückten bald auch zu moralisch schlechtern Menschen. Das Beispiel steckt an, und gegen die Uebermacht gewissenloser Müßiggänger scheinen Betrug und List und Ränke ihnen bald die erlaubteste und sicherste Gegenwehr. Was die Bettler auf der einen Seite rauben, das müssen Betrogene auf der andern Seite wieder ersetzen. Auf diese Art schleicht unvermerkt das Gift der Sittenlosigkeit durch alle Stände und verderbt endlich die ganze Masse. Die Vernunft wird entbehrlich, wo die Begriffe von Recht und Billigkeit dem Eigennutze weichen müssen; alles versinkt in jene sinnliche Abspannung, die das Laster unvermeidlich macht und bei den nachfolgenden Krämpfen des Gewissens dem lauernden Aberglauben gewonnenes Spiel gibt.

Nirgends erscheint der Aberglaube in einer schauderhaftern Gestalt als in Köln. Jemand, der aus unserm aufgeklärten Mainz dahin kommt, hat in der That einen peinigenden Anblick an der mechanischen Andacht, womit so viele tausend Menschen den Müßiggang zu heiligen glauben, und an der blinden Abgötterei, die der Pöbel hier wirklich mit Reliquien treibt, welche den echten Religionsverehrern unter den Katholiken selbst ein Aergerniß geben. Wenn die Legende von den elftausend Jungfrauen auch so wahr wäre, wie sie schwer zu glauben ist, so bliebe doch der Anblick ihrer Knochen in der Ursulakirche darum nicht minder scheußlich und empörend. Allein daß man die Stirne hat, dieses zusammengeraffte Gemisch von Menschen- und Pferdeknochen, welches vermuthlich einmal ein Schlachtfeld deckte, für ein Heiligthum auszugeben, und daß sich auf diese Heiligkeit todtschlagen lassen oder, was noch schlimmer ist, den kühnen Zweifler selbst leicht ohne Umstände todtschlagen könnten, das zeugt von der dicken Finsterniß, welche hier in Religionssachen herrscht. Es wäre wol einer gründlichen Nachforschung werth, ob es sich bestimmen lasse, welche Ursachen in verschiedenen Ländern dieselbe Religion so umbilden, daß sie in ihren Wirkungen auf den Charakter der Einwohner sich nicht mehr gleichbleibt. Warum herrscht z. B. in Köln ein schwarzgallichter Fanatismus in der Andacht, in Rom hingegen Leichtsinn und heitere Freude? Sind es die niederländischen Nebel und die lauen gestirnten Nächte Italiens, welche diesen Unterschied bemerkbar machen? Oder steckt es schon von undenklichen Zeiten her im italienischen und im deutschen Blute, daß jenes den Zauber der erhöhten Sinnlichkeit über alle Gegenstände verbreitet, dieses aber selbst eine Religion, welche so lebhaft auf die Sinne wirkt, finster und menschenfeindlich machen kann? Ich gestehe, daß ich viel auf die Einwirkung eines milden Himmelsstrichs halte, und so auffallend der Unterschied zwischen dem niedrigen Bettler in

Köln und dem edlern Lazzarone in Neapel ist, rechne ich ihn doch größtentheils auf die klimatische Verschiedenheit ihres Aufenthalts. In Italien entwickelt schon allein das Klima den gesunden Menschenverstand; wer dort faulenzt, der ist, nach Mrs. Piozzi's Bemerkung, nur nicht hungrig. Sobald ihn hungert, greift er zur Arbeit, weil sein Verstand ihn dieses Mittel als untrüglich einsehen läßt. Hingegen versuch' es jemand, dem Pöbel in Köln von Arbeit zu sprechen!

Wir besahen in der St.-Peterskirche zu Köln die berühmte Kreuzigung Petri von Rubens. Wenn ich nichts anderes von diesem Meister gesehen hätte, so würde mich dieses Stück nicht in Versuchung führen, allzu vortheilhaft von ihm zu urtheilen. Die ganze Figur des Apostels ist sehr verzeichnet und eine richtige Zeichnung konnte doch bei einem so ekelhaften, das Gefühl so sehr beleidigenden Gegenstande noch das einzige Verdienst bleiben. Der Heilige wird hier ans Kreuz genagelt, und — nun denke Dir die Abscheulichkeit! — damit seine Henker bequemer zu den Füßen kommen können, steht das Kreuz mit dem Kopf zu unterst; die Leiden des Gemarterten sind folglich um so viel fürchterlicher. Hilf Himmel, welch ein ästhetisches Gefühl hat so mancher gepriesene Künstler gehabt! Sind das Gegenstände, die eine Abbildung verdienen? Gegenstände, die ich in der Natur nicht sehen möchte! Doch wir sind jetzt in der Nähe der schönen Galerie; morgen will ich Dich von der Kunst unterhalten.

Welch ein himmelweiter Unterschied zwischen Köln und diesem netten, reinlichen, wohlhabenden Düsseldorf! Eine wohlgebaute Stadt, schöne massive Häuser, gerade und helle Straßen, thätige wohlgekleidete Einwohner; wie erheitert das nicht dem Reisenden das Herz! Vor zwei Jahren ließ der Kurfürst einen Theil der Festungswerke demoliren und erlaubte seinen Unterthanen, auf dem Platze zu bauen. Jetzt steht schon eine ganze neue Stadt von mehrern langen, nach der Schnur gezogenen Straßen da; man wetteifert miteinander, wer sein Haus am schönsten, am bequemsten bauen soll; die angelegten Kapitalien belaufen sich auf sehr beträchtliche Summen, und in wenigen Jahren wird Düsseldorf noch einmal so groß, als es war, und um vieles prächtiger sein. Wer doch das Geheimniß einer guten Staatsverwaltung wüßte, damit er sagen könnte, wie sich in den Herzogthümern Jülich und Berg so große Reichthümer häuften, wie die Bevölkerung daselbst so stark und der Wohlstand der Einwohner gleichwol so allgemein ward, daß die kleinern Städtchen nicht minder wohlhabend sind als die Hauptstadt; daß der Anbau auf dem platten Lande denselben Geist der guten Wirthschaft, denselben Fleiß zeigt wie die Fabriken; daß man hier so leicht den Weg zu einer glücklichen Existenz finden lernte, der anderwärts so schwer zu treffen scheint! Ich fange an zu glauben, dieses Geheimniß sei einfacher als man denkt; es ist das Ei des Columbus, und wenn man es weiß, kann man sich kaum bereden, daß nicht mehr dahinter war, ja man ärgert sich wol, daß man nicht von selbst darauf fiel. Die ganze Kunst besteht darin, daß der Regent sich der verderblichen Spiegelfechterei, die man gewöhnlich, obwol mit Unrecht, regieren nennt, zu rechter Zeit zu enthalten wisse und sein Volk mit den gepriesenen Regentenkünsten verschone, worauf sich mancher so viel zugute thut und womit er sich das Ansehen der einzigen Seele in der großen Staatsmaschine gibt. Es gehört ein entschiedenes Maß von gutem Willen und ein etwas seltener, selbst bei guten Menschen, wenn sie Macht in Händen haben, ungewöhnlicher Grad von Selbstverleugnung dazu, um nicht zur Unzeit wirken zu wollen und sich lediglich darauf einzuschränken, die Hindernisse aus dem Wege zu räumen, welche der freien, willkürlichen, unbedingten Thätigkeit eines jeden Bürgers im Staate entgegenstehen. Die Einsicht des Regenten sei noch so vortrefflich, sobald er es nach derselben versucht, die Menschen auf einem Wege, den sie selbst sich nicht wählten, vor sich hinzutreiben, sobald erfährt er auch, daß die eigenen Lebenskräfte in seiner Staatsmaschine stocken oder schlafen und die Wirkung schlechterdings nicht hervorbringen, die erfolgt sein würde, wenn er nicht den verwandten Geist in jedem seiner Brüder verkannt und zu einer ungeziemenden Knechtschaft verurtheilt hätte. Es ist wahr, die Summe des Guten, das in der Welt geschieht, ist immer unter unserer Erwartung; aber sicherlich ist sie da die kleinste, wo man sich vorsetzt, eine größere zu erzwingen. Durch das Uebermaß alles Positiven versündigen sich die Regierungsformen an dem Menschengeschlechte. Durch die ins Unendliche vervielfältigten Gesetze und landesherrlichen Verordnungen, so gut es oft damit gemeint sein mag, und durch jene von Schmeichlern und Parasiten so gepriesene Kleingeisterei der Fürsten, die mit unermüdeter Sorgfalt in eines jeden Bürgers Topf gucken, oder gar sich um seine Privatmeinungen und Gedanken bekümmern, richten die Regenten allmählich, ohne es selbst zu wollen, ihre Staaten zu Grunde, indem sie die freie Betriebsamkeit des Bürgers hemmen, mit welcher zugleich die Entwickelung aller Geistesfähigkeiten aufhört.

Eine Viertelstunde von hier besuchten wir ein Mönchskloster. Es gibt nur wenig ähnliche Klöster in der Welt; denn die Mönche folgen der strengen Regel der in Frankreich so berühmten Abtei La Trappe. Zu unserer Verwunderung fing der erste, den wir erblickten, sogleich an, mit uns zu sprechen, und erzählte uns, das Gelübde des Stillschweigens sei gänzlich aufgehoben. Dem guten

Mann schien aber das Sprechen, dessen er solange entwöhnt gewesen war, nicht leicht zu werden. Ehedem hielt man mit einer unglaublichen Strenge auf dieses Verbot. Ein Offizier, der einst einen dieser Mönche nach dem Wege fragte und keine Antwort auf wiederholtes Anfragen erhielt, hätte den armen Büßer beinahe mit Schlägen ums Leben gebracht, ohne einen Laut aus ihm hervorzubringen. In Frankreich brannte das ganze Kloster ab und keiner von den Brüdern brach das heilige Stillschweigen. Die Aufhebung desselben ist nur ein Vorläufer der gänzlichen Aufhebung des Ordens selbst. Schon lange konnte er keine Novizen mehr bekommen; man scheute die allzu strenge Regel. Mit dem Aussterben dieser Mönche wird indeß dem Staate kein großer Gewinn zufallen, da sie soeben ihre Kapitalien zu Erbauung einer neuen Kirche und eines neuen Klostergebäudes verwendet haben. Ungeachtet sie kein Fleisch essen, werden sie doch bei ihrer stillen, unthätigen Lebensweise, welche die Kräfte des Geistes fast gänzlich schlummern läßt, recht alt und sind fast durchgehends wohlbeleibt. Unser Führer war über achtzig Jahre alt und sah wenigstens zwanzig Jahre jünger aus. Auf seinem übrigens sehr gutmüthigen Gesicht war die Leere des Gedächtnisses, die Armuth des Ideenvorraths unverkennbar. Was ist nun besser, einige Runzeln mehr und einen durch Uebung gebildeten, durch Erfahrung und Thätigkeit bereicherten Geist zu Grabe zu nehmen, oder sorglos, ohne Leidenschaften, ohne Geistesgenuß, in stiller Andacht hinzubrüten und zuletzt ganz sanft in seinem Fette zu ersticken? Wähle sich ein jeder, was ihm frommt; ich weiß, daß diese Existenz und dieses Ende keinen Reiz für den haben, der schon das bessere Los der Menschen kannte:

> Zu leiden, zu weinen,
> Zu genießen und zu freuen sich.

VI.

Düsseldorf.

Ueber die Mittheilung der Eindrücke des Gesehenen. Wie bildet sich der Künstler? Erste Ansicht der Bildergalerie. Rubens' Jüngstes Gericht.

Heute weideten wir uns drei Stunden lang an der hiesigen vortrefflichen Galerie. Gern nahm ich der Gelegenheit wahr, sie zum fünften mal in meinem Leben zu sehen, die Eindrücke von so manchem Denkmal des Kunstgenies und des Kunstfleißes aufzufrischen und vor allem an ein paar göttlichen Werken einer seelenvollen Phantasie, ein paar Lieblingsbildern, die stets gesehen dennoch immer neu bleiben und immer neuen Genuß gewähren, meine Augen und meinen Sinn zu erquicken. Du erwartest von mir weder eine Beschreibung noch ein Verzeichniß von diesem unschätzbaren Vorrath erlesener Meisterwerke. Weder ein trockener Katalog, eine mühsame Aufzählung aller einzelnen Stücke mit den Namen der Meister, noch selbst die treueste wörtliche Beschreibung dieser Gegenstände, deren Werth blos durch die Sinne empfunden werden kann, würde mich von dem Vorwurf der gemißbrauchten Geduld retten. Wo ist die Gemäldesammlung, von der man nicht nur vollständige, sondern sogar sogenannte raisonnirte Verzeichnisse hat, die mit Kunstwörtern fleißig ausstaffirt, mit Lobeserhebungen und nachgebeteter Verehrung manches berühmten Künstlernamens angefüllt sind?

Das Vergnügen, welches man bei dem Anblick eines Kunstwerks empfindet, wird dadurch geschärft, daß man die aus der Geschichte und Mythologie entlehnten Subjecte schon kennt und die Ausführung des Künstlers, seine Wahl des rechten, gefühlergreifenden Augenblicks, sein Studium der Natur in Zeichnung, Charakteristik, Stellung, Farbe, Beleuchtung und Kleidung der dargestellten Personen dagegenhalten kann. Allein von allem, was während dieses Anschauens und Vergleichens in uns vorgeht, läßt sich dem Abwesenden mit Worten wenig mittheilen, was seiner Einbildungskraft behülflich sein könnte, sich ein ähnliches Phantom des Kunstgebildes zu entwerfen. Die reiche Phantasie hat hier den Vortheil vor der ärmern, daß sie schon viele Bilder in sich faßt, auf die man sich beziehen, mit denen man das Gesehene vergleichen und solchergestalt sie in Stand setzen kann, sich eine lebhafte bildliche Vorstellung eines nie erblickten Gegenstandes zu vergegenwärtigen. Denn was mein Auge unmittelbar vom Gegenstande empfing, das gibt keine Beschreibung dem andern wieder, der nichts hat, womit er mein Object vergleichen kann. Der Botaniker beschreibe Dir die Rose in den gemessensten Ausdrücken seiner Wissenschaft, er benenne alle ihre kleinsten Theile, bestimme deren verhältnißmäßige Größe, Gestalt, Zusammenfügung, Substanz, Oberfläche, Farbenmischung; kurz, er liefere Dir eine so pünktlich genaue Beschreibung, daß sie mit dem Gegenstande selbst zusammengehalten nichts zu wünschen übrigläßt: so wird es Dir, wenn Du noch keine Rose sahst, doch unmöglich sein, ein Bild daraus zu schöpfen, das dem Urbild entspräche. Auch wirst Du keinen Künstler finden, der es wagte, nach einer Beschreibung die nie gesehene Blume zu zeichnen; ein Blick hingegen, eine einzige Berührung durch die Sinnesorgane, und das Bild ist auf immer seiner Phantasie unauslöschlich eingeprägt. Was ich hier sage, gilt in einem noch höhern Grade von Dingen, die man vergebens in Worte zu kleiden versucht. Das Leben ist ein

Proteus, der sich tausendfältig verschieden in der Materie offenbart. Wer beschreibt das unnennbare Etwas, wodurch in demselben Auge bald stärker, bald gedämpfter das inwohnende geistige Wesen hervorstrahlt? Gleichwol fassen wir mit den Sinnen diese zarten Schattirungen, und der Künstler selbst vermag ihr Gleichniß in seinen Werken darzustellen, sobald er sie scharf ergriffen in seine Phantasie getragen hat.

Ich möchte gern noch ein wenig länger umherschweifen, um desto eher zum Ziel zu kommen. Vergleichen, Aehnlichkeiten und Unterschiede bemerken ist das Geschäft des Verstandes; schaffen kann nur die Einbildungskraft, und in dem Objektiven sich selbst genießen nur jene reine innere Empfänglichkeit des Herzens, die ich in der höhern, eigentlichen Bedeutung des Wortes den Sinn nenne. Wir geben uns das Maß unserer Kraft nicht selbst, mehren und mindern es nicht, bestimmen nicht einmal die Art ihrer Aeußerung. Die Spontaneität unseres Wesens, vermittels deren wir empfinden, ist die gemeinste; sie ist sogar eine thierische Eigenschaft, und beide, die Phantasie sowol als der Verstand, setzen den Sinn voraus, ohne welchen sie leer und unwirksam blieben. Auch die Einbildungskraft hat man, wie mich dünkt mit Recht, den Thieren in gewissem Grade zuerkannt und daher der Urtheilskraft einen wesentlichen Vorzug vor ihr eingeräumt. Auf eine Rangstreitigkeit der Seelenkräfte wollen wir uns hier nicht einlassen, wenn man nur zugesteht, daß oft mit vieler Einsicht äußerst wenig Phantasie verbunden ist, hingegen die höchste schöpferische Energie des Geistes, der metaphysische Bildungstrieb, wenn ich ihn so nennen darf, welcher neue Wesen hervorbringt, ohne Phantasie sich nicht denken läßt.

Auf Verstand und Phantasie wirkt man aber weit öfter durch die Empfindung als umgekehrt. Wenn wir zum eigenen Hervorbringen zu kraftlos, zum Urtheilen und Vergleichen zu träge sind, dann genießen wir noch durch die Berührung verschiedenartiger Gegenstände, die auch ohne unser deutliches Bewußtsein ihre Grade der physischen Uebereinstimmung oder des Misverständnisses mit uns haben, uns anziehen oder abstoßen, angenehm oder widrig auf uns wirken. Mittelbar, durch die Sprache, können sogar diese Empfindungen von Herz zu Herz sich fortpflanzen; dies beweist insbesondere der Reiz, den Romane, Gedichte und andere leichte unterhaltende Schriften für den größten Theil der Lesewelt haben, und die Erschütterung, welche die darin geschilderten Empfindungen so allgemein verursachen. Diese Voraussetzungen scheinen mir auf die Kunst anwendbar, und meines Erachtens erreicht man besser seinen Endzweck, indem man wiedererzählt, was man bei einem Kunstwerke empfand und dachte, also wie und was es bewirkte, als wenn man es ausführlich beschreibt. Bei einer noch so umständlichen Beschreibung bedarf man einer höchst gespannten Aufmerksamkeit, um allmählich, wie man weiter hört oder liest, die Phantasie in Thätigkeit zu versetzen und ein Scheinbild formen zu lassen, welches für den Sinn einiges Interesse hat. Ungern läßt sich die Phantasie zu diesem Frondienst herab; denn sie ist gewohnt, von innen heraus, nicht fremdem Machwerk nach zu bilden. Aesthetisches Gefühl ist die freie Triebfeder ihres Wirkens, und gerade dieses wird gegeben, wenn man, statt einer kalten Beschreibung eines Kunstwerks, die Schwingungen mitzutheilen und fortzupflanzen versucht, die sein Anblick im innern Sinn erregte. Durch diese Fortpflanzung der Empfindungen ahnen wir dann — nicht, wie das Kunstwerk wirklich gestaltet war, aber gleichwol, wie reich oder arm es sein mußte, um diese oder jene Kräfte zu äußern; und im Augenblick des Affects dichten wir vielleicht eine Gestalt, der wir jene Wirkungen zutrauen und in der wir nun die Schatten jener unmittelbaren Eindrücke nachempfinden. Hier wird man mir doch nicht den Einwurf machen, daß ein solches aus der Empfindung allein geschöpftes Bild dem Werke des Künstlers sehr unähnlich ausfallen könne? Ich würde diesen Mangel gern eingestehen und mir nur die Frage erlauben, ob die Unähnlichkeit bei einer bloßen Beschreibung nicht noch mehr zu befürchten sei; die Gefahr zu geschweigen, daß in den meisten Fällen die Leser oder Zuhörer es wol nicht der Mühe werth finden möchten, ihrer Einbildungskraft diese Arbeit zuzumuthen, wo das Gefühl sie nicht dazu begeisterte. Allein was liegt denn auch daran, ob die Bilder, die wir uns selbst aus der bloßen Kraft unseres Wesens schaffen müssen, einem Vorbilde genau entsprechen? Je nachdem unser Geistesreichthum uns mit freigebiger oder mit karger Hand von der Natur gespendet ward, müssen auch seine Ausströmungen an Mannichfaltigkeit, Harmonie, Schönheit, Größe und Adel verschieden sein, und so oft es sich treffen mag, daß sie hinter dem, was große Künstler wirklich leisteten, weit zurückbleiben, sind doch auch die Fälle möglich, wo sie Meisterwerke überfliegen. Nicht immer sind die genievollsten, phantasiereichsten Menschen im Darstellen geübt, und wer erinnert sich hier nicht an Lessing's feine Bemerkung in seiner „Emilia", daß auf dem langen Wege vom Sitze der Phantasie bis zum Pinsel oft so viel verloren geht? Wenn je ein Schluß a priori bindend ist, so bleibt es dieser: wo wir Seelenkräfte von seltner intensiver Stärke in einer göttlichen Harmonie vereint erblicken, da dürfen wir auf göttliche Ausgeburten sicher rechnen, sie mögen sich nun in materiellen Hüllen verkörpern, oder rein geistig, wie ihr Urquell, von Auge zu Auge, von Seele zu Seele hinüberblitzen. Gewiß, von diesen Geheimnissen der Geisteswelt sinnbildete ich nicht so gelehrt, wenn ich nicht auf den

Stufen des Tempels stände, wo jene Erscheinungen auch dem Akoluthen schon sichtbar sind.

Flamändische Maler haben den größten Antheil an der Bildergalerie in Düsseldorf. Ich hoffe, auf meinem Fluge durch Brabant und Flandern noch Denkmäler der Kunst anzutreffen, die mich mit ihnen aussöhnen sollen. Was ich hier nun schon so oft und mit einem so unbefangenen Sinn betrachtete, wo ich in Potsdam, Kassel, Dresden, Wien und Mannheim von Werken des niederländischen Pinsels sah, war fast durchgehends von der Art, daß ich in dem vortrefflichen Handarbeiter den Dichter, in dem Bildner des Körperlichen den Seelenschöpfer vermißte. Denkt man sich den edeln Zweck der Kunst, die Ideen des Schönen, Erhabenen, Vollkommenen lebendig in uns hervorzurufen, so geht man oft an den gepriesensten Gemälden kalt und ungerührt vorüber, weil sie nichts von jener reinen, geistigen Phantasie verrathen, die das Gefühl in Anspruch nimmt. Freilich ist dies nicht die Stimmung, womit man eine Galerie von Gemälden besuchen sollte. Hier sind einzelne Verdienste schon hinreichende Empfehlungen, um einem Gemälde einen Platz zu verschaffen. Farbengebung, Beleuchtung, Gruppirung, kurz ein jeder Beweis von einer gewissen Energie im Darstellen hat hier Ansprüche auf Beifall, ja sogar auf Bewunderung. Ist es indeß eine Sünde wider die Kunst, bei dieser Zerstückelung des Verdienstes nichts zu empfinden, so will ich mich nur schuldig bekennen. In meinen Augen bleiben Götter, denen gerade das Göttliche, Helden, denen Geistesgröße, Grazien, denen Anmuth fehlt, allemal verunglückte Werke des Künstlers, er bezeichne sie noch so gelehrt durch Attribute, zeige dabei Studium der Natur und Antike und colorire das Fleisch nach dem Leben. Irre ich hier, so irre ich mit Horaz, wo er sagt:

> infelix operis summa, quia ponere totum nesciet.
>
> **Verunglückt ist das Werk des Künstlers, der**
> **Zwar alles, doch nichts Ganzes machen kann.**

Ich fordere von dem Kunstwerke, das mir gefallen soll, wahrlich keine absolute Vollkommenheit, allein wesentliche Mängel oder Gebrechen darf es wenigstens nicht haben. Laß mich immer wieder auf meinen Lieblingssatz zurückkommen, der sich mit meinem ganzen Wesen so ganz identificirt: der Künstler, der nur für Bewunderung arbeitete, ist kaum noch Bewunderung werth. War hingegen seine Seele so reich, sein Trieb zum Bilden so kräftig, daß jener Beweggrund gänzlich wegfiel oder wenigstens ihn nie in seiner Unbefangenheit störte, daß er nur im Gefühl seiner überschwenglichen Schöpferkraft malte, so ist mir nicht bange, daß seine Werke nicht Abdrücke seiner selbst, mit allen Kennzeichen des Genius begabt, sein sollten. Auch hier gibt es indeß noch Stufen und Schattirungen. Die erste Organisation des Künstlers, seine Erziehung und Ausbildung von der Wiege an, sein Zeitalter, sein Wirkungskreis und sein Wohnort, alles arbeitet mit vereinten Kräften, eine eigenthümliche Stimmung in ihm hervorzubringen, auf eine bestimmte und beschränkte Art Ideenverbindungen in seine Seele zu legen und in seiner Phantasie herrschend zu machen, die in der Folge auf den Zuschauer eine ganz andere als die gewünschte Wirkung thun. Der Kanon des Schönen, den keine Vorschrift mittheilt, könnte vielleicht einem kühnen Geiste voll Künstlerfeuers fremd geblieben sein; die rohere, gemeine Natur um ihn her könnte ihn gehindert haben, seinen Blick bis zum Ideal zu erheben; Aberglaube, Fanatismus, Geschmack des Jahrhunderts könnten ihn in der Wahl seiner Gegenstände misleitet haben, sogar ihn haben scheitern lassen an der gefährlichsten Klippe für die Kunst, an dem Wunsche nämlich, mit dem Angenehmen das Nützliche als letzten Zweck zu verbinden, dieser fälschlich sogenannten Sittlichkeit der Kunst, welche die Wahrheit der Natur verleugnet und, indem sie belehren will, hintergeht. Der herrlichste Bilderreichthum kann, solchen Begriffen untergeordnet, in Erstaunen setzen und Bewunderung vom Zuschauer erzwingen, wenn eine hohe Darstellungsgabe damit verbunden ist; aber den Künstler, der so sich äußert, wird man in seinem Werke so wenig lieben können als jene morgenländischen Nationalgötter, deren Offenbarung nur Grausen und Entsetzen in den Gemüthern erweckte.

Ich will ihn ja bewundern, diesen großen Rubens, den Mann von unerschöpflichem Fleiße, von riesenhafter Phantasie und Darstellungskraft, den Ajax unter den Malern, dem man gegen viertausend bekannte Gemälde zuschreibt, dessen Genie den Himmel und die Hölle, das letzte Gericht über die unzähligen Myriaden des wiedererstandenen Menschengeschlechts, die Seligkeit der Frommen und die Pein der Verdammten in ein ungeheures Bild zu fassen und dem Auge sichtbar zu machen wagt; groß nenne ich es allerdings, so etwas mit dem Pinsel in der Hand zu unternehmen, diesem Chaos von Gestalten, wie sie mannichfaltig verschlungen in der Phantasie des Künstlers ruhten, Dasein auf der Leinwand zu geben, so umfassend in die heterogensten Gegenstände die bindende Einheit zu bringen und das Weltall mit wenigen Zügen zu erschöpfen. Dessenungeachtet wende ich meine Augen mit Schauder und Ekel hinweg von einer Darstellung, worin das Wahre, das der Natur so treulich Nachcopirte, nur dazu dient, ein Meisterstück in der Gattung des Abscheulichen zu vollenden. Unter allen Fehlern, in die der Künstler verfallen kann, ist keiner so groß, so durch kein Verdienst abzukaufen, als der, wenn er die Grenzen seiner

Kunst verkennt. Was der Dichter in Worten schildern, was er sogar mit den stärksten Ausdrücken bezeichnen kann, das darf der Maler nicht gleich auch in Umriß und Farbe fassen. Alle die Abstractionen, die dem Schriftsteller so sehr zu statten kommen, sind für die bildende Kunst gänzlich verloren. Mit einem Worte, mit einem conventionellen Zeichen ziehen wir in unsern Kreis hinab, was gänzlich außerhalb desselben lag; Allmacht, Ewigkeit, Unendlichkeit, ja das Unbegreifliche selbst wird uns durch diese Bezeichnung zum Begriff. Allein empört sich nicht unser ganzes Gefühl gegen eine willkürliche Versinnlichung solcher Worte? Die Einbildungskraft des hochberühmten Rubens hat sich indeß vielfältig auf diese Art beschäftigt. In der hiesigen Galerie sind nicht weniger als fünf Gemälde damit angefüllt. Vom Jüngsten Gericht ist sowol eine kleine Skizze, als ein Stück in den größten Dimensionen vorhanden. Auch die Hölle sieht man zweimal abgebildet, einmal nämlich den Sturz der Dämonen auf einem größern Blatt, und sodann die Verstoßung der Verdammten in einem kleinern Entwurf, erglühend von verzehrendem Feuer. Ein fünftes Stück stellt uns die Scharen der Seligen vor Augen. Unter diesen Gemälden ist das große Bild vom Jüngsten Gericht das ruhigste, wenn man die größere Sorgfalt in der Anordnung mit diesem Ausdruck bezeichnen darf. Verglichen mit den übrigen möchte man es kalt nennen, denn vermuthlich hatte sich die Künstlerwuth in ihren ersten Ergießungen schon erschöpft.

Ich will es vergessen, daß der Gegenstand dieses Gemäldes offenbar außerhalb der Sphäre des Malers liegt. Die sinnliche Vorstellung dessen, was allen Begriff übersteigt, kann nicht anders als verkleinerlich ausfallen. Wie mag es also der Künstler mit dem Zweck seiner Kunst zusammenreimen, daß er Dinge abzubilden wagt, die in seinem Bilde nicht an Größe und Erhabenheit gewinnen, sondern augenscheinlich verlieren? Doch dieser Fehler ist bei modernen Künstlern so gewöhnlich und so tief gewurzelt in der oft nicht von ihnen selbst abhangenden Anwendung ihres Talents auf die Geheimnisse des Christenthums, daß Rubens darum nicht mehr zu tadeln scheint als Michel Angelo. Ich will es ebenfalls nur im Vorbeigehen berühren, daß schon gesellschaftliche Verhältnisse dem Maler verbieten sollten, einen Gegenstand der allgemeinen Ehrfurcht durch eine Schilderung verächtlich zu machen. Zwar weiß ich wohl, daß Tausende von Reisenden, denen dieses Bild schon wegen seiner Höhe von achtzehn Fuß oder, wenn es hoch kommt, wegen der darauf vorgestellten erhabenen Wesen Bewunderung und Anbetung entlockt, sich nimmermehr werden einfallen lassen, hier an eine compromittirte Würde der Religion zu denken; sowenig wie der Kapuziner in Spanien, der sein schmuziges

Crucifix, woran die Ueberreste unflätiger Berührungen klebten, dem Reisenden zum Küssen darbot, sich träumen ließ, daß in einem solchen Zustande das Heiligste nur Ekel einflößen könne. Aber was gehen uns die grobsinnlichen Vorstellungen an, womit der geringe oder auch der höhere Pöbel seine Glaubenslehren, noch mehr als durch ein unschickliches Bild geschehen kann, erniedrigt und seine schreckliche Unwissenheit an den Tag legt?

Doch hinweggesehen von allem, was diese strenge Kritik fordern kann, steht dem Kunstwerke noch eine andere Prüfung bevor. Es ist nicht genug, daß wir das Jüngste Gericht in dem Gemälde wirklich wiederfinden, wenn der Galerieinspector uns zuvor belehrt hat, diesen unbegreiflichen Augenblick der Zukunft darin zu suchen. Der Künstler muß vielmehr so klar und deutlich erzählen, daß wir auf den ersten Blick, was er darstellen will, sei es Geschichte oder Dichtung, in seinem Bilde wiedererkennen; oder aber wenn dieses nicht der Fall ist, wenn er nur auf jene vorher bekannten Gegenstände anspielen, ihre einzelnen Züge hingegen aus seiner eigenen Phantasie neu schöpfen will, so dürfen wir wenigstens zum Ersatz von ihm fordern, daß auch sein Gedicht ein schönes edles Ganzes sei, dessen Theile sich harmonisch zusammenfügen und sowol im einzelnen als in der Verbindung miteinander diejenige Rührung im Gemüthe des Zuschauers hervorbringen, ohne welche es Jammer wäre, daß jemals Zeit und Kraft an irgendeine bildende Kunst verschwendet wurden. Ist dieses nun die Wirkung von Rubens' großem Meisterwerke? Noch nie, ich gesteh' es Dir frei heraus, fand mein Auge darin einen Punkt, wo' es hätte ruhen können. Nein, es war keine der Musen, die den Künstler zu solchen Ausgeburten begeisterte. An der dithyrambischen Wuth, die durch das Ganze strömt, an diesen traubenähnlichen Gruppen von Menschen, die, als ekelhaftes Gewürm ineinander verschlungen, eine verworrene Masse von Gliedern und — schaudernd schreib' ich, was ich sehe — einen kannibalischen Fleischmarkt vorstellen, erkennt man die wilde bacchantische Mänas, die alle Bescheidenheit der Natur verleugnet und, voll ihres Gottes, den Harmonienschöpfer Orpheus zerreißt.

Ganz zu oberst, am Rande des Bildes, ragt ein Greis hervor, fast wie die Alten den Neptun zu bilden pflegten, mit zerwehtem Haar und straubigem Bart. In seiner Linken hält er ein Kügelchen, nicht so groß wie sein Kopf; die Rechte ruht auf einer großen hellen Wolke, die von der Brust an seinen ganzen Körper verdeckt. Man ist gewohnt, auf diese Art ein Wesen darzustellen, welches eine jede Abbildung von ihm selbst ganz unbedingt verboten hat und in der That, wenn man sich einen Augenblick besinnt, auch schlechterdings nicht abgebildet werden kann. Ohne die Gewohnheit, die uns dergleichen Vorstellungen erträglich macht, würde es unmöglich sein, in dieser kümmerlichen Menschengestalt die erste Person des unsichtbaren Gottes, der ein unendlicher Geist ist, zu erkennen. Doch wir wollen es mit dieser Figur nicht so genau nehmen; Rubens verräth seine Verlegenheit hinlänglich, indem er sie im Hintergrunde hält, in sich gekehrt, mit halbgeschlossenen Augen, an dem, was unten vorgeht, keinen Theil nehmen und an allem, was Größe und Göttlichkeit bezeichnen könnte, leer ausgehen läßt, vermuthlich, damit die Hauptfigur so reich als möglich erscheinen möge. Tiefer hinabwärts sitzt auf den Wolken der Sohn Gottes. Ueber seinem Haupte schwebt die göttliche Taube oder, wenn man darüber streiten wollte, wenigstens gewiß ein Vogel; und ebenso schweben auch, jedoch weder beseelt noch beflügelt, das Scepter und das flammende Schwert. Wenn man die größte Anstrengung neuerer Künstler betrachtet, ist es unmöglich, sich des Gedankens zu erwehren, wie arm und hülflos in Absicht des Erhabenen und Idealischen sie dastehen würden, wenn sie nicht die Griechen zu Vorgängern und Mustern gehabt hätten. Dieser Weltrichter, den Rubens in den furchtbaren Ernst einer strafenden und belohnenden Gottheit kleiden wollte — was wäre der unter seinen Händen geworden, wenn uns keine Bildsäule eines Jupiter oder eines bärtigen Bacchus übriggeblieben wäre, deren Gesichtszüge und Stellung sogar er hier copiren mußte? Das Erborgte dieser Hauptfigur ist so auffallend, daß es mit der flamändischen Feistigkeit, die tiefer unten herrscht, einen seltsamen Contrast bildet; allein was sie noch widriger auszeichnet, ist der verfehlte Effect in allen Details, wo der Künstler es sich erlaubte, von der Antike abzuweichen, um die Spur seiner Nachahmung zu verdecken. Der theatralisch aufgehobene rechte Arm stört die ganze Harmonie dieser Figur und raubt ihr alle Würde. Alles an ihr ist aufgeregt, ob sie gleich sitzend vorgestellt wird; die linke Hand macht eine von sich stoßende Bewegung, der linke Fuß schreitet vor, der rechte ist unterwärts zurückgezogen, der Kopf rechts hingewandt, und das Kleid schwillt hoch auf vom Winde, sowol über der linken Schulter als hinter dem Rücken. Diese leidenschaftliche Stellung gibt einen unauslöschlichen Ausdruck von Schwäche; sie hat nichts von der erhabenen gleichmüthigen Ruhe der Gerechtigkeit und ein ehrbarer sterblicher Richter auf einem irdischen Stuhle würde sich ihrer schämen. Ich begreife wohl, daß Rubens durch diese Bewegung Aufmerksamkeit erregen, Handlung andeuten, Eindruck machen wollte; allein eben darin liegt das Versehen, daß er dies alles durch Geberdenspiel erzwingen wollte. Er verwechselt also Seelenausdruck mit Leidenschaft; anstatt uns beim Gefühl zu fassen, declamirt er uns vor. Dieser Fehler ist der flamändischen Schule eigen; das blos Physische fesselt sie zu sehr, füllt so ganz ihre Einbildungskraft, daß ihr keine Hermeneutik der innern Geisteskräfte möglich ist. Grobe Pathognomik sieht man zwar bei diesen Künstlern, Leidenschaft oder auch sinnliches Gefühl können sie schildern; aber Seelengröße, Erhabenheit, Gedankenfülle, gehaltene Kraft, Zartheit des unterscheidenden Sinnes, kurz alles, was den Menschen adelt, ist bei ihnen das Werk des Zufalls oder einer höchst seltenen Ausnahme.

Auf demselben Wolkengewölbe mit dem Erlöser, aber in einiger Entfernung hinter ihm, stehen ihm zur Rechten Maria mit Petrus und Johannes, zur Linken Moses mit den Stammältern des Menschengeschlechts; im Hintergrunde zu beiden Seiten verlieren sich die Heiligen in großer Anzahl, und über ihren Häuptern kommen viele Engelsköpfchen zwischen den Wolken hervor. Die bittende Stellung Mariens verhindert nicht, daß mitten unter so vielen stehenden Figuren der sitzende Christus weniger, als er sollte, in die Augen fällt. Auch die Gruppen im Vordergrunde scheinen ihm etwas von seiner Größe zu rauben, so richtig übrigens die Perspective beobachtet sein mag. Es ist sehr viel Talent und Geschicklichkeit in der Anordnung jener obern wie der untern Gruppen, ihre Massen sind schön und verrathen den geübten Künstler; hier ist indeß von Erfindung und von Dichtung die Rede: ich vermisse den kühnen Schwung der Phantasie, der diese müßigen Figuren mit Individualität begaben soll, daß man sie nicht blos an ihren Attributen, wie den Petrus an seinen Schlüsseln, den Paulus am Schwert, den Moses an den Hörnern und den Gesetztafeln, erkenne. Mitleid und Neugierde malen sich jedoch in vielen Köpfen; Petrus, Johannes und Moses scheinen über den richterlichen Zorn zu verstummen, der an einer weiblichen Figur im Hintergrunde sogar den vollen Ausdruck des Schreckens, mit zurückgezogenem Kopf und vorgespreizter Hand, zu Wege bringt.

Jetzt kommen wir dem eigentlichen Schauplatz, dessen Gewühl auch die Himmlischen beschäftigt, etwas näher. Zwei sehr weit voneinander entfernte Zeitpunkte, der Auferstehung nämlich und des Gerichts, hat der Künstler hier vereinigt und in einen Augenblick zusammengerückt. Aus dieser poetischen Freiheit, die ich übrigens nicht tadeln will, sind bei ihm die wesentlichsten Fehler seiner Composition entstanden. Ganz unten auf dem Vordergrunde steigen mehrere Figuren unter einem schweren halb aufgehobenen Grabstein hervor, und wie die Gerippe ihren Ruheplatz verlassen, umhüllt sie ein neuer Körper. Ein solches Gerippe sieht man noch zwischen den umherliegenden Erwachenden im Dunkel der Grabeshöhle. Ineinander geschlungen und gewunden, reicht eine Gruppe dieser Auferstandenen von der Erde bis zum Wolkengewölbe, das den Thron des göttlichen Richters bildet. Auf Wolken, die bis zur Erde her-

absteigen, steht oder schleppt sich diese schwere Masse mit Hülfe einiger
Engel, die da und dort einem unter die Arme greifen, zum Him=
mel hinan. Links hingegen stürzt eine ebenso hoch aufgethürmte
Menschenmasse, von Michael's Blitzen verfolgt und von andern
Engeln gewaltsam niedergedrückt, aus dem Himmel in den Ab=
grund hinab, wo ein gähnendes Ungeheuer mit offenem Rachen
ihrer wartet. Aegipanische Gestalten mischen sich unter die Stür=
zenden und ziehen, als ständen sie im Bunde mit den Engeln, ihre
Beute mit sich hinunter, reiten auf den Hoffnungslosen und um=
schlingen sie mit gewaltigen Armen. Der Contrast zwischen beiden
Gruppen ist unstreitig das Meisterhafteste in diesem ganzen Bilde.
Die Seligen drängen sich in regellosem Streben dicht zusammen,
verschränken sich untereinander und mit den Engeln und bilden eine
Pyramide von Köpfen; nur die vordersten Figuren sieht man ganz
bis auf die Zehen, und die unterste, ein Weib (wie man sagt,
Rubens' zweite Gattin), sitzt noch halb betäubt, mit auf die Brust
gekreuzten Armen und blickt nach dem Grabe, aus dem sie eben
erst hervorgegangen ist. Die Verdammten hingegen fallen in der
schrecklichsten Verwirrung und Unordnung; viele strecken die Beine
hoch in die Luft, und ihre Glieder durchkreuzen sich nach allen
Richtungen. Wer nie ein anderes Werk dieses Künstlers gesehen
hätte, würde ihm hier auf den ersten Blick das Zeugniß geben
müssen, daß er es wohl verstand, den menschlichen Körper unter
allen Gesichtspunkten, in allen erdenklichen Stellungen und Bie=
gungen, natürlich angestrengt oder gewaltsam verzerrt, und immer
neu und unerschöpflich an Gestalten darzustellen. Auch das ist viel
geleistet, wenn man bedenkt, wie es mit der Kunst der Neuern
überhaupt bestellt ist; die wenigsten Maler haben es auch nur so
weit gebracht. Allein was hätte nicht ein Künstler aus eben die=
sem Gegenstand geschaffen, ein Künstler mit empfänglicher Seele,
mit dichterischer Phantasie und zartem Schönheitssinne! Nicht zu
gedenken, daß die herabstürzende Gruppe gegen alle Wahrschein=
lichkeit sündigt, indem sie früher im Himmel angelangt sein mußte,
als selbst die auserwählte Schar, um schon verstoßen zu werden,
ehe diese noch auf dem Wolkengewölbe ausgestiegen ist: so bringt
doch die Vereinigung der Auferstehung und des Gerichts die Un=
bequemlichkeit mit sich, daß die Seligen eine zwar an sich
sehr schöne, hier aber ganz unnatürliche Pyramidalgruppe bilden
müssen, welche schon darum verwerflich ist, weil sie allen in=
dividuellen Ausdruck schwächt und die schönen Episoden, die
sich hier dem Künstler wie dem Dichter darbieten, unmöglich macht.
Durch das Aneinanderhangen der Gestalten erhält die ganze Masse
eine so überwiegende Schwere, daß selbst das blödeste Auge sich
mit der Möglichkeit, diese Menschen je auf Wolken wandeln zu

sehen, nicht täuschen läßt. Nimmt man hinzu, daß Rubens hier, wie in allen seinen Gemälden, die menschliche Form so materiell und fleischicht als möglich vorstellt, so steigt die Unwahrscheinlichkeit bis auf den höchsten Punkt. Doch es sei darum! Den Auferstandenen ist es zu verzeihen, wenn sie in dem ersten schlaftrunkenen Augenblicke des Erwachens gerade so sich zusammendrängen und sich selbst das Emporsteigen erschweren; keineswegs aber dem Künstler, der keinen bessern Augenblick wählte oder diesen sich nicht interessanter dachte. In diesem ganzen Keil von Menschen ist nur Eine Begierde, nur Ein Drängen und Streben, hinaufzugelangen. Vergebens sucht man hier, was diese sonst nur grausenvolle Scene des Gerichts dem Herzen eines Menschen näher zu bringen im Stande wäre; hier ist weder die Freude des Wiedererkennens, noch der Ausdruck der göttlichen Liebe, noch irgendeine rührende Beziehung zu sehen, welche die Steigenden und Fallenden anders als durch die Nebeneinanderstellung verbände; nichts, mit Einem Worte, von allen jenen Meisterzügen, womit Klopstock sein erhabenes Gemälde von der Auferstehung im „Messias" schmückt. Es kann wahrlich einem jeden Zuschauer gleichgültig sein, ob die Figuren, die der Maler hier aufsteigen läßt, wirklich in dem Himmel ankommen oder nicht; es kann sich niemand gereizt fühlen, ihnen nachzusteigen, sich in ihre Haufen zu drängen und Seligkeiten, die solchen groben Geschöpfen genießbar sind, mit ihnen zu theilen. Unter ihnen gibt es keinen Verklärten, den man liebgewinnen, an dem man mit Bewunderung oder mit Zärtlichkeit hangen, auf dessen Wiedersehen man sich freuen; keinen Verdammten, dem man das Maß seines Verbrechens und die Gerechtigkeit des Urtheils an der Stirne lesen und dessen Fall man dennoch beweinen könnte. Ich finde zwar, indem ich mühsam mich durch das Gewimmel der Ringenden hindurchwühle, einen schönen Engelskopf; aber daß er nur schön und daß es nur Einer ist, gerade das erschöpft alle Strenge des Tadels. Von dem ganz mislungenen Michael mag ich nichts sagen, und ebenso wenig von seinen Begleitern, die zur Unzeit in die Posaune stoßen, da eben der Richter des Weltgerichts das Urtheil spricht. Mehr mußte also Rubens aus diesem großen Entwurfe, den die Apokalypse selbst im erhabensten Stil der bilderreichen orientalischen Dichtung behandelt, nicht hervorzuzaubern? Nur diese Vorstellungen weckte der Riesengang der Phantasie Johannis in ihm? Höher trug ihn der Fittich des Genius nicht, wenn er das größte Schauspiel sich dachte, das Menschen und Göttern je gegeben werden kann? Den Augenblick, wo die ganze Schöpfung sich zusammendrängt, sich neu organisirt, sich verwandelt, wo das Reich des Möglichen seine Schätze aufthut und die Phantasie in ihrem Ueberflusse schwelgen läßt, wo Jahrtausende mit ihren

Begebenheiten und ihrer großen Verkettung von Ursachen und Wirkungen sich nebeneinanderstellen, wo das Verborgene offenbar, das Verlarvte in seiner Blöße, das große Verkannte in göttlichem Glanz erscheint — den Augenblick bezeichnet ihm nichts als diese zwei bedeutungsleeren, an aller Individualität verarmten Menschenhaufen? Sind die Schranken der Kunst hier wirklich zu enge, oder zogen sie sich nur für das Genie eines Rubens innerhalb ihres möglichen Umfangs in einen so engen Kreis zusammen?

Wenn ich vorhin die treue Nachfolge der Natur, welche Rubens in den Stellungen beobachtet hat, mit einigem Lobe erwähnte, so sollte sich dieser Beifall doch nicht auf die Richtigkeit der Zeichnung erstrecken. In dem, was er malte, sieht das Auge, welches der Zergliederer bemerken gelehrt hat, eine vernachlässigte Kenntniß der bestimmten Gestalt der Theile und eine unrichtige Manier sie anzudeuten. Das Feuer des Bildners entschuldigt keineswegs diese Unrichtigkeit; denn wahre Künstlergröße findet man nur da, wo die wirkenden Kräfte zusammengehalten, zweckmäßig aufgespart, nicht blos in flüchtigen Explosionen eines Augenblicks verschwendet wurden. Wie die Natur mit immer gleicher, nie erschöpfter Energie ohne Unterlaß neue Bildungen von sich ausströmen läßt und gleichwol mit bewundernswürdiger Geduld alles bis auf die kleinsten Theilchen nach ihren ursprünglichen Modellen langsam und getreulich ausarbeitet, so muß ihr Nachahmer ebenfalls dem wilden Drange, der ihn reizt, die Gebilde seiner Phantasie im Materiellen darzustellen, einen starken Zügel anlegen können, damit sein warmes Brüten nur edle, vollkommene Früchte reifen möge. So wußte Rafael, der größte Mensch, der je den Pinsel führte, seinem Genius zu gebieten, indem er es nicht für kleinfügig hielt, zu jeder seiner Figuren eine Skizze zu entwerfen, deren Verhältnisse er mit dem Zirkel maß. Daher kommt es denn auch, daß die Arroganz der jungen Zeichner, die auf den ersten Blick an seinen Figuren nichts Besonderes sehen, bei dem ersten Versuche, sie zu copiren, zu Schanden wird. Diese Umrisse des flamändischen Pinsels hingegen mag man leicht in der Copie verfehlen, ohne befürchten zu müssen, daß Misgestalt die Unähnlichkeit verrathe.

Schönheit ist also nicht in den Formen von Rubens zu suchen; denn sie ist die Tochter des Ebenmaßes. Wären aber seine Figuren auch richtig gezeichnet, so würde doch schon allein ihre vlämische Feistigkeit den Begriff des Schönen verscheuchen. Dies ist bei ihm, wie es scheint, ein verderbter Geschmack, weil Italien ihn mit schönern Formen vertraut machen konnte. Ich habe seine Fleischmassen als natürlich rühmen gehört; allein ich finde sie unaussprechlich ekelhaft. Das hangende, erschlaffte, lappige Fleisch, die Plumpheit aller Umrisse und Gliedmaßen, der gänzliche Mangel

Forster. I.

von allem, was auf Anmuth oder Reize nur Anspruch machen darf
— ich kann nicht sagen, wie mich das unwillkürlich zwingt, die
Augen wegzuwenden, um einem widrigen Eindrucke zu entgehen.
Unter zehn Bewunderern von Rubens würden kaum zwei oder drei
den Anblick solcher Menschen, wie er sie hier malte, in der Natur
ohne Widerwillen ertragen. Warum dulden sie aber oder be=
wundern wol gar im Bilde, was lebend sie anekeln würde? Weil
der Pinsel das Allzuscheußliche verwischt; weil den meisten Menschen
nur an der Nachahmung liegt, gleichviel was ihr Gegenstand sei;
endlich weil wir den Schönheitssinn und den Geschmack zu den selten=
sten Göttergaben zählen müssen.

Wenn aber Rubens in den Umrissen und in der Darstellung
des Schönen fehlte, bleibt ihm nicht wenigstens die Magie seines
Colorits, die seit mehr als hundert Jahren so oft gepriesen ward
und noch in voller Kraft besteht? Dieses Fleisch — wird der Kenner
sagen — ist wahres, blutreiches Fleisch; diese zarte, sammtweiche
Haut glaubt man anfühlen zu müssen; diese Lippen glühen mit
lebendigem Purpur; überall sieht man deutlich, daß die Wirkung der
Farben und des Aussehens verschiedener Oberflächen dem Gedächtnisse
dieses großen Künstlers tief eingeprägt worden ist, und daß er auch die
Kunst besessen hat, beides mit Wahrheit darzustellen. — Ich wünsche
immer, wenn ich diese Lobsprüche mitanhören muß, daß gleich ein
gutes lebendiges Modell zur Hand wäre, welches man entkleiden
und neben ein Bild von Rubens hinstellen könnte. Man würde
dann gar bald gewahr werden, daß jener Zauber, der so mächtig
wirkt, noch um vieles von der wahren Farbe der Natur abweicht,
und viel mehr in einer eigenthümlichen Art der Behandlung als
in einer getreuen Auffassung des wirklich Vorhandenen liegt. Ich
table es indeß nicht, daß Rubens so gern auch hier seine Carna=
tionen durch stark aufgelegten Zinnober erhöht und mit durch=
schimmerndem Blau und mit gelben Widerscheinen fast zu ver=
schwenderisch umgeht. An dem Platze, für den er dieses Gemälde
bestimmte, würde man vermuthlich diese Farben so hervorspringend
nicht gefunden haben als hier, wo sie dem Auge zu nahe gerückt
sind. Man müßte die Jesuiterkirche zu Neuburg, wo dieses große
Gemälde zuerst aufgestellt wurde, zuvor gesehen haben, um urtheilen
zu können, wiefern diese Rechtfertigung des Künstlers statthaft sei
oder nicht. Daß indeß kein Flamänder je das Colorit von Rubens
übertroffen habe, wenn es nicht zuweilen seinem Schüler van Dyck
geglückt ist, bleibt seinem Ruhme unbenommen. Auch die Kunst
der Beleuchtungen war sein; Licht und Schatten, zwar nicht der
wesentlichste Vorzug dieses Stücks, sind gleichwol mit großer Ge=
schicklichkeit darin ausgetheilt und thun die vortrefflichste Wirkung.

Wenn Kunstverständige einen Maler preisen wollen, pflegen

sie auch noch sein Machwerk (faire) herauszustreichen; und in diesem Betracht hat Rubens in der That vor vielen andern einen entschiedenen Vorzug. Er mußte seinen Pinsel leicht und kühn zu führen, er kannte seine Palette und den Effect ihrer Farben, er vertrieb diese zart und meisterhaft untereinander, gab ihnen Haltung und besaß eine große Uebung im Vertheilen und Abstufen der Lichtmassen und des hellern oder tiefern Dunkels. Dieses Verdienst gehört in Eine Klasse mit der Fertigkeit eines Tonkünstlers, die Noten frisch und rein vom Blatte wegzuspielen, oder mit dem ebenso mechanischen und ebenso bewunderten Talent, auf einigen Instrumenten die Schwierigkeiten der Ausführung zu überwinden und eine seltene Beweglichkeit der Finger sehen zu lassen. Allein wenn ich auch der Handarbeit unsers Rubens ihren ganzen Werth zuerkenne, wenn ich ihn ferner in seiner Anordnung und Gruppirung, im Reichthum seiner Gestalten, in der Farbengebung, im Faltenwurf der Kleidungen, in dem Feuer seines Geistes, womit er durcheinanderstürzende Figuren zur Einheit zurückzuführen weiß, wenn ich in diesem allen ihn bewundern kann: wie hoch wird denn sein Ruhm sich schätzen lassen, da wir überall, wo es auf ein nicht zu berechnendes Gefühl, auf innere Beweglichkeit und Empfänglichkeit, auf eine gebildete Sonderungs- und Umformungsgabe ankommt, wo von Erfindung und Wahl des Gegenstandes, dichterischer Ausführung aller einzelnen Bestandtheile des Gemäldes und Idealisirung der Gestalten die Rede ist, von seinen Verdiensten schweigen oder seiner Arbeit unsern Beifall versagen müssen?

Ein Meisterwerk gedachte der Künstler hinzustellen, das seinem fürstlichen Freunde die Dankbarkeit für ein gerettetes Leben ausdrücken sollte, ein Meisterwerk, das die Krone seiner Werke genannt zu werden verdiente — und sein ernster Sinn wählte sich das Weltgericht? Durch die Erhabenheit des Gegenstandes wollte er gleich auf den ersten Blick so den Trotz des tadelsüchtigen Kenners niederwerfen, wie er die Flamme des frommen Gefühls im großen Haufen anzünden wollte — und er schilderte die Gottheit in Gestalt eines abgelebten Greises, den Richter des Weltalls schwach in seiner Uebermacht wie einen gemeinen Tyrannen? Der Himmel und die Hölle sollten nebeneinanderstehen in seinem Bilde, zwischen ihnen das Menschengeschlecht, schrecklich verurtheilt zur Seligkeit oder Verdammniß — und ich sehe einen Raum, der höchstens fünf oder sechs Menschenlängen übereinander fassen kann, mit einem an der Erde hinschwebenden Nebel gefüllt, auf welchem einige Figuren müßig stehen, andere in gedrängtem, schwerfälligem Phalanx hinaufsteigen, andere wildverschränkt mit stygischen Mächten zusammenstürzen über ein scheußliches Drachenhaupt? Ordnung und Einheit sollten unsere Blicke fesseln — und es ist die Einheit, die Ordnung des Chaos? Wen diese Erfordernisse unbefriedigt ließen, der sollte noch der Schönheit huldigen; ein Umriß, der Natur wie mit List entwendet, konnte den entzücken; ihn gewann ein Farbenzauber, der das zarte Gebilde des menschlichen Körpers vom Lebensgeist durchathmet, bis zur Täuschung darzustellen vermag — und sind nun diese vlämischen Dirnen schön? sind diese Umrisse richtig und gefällig? sind diese Carnationen bei aller ihrer Frische nicht Manier?

Doch es ist nicht das erste mal, daß gerade dann, wenn große Künstler mit Vorsatz alle ihre Kräfte aufboten, das erzwungene Werk ihrem Geiste mislang. Auch die Empfängnisse der Phantasie sind unbedingte Gaben eines göttlichen Augenblicks.

VII.

Düsseldorf.

Fernere Erinnerungen aus der Galerie Rubens. Albrecht Dürer. Gerard Douw. Teniers. Schalken. Gasparo (Dughet). Snyders. Van der Werff. Crayer. Van Dyck.

Ich hatte Dir gestern noch viel zu sagen von diesen Schätzen der Kunst, die ich anzuschauen nicht ermüde; aber die Bemerkungen über das Jüngste Gericht von Rubens versetzten mich allmählich in die Stimmung, die er seinem Weltrichter gegeben hat, und in diesem kritischen Humor möchte ich Rafael selbst nicht für Tadel stehen. Heute ist der Morgen so heiter, die Frühlingssonne scheint so allbelebend, die Luft ist so rein bei ihrer Kühle, daß man froh ist, zu leben, und dem verschiedenartigsten Leben Dasein und Genuß des Daseins gönnt. Friede sei mit allem, was da ist, Friede mit jedem Geiste, sein Wirken und Gebilde sei dem meinen so fremd wie es wolle! Ich fühle mich verjüngt aus den Armen des Schlafs erstanden; alles in der Natur lacht mich an; alles ist unzertrennlich von allem; der blaue Bogen über mir, die hellleuchtende Sonne, und Berg und Flur, Fels und Wald, Pflanzen und Thiere, der Mensch und seine Kunst: alles ist Theil eines großen, nicht zu umfassenden Ganzen!

Millionen Menschen empfingen den Funken der Vernunft und fachten ihn an zur größern oder kleinern Flamme; Millionen empfanden, dachten und wirkten, jeder auf seine ihm eigene

Weise; die Früchte ihres Fleißes, ihres Nachdenkens, ihres bildenden Triebes erfüllen die Erde, und dennoch sind die Verhältnisse der Dinge untereinander nicht erschöpft und keine Macht bestimmt ihnen Grenze oder Zahl. Wir stehen da und schöpfen aus dem unermeßlichen Meere die mannichfaltigen Gestalten. Je mehr wir aufnehmen können, desto schöner und reicher ordnet sich in uns, wie im Spiegel, das Bild des göttlichen All. Von Einem Lichte wird alles umflossen, alles schimmert meinem Auge entgegen, alles drängt mir sein Dasein auf; eine Welt von unendlich kleinen Stäubchen sogar tanzt sichtbarlich in diesem Sonnenstrahl, der zwischen den Vorhängen hindurch auf mein Papier gleitet, und behauptet ihren Platz in meinen Sehnerven wie in meinem Gedächtnisse. Willkommen, willkommen mir, heiliges Licht der Sonne, das allem, was da ist, gleiches Recht ertheilt! Wie ganz anders geordnet sind die Empfindungen und Gedanken des sonnenhellen Morgens als die gestrigen beim nächtlichen Lampenschein, der ein grelles Licht auf eine Stelle warf und ringsumher die Finsterniß herrschen ließ!

Was von Eindrücken der Anblick der hiesigen Gemäldegalerie in meinem Gemüthe zurückgelassen hat, wollen wir jetzt in dieser Klarheit beschauen; viel werden wir bewundern, manches tadeln und einiges lieben müssen. Auch hier aber, wie im ganzen Leben, können wir uns nicht alles aneignen; es ist eine Oekonomie der Zeit und des Gedächtnisses nöthig, um nur das Wesentliche, uns Angemessene aufzufassen; glücklich, wenn die Wahl so ausfällt, daß die Bilder, die wir in uns aufbewahren, Abdrücke interessanter Geisteskräfte sind und manche andere entbehrlich machen.

Rubens kann in seiner Darstellung des Jüngsten Gerichts vielfältig gefehlt haben, ohne deshalb den Ruhm eines großen Künstlers einzubüßen. Seine Werke füllen hier einen ganzen ihm allein gewidmeten Saal; sie bestehen in mehr als vierzig großen und kleinen Gemälden. Ein kleines Stück, welches die Niederlage der Amazonen am Thermodon vorstellt, gab dem Kurfürsten Johann Wilhelm die Veranlassung, seine große Sammlung von Gemälden anzulegen. Rubens ist hier in seinem Elemente. Die besiegten Kämpferinnen stürzen sammt ihren Rossen von der Brücke in den Fluß; in mancherlei Stellungen, hingeschleudert, schwimmend, fallend, sich sträubend, erblickt man den weiblichen Körper von der wilden Phantasie des Künstlers ergriffen. So unwahrscheinlich es immer ist, daß Weiberwuth zu diesem Grade gestiegen sei, so schön ist doch der Stoff für den Maler, der dieses Feuer in sich fühlte, die Extreme der Leidenschaft und die heftigste Handlung darzustellen. Von den beiden darüberhangenden Skizzen, der Bekehrung des Apostels Paulus und der Vernichtung der Heerscharen Sennacherib's, möchte ich das nicht so unbedingt behaupten.

Bewundernswürdig war und bleibt Rubens im Porträt. Er faßte so wahr und so glücklich zugleich! Nur ist es mir räthselhaft, daß ein Künstler, der so tief in andere Wesen sich hineinschmiegen und ihr Innerstes sozusagen herausholen konnte, in seine eigenen Schöpfungen nicht mehr hinübertrug. Unter so vielen hundert Köpfen, die er in seinem Leben nach der Natur gemalt haben mag, hätten sich doch wol die Urbilder zu allen Charakteren seiner historischen Gemälde mit Hülfe einiger Idealisirung leicht gefunden; und solche der Natur nachgebildete Formen hätten auf jeden Fall seine unbestimmten, von Individualität entblößten Gesichter weit übertroffen. Hier ist das Bildniß eines Mönchs; der graue Rock scheint nur eine Verkleidung zu sein, so wenig paßt er zu dem gebildeten Geiste, der aus diesen Zügen hervorstrahlt. So ein Gesicht, mit diesem Ausdruck des eingeernteten Ideenreichthums, mit dieser Milde, welche nur Erfahrung und Weltkenntniß geben, mit dieser Ruhe, die aus einer richtigen Schätzung der Dinge und ihres unaufhaltsamen Laufs entspringt: wahrlich, das würde man unter tausend Mönchsgestalten ohne Mühe wiedererkennen. Wie der hagere Mann einst den Erdball in der Hand wägte, damit spielte und doch zuletzt wol inne ward, der Ball sei mehr als Spielzeug, wenn er's nur ergründen könne, so wägt er jetzt den Menschenschädel, ihm und aller Menschenweisheit nicht minder unbegreiflich! Es ist kein Traum, den ich da träume; dieser Franciscaner-General, so wie Rubens ihn malte, war zu seiner Zeit im Cabinet allmächtig. Maria von Medici, bereits in guten Jahren, ist hier noch schön, aber so stolz, so tief verschlossen, so gewandt in allen Künsten der Verwirrung! Ich weile jedoch lieber bei dem eigenen Bildnisse des Malers und seiner ersten Gattin. Es ist eine überströmende Geistesfülle in seinem Kopf, und sein ganzes Wesen, sein Anstand, seine Kleidung verrathen die höchste Eleganz. Wenn Rubens so ausgesehen hat — und dieses Bild trägt alle Kennzeichen an sich, daß es treu dem Leben nachgebildet worden ist —, so war der Mensch an ihm bei weitem das Edelste, Größte und Beste; keins seiner Werke gibt einen halb so erhabenen Begriff von ihm als diese Nachahmung seiner eigenen Züge. Der schöne, kraftvolle Mann sitzt da in der Blüte des männlichen Alters. Die tiefliegenden Augen sprühen Feuer hervor unter dem Schatten der dunkeln Augenbrauen; auf seiner Stirne liest man den Reichthum und ich möchte fast sagen auch das Ungezähmte seiner Phantasie. Seine Seele ist auf einer Bilderjagd außer dem Bezirke des Gemäldes begriffen. Das hübsche Weib ruht zu seinen Füßen, ihre Rechte in seiner Rechten, und diese Hände sind von vorzüglicher Schönheit. Wahr und treu ist auch ihr Kopf; allein die ungebildete Frau konnte den größern Menschen nicht fassen, der zugleich Künstler und Staatsmann war, bald an Philipp's III. Hofe, bald als sein Abgeordneter bei Karl I. von England seine Rollen spielte, den Mann, der nach den Mitteln seines Zeitalters vortrefflich erzogen war, die Feder beinahe so gut wie den Pinsel führte, um dessen Freundschaft Fürsten warben und den Wolfgang Wilhelm, Herzog von Neuburg, in seinem eigenen Wagen rettete, als man ihm in Madrid nach dem Leben stand.

Was mag er wol ersinnen in dieser traulichen Verschränkung, auf dem ländlichen Sitz am Gemäuer, wo sich das üppige Geißblatt mit duftenden Blüten emporschlängelt und über seinem Haupte leichte Schatten webt? Etwa jenes liebliche Gedicht, wo sieben Amoretten sich hineinflechten in einen Kranz von Blumen und Früchten? Mit welcher Fülle, mit welcher Kraft sind diese Formen aus der Anschauung gegriffen! Welches Leben regt sich in ihren Gliedern! Wie gaukeln die gesunden Buben so froh im vollen Treiben ihrer neuerprobten Muskelkraft! Des schönsten Genusses Kinder, als Zeit und Sinne schwanden; Dasein ihre ganze Bestimmung, Zweck und Mittel zugleich; und auch ihnen gelten Zeit und Zukunft noch nichts! Hierher den Blick, ihr Weisen, und sagt uns, ob es eine andere Wonne gebe als, das schöne Leben zu sehen und zu fühlen: es ist!

Die reine, treue Darstellung des Lebendigen und Natürlichen würde diese gefällige Wirkung auf die Empfindung des Zuschauers nie verfehlen, wenn es nicht in der Natur selbst Gegenstände gäbe, deren erster und mächtigster Eindruck unsern Selbsterhaltungstrieb aufregt und Abneigung, Widerwillen, Abscheu oder Furcht und Schrecken zu Wege bringt. Der Anblick alles Misgestalteten, Unzweckmäßigen, Schädlichen in der Natur, des Gewaltthätigen und Zerstörenden, des körperlichen Schmerzes, heftiger Krämpfe, ekelhafter Zerfleischungen, kranker oder auch leidenschaftlicher Entstellung, dies alles erschüttert zuerst unser Nervensystem mit dem Gefühle der eigenen Verletzbarkeit, welches zur Erhaltung eines endlichen Daseins wirken muß. Ist es daher nicht sonderbar, daß so viele Künstler, und unter diesen manche der berühmtesten, gerade diese Gegenstände zur Nachahmung wählten, um durch sie recht kräftig erschüttern zu können? Rubens selbst scheint sich in solchen Darstellungen mehr als in allen andern zu gefallen. Von jenen wilden Compositionen, wo Teufel und verworfene Menschen sich winden und kämpfen und knirschend den Engeln unterliegen, soll hier nicht mehr die Rede sein. Es gibt noch andere Bilder in diesem Saale von einem ähnlichen Effect. Bald ist es ein trunkener Silen, umringt von einer bacchantischen Gruppe, deren verschiedene Grade der Trunkenheit sich allzu natürlich in faunischer Wollust oder in einer noch ekelhaftern Herabwürdigung äußern. Eine greuliche Faunin liegt im Vordergrunde hingestürzt über ihren beiden bocksfüßigen Säuglingen, die zappelnd an den Brüsten, ich hätte bald gesagt den Eutern, ihrer im Uebermaß der Völlerei entschlafenen Mutter hangen. Bald ist es ein sterbender Seneca, blutend, alt und schwach, die Todtenblässe im Gesicht und auf den Lippen. Hier eine Latona in den Sümpfen Lyciens, noch in bittender Stellung, indeß ihr gegenüber die störrigen, feindseligen Wilden, die ihr einen Trunk Wassers versagten, im vlämischen Bauerncostüm, aber mit Froschgesichtern schon halb verwandelt dastehen, gräßliche Caricaturen! Wie konnte nur ein Mann wie Rubens das Bild des Ekelhaftesten in der Natur, eines betrunkenen Weibes, in seiner Phantasie dulden, geschweige denn mit Wohlgefallen darüber brüten, mit Kunst und Kenntniß der Natur es ausmalen und nichts dabei fühlen als nur die Stärke seiner Darstellungsgabe? Hätte nicht der Maler, der es wußte, was Schönheit ist, bei jenen Froschmenschen vor einem Mißbrauche seines Talents zurückbeben sollen, wodurch er sich zur plattesten Farce erniedrigte? Der Seneca wäre vielleicht am ersten zu entschuldigen, weil er genau die Stellung der alten Statue hat und alte Kunst sonst tadelfrei zu sein pflegt. Allein nicht alle Werke des römischen Meißels sind musterhaft, nicht alle der Nachahmung werth; bei vielen vermißt man den reinen, keuschen Geschmack der griechischen Kunst, und endlich ist das Widrige im Marmor weit weniger als in dem farbigen Gemälde widrig; der Pinsel drückt eben die Todtenfarbe und die Erschöpfung des Verblutens in ihrer ganzen Abscheulichkeit aus. Allerdings gelingt es auch den Künstlern, durch diese Schilderung des Grobsinnlichen auf die gröbern Organe des großen Haufens zu wirken, dessen lauten Beifall und gaffende Bewunderung davonzutragen; und nur, daß dieser Beifall, diese Bewunderung ihnen genügt, gerade darin liegt der ganze Jammer. Es ist leichter, gemeine Natur zu copiren, als Seelenkräfte in der Materie sichtbar zu machen; leichter, durch groteske Züge dem Pöbel zu gefallen, als nach dem musterhaften Doryphorus den Kenner zu befriedigen; leichter endlich, zu erschüttern und sogar zu rühren, als den Forderungen des gebildeten Geistes, den die grobgezeichneten dramatischen Larven anekeln und der nach den zarten Schattirungen und Verschmelzungen der Charaktere des gesellschaftlichen Lebens verlangt, völlig Genüge zu leisten. Unsere Theaterdichter wissen dies so gut wie die Künstler, und eben darum spielt man die Stücke der höchsten dramatischen Kunst vor leeren Häusern, indeß die kläglichsten Erzeugnisse des Plattsinns, ein „Walltron," eine „Lanassa" und andere ihres Gelichters, wenn sie nur das Alltägliche anschaulich machen, den allgemeinsten Beifall nie verfehlen.

In der Himmelfahrt der Jungfrau, in der Geburt Christi, in der Ausgießung des Heiligen Geistes, in dem Märtyrerthum des heiligen Laurentius und selbst im Nymphenraub der Zwillingsbrüder Kastor und Pollux, lauter großen, kraftvollen Werken von Rubens' Hand, die ich hier um mich her erblicke, sind indessen so viele künstlerische Verdienste vereinigt, daß man sich willig finden läßt, auch über den wesentlichen Mangel einer feinern Vorstellungsart hinauszugehen und sich mit dem Künstler in seinen niedrigern Gesichtspunkt zu versetzen. Unter allen diesen Werken scheint mir dasjenige, wo die Apostel am Pfingsttage mit neuen Kräften erfüllt werden, in Absicht auf die Schönheit der Köpfe vorzüglich bemerkenswerth. Es ist zwar auch hier der gewöhnliche Fehler auffallend, daß die Ergießung des Heiligen Geistes weit mehr durch die von Licht umflossene Taube, die einzeln herabfallenden Flämmchen und das Erstaunen der Heiligen selbst über diese Erscheinungen, als durch eine wirklich auf ihren Zügen sichtbare Begeisterung und Verstärkung des geistigen Kraftmaßes angedeutet wird; allein diesen Verstoß abgerechnet, der vielleicht um so verzeihlicher ist, je weniger man sich zu Rubens' Zeit über Gegenstände der Religion das Nachdenken erlaubte und je mehr der Künstler damals an die crassen Vorstellungen der Priester jenes finstern Zeitalters gebunden war, diesen Verstoß abgerechnet, bleibt dem Stücke wenigstens das Interesse, welches man an schöngebildeten Menschen nimmt. Wem es genügt an einem hübschen vlämischen Weibe statt der Madonna, an gesunden bausbäckigen Knaben an der Stelle der Engel, der wird seine Forderungen durch den schönen Körper des Märtyrers auf dem Roste noch mehr befriedigt finden. Könnte man nur die Größe der Gegenstände vergessen, oder noch besser, könnte man diese Gegenstände nur mit Hintansetzung aller eigenen Vorstellung davon so fühlen, wie Rubens sie in seiner Phantasie entstehen sah, dann wirkten vielleicht seine Bilder beides, auf den Geschmack und auf das Herz, anstatt daß sie mir jetzt bei einem andern Maßstabe und edlern Formen nur Travestirungen des Heroischen und Göttlichen scheinen.

Indeß lieber diese gemeine, schwerfällige Phantasie, als jene des Luca Giordano und des Annibal Caracci, die sich in der Darstellung eines so gräßlichen Auftritts wie der bethlehemitische Kindermord gefallen können; und wiederum lieber noch diesen Kindermord vom Meister Annibal, als jenes ungleich greulichere Gemetzel der Christen in Persien unter dem König Sapor! Was ist ein großer Künstlername, wenn solch ein buntscheckiges, steifes, elend gruppirtes, ohne Perspective, ohne Haltung, in harten Umrissen mühsam hingedrechseltes Werk nichts anderes für sich hat als Albrecht Dürer's Ruhm? Empfindungsloser kann man nicht malen; und wenn es wahr ist, daß die beiden schwarzgekleideten Figuren in der Mitte

des Gemäldes, die als müßige Zuschauer den verabscheuungswür=
digsten Scenen der Menschenqual ruhig zusehen, Porträts des
Künstlers und seines besten Freundes sind, so möchte man auch
hinzusetzen: empfindungsloser kann man nicht sein. Ließe sich doch
nur die Echtheit dieses unedeln und zugleich so sehr mißrathenen
Kunstwerks mit einiger Wahrscheinlichkeit bezweifeln.

Unedel im höchsten Grade, aber auch trotz aller Niedrigkeit des
Gegenstandes an Wahrheit, Charakteristik und Ideenreichthum zum
Meisterwerk gediehen ist daneben der berühmte Marktschreier von
Gerard Douw. Gewisse Seelen sind zum Auffassen gewisser Gegen=
stände geschaffen oder organisirt: diese spiegeln sie so rein und klar
wieder von sich, daß man sieht, sie wurden gleichsam Ein Wesen
mit ihnen, da sie hingegen für Eindrücke aus einer andern Klasse
schlechterdings nicht empfänglich scheinen, von andern Objecten gar
nicht berührt werden können. Hogarth, der Meister in der physio=
gnomischen Bezeichnungskunst, der bewunderte Caricaturenschöpfer,
konnte keine schöne Figur entwerfen; Gerard Douw, der hier die
geringern Volksklassen nach ihren verschiedenen Geschlechtern, Ge=
werben und Leidenschaften ganz mit sich selbst identificirt zu haben
scheint, der unendlichen Scharfblick beweist, wo es auf die Son=
derung der Wirkungen desselben Gegenstandes auf verschiedene Ge=
müther aus diesen Volksklassen ankommt, hätte für das Ideal einer
griechischen Heldennatur keinen Sinn gehabt. Diese geistigern Wesen
gehen durch die grobe Seele hindurch und lassen keine Spur von
ihrer Berührung zurück. Zart und mit vulkanischer Feuerkunst ge=
webt muß das Netz sein, in welchem sich Mars und Venus fangen
und den versammelten Göttern zeigen lassen. Sollen wir nun
zürnen, daß nicht alle solche Tausendkünstler sind, oder lieber jedem
Geiste seine Art und Weise zu wirken und zu schaffen gönnen, da
es nun einmal nicht möglich ist, daß Rafael's und Tizian's und
Guido's Seelen in den belgischen Schlamm hinabsteigen können?
Zwar hätte Gerard Douw seinen Marktschreier wol ebenso interessant
machen können, ohne jene Details anzubringen, welche die Thierheit
des Menschen in ihrer härtesten Abhängigkeit von den unreinsten
Bedürfnissen ins Gedächtniß rufen; allein wer trennt uns das von=
einander? Wer mag selbst dem pfiffigsten und kunstreichsten Teufel
den unwiderstehlichen Hang benehmen, unter die Säue zu fahren?

Der leichte, glatte, launige Teniers ist ebenso niedrigkomisch;
doch gefällt er mir besser. Es ist ungleich mehr Wahrheit und
Treue, die sich bis auf die feinsten Fäserchen erstreckt, die kein Pünkt=
chen unbezeichnet läßt, es ist vollkommenere Täuschung des Colo=
rits, es ist unermüdeter Fleiß in Gerard Douw's Arbeit, die bei
ekelhaften Gegenständen desto widriger wirken muß, je geduldiger
und treffender sie die Natur in ihrer ganzen Scheußlichkeit copirt.

Teniers' flüchtiger Pinsel hascht nur die wesentlichsten Züge, setzt Zeichen an die Stelle des Wirklichen, bringt mit dem wenigsten Aufwand von Zeit und von Farbe den Effect heraus und überläßt es dann der Einbildungskraft des Zuschauers, die Details sich selbst auszumalen. Wer also nicht gerade an dem Schmuzigsten seiner ganzen niedrigkomischen Compositionen besonderes Wohlgefallen hat, wird dieses übergehen; da es hingegen in Douw's Gemälde so in die Augen springt, daß man ihm unmöglich entrinnen kann. Hat man indeß nur eins von Teniers' Bauerngelagen gesehen, so kennt man sie alle; sie sind nur in dem geringern oder vollkommenern Grade der Ausführung verschieden.

Dasselbe gilt auch von Schalken's berühmtem Effect des Lichts in den nächtlichen Scenen. Die hier vorhandenen Stücke von seiner Hand, ein Ecce homo, die klugen und die thörichten Jungfrauen, eine Magdalene, und eine weibliche Figur mit einem Lichte, welches ihr ein muthwilliger Junge ausblasen will, sind alle nicht mit den Spielern zu vergleichen, die man in Kassel von demselben Meister in der erlesenen Galerie des Landgrafen bewundert. Die Jung=
frauen mit ihren Lampen hat er jedoch vorzüglich gut behandelt, und man sieht, daß Schalken in dem engen Kreise, den er sich ge=
wählt, in der That sehr gut zu Hause war, daß er mit dem Lichte und seiner Wirkung spielen konnte und durch fortgesetztes Studium einen hohen Grad der Vollkommenheit in dieser Gattung von Darstellungen erlangt hatte. Nur muß man auch außer diesem Einen Vorzuge sonst nichts bei ihm suchen.

Soll ich mich jetzt von den niedrigsten Stufen der Menschen bildenden Kunst zu den Thier= und Landschaftsmalern wenden? Ich halte mich nicht gern bei ihnen auf, wo höhere Gegenstände mich an sich reißen. Freilich ist der Gasparo schön; es herrscht eine dunkle, hohe, mächtige Phantasie durch dieses wilde Thal und seine einfache Größe; schade nur, daß man in dieser Einsamkeit, wo der Blick auf den Trümmern alter Gebäude und Paläste am fernen Gebirge ruht, durch eine schale historische Gruppe unterbrochen wird, und ebenso schade, daß das Bild schon so schwarz geworden ist. Auch dieser ungeheure Eber von Snyders ist wunderbar ge=
rüstet mit zermalmender Kraft und fürchterlichem Grimm; er ver=
diente, der Eber von Kalydon zu heißen. Ebenso gewaltig in ihrer Art, ebenso rein der Natur nachgebildet sind die muthig angreifen=
den und die von dem gräßlichen Zahn des Ebers niedergemähten, zappelnden und heulenden Hunde. Die Figuren der Jäger, kühn wie die Thiere, aber mit Zinnober unnatürlich colorirt, sind von Rubens. Was Fyt, de Voß und Weenix von Thierstücken malten, kommt diesem nicht bei, so viel Verdienstliches auch ihre Arbeiten und insbesondere die des erstern haben.

Laß mich hinwegeilen über die geleckten Bilderchen des Ritters van der Werff. Ihre zarte, geschliffene Vollendung, ihre kunstreich geworfenen Gewänder können uns nicht schadlos halten für ihre Kälte und Gleichförmigkeit, für die manirirte, unrichtige Zeichnung und das dem Elfenbein ähnliche Fleisch. Das beste unter einundzwanzig kleinen Stücken ist die Erscheinung Christi im Knabenalter unter den im Tempel versammelten Aeltesten. Der Knabe ist schön und geistreich, und diese Eigenschaften vereinigt sind mehr als hinreichend, ihn interessant zu machen. Von der großen, langbeinigen Magdalena des Herrn Ritters läßt sich trotz allen mühseligen Künsteleien so viel Gutes nicht sagen. Ehe ich meine Feder hinlege, nur noch ein paar Worte von Crayer und van Dyck. Crayer's größtes Werk, doch will ich eben nicht sagen sein Meisterwerk, ist das Altarblatt aus der Augustinerkirche zu Brüssel, welches der Kurfürst von den Mönchen für dreißigtausend Gulden und eine Copie kaufte. Als Dichtung betrachtet, hat es nicht den mindesten Werth. Es ist ein Thron der Mutter Gottes, die zu oberst, mit dem Jesuskinde auf dem Arm, dasitzt und von Heiligen umringt ist, die zum Theil neben ihr, zum Theil tief unten auf den Stufen stehen oder knien. Ganz zu unterst im Vordergrunde kniet der Maler nebst seinem Bruder und, wie die Ueberlieferung ferner lautet, seiner Schwester und seinem Neffen. Er kehrt das breite, wohlgenährte, selbstgefällige Gesicht nach dem Zuschauer hin, anstatt recht andächtig zu beten, und zeigt uns mit der Hand, daß dies alles seine Arbeit sei. Es ist wahr, die Heiligen selbst geben ein böses Beispiel; sie stehen zum Theil ganz müßig da, oder sie plaudern miteinander; die wenigsten bezeigen der Gottheit oben ihre Andacht. Auch scheint es nicht, als ob sie eigentlich zu irgendeinem andern Zwecke versammelt sind, als weil etwa der Maler oder die Augustinermönche zu Brüssel sie gern einmal beisammen sehen wollten; und bei dem gänzlichen Mangel an Einheit und Zusammenhang ist es noch die Frage, ob Crayer an etwas von der Art gedacht hat. Damit man die Heiligen auch kennen möge, hält jeder etwas in der Hand: Johannes das Sinnbild des Glaubens, den Kelch mit der Schlange, Jacobus den Pilgerstab, die oben kniende Apollonia eine Kneipzange, Sanct Stephan einen Stein, Laurentius seinen Rost, Andreas sein Kreuz u. s. f. Der heilige Augustin paradirt im Vordergrunde im prächtigsten Bischofsornat, mit dem Krummstab in der Hand. So weit ist alles unter der Kritik. Allein einzeln betrachtet sind die Köpfe und die Figuren meisterhaft gearbeitet. In allem, was von Rubens in dieser Sammlung hängt, finde ich nirgends eine so richtige Akademie als Crayer's bis zum Gürtel entkleideten Andreas. Dem heiligen Lorenz hat er einen sehr schönen, jugendlichen Kopf zugetheilt; Augustin aber, ich weiß nicht, ob mit oder ohne Absicht des Künstlers, ist ein echter Pfaffe. Das Colorit sowol als die Stellung und Organisirung der Gruppen und die Behandlungsart sind eines Wetteiferers von Rubens vollkommen würdig, so schwerfällig auch das Ganze immer bleibt.

Van Dyck's Arbeiten in dieser Galerie sind zahlreich und von mancherlei Art. Seine Porträts stehen mit denen seines Lehrers Rubens ganz in gleichem Range; manche sind unübertrefflich und trotzen der Kunst und dem Pinsel selbst eines Venetianers. Seine Phantasie erhebt zwar nicht so kühn den Fittich, aber sie ist züchtiger und erlesener als die seines Lehrers; seine Farben sind bescheidener und besser verschmelzt und grenzen näher an italienische Wärme. Susanna im Bade ist jedoch ein widriges Gesicht, das nicht einmal dieses Verdienst der Farbe aufzuweisen hat. Die berühmte Grablegung ist zwar herrlich colorirt, aber in der Zeichnung verunglückt; zudem gehört es zu den schwersten Aufgaben der Kunst, gerade dieser Scene ein eigenthümliches, nicht durch die Nebenidee der Religion hineingetragenes Interesse zu geben. Das kleine Bild, wo Christus mit dem von ihm geheilten Gichtbrüchigen spricht, hat eine fast tizianische Wahrheit, der man aber wegen des äußerst unedeln Christuskopfes nicht froh werden kann. Ebenso ärgerlich find' ich es, daß der travestirte Jupiter, der als Satyr die schlafende Antiope überrascht, so ganz im Satyr verloren, so ganz gemeiner Satyr ist und nur, weil sein Adler sich blicken läßt, als Donnergott anerkannt werden muß. Die Nymphe hat zwar eine frische Farbe; aber so wunderschön ist sie eben nicht, daß sie eine Jupitersverwandlung verdiente. Eine Madonna mit dem Christkinde und dem kleinen Johannes hat alle Vorzüge der Farbe und des Fleisches, wiewol dem Bilde noch die letzte Hand des Künstlers zu fehlen scheint; es umschwebt sie sogar etwas weniges von der Anmuth, die auf diesem Boden nicht gewachsen, sondern jenseit der Alpen her entlehnt ist. Allein das Schönste, was ich hier von van Dyck's Arbeit bemerke, ist sein lieblicher Sebastian, in dessen Kopfe man eine idealisirte Aehnlichkeit mit dem Künstler selbst nicht verkennen wird. Der Augenblick dieser Composition ist gut gewählt. Eben bindet man ihn fest an den Baum, wo ihn die Pfeile seiner Widersacher treffen sollen; mithin ist keine widrige Empfindung früher rege, die den Eindruck stören könnte, welchen der schöne, blühende Jüngling auf den Zuschauer macht. Die Nebenfiguren sind ihm gehörig untergeordnet, und die weißere Farbe seines zarten Leibes dient dazu, ihn noch mehr von ihnen auszuzeichnen. Die Ausführung ist des Entwurfes werth, und meines Erachtens hat die flamändische Schule hier nichts Vollkommeneres in Farbenmischung aufzuweisen. Ein bescheidener Siegesgedanke scheint durch die Gelassenheit, die auf dem Gesichte des Märtyrers ruht, hindurchzustrahlen, und dem Zuschauer bleibt nur der Wunsch noch übrig, daß der erste Pfeil gerade durch das Herz treffe, damit keine langwierigen Qualen ihn stören mögen in seinem vorempfindenden Entzücken.

Der köstlichen Werke von italienischer Kunst, die in großer Anzahl diese reiche Sammlung zieren, habe ich noch mit keiner Silbe erwähnt, doch Du begreifst, daß es mir in diesem Augenblick nicht möglich ist.

VIII.
Düsseldorf.

Vom Ideal. Italienische Malerei. Susanna von Domenico Zampieri (Domenichino) und von Annibal Caracci. Heilige Familien von Rafael und von Andrea del Sarto. Pietro da Cortona's Ehebrecherin. Carlo Dolce. Johannes in der Wüste von einem Ungenannten. Guido Reni's Himmelfahrt der Jungfrau. Aretin von Tizian. Christus mit der Dornenkrone von Correggio. Barbarei.

Die Rose, sagen wir, ist die schönste unter den Blumen, und ein ziemlich allgemeines Wohlgefallen an ihrer Gestalt scheint dieses Urtheil zu bestätigen. Ich weiß nicht, ob der göttliche Apoll, oder wähle Dir welches andere Ideal Du willst, ob dieses ebenso allgemein durch übereinstimmendes Gefühl als Inbegriff der menschlichen Schönheit anerkannt und angenommen wird; aber das weiß ich, daß der Mensch vor allen andern Gegenständen der Natur einer wahrhaften Idealisirung fähig ist, indem das Ideal, welches der Künstler entwirft, zugleich mit dem richtigen Verhältnisse des menschlichen Körpers als einer besondern Thiergattung auch die Sittlichkeit des Menschen als mitempfunden darstellen muß. Von keinem andern Wesen wissen wir die Bestimmung, die relative Zweckmäßigkeit und folglich die subjective Vollkommenheit so genau und bestimmt in allen ihren Momenten anzugeben wie von uns selbst; von keinem andern Wesen wissen wir aus vielfältig gesammelter Erfahrung den Begriff dieser Vollkommenheit mit einer tiefempfundenen Vollkommenheit der Form zu paaren. Den physiognomischen Sinn, so unmöglich es ist, ihm eine Methodik unterzulegen, können wir uns selbst nicht ableugnen; aber es bedarf keines Erinnerns, daß er vom Menschen zum Menschen ungleich wirksamer ist, als in Beziehung auf die Qualitäten der Thiere und Pflanzen und deren Signaturen (laß mir das mystische Wort nur hingehen) in der äußern Gestalt. Es scheint uns zwar oft gar etwas Verächtliches um die Bestimmung der mancherlei Wesen, die zugleich mit uns die Erde bewohnen; wir wähnen auch wol uns selbst als letzten Zweck des Daseins aller Dinge um uns her. Allein ein geringer Grad von Naturkenntniß kann uns aus diesem Irrthum reißen. Ueberall stoßen wir auf Organisationen, die wir noch nicht kennen, die wir nicht zu brauchen wissen, deren Verhältniß zu den übrigen Erdenwesen uns räthselhaft bleibt; und wollen wir die Augen öffnen, so wird sich uns täglich und stündlich die Ueberzeugung aufdrängen, daß wir von der Art, zu sein, zu genießen, des Daseins froh zu werden und seine Bestimmung zu erreichen, eines jeden andern Dinges außer dem Menschen selbst auf dem Wege der Empfindung nichts Vollständiges erfahren können, indem die Natur alles Identificiren mit fremden Gattungen unmöglich macht. Ein Wesen aber, mit dessen Organen wir nicht empfinden, in dessen Lage wir uns nicht hineindenken und hineinahnen können, von dessen innerer Vollkommenheit können wir uns auch kein Ideal abstrahiren, und dieses ebenso wenig mit dem Gefühl, das wir von der Schönheit seiner Gestalt haben, in eine Harmonie bringen oder mit einer bestimmten Form bezeichnen.

Den Menschen können wir idealisiren; darum bleibt er allerdings der höchste Gegenstand der bildenden Kunst. Wie nun aber das Ideal gestaltet sein müßte, das die gesammte Gattung vorstellen sollte, ist darum noch nicht ausgemacht. Wenn wir darin übereinstimmen, daß es über die individuelle Natur hinausgehen und, was von Vollkommenheiten in einzelnen Personen durch das ganze Geschlecht zerstreut ist, zu einem harmonischen Ganzen vereinigt darstellen müsse, so wird uns bei der Ausführung immer eines individueller Schönheitssinn im Wege stehen, und jeder Künstler, wie er selbst moralisch groß oder klein ist, wie er auffassen, theilnehmen und mittheilen kann, auch wie er Gelegenheit hatte, das einzelne Vortreffliche zu sammeln und zu vergleichen, wird uns das Ideal seiner Phantasie mit andern Zügen schildern. Fürwahr also eine höchst verwickelte Aufgabe, da, wo sich alle zuletzt auf ein unwillkürliches Gefallen und Nichtgefallen berufen, einen Ausspruch wagen, eine Wahl treffen zu müssen, zumal da der Fall des Kenners, des Kunstliebhabers und überhaupt eines jeden, der sich auf die Beurtheilung eines Kunstwerks einläßt, von dem Falle des Künstlers insofern nicht verschieden ist, daß jeder von ihnen zu dieser Beurtheilung andere Fähigkeiten und Fertigkeiten mitbringt.

Auf etwas Gemeinschaftliches, auf eine gewisse Uebereinstimmung

des Gefühls gründet sich indessen doch das Bestreben eines jeden
Künstlers, die tiefempfundene Schönheit darzustellen. Es ist un=
streitig, daß die Empfindung des Wohlgefallens bei den meisten
Menschen nach einer gewissen Analogie berechnet werden kann.
Völker, deren Bildung, Erziehung, Sitten und Wohnsitze sich ähn=
lich sind, werden im allgemeinen über Gegenstände der Sinne ein
übereinstimmendes Urtheil fällen und in ihren Empfindungen von
Gerüchen, Gestalten, Tönen und Geschmacksarten miteinander har=
moniren. Die eigentliche Schwierigkeit entsteht erst dann, wenn
Schönes mit Schönem verglichen und Grade des mehr oder minder
Gefälligen angegeben werden sollen. Alsdann zeigt es sich, daß
wir zur Bildung des Geschmacks, als des echten Kunst= und Schön=
heitssinns, ebenso wol Uebung bedürfen und den Beistand unserer
übrigen Gemüthskräfte hinzurufen müssen, wie es zur Vervoll=
kommnung irgendeines andern Gebrauchs dieser Kräfte nöthig ist.
Weil nun aber das Wesen des Ideals es mit sich bringt, daß es
ein Abdruck der sittlichen Vollkommenheit in sinnlich anschaulichen
Formen sei, so scheinen zur Hervorbringung eines solchen höchst=
vollendeten Werks der menschlichen Kunst dreierlei Requisite in der
Person des Künstlers zusammentreffen zu müssen: erstens eine reiche
Ausstattung mit jenen überlegenen Seelenkräften, in deren Fülle
und Harmonie schon individuelle Größe und subjective Vollkommen=
heit gegeben ist; zweitens Schauplatz und Gelegenheit zur zartesten
Entwickelung und Ausbildung dieser innern Energie, höchste sitt=
liche Cultur; drittens hohe Darstellungsgabe und innerer Trieb
sowol als äußere Veranlassung, sie in Wirksamkeit zu versetzen.

Der Geschmack, womit das Ideal der Schönheit beurtheilt
werden muß, wenn anders seine Aussprüche unparteiisch sein sollen,
setzt in demjenigen, der ihn besitzt, das Vermögen voraus, zwischen
dem Wohlgefallen am Schönen und einem jeden andern Inter=
esse, welches der Verstand oder auch die Begierde an einem schö=
nen Gegenstande nehmen können, zart und rein zu unterscheiden.
Die Empfindung, die das Schöne in uns hervorbringt, ist vom
Reize unabhängig und zugleich durch keine Operation der Vernunft
erklärbar. Vielleicht ist dies der Grund, weshalb der höchste Schwung,
den die bildende Kunst zur Erreichung des Ideals sich je gegeben hat,
in den mythologischen Statuen der Alten zu suchen ist, theils weil
ihr Gegenstand hinausragte über den gewöhnlichen Stand aller
menschlichen, wirklich existirenden Vollkommenheit, theils weil die
Bildhauerei — das abgerechnet, daß sie das Materielle dem Gefühl
und dem Auge zugleich preisgibt — jene vollkommene Ruhe noth=
wendig macht, welche die Betrachtung des Schönen begünstigt, in=
dem sie uns durch keinen pathognomischen Eindruck unterbricht. Es
war eine glückliche Uebereinstimmung der Kunstideen mit dem

Religionssystem jener Völker, daß man diese Muster der übermenschlichen Schönheit und Vollkommenheit zu Gegenständen der Anbetung erhob und ihnen dadurch neben ihrem ästhetischen Werthe, der nur von wenigen rein empfunden werden konnte, zugleich für das Volk ein näherliegendes Interesse gab. Dies, verbunden mit so vielen andern Begünstigungen, womit Verfassung, Klima, Lebensart und vor allem angestammter Reichthum der Organisation, dem Griechen zu statten kamen, wirkte kräftig und ohne ein zweites wetteiferndes Beispiel in der Geschichte zur Ausbildung des Geschmacks und zur Erzeugung jenes allgemeinen zarten Kunst- und Schönheitssinns, für welchen namentlich der atheniensische Demos so berühmt geworden ist.

Bei uns ist der reine Kunstgeschmack in Ermangelung alles dessen, was ihn bilden, vervollkommnen und allgemein entwickeln konnte, nur auf wenige einzelne Menschen eingeschränkt. Der Anblick der bloßen Schönheit ohne einiges Interesse ermüdet den großen Haufen der Künstler und Kenner, die nicht mehr das Knie vor ihr beugen, ihr huldigen und Schutz und Gaben von ihr erflehen. Die idealisirten Götter und Göttinnen sind nicht mehr; Menschen von bestimmtem, individuellem Charakter Menschen, durch herrschende Leidenschaften und Gemüthsarten bezeichnet, sind an ihre Stelle getreten. Die Kunst mußte also ihrem ersten, wahren Endzweck, der Darstellung des Idealischschönen, ungetreu werden, oder ihre gewohnte Wirkung verfehlen und auf alle Herrschaft über die Gemüther Verzicht thun. Das letzte wäre nur in dem Einen Falle möglich gewesen, wenn der Geist des Zeitalters nicht auf den Künstler gewirkt hätte; wenn, von Zeit und Umständen unabhängig, der künstlerische Genius, in abstracter Vollkommenheit schwebend, mitten unter Christen ein Grieche geblieben wäre.

Aber Veränderung und Wechsel sind ja die Devisen unseres so schief in seiner Bahn kreiselnden Planeten! Der ewige Reihentanz bringt immer neue Verhältnisse, neue Verwickelungen, neuen Kampf unserer Kräfte mit den Kräften des Weltalls hervor, und, frei heraus bekannt, wäre nicht der Dienst der schönen Ideale gestürzt, so hätten wir noch keinen Rafael, keinen Tizian und keinen Correggio, wir hätten in der Kunst keine individuelle, menschliche Schönheit, keinen Farbenzauber und keine Anmuth. Du wirst mich der Paradoxie beschuldigen; aber ich will es hier in Gegenwart der großen Namen, die ich eben nannte, gleichsam unter ihrer Fahne betheuern, daß, weil einmal dem also ist, es auch für uns noch allenfalls am besten sei. Was sollen uns die alten Lappen, wären sie auch noch so schön, auf dem neumodigen Kleide? Griechische Gestalten und griechische Götter passen nicht mehr in die Form des Menschengeschlechts; sie sind uns so fremd wie griechisch ausgesprochene Laute und Namen in unserer Poesie. Es mag seine Richtigkeit haben mit der göttlichen Vollkommenheit der beiden Meisterwerke des Phidias, seiner Minerva und seines Jupiter; aber je majestätischer sie da säßen oder ständen, das hehre Haupt für unsern Blick angrenzend an den Himmel, desto furchtbarer unserer Phantasie; je vollkommenere Ideale des Erhabenen, desto befremdlicher unserer Schwachheit. Menschen, die für sich allein stehen konnten, hatten teckes Bewußtsein genug, um jenen Riesengottheiten ins Auge zu sehen, sich verwandt mit ihnen zu fühlen und sich um dieser Verwandtschaft willen ihren Beistand im Nothfalle zu versprechen. Unsere Hülfsbedürftigkeit ändert die Sache. Wir darben unaufhörlich und trotzen nie auf eigene Kräfte. Einen Vertrauten zu finden, dem wir unsere Noth mit uns selbst klagen, dem wir unser Herz mit allen seinen Widersprüchen, Verirrungen und geheimen Anliegen ausschütten, dem wir durch anhaltendes Bitten und Thränenvergießen, wie wir selbst geduldig und mitleidig sind, ohne ihn zu ermüden, Beistand und Mitleid ablocken können, dies ist das Hauptbedürfniß unsers Lebens, und dazu schaffen wir uns Götter nach unserm Bilde. In dem nächsten Kapellchen kann ich die Ueberzeugung finden, daß die unbegreifliche Gottheit selbst schwerlich irgendwo mit dem herzlichen Vertrauen angerufen wird, womit eifrige Christen hier zu den Heiligen beten, die einst Menschen waren wie sie. Dies ist Stimme der Natur, trotz allem, was die Philosophie, die nur in Abstractionen lebt, darüber dogmatisiren mag. Gleichheit ist die unnachlaßliche Bedingung der Liebe. Der Schwache kann das Vollkommene nicht umfangen; er sucht ein Wesen seiner Art, von dem er verstanden und geliebt werden, dem er sich mittheilen kann.

Zu diesem Menschengeschlechte nun gehören unsere Künstler, und für dasselbe arbeiten sie. Von Griechenlands Idealen ist genau noch so viel übriggeblieben, daß es ihnen zu einem Fingerzeige dienen kann, wohinaus vor diesem der Weg der Kunst liegen mochte. Mit dem Sinne für das hohe Schönheitsideal ist aber auch die Möglichkeit, es wieder zu erreichen, verschwunden. Die Mannichfaltigkeit des Individuellen ersetzt uns indeß diesen kaum mehr empfundenen Verlust. Einzelne aus der Natur gegriffene Charaktere mit Beibehaltung ihrer Individualität zu idealisiren oder mit einem Abglanze des Schönen auszuschmücken, welcher hinreicht, die Empfindung des Wohlgefallens zu erregen, dies ist das Ziel der neuern Kunst. Also arbeitet sie auch nicht mehr für den reinen ästhetischen Sinn, vielmehr, um ihrer Wirkung gewisser zu sein, intriguirt sie durch Handlung den Verstand und besticht unser Begehrungsvermögen durch den Reiz der Grazien. Wir sind es schon so gewöhnt, dem Künstler in dieser Richtung zu folgen, daß oft die bloße Nachahmung des Natürlichen ohne den mindesten Versuch zum Idealisiren unsere Forderungen befriedigt, oft die Erdichtung der Beziehungen, in denen man uns eine Handlung darstellt, völlig hinreicht, uns über die gänzliche Abwesenheit alles Schönen zu beruhigen. Eine unausbleibliche Folge dieser Verrückung des eigentlichen Kunstziels ist die Abzweigung der Kunst in so manche ganz verschiedene Darstellungsarten, womit es endlich dahin gekommen ist, daß insbesondere der jetzigen Malerei kein Gegenstand in der Natur, der nur mit Farben sich bezeichnen läßt, außerhalb ihrer Grenzen zu liegen scheint.

Wenn aber hier und dort unter den Künstlern eine große Seele hervorgeht, so wird sie nach ihrem angeborenen innern Adel das Schöne dennoch ahnen, ihm nachstreben und sich zuweilen ungeachtet aller Hindernisse dem vorgesteckten Ziel nähern. Die physische Natur und die Stufen der sittlichen Ausbildung verschiedener Völker müssen diesen Flug des Genius entweder begünstigen oder hemmen. Italien! reizendes Italien! Noch sah ich dich nicht! — Italien ist reich an den Trümmern der altgriechischen Kunst, und seinen Bewohnern hat der mildere Sonnenstrahl zugleich mit einer gewissen Unabhängigkeit von manchem klimatischen Bedürfnisse auch ein reiches Maß von Spontaneität und Empfänglichkeit zugetheilt. Was ich von dorther kommen sah, es sei nun Gemälde, Gedicht oder Gesang, das hat einen Zauber, der das Auge fesselt wie das Ohr und den Sinn auflöst in Entzücken. Wenn ich hier in den Saal trete, wo die Werke italienischer Meister, mit flamändischen untermischt, meinem Blicke begegnen, mir ist zu Muthe wie einem Europäer, der nach einem langen Aufenthalt im Orient endlich einen näher mit ihm verwandten Menschen erblickt; er untersucht nicht erst, ob der Fremde ein Deutscher, ein Franzose, ein Engländer, ein Spanier, ob er ketzerisch oder rechtgläubig sei: genug, es ist ein Franke, dessen Sinnes- und Denkungsart den seinigen gemäßer sind, der ihn und den auch er besser versteht.

Es ist Zeit, daß ich's bekenne: kaum hatte ich diesen Morgen das Papier aus der Hand geworfen, so eilte ich noch einmal in die Galerie, um nur an transalpinischen Werken mich satt zu sehen. Was ich jetzt seit einer Stunde daherphantasire, ist nur die Reaction, die der Anblick dieser von allem flamändischen Machwerk so abweichenden Gestalten in meinem Kopfe veranlaßt hat. Zuerst ging ich langsam durch die Säle, sah, wo die Italiener hingen, und merkte mir in jedem Saale die Stücke, die ich näher betrachten wollte. Die Lüsternheit wird übermüthig, wenn sie im Ueberflusse wählen kann. Unter der Menge dessen, was Künstler und Kenner hier interessant finden würden, zog mich nur wenig an durch Züge von inwohnender Schönheit, die von einem Sinn des Malers für menschliche Größe zeugten. Ich ging aus mit dem Vorsatz, zu sehen, ob ich etwas finden würde, das ich um seiner Schöne willen lieben könnte, und Du weißt, diese Liebe gehorcht keinem Zwange: sie ist das Kind der freien Unbefangenheit; sie ist ein Kind, kein erwachsener gewitzigter Amor. Ich lasse die Klugen dastehen und predigen vom Unterschied und Charakter der verschiedenen italienischen Schulen, ich lasse sie da eine Gruppe bewundern, weil sie pyramidalisch sich spitzt, dort eine Draperie, die wahr gefaltet oder auch groß geworfen ist, hier einen Ausdruck, der die Natur nachahmt, hier wieder einen wie hingezauberten Effect des Lichts. Das alles ist vortrefflich und sogar verdienstlich, wenn Du willst; doch wenn von lieben die Rede ist, so muß auch von Gestalt allein die Rede sein. Ich kann einen Haufen von Menschen, und stände er noch so malerisch, nicht als bloßen Haufen, ich kann keinen Rock, kein Geberdenspiel, keine Beleuchtung, keine Farbe lieben. Findet sich dies alles mit einer edlen Zeichnung und einer schönen Form zu einem Ganzen vereinigt, alsdann ist das Kunstwerk von einer hinreißenden Vollkommenheit; aber auch abgesondert von allem Nebenwerk ist ein bloßer Umriß, mit Rafael's Schönheitssinn entworfen, mehr werth als das vollendetste Gemälde, dem dieses wesentliche Bedingniß fehlt. Licht und Farbe, Bewegung, Ausdruck und Anzug kann die Einbildungskraft sich zu einer gegebenen schönen Gestalt leicht hinzudenken; hingegen den feinern Genuß stört unwiederbringlich eine schlechte oder gemeine Natur, das Gemälde sei übrigens noch so meisterhaft ausgeführt.

Hast Du nicht die Susanna von Domenichino bewundern und rühmen gehört? Die ist nun wirklich ein schön und richtig gezeichnetes Weib, und dennoch gefällt sie nicht, weil ihr gemeines Gesicht an sich nicht reizend ist und auf eine höchst widrige Art von dem häßlichen Schrei entstellt wird. Das Hauptinteresse des Stücks geht also verloren, man muß sich zur Schadloshaltung an Nebensachen ergötzen. Doch auch die Stellung ist ungraziös und sogar unvortheilhaft, indem sie die ganze Figur wie ein lateinisches Z zusammendrückt. Die Farbengebung des Nackten ist für einen Domenichino immer zu bewundern, jedoch zum Theil verblichen. Die im Bade rothgewordenen Füße, die man dem Maler zum Verdienst anrechnet, weil er die Natur so gut zu belauschen gewußt, machen gleichwol für das Auge eine unangenehme Disparität. So gefährlich ist es manchmal, in der Nachahmung des Natürlichen zu weit zu gehen. Es fällt dem Zuschauer lange zuvor auf, daß die Susanna rothe Füße hat, ehe er sich bescheidet, sie könne auch wol schon aus dem Wasser gestiegen sein. Die Scene ist übrigens gar nicht poetisch behandelt. Ein jedes ge=

meine Weib, das nicht von ausgelassenen Sitten ist, würde sich so benehmen; hier aber sollte der Künstler ein edles, tugendhaftes, großes Weib bezeichnen. Da er einmal mit einem ungeheuern Badetuche so freigebig war und die keusche Jüdin noch überdies zur Sicherheit mit einer Balustrade umgab, so wäre es ihm ein Leichtes gewesen, sie voll Anmuth und Würde, stehend, mit edlem Unwillen auf den Lippen, mit einem großen Blick der Verachtung in den reizenden Augen hinzustellen, fest, entschieden und entschlossen, sich eher der Lästerung als den Begierden ihrer Verfolger preiszugeben. Dann hätte meinetwegen sich auch ihr Mund öffnen mögen, um Hülfe zu rufen; dieses Rufen hätte nicht, wie das Geheul des Schreckens, ihr Antlitz entstellt. Ich gestehe gern, daß die apokryphische Erzählung selbst zu einer solchen Begeisterung keine unmittelbare Veranlassung gibt. Wie entdeckt sich Susannens Unschuld? Ein Knabe verhört die Kläger, und weil einer das schöne Weib in den Armen ihres Liebhabers unter der Linde, der andere unter der Eiche gesehen haben will, ist das Hauptfactum, worin beide übereinstimmen, nicht wahr! Bei solchen Gelegenheiten erinnert man sich auch eines Baumes! Allein die Juden in Babylon glaubten an Keuschheit, und Daniel bewährte seine Weisheit, indem er diesen Glauben zu Gunsten der schönen Susanna benutzte. Es scheint übrigens nicht, daß Domenichino auf diesen Theil der Geschichte Rücksicht genommen hat; denn es stehen eine Menge von Bäumen verschiedener Art im Garten um das Bad herum. Dachte er vielleicht, die Aeltesten hatten wol beide recht? Die Susanna ist indeß ein Lieblingssujet der Malerei. Van Dyck's Behandlung dieses Gegenstandes habe ich schon erwähnt; hier ist noch eine dritte Susanna von Domenichino's Meister, Annibal Caracci, die ganz nackt, ganz ruhig und sorglos dasitzt und sich aus einem Springbrunnen Wasser auf die Hände rinnen läßt. Die Figur ist eine gute Akademie, ziemlich warm colorirt, und weiter nichts. Die alten Faunen beschleichen sie.

Von Rafael's Händen sah ich hier nur ein kleines Bild, eine heilige Familie, in seiner ersten Manier, wo er Meister Perugino's Fesseln noch nicht abgeworfen hatte. Das ist eine steife Gruppe! Von Joseph's Kopf herab längs dem Rücken der Elisabeth und der Schulter der Madonna ist es ein wahrhaftes Dreieck. Die Farben sind hart und grell, und des trocknen Pinsels wegen scheinen manche Umrisse eckig; von Licht und Schatten ist kaum eine Spur. Das nackte Christkind ist von Gesicht etwas häßlich und, Elisabeth ein wenig gar zu alt. Die Landschaft ist hell und bestimmt, so trocken und hart wie die Figuren. Von wenigen Bildern hier läßt sich so viel Nachtheiliges sagen — aber auch von wenigen so viel Gutes. Die Aengstlichkeit der Pyramide abgerechnet, ist es die traulichste Vereinigung, die sich in einer Familie denken läßt. Elisabeth und Maria sitzen beide auf der Erde und haben ihre Kinder zwischen sich. Johannes sitzt der Mutter im Schos und ist ein niedlicher Bube; der kleine häßliche Bambino reitet der Madonna auf dem Knie und ist, außer den Gesichtszügen, ebenso richtig und schön gezeichnet. Die holde Mutter betrachtet ihr Kind mit einem Blick voll himmlischer Anmuth und Zärtlichkeit; ihr Kopf neigt sich sanft vor über ihn, und auf ihrer Stirne thront jungfräuliche Schönheit. Ich habe noch keinen Maler gesehen, außer Rafael und Leonardo da Vinci, der die Jungfrau und die Mutter so in ein Wesen zu verschmelzen gewußt hätte. Alle Mysterien beiseite, dieser Charakter ist in der Natur: moralische Jungfräulichkeit, reines Herz und reine Phantasie, mit Mutterliebe im schönsten Bunde! Er gehört, das will ich gern zugeben, zu den seltensten Erscheinungen, aber jene beiden großen Menschen faßten ihn, und ich weiß, er ist nicht ausgestorben mit den Urbildern, von denen sie ihn wie einen Sieg davontrugen. Mehr Grazie, mehr ungezwungene natürliche Grazie — doch eine andere gibt es ja nicht — mehr als diese Madonna haben wenige Gebilde der Kunst. Elisabeth blickt auf zum heiligen Joseph, der, an seinem Stabe gleichsam hangend, mit seinem gutmüthigen Gesichte gedankenvoll dreinlächelt. Die Köpfe sind schön und bei aller selbst idealischen Schönheit dennoch mit Nationalzügen und mit lieblicher Individualität, rein und unmittelbar aus der lebendigen Natur, verwebt. Dies ist es, was sie so reich an Charakter und in ihrer geistigen Fülle so anziehend macht. Das Costüm ist einfach und schön, ohne die allermindeste Anmaßung und künstlerische Koketterie, vermuthlich geradezu von der damaligen Volkstracht entlehnt. Nach allem, was ich anderwärts von Rafael's Werken gesehen habe, und nach den Kupferstichen von seinen größern Gemälden im Vatican zu urtheilen, bleibt dieses kleine Stück von einem verhältnißmäßig sehr geringen Werth; aber dennoch glimmte schon hier der Funke, der bald Flamme werden und jedes andere Licht verdunkeln sollte. Er verräth auch hier bereits ein hohes Dichtergefühl von der Würde seines Gegenstandes. Die geheimnißreiche Lehre seiner Kirche zeigte ihm die erhabensten Wesen in der geringsten, ungebildetsten Klasse eines ungebildeten Volks. Diesen schuf er in seiner Einbildungskraft eine schöne Harmonie ihrer Geisteskräfte; er bildete in ihren Zügen die sanfte, reine, richtige Empfindung und jene Güte des Herzens, wozu er in sich selbst das Urbild fand; mit Einem Worte: er gab ihnen an intensiver Vollkommenheit, was ihnen an extensivem Wissen fehlen mußte. Götter waren es nicht, die er zu schildern hatte; allein es blieb ihm unbenommen, sich wenigstens göttliche Menschen zu denken und sich die Bedingnisse anschaulich zu machen, unter denen die einfachsten Hirten seines Volks sich bis zu dieser moralischen Vortrefflichkeit hinaufadeln ließen. Mit solchen Begriffen schien er geschaffen, der Religion durch die Kunst einen neuen Glanz und ästhetische Wirksamkeit, die einzige, die ihr noch fehlte, zu verleihen; und dieses Verdienst erkannte Leo vielleicht, als er ihm den Purpur bestimmte. Allein wer vermochte ihm nachzufliegen den kühnen, erhabenen Flug? Schon jetzt verehrt der große Haufe der Kunstliebhaber in seinen Werken nicht sowol seinen Genius als seinen Ruhm. Verschwiege man ihnen den Namen des Künstlers, sie wüßten es wahrlich nicht zu begreifen, was man an seinen Bildern hat. Was ist Zeichnung und Form für jeden, der nur Augen hat für vlämische Farben? Noch eine Revolution, wie unser Geschlecht deren so viele erlebt hat, eine, die uns Italiens Schätze raubte, wie Griechenlands Schätze einst verschwanden — und unsere Nachkommen werden es nicht mehr glauben, daß es je einen größern Maler gab als Rubens.

Ich muß auch dieser heiligen Familie noch erwähnen, die sich neben Rafael's seiner so vortheilhaft ausnimmt; sie ist von Andrea del Sarto, dem sein Lehrer Michel Angelo das Zeugniß gab, daß er groß wie Rafael geworden wäre, wenn er nur dieselbe Gelegenheit, sich zu bilden und sich zu zeigen, gehabt hätte. Etwas von diesem Lobe geht wol auf Rechnung der Eifersucht; aber die eigene Größe des Florentiners bürgt uns, daß es nicht ganz ungegründet war. Sein Schüler hat hier alles geleistet, was das Sujet nur tragen konnte. Die Madonna hat sanfte Weiblichkeit und ist wirklich schön, wenngleich nicht von erhabener Schönheit; Elisabeth hat Spuren von verblichenem italienischem Reize; der kleine Johannes mit seinem sprechenden ausdrucksvollen Gesicht ist mit einer glücklich getroffenen Kinderschönheit begabt, und nur der Engel hinter der Jungfrau hat einen dummen Blick. Die Simplicität, die Natur und Eleganz der Zeichnung sind im höchsten Stil der Kunst; die Farben für einen Maler aus der florentinischen Schule gut gewählt und schön verschmelzt; überhaupt ist an der ganzen Ausführung keine Klage über irgendetwas von demjenigen, was in Rafael's ebenerwähntem Bilde misfällt; vielmehr ist alles sehr weich und mit großer Leichtigkeit gehalten. Man bedauert nur, daß das Bild durch Zufall und Ausbesserung gleich viel gelitten hat. Es ist noch eine zweite Madonna von Andrea del Sarto in dieser Sammlung; sie sitzt auf einem Thron, der ein paar Stufen erhöht ist, und hält das vor ihr stehende Christkind. Vorn sitzt links St.=Marcus und rechts kniet ein Engel. Dem vorigen Bilde kann man dieses nicht an die Seite stellen; zudem ist es auch unvollendet und folglich härter und trockener, als es vermuthlich hätte werden sollen; doch erkennt man darin den Meister. Warum die schöne sitzende

Figur St.=Marcus und kein anderer Heiliger sei, wird sich so leicht nicht überzeugend darthun lassen, weil sein Gefährte, der Löwe, nicht dabeisteht, und es doch nicht so leicht ist, alle und jede Heiligen, wie weiland die griechischen Götter, an ihren Eigenthümlichkeiten zu unterscheiden. Paulus und Barnabas wurden zwar von den Einwohnern von Lystra für den Mercur und Jupiter angesehen; allein dem Kunstsinne dieser ehrlichen Lykaonier, die damals noch Erscheinungen von ihren Göttern für möglich hielten, möchte wol nicht sehr zu trauen sein.

Im Vorübergehen fällt ein Blick auf Pietro da Cortona's schöne Ehebrecherin; doch was sage ich? Ehebrecherin? Das Bild schreit Rache über diese Verleumbung, oder — wenn dieses Weib eine Ehebrecherin war, so werfe, wer schuldloser ist, den ersten Stein auf sie; denn dieses Weibes Sünde war eine Tugend. Mit gebundenen Händen steht sie da, den abgewandten Blick in Thränen, den Blick, dem zu begegnen der tückische Kläger nicht werth ist. Es ist die Ruhe eines hohen Bewußtseins in ihren Zügen, und in dem etwas zusammengedrückten Munde Schmerz und Trotz des gekränkten Gefühls. Die Form des Gesichts ist sehr edel; man sieht, es ist Studium der Antike, angewandt auf eine schöne Skizze nach der italienischen Natur. Im ganzen Kopf, in der Stellung, in der Draperie herrscht eine Einfalt und Grazie, welche diesem wackern Pietro eigen war. Der halb entblößte Hals und die trefflich gezeichneten Hände sind gut colorirt, und das ganze Bild gehört zu der kleinen Anzahl der hier vorhandenen, vor denen man lange stehen und bei denen man immer weiter in die Seele des Künstlers hineinlesen kann.

Dies ist schon nicht der Fall bei Carlo Dolce's Christus mit der schönen Hand; man sieht und bewundert die Hand, die am Ende doch nur allzu mühsamen Fleiß verräth, und wenn man einen alltäglichen Christuskopf findet, geht man weiter. Seine Madonna mit dem Kinde, in dem Vorsprung am Fenster, ist das Idol der Menge derer, die täglich die Galerie besuchen, ein bis zum Ekel süßes, geleckes, elfenbeinernes und noch obendrein verzeichnetes Machwerk, bei dem der Ausdruck im Fleiße verschwindet.

Ueber diesem spiegelglatten bunten Bildchen hängt ein Johannes in der Wüste in Lebensgröße. Die Zeit hat diesem göttlichen Werke gegeben und genommen: gegeben eine Wahrheit des Colorits, die es vielleicht bei seiner Verfertigung nicht hatte; genommen aber an einigen wenigen Stellen den bestimmten Umriß, dessen dunkle Schatten sich in den noch dunklern Hintergrund verlieren. Auf seinen linken Arm gestützt, den linken Fuß an sich hinaufgezogen in eine Ruhe, die doch nicht unthätig ist, den rechten vor sich hinausgestreckt, des Körpers andere Stütze, so sitzt Johannes ruhend da in jugendlicher Kraft und Blüte, sein sinnendes Haupt der

rechten Schulter zugewandt. Unter seiner Linken liegt auf dem Felsen=
sitze das Kreuz, und in der Rechten, deren Arm links hingehalten seinen
Schos beschattet, hält er das andere Emblem des Täufers, die
mit dem Quell, der unter seinem Sitze hervorströmt, angefüllte
Schale. Diese Zeichen geben ihm für den Christen ein eigenthüm=
liches Interesse; sie versetzen uns in den bestimmten Gesichtspunkt,
aus welchem der Künstler beurtheilt werden muß, den nämlich, in
dessen ekstatischem Hellbunkel er das Urbild seiner Schöpfung er=
scheinen sah. Doch dieser Künstler war nicht nur Christ, er war
zugleich ein Mensch; und mit Menschen menschlich zu reden, ersann
er dieses unübertreffliche Denkmal seiner Kunst und seines leise
ahnenden, in die Tiefen der Seele göttlich herabsteigenden Geistes.
Wenn im Strome wechselbringender Jahrtausende die jetzigen Ein=
kleidungen des Wahren längst verschwunden und vergessen sind und
es ebenso unmöglich sein wird, unsere Hieroglyphen, als es uns
jetzt ist, die ägyptischen zu entziffern, dann bliebe dieses Gemälde,
falls ein glücklicher Zufall es bis dahin erhielte, jener späten Nach=
welt ein Vereinigungspunkt mit der Blütezeit unserer heutigen
Kunst, ein Spiegel, in welchem man die Bildungsstufe und den
Geist des vergangenen Geschlechts deutlich erkennen, und ein leben=
diges, solange es Menschen gibt, verständliches Wort, wodurch
man vernehmen würde, wie einst der Sterbliche empfand und dachte,
der dieses Zeugniß seiner Schöpferkraft hinterließ.

Kraft in Ruhe, nicht Abspannung, sondern Gleichgewicht: dies
ist das aufgelöste Problem. Wir sehen einen Mann in Jüng=
lingsschönheit sitzen; der Körper ruht, doch nur vermittels wir=
kender Muskeln, und der rechte Arm schwebt frei mit der gefüllten
Schale. Indem er sie zum Munde führen will, verliert sich sein
Geist in seiner innern Gedankenwelt und seine Hand bleibt
ihm unbewußt schweben. Schön und rein sind die Lippen, von
unentweihter Reinheit. Milde lächelnd belohnen sie, wer ihrer
Stimme horcht; jetzt aber folgen sie dem Zuge eines weichern Ge=
fühls. Ist es vielleicht die stille Freude der Hoffnung? Wenig=
stens umschweben frohe Gedanken den geschlossenen Mund und schei=
nen gleichsam zu buhlen um die Hülle des Lautes. Niedergesenkt ist
der Blick; theilnehmende Bewunderung einer geahnten Größe drückt
die Augenlider; unter ihrer großen schwärmerischen Wölbung, die
so himmlischrein hervortritt aus dem Schatten der Augenbrauen,
steht ein Göttergesicht vor der innern Sehe, wogegen ihm die mit
Reiz geschmückte Erde nur Staub ist. Ein Ocean von Begriffen
liegt klar auf seiner linken Stirn! Wie heiter ist diese Stirn!
Keine Begierde, keine stürmische Leidenschaft stört den heiligen Frie=
den dieser Seele, deren Kräfte doch im gegenwärtigen Augenblick
so rege sind! Vom runden, festen Kinne bis zur braungelockten

Scheitel, wie wunderschön ist jeder Zug, und wie versinkt dennoch die Sinnenschönheit in hervorstrahlender, erhabener Seelenstärke!

Die Deutung dieser Umrisse, dieser Züge bleibt durch alle künftigen Aeonen unverändert dieselbe; je zarter der Sinn, je reicher der Verstand, je heiliger glühend die Phantasie, desto tiefer nur greifen sie in den unergründlichen Reichthum, den der Künstler seinem Werke schuf. Uns indessen kann es individueller in Anspruch nehmen; uns erinnert es an Geschichte und an tausendfache Beziehungen, deren ununterbrochene Kette uns selbst mit unsern Zeitgenossen umschlingt und mit dem dargestellten Gegenstande verbindet. Wir kennen diesen erhabenen Jüngling. Das Buch des Schicksals einer verderbten Welt lag auseinandergerollt vor seinen Augen. Durch Enthaltsamkeit und Verleugnung geschärft und geläutert, ergründete sein reiner Sinn die Zukunft. In einsamen Wüsteneien denkt er dem großen Bedürfnisse des Zeitalters nach. Zu edel, zu groß für sein gesunkenes Volk, hatte er sich von ihm abgesondert, hatte es gestraft durch das Beispiel seiner strengen Lebensordnung und kühn gezüchtigt mit brennenden Schmachreden. Jetzt fühlt der ernste Sittenrichter tief, daß diese Mittel nichts fruchten; in die ekelhafte Masse selbst muß sich der edle Gärungsstoff mischen, der ihre Auflösung und Scheidung bewirken soll. Aufopferung, Langmuth, Liebe — und zwar in welchem, den Geschlechtern der Erde, ja seiner rauhen Tugend selbst noch unbegreiflichen Grade! — fordert die allgemeine Zerrüttung des sittlichen Gefühls. Hier wagt er es, diese Eigenschaften vereinigt zu denken, im Geiste das Jdeal eines Menschen zu entwerfen, der sie bis zur Vollkommenheit besitzt. Bald aber dünkt es ihn, dieses Bild sei nicht ein bloßes Werk der Phantasie, es verwebe sich mit bekanntern Zügen, ja er kenne den göttergleichen Jüngling, in dem die Rettung der Erdebewohner beschlossen liegt! Dieses Bewußtseins frohe Schauer sind es, die der gesenkte Blick, im innern Anschauen verloren, uns verkündet. Wer ahnt den Feuerstrom der Rede, der sonst von diesen Lippen floß, allen Widerstand bändigte und die zagenden Herzen ergriff? Diese überwundenen, gerührten Lippen sinken in die Ruhe der großen, freudigen Zuversicht. Das ist der Täufer Johannes!

Und wenn er es nicht wäre? Wenn nur die Kunst ihn so zu schildern, so zu dichten, so aus fernen Aetherbahnen als einen hellen Stern in vollem Glanze uns näher zu rücken vermöchte? Dankt' es denn nicht die Religion der Kunst, die sie verherrlicht? Gewiß, es kann nicht gleichgültig sein, da wir einmal den leibhaften Johannes nicht zu sehen bekommen, ob man uns erhabene oder kleinliche Vorstellungen bei diesem Namen erweckt. Nie wäre man lau und gleichgültig gegen das Heilige und Göttliche geworden, wenn die Lehrer der Menschen dasjenige, was sie in liebreicher Absicht so nannten, durch keine unedle Vorstellungsart entweiht, wenn sie das Schöne und das Gute rein empfunden und in neuer Klarheit aus reinem Herzen mitgetheilt hätten. O du mit der Engelseele, aus deren Abgrund du diese entzückende Erscheinung heraufzaubertest und sie zugleich als Bild des Edeln dachtest, der sich noch nicht werth hielt, seines höhern Freundes Füße zu berühren, wer bist du, daß ich bei deinem Namen dich nennen mag, nicht bloß dich denken muß als den ernsten Schöpfer dieses Johannes? Doch, wer du auch seist, hier lebt ein Abdruck deiner Kräfte, in dem wir dich bewundern und lieben. Wie heilig ist der, in dessen Seele dieses vollendete Wesen aufstieg! Keine Bulle — Gott und die Natur kanonisirten ihn.

Ich begreife es nun, daß selbst der Apollo einem Menschen so viel nicht sein kann als dieser Mensch Johannes. Die Gleichartigkeit seines Wesens mit dem unserigen zieht uns zu ihm hin; er ist in aller seiner Vollkommenheit noch unser Bruder; in ihm fühlen wir uns ergänzt; von ihm wollen wir lernen, weil wir ihn verstehen, weil er durch Nebeneinanderstellung und Vergleichung, durch Sonderung des Verschiedenen und Einigung des Uebereinstimmenden erkennt und denkt wie wir. Der Apoll hingegen ist, was er sein soll, ein Gott. Von seiner Erkenntnißart haben wir keinen Begriff; sie ist ganz Intuition, ganz reiner Sinn, wie wir es dunkel ahnen in seiner Gestalt. Ihn fassen wir nicht; von ihm können wir nichts lernen; er kann uns nichts als erfreuliche Erscheinung sein, außer etwa in gewissen Augenblicken, wenn auch wir, über uns selbst hinaus exaltirt und zu einer höhern Reizbarkeit gespannt, ohne von der Vernunft gestört zu werden, der Intuition des reinen Kindersinnes genießen. Allein diese Augenblicke mit ihrem Himmelreich sind unserm Schwachsinn allemal gefährlich, und die Abspannung, die darauf erfolgt, kann mehr als zu deutlich lehren, wie wenig wir für Göttergenuß und den Umgang mit Göttern geschaffen sind. Unsere Ungenügsamkeit ist Schwäche; die Griechen blieben bei der Erscheinung stehen und freuten sich des Anblicks ihrer Schönheit.

Was ich aber nicht mehr begreife, das ist, wie man es noch wagen kann, einen Christus als Kunstwerk darzustellen. Malt man ihn mit den Zügen eines Götterideals, so hat er nur das Interesse der Schönheit; allein er rührt nicht das Herz. Im Gegentheil, schildert man einen Menschen, wie will man das Göttliche dergestalt hineinverschmelzen, daß es dem Interesse des Herzens nicht schadet? Und läßt man dieses ganz hinweg, wie ist es möglich, die Menschheit so hinaufzuadeln, daß sie noch größer als hier Johannes erscheint? Auch habe ich noch keinen Christuskopf gesehen, von dem ich sagen könnte: er ist es. Vielleicht ist das indeß weniger die Schuld der Künstler als der Theologen. Zu seinem Johannes durfte der Maler einige Ideen von dem fälschlich sogenannten Antinous entlehnen; diese schöne Natur, die von echten Kennern als ein Werk der höchsten griechischen Vollendung anerkannt wird, bot ihm die Züge eines kühnen, trotzigen, starken Jünglings dar, deren wilde Größe sich im Johannes mit dem sanftern Ernst des Denkers so vereinbaren ließ, daß die sinnliche Schönheit zwar untergeordnet, aber dennoch die bedeutungsvolle Zierde seines Wesens blieb. Man erkennt auf den ersten Blick die Aehnlichkeit des Gemäldes mit dem Marmorbilde; allein wie arm wäre der, dem außer dieser Aehnlichkeit nicht die eigene Schöpfung des Künstlers entgegenleuchtete. Nach meiner Empfindung versündigte er sich stärker an der Kunst, als wenn er im Virgil nur den Nachahmer Homer's erblicken wollte. Jeder Zug dieses Johannes bürgt uns für den Dichtergenius seines Urhebers, wenn nicht schon die eigenthümliche Behandlungsart sein Verdienst erwiese. Nie zeichnete ein Florentiner richtiger und schöner; und bei dieser Wahrheit des Farbenschmelzes vermißt man Tizian's magischen Pinsel nicht. Rafael, dem man hier das Gemälde zuschreibt, hat zu keiner Zeit diesen Grad der Vollendung im Colorit erreicht. Eine andere Hypothese nennt Andrea del Sarto als den großen Künstler dieses braungelockten Jünglings; und wenn er wirklich sein ist, dann hatte Michel Angelo doch wol recht. Ich trage einen unauslöschlichen Abdruck dieses in seiner Art einzigen Meisterwerks mit mir davon. Was Italien dereinst Schöneres und Vollkommeneres mir zeigen könne, muß ich von der Zeit erwarten; aber die Stunden gereuen mich nicht, die ich den weichen, kurzen Locken, die so schön das Haupt umgeben, den seelenvollen Zügen, den unnachahmlichen Umrissen dieses einfachen, in sich vollkommenen, bewundernswürdigen Ganzen zum letzten mal schenkte. Jetzt nichts mehr von dieser bunten, blendenden Sammlung! Meine Augen werden nicht müde, den schönen Johannes zu sehen; allein sie erliegen der Menge. Einen Abschiedsblick werf' ich indeß noch auf Guido's gen Himmel fahrende Madonna; ihr danke ich einen viel zu schönen Genuß, als daß ich ganz von ihr schweigen könnte.

In Dresden sah ich Rafael's große Behandlung dieses Gegenstandes. Dort ist es die Königin des Himmels, die wieder zurückkehrt auf den Thron, der ihr Eigenthum ist. Sie schwebt nicht, sie steht, mehr sinnend als froh; die Göttliche verläßt eine Welt, zu welcher sie nie gehörte. Die anbetenden Engel jauchzen nicht; die Himmel feiern. — Und Guido's Maria? Sie ist so menschlich schön Ein Weib, das, jetzt von den Leiden, den Fesseln der Erde befreit, den Himmel offen sieht. Ihr trunkener Blick, ihr verklärtes Gesicht, ihre ausgebreiteten Arme verkünden ihre unaussprechliche Wonne. Zwei

Engel zu ihren Füßen, bezaubernd wie nur Guido's Engel, tragen sie empor, schmiegen sich an ihr Gewand, freuen sich ihrer voll himmlischer Liebe — nein! Menschen dürfen es nicht sprechen, wenn Engel sich freuen!

Dies ist eine neue Welt, blos möglich, lichtumflossen und in reinem Lichte bestehend! Da ist nichts Irdisches, nichts Ungeläutertes zu sehen. Selbst der große blaue Mantel der Verklärten ist reiner, verdichteter Aether des Himmels, wenn wir ihn mit Kleidern von irdischem Gewebe vergleichen; er ist nicht schwer, er gibt nur Würde und Glanz. Die Jungfrau, schlank und schwebend und völlig bekleidet — in ihren Zügen sind Spuren von der Erinnerung des Künstlers an Niobe's Töchter —, scheint bereits einer himmlischen, unzerstörbaren Lichtnatur theilhaftig; man sieht sie an und glaubt an eine Auferstehung. Die Schönheit der Engel und ihre Grazie spotten aller Beschreibung; ihr Ausdruck ist himmlische Unschuld und seraphische Liebe. Sie bedürfen nicht der Erkenntniß des Guten und Bösen; die Welt, die wir in ihnen ahnen, umfaßt und erschöpft alle Formen des Lichts und der Wahrheit. Es gibt Ideale der Schönheit, die verschieden von griechischen Göttergestalten sind; in diesen Engeln erblick' ich sie zum ersten mal. Ich hatte nicht geglaubt, daß es möglich wäre, die Wunder des Empyreums mit sinnlicher Form zu begaben, Engelreinheit gepaart mit dem milden Feuer der seligen Geister, die einander durchdringen, und mit dem ewigen Reize der Heiterkeit, in göttlicher Jünglings- und Graziengestalt hinzuzaubern. O Guido, süßer Schwärmer, wie verführerisch wird durch deine Phantasie die Schwärmerei! Alles in diesem Gemälde ist Magie und magisch ergreift es das Gefühl: die zarte Richtigkeit der Zeichnung; die Stellung der Madonna; die Form der Gruppe; die holde Anmuth des ganzen Gedichts; die Pracht und Zierlichkeit der ätherischen Gewänder; und, ich wage es zu behaupten, sogar die blendende Glut der Farben, die eine Lichtwelt versinnlichen, nach welcher unser blödes Auge kaum hinaufzublicken wagt! Hier sollten die Maler lernen, wie Engel fliegen und wie Verklärte schweben.

Ich reiße mich endlich los. Von Tizian's und Correggio's Werken enthält die Galerie nichts, das dieser großen Namen würdig wäre. Ein Porträt unter jener Himmelfahrt, die Arbeit des erstern von diesen Meistern, ist wegen des Umstandes merkwürdig, daß ein berühmter Physiognomiker es für das vollkommenste Ideal eines Christuskopfes, das ihm noch zu Gesicht gekommen sei, erklärte; und dieses Ideal war — der muthwillige Aretino! Ich denke darum nicht schlechter von diesem physiognomischen Urtheil; denn es läßt sich auf eine ähnliche Art vertheidigen, wie Sokrates das Urtheil des Physiognomen über ihn selbst rechtfertigte. Ein

Christus mit der Dornenkrone, das einzige Stück, welches man hier von Correggio zeigt, mag wol bewundernswürdig sein, wenn man nur auf einem Gesichte, das so tiefes Leiden ausdrückt, den Blick könnte ruhen lassen. Einst war es eine Philosophentugend, recht zu handeln und die schauderhaftesten Gegenstände wie die lieblichsten mit Gleichmüthigkeit anzusehen. Seitdem man aber die Unempfindlichkeit, die selten recht thut, damit zu verwechseln pflegt, ist nichts Verdienstliches mehr an diesem Stoicismus, und die Philosophie hat ihn längst der Politik, die immer nur repräsentirt, überlassen. Zu einer andern Zeit und an jedem andern Orte außer dieser Sammlung wäre die Flucht nach Aegypten vom alten Paul Veronese ein Stück, das bemerkt zu werden verdiente; Guercino's Dido und die Verkündigung Mariä von Tintoretto wären auch eines Blickes werth; einen kleinen Albani, eine schlafende Venus von Carlo Maratti, ein paar Köpfe von Guido, selbst Cagnacci's Mutter der sieben Schmerzen und Spagnoletto's Hirten, die im Felde bei dem Lobgesange der Engel erwachen, würde man noch mit einigem Vergnügen betrachten. Ich eile gesättigt vorüber.

Von der sehr reichen Sammlung von Kupferstichen und Handzeichnungen, welche die hiesige Akademie der Künste besitzt, kann ich Dir nichts erzählen, was Du nicht schon wüßtest. Ich erkundigte mich aber nach den Formen, worin die herrlichen Abgüsse von Antiken gegossen sind, die wir zu Mannheim sahen. Allein Du erräthst nimmermehr — daß man sie zerschlagen und zum Straßenbau verwendet hat. Nun sage mir einer, ob wir nicht noch die alten Barbaren sind!

IX.

Aachen.

Lage von Jülich. Verminderte Volksmenge von Aachen und deren Ursachen. Kaiserliche Commission seit 1786. Neuer Constitutionsplan des Herrn von Dohm. Das Zunftwesen mit seinen Folgen. Verfall der Tuchmanufactur. Flor der benachbarten Fabriken. Armuth und Bettelstand in Aachen. Mögliche politische und sittliche Freiheit.

Wir rissen uns aus den Umarmungen unserer Freunde und reisten von P. bei Mondschein die ganze Nacht hindurch nach Jülich. Die Gegend ist flach, aber vortreffliches Saatland, und besonders wird sie jenseit Jülich sehr schön durch Haine von hochstämmigen Ulmen, Eschen und Hagebuchen; in diesen ist fast jedes der naheliegenden Dörfer gleichsam vergraben oder ragt nur mit der Kirchthurmspitze daraus hervor. Jülich ist eine kleine Festung von der unbedeutenden Art, die man Bicoque nennt. Gegen einen Feind, der auf der Anhöhe, von welcher wir von Düsseldorf hinabkamen, seine Batterien anlegte, könnte es sich keinen Augenblick halten.

Die Dörfer und Flecken in dieser Gegend sind zum Theil von Steinen und Ziegeln sehr dauerhaft erbaut und bezeugen den Wohlstand ihrer Bewohner. Dahin kann es leicht mit dem Flor eines Landes kommen, wenn man es nicht unter dem Vorwande der landesväterlichen Sorgfalt aussaugt, dem Unterthan nicht durch vervielfältigte Verordnungen die Hände zu fest bindet und ihm nicht durch drückende Steuern den Muth benimmt. Den Ständen der Herzogthümer Jülich und Berg gebührt das Lob dieser guten Administration. Sie scheinen in der That den höhern Sinn jenes tiefgedachten Spruchs, „daß die Welt sich am besten durch ein ganz kleines Fünkchen Weisheit regieren lasse" (mundus regitur parva sapientia), zu Herzen genommen und in Ausübung gebracht zu haben. Beide Extreme des Egoismus, falsche Ruhmbegierde sowol als gefühllose Verachtung der öffentlichen guten Meinung, sind traurige Eigenschaften eines Regenten oder Administrators; wer sich begnügen kann, recht zu handeln ohne glänzen zu wollen, wird zwar kein Aufsehen erregen, aber das Glück genießen, zufriedene und wohlhabende Menschen um sich her zu sehen. „Das Gute, was ich hier gethan habe", sagt die Regentin im „Egmont", „sieht gerade in der Ferne wie nichts aus, eben weil es gut ist."

Die Menschen in dieser Gegend sprechen eine weit plattere Sprache als die oberhalb Köln; mir schien sie sogar platter zu werden, je weiter wir uns vom Rhein hierherwärts entfernten. Alle Mannspersonen, die uns begegneten, waren wohlgewachsen und von einer bestimmtern, ausdrucksvollern Gesichtsbildung. Die Weiber hatten nicht die eckigen, hervorstehenden Backenknochen, die in den obern Rheingegenden und weiter hinauf im Reiche so charakteristisch sind. Manche, die wir sahen, hätten einem flamändischen Maler zu Nymphen und Göttinnen sitzen können. Arbeitsamkeit erhält diese Menschen nüchtern und macht sie verhältnißmäßig gegen die Oberländer wohlhabend. Das feuchte Klima, die stete Anstrengung beim Ackerbau, vielleicht auch das ursprüngliche Temperament des blonden, niederdeutschen Bluts macht sie phlegmatisch, gleichgültig, ungesellig, störrig; und die Religion, wenigstens so, wie man sie ihnen nach hierarchischen Grundsätzen beibringt, trägt eben nicht viel dazu bei, sie geistreich und aufgeweckt zu machen. Ihr Wohlstand gibt ihnen Unabhängigkeit, und dieses glückliche Verhältniß gegen den Neben-

menschen trägt vielleicht auch das Seinige dazu bei, die Gleich=
gültigkeit gegen den Fremden bis zur rohen, unwirthbaren Unge=
zogenheit zu treiben. Selbst bei denen, die noch Höflichkeit zu
bezeigen geruhten, hatte sie einen so kecken Anstrich, daß ich mich
ihrer im Namen der Menschheit freute, so wenig sie für mich, als
einzelnen betrachtet, Einladendes und Schmeichelhaftes haben konnte.
Die Einförmigkeit der Beschäftigungen des Ackerbaues und die
strenge Ordnung, in welcher sie aufeinanderfolgen, gibt demjenigen,
der sich blos davon nährt, eine Einseitigkeit, welche in vielen Fällen
bis zum hartnäckigsten Eigensinne geht, zumal wenn es auf die
Einführung einer verbesserten Cultur ankommt; auch trägt sie vieles
dazu bei, eine habituelle Langsamkeit hervorzubringen, welche man
jedoch sorgfältig von Faulheit und Müßiggang unterscheiden muß.
Der Müßiggänger, wenn er Munterkeit und einigen Ideenvorrath
besitzt, kann ungleich unterhaltender sein als dieser kalte Alltags=
und Gewohnheitsmensch; allein seine Abhängigkeit macht ihn ver=
ächtlich und untergräbt seine Sittlichkeit. Der langsame, gleichgül=
tige, in seinem Kreise sich fortwälzende Dummkopf, wenn er sich
und die Seinigen redlich ernährt, ist dem Staate wichtiger, als
Mensch glücklicher und moralisch besser, ob er gleich auf der Leiter
der Erdenwesen, nach ihren Fähigkeiten geordnet, tiefer steht. In
den Städten der hiesigen Gegend, wo sich auf das angeborene
Phlegma und den damit verbundenen Stumpfsinn die Faulheit, die
Unsittlichkeit und der Aberglaube pfropfen, findet man allerdings
die menschliche Natur in ihrer empörendsten Entartung.

Aachen liegt sehr anmuthig. Die Hügel rund umher sind schön
geformt und reich an Waldung, Aeckern und Gebäuden; daher ge=
währen sie unter jedem Gesichtspunkt einen verschiedenen, das Auge
erquickenden Effect. Um die Stadtmauern ziehen sich schöne Gänge
von hohen schattenreichen Bäumen. Gewisse Theile der Stadt sind
ziemlich gut gebaut; ihr ganzer Umfang ist sehr beträchtlich, denn
ehedem faßte sie mehr als hunderttausend Einwohner, deren jetzt
aber nur dreißigtausend vorhanden sind. Was ist die Ursache die=
ser auffallenden Entvölkerung? wirst Du fragen; denn ich fragte
ebenso, und ich glaube, jedem, der davon zum ersten mal hört,
muß dieselbe Frage auf der Zunge schweben. Die Antwort, die ich
darauf erhielt, ist einleuchtend, ob sie gleich nicht befriedigt. Es
wäre bald von der Sache zu kommen, wenn man alles einer fehler=
haften Constitution zur Last legen wollte, deren Mängel und Ge=
brechen jetzt so klar am Tage liegen; allein geübtere Augen erken=
nen, daß eine Complication von Ursachen eintreten mußte, um den
Verfall dieser vor alters so blühenden Stadt allmählich zu bewirken;
und Complicationen dieser Art nachzuspüren, ist keine so leichte Sache,
daß ein jeder in wenigen Worten den Knoten lösen könnte. Karl's

des Großen Residenz, der Krönungsort so vieler Kaiser, war lange der Sitz nützlicher Künste und Gewerbe, ein wichtiges Handelsemporium, ein Mittelpunkt, wo vielfältiges Interesse Menschen aus allen Klassen und aus den entferntesten Gegenden des Reichs zusammenführte, wo dieser Zusammenfluß einen schnellern Umlauf des Geldes, einen raschern Tausch der Waaren, einen wenigstens für jene Zeiten wichtigen Grad des Aufwandes verursachte, und zwar dies alles schon, als in der umliegenden Gegend noch keine Nebenbuhlerin sich organisirt hatte und zur Vollkommenheit gediehen war.

Jetzt verhält sich alles anders. Aachen ist nicht einmal mit der Gegenwart eines Kaisers für den Moment der Krönung beglückt, und noch viel weniger dessen beständiger Aufenthalt; der Glanz, den diese Gegenwart ihr geben konnte, ist von ihr gewichen. Um sie her, auf allen Seiten, sind nach und nach ansehnliche Staaten entstanden; der Fleiß, die Freiheit und das Glück haben im Wetteifer miteinander vielen neuen Städten einen Grad von blühendem Wohlstand geschenkt, den Handel in andere Kanäle geleitet, den Geist der Menschen entwickelt und gebildet, wie er an einem vereinzelten Orte und bei hartnäckiger blinder Anhänglichkeit an altes Herkommen nicht mit fortrücken konnte. Sodann aber haben die Tyrannei des Aberglaubens, die noch immer gegen andersgesinnte Religionsparteien wüthet und die Nichtkatholiken von manchen Vorrechten des Bürgers ausschließt, die Wuth der Parteien, die unaufhörlich um die Alleinherrschaft einer nur dem Namen nach freien Reichsstadt kämpften, und endlich der finstere Despotismus der Zünfte zur Sittenverderbniß, zur Verblendung über das wahre Beste des gemeinen Wesens und des einzelnen Bürgers, zum Müßiggang, zur Bettelei und zur Entvölkerung kräftig mitgewirkt. Wo ist der Wohlstand, der so vielen ihn untergrabenden Feinden widerstehen könnte? Was echte Bürgertugend allein wider die übrigen ungünstigen Umstände vermocht hätte, steht dahin; mit ihr hat man die Probe nicht gemacht, und ohne sie verblühen die Staaten, selbst im Schoße des Glücks!

Die Unordnungen, welche aus der fehlerhaften Constitution von Aachen entsprangen, hatten bereits vor drei Jahren ihren höchsten Punkt erreicht; denn so lange ist es her, daß die streitenden Parteien in offenbare Gewaltthätigkeit gegeneinander ausbrachen, daß eine kaiserliche Commission zur Untersuchung und Abstellung der Misbräuche niedergesetzt ward, und daß fünfhundert Mann Pfälzer die Ruhe in der Stadt erzwingen und den Verordnungen der Commissarien Nachdruck geben mußten. Die Commission versammelt sich in eben dem Saale, wo im Jahre 1748 der Aachener Friede geschlossen ward. Sie wird den Zweck ihrer Sendung wahrscheinlich bald erreicht haben; denn endlich sind die Aachener ihrer eigenen Thorheiten müde, und je näher ihnen der Zeitpunkt entgegenrückt, wo sie die nachtheiligen Folgen der unter ihnen herrschenden Verbitterung in ihrem ganzen Umfange fühlen werden, desto geneigter lassen sie sich finden, die vorgeschlagenen Mittel zu einem dauernden Vergleich anzunehmen. Man sollte denken, die ungeheuern Kosten der Einquartierung und des Processes müßten die hiesige Bürgerschaft schon längst zur Besonnenheit gebracht haben; allein diese Summen, die sich in die Hunderttausende belaufen, scheinen um deswillen auf den ergrimmten Parteigeist weniger gewirkt zu haben, weil man sie durch Anleihen bestreitet, die erst der künftigen Generation zur Last fallen werden. Hätte man den redlich gemeinten Vorschlag, sie durch eine Steuer zu tilgen, genehmigt, so würde man sich eher gehütet haben, sie zu hoch heranwachsen zu lassen. Was indeß kräftiger auf die Gemüther wirkt, als selbst der Eigennutz, das ist in diesem Augenblicke die Macht der Wahrheit. In einer Angelegenheit, wo es so leicht möglich ist, sich für die eine oder die andere Partei einnehmen zu lassen, hat die strenge Unparteilichkeit des Herrn von Dohm das völlige Vertrauen beider gewonnen, und sein neuer Plan zur Verbesserung ihrer Constitution, der bis auf den letzten Bogen abgedruckt ist, wird vermuthlich bei ihrem bevorstehenden Vergleiche nicht blos zum Grunde gelegt, sondern in allen wesentlichen Stücken wirklich angenommen werden. Alle Schwierigkeiten zu heben, allen Mängeln abzuhelfen, ist vielleicht eine Aufgabe, welche die Kräfte eines jeden politischen Reformators übersteigt. Wenn es auch anginge, die Bande der Gesellschaft auf einen Augenblick gänzlich aufzuheben und so zu Werke zu gehen, als ob noch keine Verfassung existirt hätte, so sind doch die Verhältnisse der Menschen untereinander zu mannichfaltig verwickelt und ihre Gemüther zu vielen Localeindrücken unterworfen, um nicht aus dem Besten, was man ihnen in abstracto zur Richtschnur vorschlagen könnte, etwas sehr Mangelhaftes und sogar Nachtheiliges in concreto zu machen. Mehrentheils aber läßt sich eine gewaltsame Auflösung der Verfassungen gar nicht einmal denken, und man sieht sich genöthigt, alle Bemühungen lediglich auf die Abstellung einzelner Misbräuche, auf die Verbesserung einzelner ins Große wirkenden und alles zerrüttenden Fehler zu richten. Vielleicht ist es in den meisten Fällen wirklich rathsamer, eine alte fehlerhafte Constitution zu bessern, als eine ganz neue zu organisiren und sich der Gefahr auszusetzen, daß durch die Gärung, die bei der Einführung alles Neuen unvermeidlich ist, das Ganze eine andere als die gehoffte Form gewinne, oder daß nun Lücken und Gebrechen sich offenbaren, welche vielleicht größeres Unheil stiften als jenes, dem man abhelfen wollte.

Mäßigung ist die Tugend, welche unserm Zeitalter vor allen andern am meisten zu fehlen scheint. Vielleicht hat es so sein müssen, daß gerade jetzt gewaltsame Bewegungen von einem Extrem zum andern eine gefährliche Stockung in dem großen Gange der Menschheit verhüten; allein was der Philosoph als unausbleiblich und nothwendig anerkennt, ist darum in seinen Wirkungen nicht weniger traurig, und allein von der ruhigen, bescheidenen, ohne alle äußere Gewalt, blos durch Gründe sanft überredenden Vernunft ist Rettung zu erwarten. Ueberall sind die Leidenschaften aufgeregt, und wo sie immer Gesetze geben, da ist jederzeit Gefahr, daß Ungerechtigkeiten eine Sanction erhalten, sie mögen gerichtet sein gegen welchen Theil der bürgerlichen Gesellschaft sie wollen. Das Volk ist selten zurückhaltender oder billiger als der Despot; denn moralische Vollkommenheit konnte ihm ja der Despotismus nicht geben, und mit welchem Rechte will man Mäßigung von ihm erwarten, wenn man es geißelt, bis es in Wuth geräth und seinen unbarmherzigen Treiber nun zu zertreten droht? Unter solchen Umständen ist allerdings die Dazwischenkunft eines unparteiischen, billigen Dritten die wesentlichste Wohlthat, die einem zerrütteten Staate widerfahren kann. Weises Nachgeben von beiden Seiten, wozu er sie auffordern muß, kann alsdann eine dauerhafte Wiederherstellung bewirken. Allein die schwerste Aufgabe von allen besteht wol darin, wie die Stimme der Mäßigung sich in leidenschaftlichen, aufgebrachten Gemüthern Eingang verschaffen könne. Dies gehört unstreitig zu den vielen Dingen in der Oekonomie des Menschengeschlechts, welche sich durch keine Vorschrift bestimmen und mittheilen lassen, weil sie ihren besonders dazu gebildeten Mann erfordern. Von dieser Seite werden die Schicksale der Erdbewohner von menschlicher Klugheit immer unabhängig und einer höhern Willkür oder der Nothwendigkeit und ihrer Ordnung unterworfen bleiben. Welch eine Verkettung nicht vorher zu berechnender Begebenheiten ist es, die gerade den anspruchslosen, tugendhaften Mann, dessen höchstes Ziel die Beförderung des gemeinschaftlichen Besten aller ist, den gründlichen, durch Erfahrung gebildeten, von allen Theorien zurückgekommenen Denker in Eine Person mit dem politischen Organ der Könige vereinigt und ihn jene Gewalt, die, wo sie sich ins Spiel mischt, nur Zwang gebiert, nur die Symptome ändern, nicht aber die Krankheit heben kann, mit einer Größe, deren nur die Weisheit fähig ist, zurückhalten läßt, um die Würde seiner Mitgeschöpfe zu schonen!

Nicht nach Idealen, die man sich aus philosophischen Compendien abstrahiren kann, sondern nach dem Bedürfnisse der Zeit und der Umstände wird der Werth der vorgeschlagenen neuverbesserten Verfassung von Aachen geschätzt werden müssen. Die Ideale aller Art sind, was schon ihr Name anzudeuten scheint, Schöpfungen des

Verstandes und viel zu zart gewebt, um für die Wirklichkeit sich
zu schicken. Das praktisch Anwendbare muß aus gröberm Stoffe
gebildet, materieller wenn man will, aber ebendarum natürlicher
und menschlicher sein. Daß ich dabei den Nutzen des Idealisch=
Vollkommenen in sittlicher Rücksicht nicht verkenne, verbürgt Dir
mein Enthusiasmus für dasselbe in Beziehung auf Sinnlichkeit und
Kunst. Ahnen müssen wir wenigstens die Vollkommenheit, die wir
nicht erreichen; sonst versinken wir bald in einen Grad der innern
Unempfänglichkeit, welche unserer höchsten Bestimmung entgegenläuft.
Freiheit und Gesetz sind beide die Heiligthümer der Menschheit; und
dennoch wäre es kurzsichtig geträumt, dort, wo die Natur Ungleich=
heit setzte, gleiche Rechte fordern, oder auf der andern Seite aus
Gerechtigkeitsliebe das fehlende Geschlecht sogleich vertilgen zu wol=
len. Wie tief mußten Menschen nicht sinken, wie unfähig, sich an
die Stelle anderer zu versetzen und die Würde eines freien denken=
den Wesens zu empfinden, mußten sie nicht geworden sein, ehe sie
das fürchterliche Fiat justitia et pereat mundus! (Gerechtigkeit!
und ginge die Welt darüber zu Grunde!) nur ohne Schauder aus=
sprechen lernten! Und wenn nun vollends Menschen das, was
ihnen Gerechtigkeit dünkt, nach diesem Wahlspruch handhaben wol=
len, dann, guter Himmel! wäre freilich wol jener Zustand des
ungebundenen Wilden noch vorzuziehen, der sich nie von solchen
Träumern, was gerecht sei, vordemonstriren ließ und gleichwol
das Unrecht so lebhaft empfindet und es so muthig aus allen
Kräften zurückstößt. Auch das Ideal der Levellers, wenn es zur
Ausführung käme, entrisse uns alle Vortheile der sittlichen Cultur,
wiewol es seines Ursprungs wegen immer noch verzeihlicher bleibt;
denn es entstand aus einer allzu vortheilhaften, hingegen das Ideal
der Rechtsgelehrten aus einer allzu schlechten Meinung von unserer
Natur. Zwischen den Gedankenbildern dieser entgegengesetzten Phan=
tasien liegt ein Mittelweg, der um so weniger trügt, je sorgfältiger
derjenige, der ihn wandelt, bei jedem Schritte auf diese hinblickt
und, was sie Gutes haben, benutzt.

Die vierzehn Zünfte von Aachen mußten also beibehalten wer=
den, wenn man sich nicht aus dem einmal angenommenen Zuschnitt
einer deutschen Reichsstadt hinausträumen wollte, so verderblich an sich,
so nachtheilig allem Flor und aller Vervollkommnung der Fabriken
und Handwerker auch das Zunftwesen bleibt. Was man thun konnte,
bestand lediglich darin, die Zünfte selbst untereinander so zu orga=
nisiren, daß eine gleichförmigere Repräsentation durch sie bewirkt
werden konnte. Seit der Mitte des 15. Jahrhunderts wählen die
Bürger von Aachen, die in den Zünften eingeschrieben sind, ihren
Magistrat. Vor diesem Zeitpunkte tyrannisirte ein sogenannter
Erbrath von lebenslänglichen Bürgermeistern und andere Beam=

ten die Stadt. Allein bald fand man wieder Mittel, die alljähr=
liche Wahl zu lenken, wohin man wollte, und selbst das Gesetz,
daß niemand zwei Jahre lang hintereinander Bürgermeister sein
darf, wußte man so geschickt zu umgehen, daß derselbe Mann oft
zwanzig bis dreißig Jahre lang regierte, indem er sich ein Jahr
ums andere wählen ließ und in den Zwischenräumen zwar einem
andern den Namen, jedoch nicht auch zugleich die Macht dieser
wichtigen, beinahe uneingeschränkten Magistratur überließ. Wie die=
ser Misbrauch sich einschleichen konnte, begreift man nur, wenn man
die bisherige Beschaffenheit der Zünfte näher untersucht. Da jede
Zunft vier Rathspersonen wählt, so hat die Intrigue gewonnenes
Spiel bei einer so auffallenden Ungleichheit in der Zahl der Wäh=
lenden, wie sie hier in verschiedenen Zünften stattfindet. Die Krämer=
zunft z. B. besteht aus zwölfhundert Köpfen, und die Kupferschmiede=
meisterzunft nur aus zwölf. Wie leicht konnte man also nicht in sol=
chen kleinen Zünften eine Mehrheit der Stimmen erkaufen und mit
derselben der Mehrheit der Bürgerschaft spotten! Ein nicht minder
auffallendes Gebrechen der Verfassung besteht darin, daß ein großer
Theil der Bürgerschaft auch nicht einmal zum Scheine im Rathe vor=
gestellt wird und von allem Antheil an der gesetzgebenden Macht
gänzlich ausgeschlossen ist. So verhält es sich mit der zahlreichen
Weberzunft, die wirklich keine Repräsentanten wählt und in jener
obenangeführten Zahl von vierzehn Bürgercorporationen nicht mit=
begriffen ist. Dagegen entschädigt sie sich aber bisjetzt durch einen
Handwerksdespotismus, welcher zum Verfall der Tuchfabriken in
Aachen die nächste Veranlassung gibt. Das Werkmeistergericht, wel=
ches zum Theil aus dieser Zunft besteht, zwingt unter andern jeden
Webermeister, sich auf vier Weberstühle und ebenso viele Gesellen
einzuschränken. Bei dieser Einrichtung wird es dem Fabrikanten
unmöglich, nur den redlichen, fleißigen und geschickten Arbeiter zu
beschäftigen; er sieht sich gezwungen, da er außer den Ringmauern
der Stadt nicht weben lassen darf, auch unter die Nachlässigen,
Unwissenden und Gewissenlosen Wolle zu vertheilen und, da diese
zugleich bei weitem die zahlreichsten sind, größtentheils nur schlechte
Waare zu liefern. Ebendiesem Zunftzwange, welcher auch das
Weber= und Schererhandwerk trennt und den Protestanten, die doch
den größten Theil der Tuchfabrikanten ausmachen, dabei weniger
Nachsicht als den Katholiken gestattet, ist die Entstehung der so=
genannten Kauftücher, die aus gestohlener Wolle fabricirt werden,
zuzuschreiben. Unter dem Vorwande, ihre eigene Wolle wieder=
zukaufen, treiben manche Fabrikanten einen öffentlichen Handel mit
dieser Waare, die ihnen von den Arbeitern geliefert wird. Was
die Strenge des Zunftgeistes auf einer Seite schon verdarb, das
richtet die Gelindigkeit der Polizei und des Raths nun völlig zu

Grunde. Die gegen den Unterschleif mit gestohlener Wolle vorhandenen Gesetze sind gänzlich außer Observanz; die Stadt hält über die Eigenschaft der in ihren Mauern verfertigten Waaren keine Aufsicht; sie gestattet in Fallitsachen statt des Concurses ein Präferenzrecht, welches allen Credit untergräbt und durch Vervielfältigung der Bankrotte bis ins Unendliche die Schande des Betrugs hinwegnimmt; sie duldete noch vor kurzem die Hazardspiele; sie privilegirt das Lotto und schützt die Wucherer. Kaum wird man glauben, daß ein kleiner Staat, der außer der Abhängigkeit von der Reichsverfassung keine andere Einschränkung erkennt, so muthwillig auf dem geraden Wege zu seinem Verderben fortschreiten konnte. Allein wo es an einem gesunden und umfassenden Ueberblick fehlt, da lassen sich auch die Bessergesinnten durch Schein von Betriebsamkeit täuschen, an einen vermeintlichen Flor des Staats zu glauben, der zuletzt wie eine Traumgestalt plötzlich verschwindet, wenn eine heftige Erschütterung, wie die im Jahre 1786, ihnen die Augen nun öffnet. Weil noch jährlich neue Fabrikanten in Aachen sich niederließen, so schmeichelte man sich, daß die Vortheile, welche sich ihnen hier darböten, nirgends überwogen werden könnten, und bedachte nicht, daß die einzige Aufmunterung zur Errichtung einer Manufactur in Aachen lediglich in der Menge von bequemen Häusern besteht, die man um billige Preise miethen kann. Weil noch alljährlich eine nicht geringe Anzahl von Cur- und Badegästen die Stadt besucht, um die reelle oder eingebildete Wohlthat ihrer mineralischen Quellen zu genießen, so ließ man sich von dem Schimmer des beschleunigten Geldumlaufs und Waarenabsatzes, den diese Besuche hervorbringen, durch die Bewegung, welche die Gegenwart der Fremden auch den Einwohnern mittheilt, durch die Lustbarkeiten, womit sie sich die Zeit verkürzen, durch das Spiel, welches noch täuschendere Scheingestalten von Reichthum und Ueberfluß herbeizaubert, zum Glauben an ihr wirkliches Dasein hinreißen.

Nicht daran zu denken, wie wenig Wesentliches diesen angeblichen Vortheilen bei einer nähern Beleuchtung übrigbleibt, so konnte wol nichts unbesonnener sein als die Hoffnung, immerdar auf ihren ausschließenden Besitz rechnen zu dürfen. Schon jetzt, dicht vor den Thoren von Aachen, in dem Flecken Burtscheid, werden die heißen Quellen denen in der Stadt von vielen vorgezogen. Die Landluft, die schöne Gegend, die Verbannung alles Zwanges aus den Sitten ziehen die Fremden haufenweise dorthin, indem die Nähe von Aachen ihnen alle Annehmlichkeiten eines städtischen Aufenthalts ohne das Ungemach desselben gewährt. Doch diese Rivalität wäre in der That unbedeutend, wenn sich nicht eine zweite, im Punkt der Fabriken, hinzugesellte. Rechtschaffene, unternehmende Männer, die dem Unsinn des Zunftwesens nicht länger fröhnen und durch

Verfertigung schlechter Tücher ihren Credit nicht länger aufs Spiel setzen wollten, zogen sich allmählich von Aachen zurück und ließen sich in der umliegenden Gegend auf holländischem oder kaiserlichem Boden nieder, wo es ihnen freistand, ihre Fabriken vollständig einzurichten, und wo sie keine andere Einschränkung als das Maß ihrer Kräfte und den Umfang ihres Vermögens kannten. Zu Burtscheid, Vaals, Eupen, Montjoie, Verviers und überhaupt in ganz Limburg entstanden unzählige Tuchfabriken, wovon einige jährlich ein Vermögen von einer halben Million in den schnellsten Umlauf bringen und ihre Comptoire theils in Cadix, theils in Konstantinopel und Smyrna errichtet haben, dort die spanische Wolle ausführen, hier die reichen Tücher wieder absetzen.

Die Folgen einer in allen Stücken so gänzlich verfehlten Administration sind auch dem blödesten Auge sichtbar. Die Straßen von Aachen wimmeln von Bettlern, und das Sittenverderbniß ist, in der geringern Volksklasse zumal, so allgemein, daß man die Klagen darüber zu allen Zeiten und in allen Gesellschaften hört. Wie konnte sich auch bei dem gemeinen Manne die Spur von Rechtschaffenheit und von Grundsätzen erhalten, wenn er das Beispiel der schändlichsten Verwaltung öffentlicher Gelder ungeahndet vor Augen behielt? Seine Kinder wurden Wolldiebe, Müßiggänger und Lottospieler, folglich bald auch die verderbteste Gattung von Bettlern. Unter diesen Umständen mußte der Gesetzgeber ein ungleich schwereres Problem zu lösen suchen als seine Vorgänger in alten Zeiten; denn rohe Menschen zur Tugend anführen, ist ein ganz anderes und meines Bedünkens ungleich leichteres Geschäft, als gefallenen, zur Gewohnheit des Lasters herabgewürdigten die Tugend wiederzugeben. Daß eine weise Verfassung in einem hohen Grade auf diesen Zweck hinwirken könne, ist unleugbar, wenn man nicht allen Unterschied zwischen guten und schlechten Verfassungen wegdisputiren will; allein ich mag nicht berechnen, wieviel der Druck ungünstiger Umstände, die eine Reform von Grund aus nicht gestatten, an dem gewünschten Erfolge schmälern könne. Die Folge der Zeiten entscheide und rechtfertige den Redlichen, der, wo er das Beste nicht anwenden durfte, noch den Muth behielt, unter dem minder Guten das Bessere zu empfehlen.

Genehmigt die Stadt Aachen den ihr vorgeschlagenen Constitutionsplan, so wird sie in dem darin bestimmten Bürgerausschuß das Bollwerk ihrer bürgerlichen Freiheit finden. Zwischen das Volk und die vollziehende Gewalt diese Mittelspersonen hinzustellen, die das Interesse des erstern gegen alle Bedrückung sichern und zugleich den unzeitigen Ausbrüchen des Freiheitseifers, der so selten seine Schranken anerkennt, durch ihr Alter und das Ansehen ihrer Tugend wehren sollen — dies konnte, so einleuchtend und allbefrie=

digend es auch ist, dennoch hier nur von dem Geiste der Mäßigung
herstammen, dessen Rathschläge sich auf tiefe Menschenkenntniß und
auf den großen Erfahrungssatz gründen, daß keine moralische Frei=
heit je so vollkommen gedacht werden könne, um die Zulassung
einer absoluten bürgerlichen zu rechtfertigen. Von der Masse des
Menschengeschlechts, nach ihrer jetzigen Sittlichkeit zu schließen, ist
nur unausbleiblicher Mißbrauch der reinen, absoluten Freiheit, so=
bald sie ihr verliehen würde, zu erwarten. Nur der Tugendhafte
im erhabensten Sinne verdient diese Freiheit; allein kann sie, kann
die völlige Gesetzlosigkeit ihm wol mehr geben, als was er in der
Unabhängigkeit seines Geistes von allem Bösen schon besitzt? Wenn
es ein Ideal dieser Art oder auch nur daran grenzende Menschen
gibt, so ist doch ihre Anzahl viel zu unbedeutend, um bei dem
Entwurfe gesellschaftlicher Verträge in Anschlag gebracht zu werden.
Alle solche Verträge sind Nothbehelfe unserer Unvollkommenheit und
können ihrer Natur nach nichts anderes als einen relativen, erreich=
baren, ich möchte sagen mittlern Grad der bürgerlichen sowol als
der moralischen Freiheit durch eine zweckmäßige Vertheilung der
Kräfte und das dadurch entstehende künstliche Gegengewicht der Theile
des Staats untereinander bewirken. Wie sanft muß das Haupt
dessen ruhen, der einem zerrütteten, seiner Auflösung nahen Staate
zur Wiedererlangung dieser Freiheit neue Kräfte und Organe schuf!

X.
Aachen.

Lage von Burtscheid. Nadelfabrik und Tuchfabrik daselbst. Tuch=
fabriken in Baals. Färberei. Tuchhandel. Ideen über den künf=
tigen Zustand von Europa. Krönungsstuhl von Marmor in der
Kathedralkirche. Zerspaltene Thore von Erz, nebst der dazugehörigen
Legende. Charfreitagsprocession.

Burtscheid liegt an der Ostseite der Stadt, und man hat dort=
hinaus einen angenehmen Spaziergang. Die Abtei ist schön ge=
legen und mit allem geistlichen Prunke aufgeführt. Gleich daneben
zieht ein Wäldchen sich an einem großen Teiche hin, und indem
man unvermerkt weiterkommt, geräth man endlich in ein enges,
von waldigen Hügeln umschlossenes Thal, wo sich nicht nur mehrere
heiße Quellen durch ihren aufsteigenden Brodem verrathen, sondern
sogar ein ganzer Teich mit heißem Wasser angefüllt ist. Indem man
an einer Reihe von schönbeschatteten Wasserbehältern fortwandert,

erblickt man die romantischen Ruinen des alten Schlosses Frankenberg, innerhalb dessen Mauern ein Gastwirth den guten Einfall gehabt hat sich eine Wohnung einzurichten, welche manchem verirrten Badegaste sehr zu statten kommt, da man hier allerlei Erfrischungen und zugleich eine reizende Aussicht genießen kann. Was indessen das Vergnügen dieses Aufenthalts stört, ist die Nachricht, womit der Fremde bald bekannt gemacht wird: daß sich hier seit acht Jahren bereits zehn Menschen in einem Anfalle von Melancholie ersäuft haben. Ich suchte vergebens die Veranlassung zu dieser düstern Stimmung in der hiesigen Gegend, die so viel Abwechselung hat, so schön bewachsen und so vielfältig decorirt ist. Was hier zur Trauer und zur Verzweiflung führt, ist vermuthlich das Hazardspiel, welches, seitdem es in der Stadt verboten ist, in Burtscheid desto stärker getrieben wird.

Die Teiche in diesem Thale werden sorgfältig unterhalten, indem sie den in Burtscheid befindlichen Nähnadelfabriken sehr zu statten kommen. Wir besahen nur das Merkwürdigste, nämlich die Polirmühle, welche vermittels eines am Wasserrade angebrachten Getriebes die erforderlichen Vorrichtungen in Bewegung setzt. Von dem Krummzapfen steigt ein senkrechtes Gestänge in die Höhe, welches vermittels eines Daumens mit einer Horizontalwelle im zweiten Stockwerke des Gebäudes in Verbindung steht und sie hin- und herschwankend bewegt. Die Nadeln liegen in Rollen von dickem hänfenen Zwillich eingewickelt, zwischen Schichten von scharfen Kieseln von der Größe einer Linse, welche man aber zuletzt mit Sägespänen vertauscht. Indem sich nun die Walze bewegt, zieht sie ein in Haken hangendes wagerechtes Gatter hin und her, wodurch die darunterliegenden Rollen bewegt und die darin befindlichen Nadeln polirt werden. Unter jedem Polirgatter liegen zwei Rollen, und jede Rolle enthält dreimalhunderttausend Nadeln. Ich freute mich, hier wieder zu bemerken, wieviel man durch mechanische Uebung an Geschicklichkeit gewinnt. Einen Haufen verwirrt durcheinanderliegender Nadeln bringt der gemeinste Arbeiter durch Schütteln und Schwingen eines Kastens in wenigen Augenblicken vollkommen in Ordnung.

Burtscheid beschäftigt nach Verhältniß mehrere Tucharbeiter als die Stadt Aachen. Die ansehnlichste Fabrik, die des Herrn von Loewenich, besteht aus sehr weitläufigen, gut angelegten Gebäuden, und ihre Tücher werden vorzüglich geschätzt. Hier sowol als in Vaals und in Aachen selbst verfertigt man blos einfarbige Tücher, die im Stück gefärbt werden, da hingegen Verviers und die dortige Gegend blos melirte Tücher, die schon im Garn gefärbt sind, liefern. Vigogne- oder Vikuntücher werden insbesondere zu Montjoie fabricirt. Der Handel mit einfarbigen Tüchern scheint indessen ungleich sicherer zu sein, indem diese Fabrikate nicht wie jene andern dem Eigensinne der Mode unterworfen, sondern auf ein dauerndes Bedürfniß berechnet sind.

Wenn man in Aachen auf wirklich vorhandene Verordnungen hielte, so dürften daselbst keine anderen Tücher als blos von spanischer Wolle gewebt werden. In Vaals bestehen wirklich Kette und Einschlag aus spanischer Wolle, nicht blos der Einschlag, wie in andern deutschen Fabriken.

Diesen ersten Stoff bezieht also der hiesige Tuchfabrikant unmittelbar aus Spanien. Die feinste Wolle erhält man aus Bilbao wegen der Nähe der vortrefflichen Weiden von Asturien und Leon; die gröbere kommt von Cadix. Nachdem sie in Ostende gelandet worden, geht sie wieder auf Kanälen bis Herzogenbusch und dann zur Achse nach Aachen. Hier wird sie zuerst in ausgemauerten Vertiefungen gespült, aus denen man das unreine Wasser nach Gefallen ableiten kann. Um allen Betrug der Arbeitsleute zu verhüten, hat man diese Wollwäschen an freien, frequentirten Oertern angelegt. Wo diese Vorsicht nicht gebraucht wird (welches in der Stadt der Fall ist, wo man zuweilen auch das Waschen bei Nacht gestattet), da kann man oft durch die strengste Aufsicht der Entwendung eines ansehnlichen Theils der zugewogenen Wolle nicht vorbeugen. Je nachdem der Arbeiter sie mehr oder weniger mit Wasser angefüllt zurückliefert, steht es bei ihm, den Fabrikanten unvermerkt um sein Eigenthum zu betrügen.

Die reine Wolle wird den Landleuten zum Spinnen ausgetheilt. Für Aachen und die umliegenden Fabrikorte spinnen hauptsächlich die Limburger und die Flamänder. Im Herzogthum Jülich, wo der Ackerbau sehr stark getrieben wird, hat der Landmann viel zu harte Hände, um einen feinen Faden zu spinnen. Bei der Viehzucht auf den fetten Weiden von Limburg, wo die Hauptbeschäftigung des Bauers in Butter- und Käsemachen besteht, erhalten sich die Finger geschmeidiger, und überall spinnen Kinder und Weiber den feinsten Faden. Solche Beziehungen, welche die verschiedenen Wohnorte der Menschen und die denselben jedesmal angemessenen Modificationen des Erwerbes und der Lebensart mit sich bringen, interessiren um so mehr, wenn man sie erfährt, weil man nur durch die besondern Bedürfnisse einer großen Fabrikanstalt und durch das ernste Nachdenken über die Mittel, ihr Vollkommenheit zu geben, zur Wahrnehmung derselben geleitet wird. Aehnliche Bedürfnisse haben den speculirenden Geist in Berlin auf die Bemerkung geführt, daß der Soldat zum Spinnen ungleich geschickter ist als der pommersche Bauer. Wollte man diese Speculation noch weiter fortsetzen, so müßte man von dem Satze ausgehen, daß eine jede Kunst desto vollkommener getrieben wird, je mehr sich die Kräfte des Menschen darauf concentriren. Unstreitig also würde man es im Spinnen weiter bringen, wenn es durch fabrikmäßige Anstalten, wo die Spinner einerlei Licht, Wärme und Obdach genössen, so vortheilhaft eingerichtet würde, daß eine eigene arbeitsame Klasse von Menschen sich blos diesem Gewerbe ergeben und davon allein subsistiren könnte. Menschen, die vom siebenten Jahre an sich nur dieser Beschäftigung widmeten, müßten in kurzem die Fertigkeit erlangen, besser und schneller als alle andern, die das Spinnen nur als Nebenwerk treiben, mit der Wolle umzugehen, und indem sie beides, feinere Fäden und in größerer Menge, lieferten, würde ihre Arbeit wohlfeiler werden, ohne ihnen selbst Nachtheil zu bringen. Wie aber eine solche Anstalt mit den jetzt gebräuchlichen Erwerbarten des Landmannes in eine Gleichung zu bringen wäre, sodaß der Bauer, der schon nicht der glücklichste ist, durch den Verlust des Nebenverdienstes, den er vom Wollspinnen zieht, nicht zu Grunde gerichtet würde, verdiente noch eine sorgfältige Untersuchung, wobei man immer wieder auf die längst gemachte Erfahrung zurückkommen müßte, daß der ungeheure Druck, unter welchem der Landmann seufzt, das erste und unüberwindlichste Hinderniß bleibt, welches sich der Vervollkommnung aller Zweige der Industrie entgegensetzt. Man wundert sich, daß das Uebel nicht von Grund aus gehoben wird, und bedient sich doch keiner andern als der Palliativcur. Daher ist auch die ganze neuere Staatswirthschaft und die gepriesene Verschmitztheit der Finanzbeamten nichts als die verächtlichste Charlatanerie oder, was noch ärger ist, ein verabscheuungswürdiges System von Kunstgriffen, wodurch der Unterthan, genau wie der Negersklave in den Zuckerinseln, nur nicht unter derselben Benennung, zum Lastthier herabgewürdigt wird, dessen Unterhalt jährlich einen bestimmten Ueberschuß abwirft. Stört man durch eine neue für die Vervollkommnung des Kunstfleißes vortheilhafte Einrichtung das Allergeringste an diesem zerbrechlichen, aufs äußerste gespannten Mechanismus, so treffen die Rechnungen nicht mehr zu, und der Plusmacher, der nur rechnen kann, sucht den Fehler seines leeren Kopfes und Herzens in der vorgeschlagenen Neuerung. Ueberall, wo Fabriken nicht das Werk der freien Betriebsamkeit des Bürgers, sondern lediglich Finanzspeculationen der Regierung sind, wird daher auf die Vortrefflichkeit der Fabrikate weit weniger gerechnet als auf den Absatz, den man durch Verbote erzwingen kann, und es liegt also in den ersten Grundsätzen, nach welchen man eine solche Anstalt werden läßt, die Unmöglichkeit, sie zu der Vollkommenheit, deren sie fähig ist, fortzuführen. Oft fängt man da mit Vorkehrungen an, wo man eigentlich aufhören sollte, wie es z. B. bei den Baumwollmanufacturen in einigen Ländern der Fall ist, wo man zwar Farben, Pressen u. dgl. angeschafft, aber auf gute Gespinnste nicht gedacht hat. Diese Fehler, wodurch sich nur die Unwissenheit der Administrationen verräth, sind indeß noch verzeihlicher, als wenn in Staaten, deren Bevölkerung verhältnißmäßig gering ist, die Erfindung und Anlegung solcher Maschinen, welche die Arbeit vieler Hände entbehrlich machen, laute Klagen veranlaßt. Diese Klagen, die in freien Ländern, wo der Fleiß jede Richtung nehmen darf, unerhört sind, gereichen dem Despotismus zur Schande, indem es seiner Willkür leicht werden muß, die außer Brot gesetzten Hände anders zu beschäftigen. Allein das schöne Schauspiel der Arbeitsamkeit bleibt das ausschließende Eigenthum freier Völker.

Geistlicher und oligarchischer Zwang hat den Fleiß aus den Mauern von Aachen vertrieben. Die Protestanten, die von manchen Bürgervorrechten ausgeschlossen und des Zunftwesens müde waren, fanden eine Stunde Wegs von der Stadt auf holländischem Gebiete nebst der freien Religionsübung auch die Freiheit, mit ihrem Vermögen und ihren eigenen Kräften nach ihrer Willkür hauszuhalten. In Vaals halten jetzt fünf Gemeinden (Katholiken, Lutheraner, Reformirte, Juden und Mennoniten) ruhig ihren Gottesdienst nebeneinander, und jeder Einwohner hat außer einem festgesetzten Grundzins nach echt physiokratischen Grundsätzen keine andere Abgabe, unter welchem Namen es auch sei, zu erlegen. Diese Einrichtung, welche die Republik in allen Generalitätslanden eingeführt hat, verwandelte in kurzem das kleine Dorf in eine Scene des zwanglosesten Fleißes. Die Anlagen des Herrn von Clermont zeichnen sich hier besonders wegen ihres Umfangs und ihrer Zweckmäßigkeit aus, und seine Fabrik beschäftigt in Vaals, Aachen und Burtscheid gegen hundertundsechzig Weber. Dreißig Jahre sind hinreichend gewesen, die Volksmenge und den Wohlstand eines unbedeutenden Dörfchens so unbeschreiblich zu vergrößern, daß jene fünf Gemeinden sich daselbst organisiren konnten. Wohin man sieht, erblickt man jetzt große Fabrikgebäude. Außer den ebenerwähnten, die dem Wahlspruche Spero invidiam (Ich hoffe beneidet zu werden) über der Thüre des Wohnhauses ganz entsprechen und zu erkennen geben, was der Fleiß vereinigt mit Wissenschaft, Beurtheilungsgabe, Erfahrung und Rechtschaffenheit billig erwarten darf, gibt es hier noch andere Tuchmanufacturen, eine Nähnadelfabrik u. s. w. Die hiesigen Tücher gehen mehrentheils nach der Levante; sie müssen zu dieser Absicht: weiße Leisten haben und sehr leicht, von feinem, lockerm Gewebe sein. Wir sahen hier Tücher, die einem Grosdetours nicht unähnlich waren, von einer bewundernswürdigen Präcision des Gewebes. Die breitesten halten sechzehn Viertelellen und haben in dieser Breite 8400 Fäden. So fein ist das Gespinst, so gleichförmig das Gewebe, so schön die Farbe, so vorsichtig die Bereitung dieser Tücher, daß man bei den soliden Grundsätzen, nach welchen hier verfahren wird, dieser Fabrik einen langen Flor voraus verkündigen kann.

Ich habe die hiesigen Anlagen alle mit einem unbeschreiblichen Genusse in Augenschein genommen. Es beschäftigt die Phantasie auf eine äußerst überraschende Art, hier auf einem Punkte so mancherlei Producte fremder, zum Theil der entferntesten Erdgegenden ankommen, zur Verfertigung und Bereitung eines neuen Fabrikats angewandt, und dieses wieder in ebenso entlegene Länder versendet zu sehen. Mir wenigstens ist es immer ein fruchtbarer Gedanke, daß hier Tausende von Menschen arbeiten, damit man sich am Euphrat, am Tigris, in Polen und Rußland, in Spanien und Amerika prächtiger oder bequemer kleiden könne; und umgekehrt, daß man in allen jenen Ländern Tücher trägt, um den Tausenden hier Nahrung und Lebensbedürfnisse aller Art zu verschaffen. Das Phänomen des fortwährenden Austausches verschiedener Producte der Natur und der Kunst gegeneinander ist aber unstreitig desto wichtiger, weil die Ausbildung des Geistes so innig damit verbunden ist. Der Handel bleibt die Hauptursache von dem jetzigen Zustande unserer wissenschaftlichen und politischen Verfassungen; ohne ihn hätten wir Afrika noch nicht umschifft, Amerika noch nicht entdeckt und überhaupt nichts von allem, was uns über die andern Thiere erhebt, unternommen und ausgeführt. Das Bedürfniß, mehr zu umfassen, als der jedesmalige Erdpunkt, auf dem wir wurden, uns gewähren kann, sei aus unserer Natur hinweggedacht, und wir kamen nicht weiter als die Affen, die so gut wie wir ein geselliges Leben führen und sich zu gegenseitigem Schutze vereinigen. Nur dieses innere Streben, das Maß in unserm Kopfe allen Dingen anzupassen, macht uns zu Menschen, und je kräftiger es sich in uns regt, desto tiefer lassen wir die bloße Thierheit unter uns zurück. Durch dieses Streben ist der Russe in Kamtschatka dem Bewohner der Aleutischen Inseln und dem Wilden in Amerika an Vernunft und Ideenreichthum überlegen, wie animalisch er übrigens in seinem häuslichen Leben noch sein mag. Nur die Sorge für unmittelbare Erhaltung kann dem Bemühen nach einem größern Wirkungskreise Abbruch thun, und auch dies nur so lange, bis die Erfahrung gemacht ist, daß im letztern das erstere zu finden sei. Es scheint indeß doch, daß allzu großer Reichthum der Natur den Handel beinahe ebenso wenig begünstigt, wie ihre allzu große Kargheit. Wenn der Wilde in träger Gleichgültigkeit nach seiner Jagd oder von seinem Fischfang ausruht, so ist es nicht zu leugnen, diese Beschäftigungen hatten ihn in dem Grade angestrengt, daß er den Reiz für fremde Gegenstände kaum mehr empfand. Hingegen die Indier, die Chinesen, die Aegyptier und alle jene Völker, denen ihr gesegnetes Land eine ungeheuere Verschiedenheit von Producten im größten Ueberflusse darbot, bildeten sich schnell in ihrer eigenen Mitte, bis auf einen gewissen Punkt, wo die patriarchalische Autorität üppig ward und in einen Geist und Herz tödtenden Despotismus ausartete, der alle Kräfte des großen Haufens verschlang und ihnen ausschließenderweise nur zu seinem Nutzen eine Richtung gab. Bald entstand alsdann eine arbeitende und eine blos genießende Klasse, und jede von diesen theilte sich wieder, je nachdem die besondere Veranlassung dazu aus den übrigen Verhältnissen der verschiedenen Nationen entsprang. Das Interesse des Herrschers vertrug sich nicht länger mit allem, was die Einsichten der arbeitenden Menge erweitern konnte; ihr blieb daher der auswärtige Handel untersagt. Damit aber der Despot sich selbst die Quellen eines vervielfältigten Genusses nicht abschnitte, gestattete er fremden Kaufleuten den Verkehr in seinem Lande. Diese Einrichtungen erhalten sich in Indien und China bis auf den heutigen Tag; denn die politische Ohnmacht, die sie zur Folge hatten, reizte zwar oft die Begierde des Eroberers, aber jeder, dem die Eroberung glückte, fand das System der Unterdrückung so unverbesserlich, daß er sich wohl hütete, daran zu künsteln.

Lage und Zusammenfluß von günstigen Umständen entwickelten den Handlungstrieb bei den Phöniziern und Griechen, späterhin bei den Karthaginiensern, dann bei den Venetianern und Genuesern, zuletzt bei den Holländern, den Engländern und andern europäischen Völkern. Ueberall war jedoch diese Entwickelung von bürgerlicher Freiheit unzertrennlich und dauerte nur mit ihr. In Portugal konnte sie nur begleitendes Phänomen des Eroberungsgeistes sein und mußte, wie etwas Erzwungenes und Unnatürliches, in der Finsterniß des geistlichen Despotismus und der politischen Zwietracht verschwinden. In der deutschen Oligarchie hat sie wunderbar angekämpft gegen die furchtbaren Hindernisse des barbarischen Feudalsystems und scheitert nur an der mittelländischen Umgrenzung des Landes, die jede kaufmännische Operation zehnfach erschwert. Wieviel indeß trotz dieser ungünstigen geographischen Lage die Freiheit für den vaterländischen Handel zu leisten vermag, davon zeugt der Flor von Hamburg und Frankfurt, wie der Verfall von Nürnberg, Aachen und Köln.

Aus diesem Gesichtspunkte betrachtet, ist also der große Kaufmann, dessen Speculationen das ganze Rund der Erde umfassen und Continente aneinanderknüpfen, in seiner Thätigkeit des Geistes und in seinem Einfluß auf das allgemeine Regen der Menschheit nicht nur einer der glücklichsten, sondern durch die Masse von praktischen Erfahrungen, welche jener Verkehr bei ihm täglich vergrößert, und durch die Ordnung und Abstraction der Begriffe, die man bei einem umfassenden Geiste voraussetzen darf, zugleich einer der aufgeklärtesten Menschen; mithin vor vielen andern derjenige, der die höhere Bestimmung unsers Wesens (zu wirken, zu denken und vermittels klarer Begriffe die objective Welt in sich selbst zu concentriren) auf eine sehr vollständige Art erreicht. Beneidenswerth ist das Schicksal eines Mannes, dessen Unternehmungsgeist vielen Tausenden zur Quelle des Wohlstandes und des häuslichen Glücks wird; desto beneidenswerther, weil er diese wohlthätigen Zwecke ohne die mindeste Beeinträchtigung ihrer Freiheit erreicht und gleichsam unsichtbarerweise die Triebfeder von Wirkungen ist, die jeder seiner eigenen Willkür zuschreibt. Der Staat ist glücklich, wenn er solche Bürger in sich faßt, deren große Unternehmungen nicht nur mit der höhern Ausbildung der Gemüthskräfte seiner geringern Mitbürger bestehen können, sondern vielmehr durch dieselbe neue Stetigkeit erhalten. Wo die äußerste Armuth den Handarbeiter drückt, wo er mit aller Anstrengung, deren er fähig ist, nie mehr als nothdürftige Befriedigung der unentbehrlichsten Lebensbedürfnisse erwerben kann: da ist Unwissenheit sein Los mitten in einem Lande, wo die Wissenschaft die höhern Volksklassen mit ihrem hellsten Strahl erleuchtet; da also verfehlt er die edelste Bestimmung eines Wesens, selbst indem er als Werkzeug die Mittel zum Verkehr der Nationen befördert. Ganz anders aber verhält es sich, wo Geschicklichkeit und Fleiß, ihres Lohnes sicher, dem, der sie besitzt und anwendet, einen gewissen Grad des Wohlstandes verschaffen, der ihm die Erlangung wenigstens theoretischer Kenntnisse vermittels eines zweckmäßigen Unterrichts und einer guten Erziehung möglich macht. Wie klein und nichtswürdig erscheint nicht ein jeder Despot, der vor der Aufklärung seiner Unterthanen zittert, verglichen mit dem Privatmanne, dem Fabrikanten eines freien Staats, der seinen Wohlstand auf den Wohlstand seiner Mitbürger und auf ihre vollkommnere Einsicht gründet!

Von den Walkmühlen, wo die Tücher eine nasse Bereitung erhalten, welche theils wegen der schweren Arbeit, theils wegen der ekelhaften Beschaffenheit der zum Reinigen gebrauchten Stoffe, theils auch wegen der beständigen Nässe des Aufenthalts die Arbeiter mehr als jede andere angreifen muß, führte man uns in die neue Färberei, die in ihrer Art beinahe einzig ist, und wovon man nur noch zu Sedan in Frankreich etwas Aehnliches sieht. Ihre Anlage hat sicherlich mehr als zehntausend Thaler gekostet und vereinigt die drei wichtigsten Vortheile: daß sie geräumig ist, Holz erspart und Sicherheit vor Feuersgefahr hat. Sie ist von den übrigen Fabrikgebäuden ein wenig abgelegen und bildet einen einzigen großen Saal, der durch viele große Fenster erleuchtet wird, die zugleich zur Erhaltung des so nöthigen Luftzugs dienen. Genau in der Mitte desselben ist ein großer Thurm mit Mauern von ungeheurer

Dicke angelegt, welcher sich in den Rauchfang endigt. Die Benennung Thurm ist wirklich die passendste für dieses Gebäude, um welches ringsumher die Küpen oder Farbekessel in einem Kreise stehen. Die Feuerung geschieht von innen im Thurm. Das Holz liegt auf einem Roste, dessen einzelne Stäbe drei Zoll im Durchmesser haben und dennoch von der Hitze schmelzen. Die Flamme spielt im Kreise um den gefütterten Kessel, und der Rauch kommt durch eine über dem Schürloche angebrachte Oeffnung und steigt in der Mitte des Thurms heraus. Zwischen beiden Oeffnungen ist ein Schieber angebracht, der, wenn man ihn mit einer Hand zudrückt, das fürchterlichste Feuer im Ofen augenblicklich ersticken kann.

Die zur Fabrik gehörigen Wasserleitungen sind ebenso vortheilhaft eingerichtet, und jedes Zimmer wird dadurch hinlänglich mit Wasser versorgt. In der Färberei füllt man die Küpen vermittels geöffneter Hähne in wenig Augenblicken und leert sie ebenso schnell durch große Heber. Das unreine Wasser hat seinen Abfluß durch Röhren unter dem Fußboden. Was den Ueberfluß des Wassers noch im Werth erhöht, ist die Reinheit und Weichheit desselben, welches zum Nutzen der Fabrik sehr wichtige Eigenschaften sind. Im Winter bedient man sich lieber geschmolzenen Eises als Schnees, wegen der vorzüglichen Reinheit des erstern. Roth und grün wird hier vorzüglich schön gefärbt. Es gibt Scharlachtücher, welche der Fabrik selbst im Färben auf anderthalb Thaler die Elle zu stehen kommen. Dabei wird man freilich einen Aufwand von Cochenille gewahr, den man in andern Fabriken zum Schaden der Käufer gar wohl vermittels des wohlfeilern Fernambukholzes zu ersparen weiß.

In mehrern großen Zimmern sitzen die Scherer und Tuchbereiter. Die Karden, deren man sich hier bedient, werden in der Gegend von Aachen gezogen. Die Scheren kommen von Remscheid, und die Preßspäne, oder eigentlich dazu bereitete Pappendeckel, welche bei dem Pressen zwischen die Tücher gelegt werden, von Malmedy, seitdem die Engländer die Ausfuhr der ihrigen verboten haben. Die in Königsberg von Kanter angelegte Preßspanfabrik ist hier nicht bekannt; es scheint indeß nicht, als wenn die hiesigen Tücher dadurch noch etwas an Vollkommenheit gewinnen könnten. Die Preßspäne von Malmedy sind weiß und dick und haben nur wenig Firnis, weshalb sie auch gegen zwanzig Jahre dauern und dann noch zu anderweitigem Gebrauche dienen können. Ein Vorzug der hiesigen Tücher, den vermuthlich die Orientalen besonders zu schätzen wissen, besteht darin, daß man sie im Rahmen fast gar nicht reckt, und daß sie daher auch nicht einlaufen, wenn man sie ins Wasser legt.

Eine in Spanien seit einigen Jahren herausgekommene Verordnung hat nicht nur die Ausfuhr fremder Tücher nach Amerika, sondern auch den Verkauf derselben in Spanien selbst verboten. Wären die Tuchfabriken von Segovia und Guadalaxara so beträchtlich, daß sie beide Länder mit ihren Fabrikaten versorgen könnten, so möchte wol dieser Absatz für die deutschen Manufacturen gänzlich verloren sein; allein so groß auch die Activität ist, welche man sich bemüht, den inländischen Fabriken dort zu geben, so reicht doch die Menge ihrer Tücher noch nicht hin, und es läßt sich schon berechnen, daß das Verbot nicht von langer Dauer sein kann. Die erstaunliche Solidität und der Umfang der hiesigen Anlagen setzen die Eigenthümer in den Stand, einen solchen Zeitpunkt ruhig abzuwarten und selbst dem gänzlichen Verlust ihres Debits in einem großen Welttheile, falls es wider Vermuthen bei dem spanischen Verbote bleiben sollte, gleichgültig zuzusehen. Eine wichtigere Revolution für ganz Europa würde alsdann aber wirklich eintreten, wenn dereinst Spanien aus seiner Lethargie erwachen, alle seine Wolle selbst verarbeiten und die Ausfuhr dieses ersten unentbehrlichen Stoffs schlechterdings verbieten sollte. Da es vortrefflich gelegen ist, um den ganzen levantischen Handel an sich zu reißen, und da es den amerikanischen, wenigstens soweit seine eigenen unermeßlichen Colonien gehen, schon in Besitz hat, so würde es im Osten und Westen seine herrlichen Naturproducte, mit eigenem Kunstfleiße verarbeitet, wohlfeiler als bisher alle andern Nationen absetzen und doch mehr als sie alle dabei gewinnen. England, Holland, Frankreich und Deutschland, die sich jetzt von der Verarbeitung der rohen Producte Spaniens bereichern, würden, wenn sie von diesen ausgeschlossen wären, ihre Fabriken zu Grunde gehen sehen und nach Maßgabe des Vortheils, den sie ehedem daraus zogen, auch an ihrer politischen Wichtigkeit verlieren. Doch ehe es zu dieser furchtbaren Veränderung kommt, bedarf es zuvor einer Kleinigkeit: die Alleingewalt des Königs muß eingeschränkt, die Stände müssen wiederhergestellt, die Inquisition muß abgeschafft, die Freiheit des Gewissens und der Presse unwiderruflich zuerkannt und die Sicherheit des Eigenthums nebst der persönlichen Unabhängigkeit aller Bürger von willkürlichen Eingriffen in die Macht des Gesetzes fest begründet werden. Der erste Schritt zu dieser großen Wiedergeburt der spanischen Monarchie ist — das Verbot aller fremden Zeitungen und die gewaltthätige Eröffnung aller Briefe. Was gilt die Wette? Die Limburger spinnen noch in hundert Jahren spanische Wolle!

Der immer steigende Mangel an den zur Feuerung unentbehrlichen Brennmaterialien droht den hiesigen Fabrikanstalten, wie so vielen andern, mit einer Erhöhung ihrer Kosten, welche den zu erwartenden Gewinn beträchtlich schmälern kann. Seit langer Zeit sind die Wälder in diesen Gegenden und in den Niederlanden überhaupt durch den starken Anbau und die zunehmende Volksmenge verschwunden. Die Natur hat indeß für das Bedürfniß der Einwohner durch unterirdische Wälder, ich will sagen durch ansehnliche Steinkohlenflöze, reichlich gesorgt. Ueberall sieht man schon in hiesiger Gegend Kamine und Steinkohlenöfen, und niemand heizt noch mit Holz. Wie aber, wenn auch die Gruben endlich sich erschöpfen lassen und kein neues Substitut erfunden wird, zu dessen Wärme wir im Winter unsere Zuflucht nehmen und wobei wir unsere Speisen bereiten können? Was unserer mit Physik verbundenen Chemie noch möglich sei oder nicht, wage ich zwar keineswegs zu bestimmen; sie erfindet vielleicht ein Netz, in welchem sich das zarte Element des Feuers fangen und verdichten läßt, sodaß es uns wieder Wärme geben kann, indem wir es befreien; aber das ist auf allen Fall eine höchst unsichere Aussicht. Wahrscheinlicher kommt es mir vor, daß der Mensch zuletzt die Eis- und Nebelländer und die von Waldung ganz entblößten Gegenden des sogenannten gemäßigten Erdstrichs als unbewohnbar wird verlassen müssen. Wir fragen immer, wann doch endlich die Türkei sowol in Europa als in Asien im schönen Lichte der sittlichen Cultur wieder aufblühen, wann gebildete Völker Afrika bewohnen werden? Mich dünkt, die Antwort könnte man sich leicht erträumen; Hunger und Kälte werden dereinst gewaltiger und unaufhaltsamer als vor Zeiten der Fanatismus und der Ehrgeiz wirken, um die Völker von Europa in hellen Haufen über jene barbarischen Welttheile hinzuströmen. Wir werden uns in die Wälder des Hämus, des Taurus und Amanus, ja wol gar des Kaukasus und Imaus stürzen, die dortigen Barbaren bezwingen oder verdrängen und die Fackel der Wissenschaft wieder in jenen Kreis zurücktragen, in welchem sie zuerst dem Menschen in die Hand gegeben ward. Dünkt es Dich ein Frevel, daß ich mich so in die Zukunft hineinträume? Was kann ich dafür, daß meine Phantasie mir Wahrscheinlichkeiten vorrechnet und sich ein mögliches Bild daraus formt? Zwar besteht alles nun schon so lange in unserm Norden; so schöne Blüten und in solcher Menge sind bei uns aufgegangen, so manche herrliche Frucht des Geistes ist gereift, das Menschengeschlecht hat hier eine Bildung gewonnen, die es, wenn wir eins ins andere rechnen, noch nirgends hatte; wir schreiten vorwärts auf einem so schönen Wege; alles scheint unserer jetzigen Form des Wissens und unsern politischen Verhältnissen Dauer zu verheißen! Ich gestehe Dir, dieses Raisonnement kommt mir nicht viel besser vor, als die Hoffnung eines langen Lebens, womit alte Leute sich schmeicheln, die immer desto stärker an dem Leben hangen, je näher sie seinem Ziele rücken. Mir bürgt die

Vergänglichkeit der Dinge dafür, daß, je älter eine menschliche Verfassung wird, ihr Ende um so näher sei. Wir können das Menschengeschlecht nur mit sich selbst vergleichen; und obschon der Theil seiner Geschichte, den wir kennen, gleichsam nur von gestern ist, so enthält er doch schon Begebenheiten genug, die uns lehren können, unter ähnlichen Umständen einen ähnlichen Ausgang zu erwarten. Die allgemeine Bildung und Entwickelung unserer Kräfte läßt sich fast nicht höher treiben. Können wir den Bogen stärker spannen, ohne daß er bricht? Kann unsere Vernunft noch scharfsinniger geprüft, können unsere größern und kleinern, öffentlichen und häuslichen Verhältnisse noch genauer berechnet werden? Sind wir dem höchsten Gipfel der Verfeinerung nicht nahe? Wenn man aber den Berg erstiegen hat, so bleibt in dieser Ixionswelt nichts übrig, als wieder kopfüber kopfunter das Rad in die Tiefe zu rollen und von unten auf sich über ein neues Gebirge zu schleppen. Thöricht wäre es allerdings, eine allgemeine Revolution in Europa, die den Zusammensturz politischer, sittlicher und wissenschaftlicher Formen mit sich brächte, im Ernste nur vom Holzmangel herzuleiten, der mich hier darauf geleitet hat. Aber als mitwirkende Ursache kann er immer bestehen, wenn schon das unübersehbare System unserer Kenntnisse, die Auflösung der Sitten, das Misverhältniß der Religionsbegriffe und der Regierungsformen zu dem jetzigen Zeitalter, der Verfall der Hierarchie, das zerstörte Gleichgewicht der Mächte, die Treulosigkeit der Politik, die Veränderungen des Handelssystems, die herannahende Blütezeit des amerikanischen Freistaats und solche wichtige Ursachen mehr noch ungleich schneller und kräftiger zu jenem Ziele wirken. Uebrigens, zum Trost aller armen Sünder auf und unter dem Throne, sind vielleicht tausend Jahre zu einer solchen Revolution die kürzeste Frist.

Ueber die Unbeständigkeit der Verfassungen nachzudenken, ist wol nirgends natürlicher als in Aachen, wo die Reichsinsignien den Fremden an die tausendjährige Dauer des deutschen Reichs, das jedoch in diesem Zeitraum so wesentliche Veränderungen erlitten hat, recht lebhaft erinnern. Ich habe die Kathedralkirche besucht. Sie ist mit kleinlichen Zierathen überladen, mit denen die Säulen von Marmor, Granit und Porphyr sonderbar genug contrastiren. Der Stuhl, worauf seit Karl's des Großen Zeit so mancher deutsche Kaiser gekrönt worden ist, besteht aus schlechtem weißen Marmor und hat eine so unzierliche Gestalt, daß man ihn für eine Satire auf alle Throne der Welt halten möchte. So sehr uns der Vorzeiger bat, uns daraufzusetzen, spürte ich doch nicht die geringste Versuchung dazu und wünschte nur manchem deutschen Fürsten das Gefühl, womit ich da vor dem Stuhle stand. Die Geschichte der

7*

letzten Jahrhunderte war soeben vor meinem Gedächtnisse vorübergegangen. Was man in Wien, in Regensburg und in Wetzlar für ganz verschiedene Vorstellungen von den wesentlichen Bestandtheilen der Reichsverfassung hegt, wie allmählich die Kaiserwürde durch alle Metamorphosen bis zu ihrer jetzigen Form, wo ihr nur der Schatten ehemaliger Herrschermacht geblieben ist, sich hat einschränken lassen; wie die zahlreichen freien Stände jetzt unter der unwiderstehlichen Uebermacht von wenigen Allesvermögenden aus ihrer Mitte nur noch am Namen der Freiheit sich begnügen und den gesetzgebenden Willen dieser wenigen gutheißen müssen: dies alles erfüllte mich mit der niederschlagenden Ueberzeugung, wie wenig Willkürliches in den Schicksalen der Völker, wie wenig der Würde denkender Wesen Angemessenes sich in dem großen Gange der Weltbegebenheiten zeigt, und wie das Glück und die Wohlfahrt der Millionen, die auf dem Erdenrund umherkriechen, von todten Buchstaben, von eigensinnigem Bekleiben an bedeutungsleer gewordenen Ceremonien, von Nichtswürdigkeiten, welche leeren Köpfen Importanz geben, stets abhängig bleibt und keineswegs in ihrer eigenen Kraft und That besteht.

Die Thore von Erz an der Collegiatkirche sind zersprungen; allein diesen Spalt zeigt man hier als ein Siegeszeichen zum Gedächtniß der Ueberlegenheit der pfäffischen Verschmitztheit über die teuflische. Die Bürger von Aachen, erzählt uns die Legende, hatten, weil es ihnen an Mitteln zur Beendigung des Baues dieser Kirche fehlte, vom Teufel Geld geborgt und ihm dafür die erste Seele, die zur Kirchthüre hineingehen würde, zum Eigenthum überlassen. Als nun der Bau vollendet war, fand sich kein Mensch, der das Opfer dieses frevelhaften Vertrags werden wollte; die Furcht vor Satans Krallen wirkte so mächtig in dieser gläubigen Stadt, daß die Kirche wahrscheinlicherweise bis auf den heutigen Tag hätte leer stehen müssen, wenn nicht ein Priester auf den klugen Einfall gekommen wäre, einen Wolf, den man zum guten Glück lebendig gefangen hatte, durch die Kirche zu jagen. Der Teufel schlug aus Verdruß, sich überlistet zu sehen, die Thore von Erz hinter sich zu, daß sie zersprangen. Den Unglauben zu beschämen, der etwa sich erdreisten möchte, den Spalt im Erz durch einen Windstoß, der die Flügel zuwarf, natürlich zu erklären, stehen draußen vor demselben Thore zwei in Erz gegossene Denkmäler, wovon das eine den Wolf, das andere aber seine verdammte Wolfsseele, in Gestalt eines ungeheuern Tannenzapfens, vorstellt. Um übrigens von der Wirkung auf die Ursache zu schließen, müßte man nur, wie ich heute, die Charfreitagsprocession gesehen haben. Bei einem schneidenden Nordwinde gingen die frommen Büßenden, mehr als dreihundert an der Zahl, und schleppten barfuß und unter ihren dünnen Kitteln fast nackend, hölzerne Kreuze von gewaltigem Gewichte den Louseberg hinan. Ihr werdet freilich schreien: Besser etwas weniger Büßung, und keine Wolle gestohlen! Allein, es ist doch immer ein bewundernswürdiges Schauspiel, wieviel die Religion über unsere phlegmatische Natur vermag. Weise und tugendhafte Lehrer hätten ein solches Volk ebenso leicht ehrlich als andächtig gemacht.

—

XI.
Lüttich.

Aussicht der Stadt. Französische Nationalzüge in Bildung und Charakter der Lütticher. Wallonische Sprache. Reise von Aachen nach Lüttich. Ansicht des Limburgischen. Brabantische Miliz. Abstich der lüttischer Nationaltruppen dagegen. Stimmung des Volks. Freiheitssinn. Apologie der uneingeschränkten Denk- und Sprechfreiheit. Definition der Bestimmung des Menschen. Abweichung des wirklich Existirenden vom hypothetischen Unbedingten. Politische Verfassung von Lüttich seit 1316 bis 1789. Misbrauch der Gewalt. Von willkürlicher Gewalt nicht zu unterscheidender rechtmäßiger Zwang. Grund der wirklich bestehenden Verfassungen. Unveräußerliche Rechte des Menschen. Ursachen von dem Unbestande der Verfassungen. Antinomien der Politik. Gleich unausführbare Entwürfe zur Universalmonarchie und zum allgemeinen Staatenbunde. Ringende Kräfte im Menschen und in der ganzen Natur. Blick über Lüttich von der Citadelle. Politik der Nachbarn. Vertheidigungsanstalten. Unfall, der den preußischen General betroffen hat.

Es kommt mir vor, als wären wir durch den Schlag einer Zauberruthe in ein anderes Land versetzt, so unendlich verschieden ist alles, was ich hier um mich sehe, von demjenigen, was ich noch vor wenigen Stunden in Aachen verließ. Schon der erste Anblick der Stadt war überraschend. Man wird sie aus der Ferne nicht gewahr, denn sie liegt in einem tiefen Thal an der Maas, die in mehrere kleinere Arme zerspringt. Es gibt wenig schönere Aussichten auf eine gleichsam unter den Füßen liegende Stadt als diese, die ich von der Kartause hinunter, indem wir hineinfuhren, genoß. Ich weiß nicht, wie es kam, aber ich hatte mich auf ein kleines Städtchen gefaßt gemacht; und wie erstaunte ich nun, als ich eine große Stadt erblickte, die hunderttausend Einwohner enthalten kann und wirklich enthält. Wunderschön schlängelt sich die Maas, die hier noch von mittlerer Breite ist, hindurch und nähert sich bald auf der einen, bald auf der andern Seite dem Abhange der Berge, zwischen denen sich das Thal als eine ebene, so weit das Auge trägt, mehrentheils mit Hopfen bepflanzte und mit einigem Wiesewachs vermannichfaltigte Fläche zieht. Nach allen Richtungen ist die Stadt mit Steinkohlengruben umgeben, ja sie steht zum Theil auf den bereits abgebauten, ausgehöhlten Kohlenbergwerken. Zu beiden Seiten des Flusses, jedoch so, daß auf die Exposition nach Süden Rücksicht genommen wird, an den in einiger Entfernung sich erhebenden Gehängen des Thals erstrecken sich weitläufige Weinberge, die also wieder, wie die bei Hochheim, auf Steinkohlen liegen. Die Flötze sind sehr beträchtlich und an manchen Stellen tief unter dem Bette der Maas bereits ausgeleert. Die entferntern Hügel sind mit Ulmen, Pappeln und andern Bäumen bewachsen und mit Landhäusern, Schlössern u. s. w. reichlich verziert.. Am Ufer des Flusses erstreckt sich ein Quai, der sich in eine schöne hochstämmige Allee endigt.

Die Straßen von Lüttich sind enge, winklicht, krumm und nicht sehr reinlich; es gibt indeß doch mehrere schöne Gebäude; an dem Quai, an den offenen Plätzen und auf der sogenannten Insel hinter der St.-Jakobskirche bemerkte ich eine Menge guter neuer Häuser. Der bischöfliche Palast ist ein Viereck, dessen inwendiger Hof rundum einen Säulengang hat, wenn man anders die abscheulichen, kurzen, bauchigen Dinge mit Capitälern und Fußgestellen so nennen will. Die äußere Facciate hingegen, nach der Kathedralkirche zu, ist desto schöner, in einem guten Geschmack, mit rein ionischen Pilastern. Die Dominicanerkirche mit einer schönen, runden, einfachen Cupole, die nach einer in Rom copirt ist, zeichnet sich ebenfalls vortheilhaft aus. Die alte gothische Kathedralkirche bot uns dafür desto weniger Bemerkenswerthes dar.

Der beständig fortdauernde Lärm und das Gewühl in den Straßen zeugt von einer außerordentlichen Betriebsamkeit. Dieses Schauspiel von durcheinanderlaufenden geschäftigen Menschen, so schmuzig auch die meisten aussehen, gewährt mir einen außerordentlichen, sehr lange entbehrten Genuß. Die Köhler, die Messer- und Waffenschmiede und die Spiegelmacher sind ein rohes, aber rüstiges, lebhaftes, heftiges Volk, deren Thätigkeit mit dem Phlegma der Aachener schneidend contrastirt. Die Volksphysiognomien haben hohe, gerade in die Höhe gehende, an den Seiten zusammengedrückte Stirnen, breite Jochbeine, schwarze, nicht gar große Augen, wohlgebildete, zuweilen ein wenig aufgeworfene Nasen und dicke Lippen, bei einem nicht gar reinen Teint. Sie nähern sich also den französischen und unterscheiden sich auffallend von den jülichschen, die, gewöhnlich bei einer sehr weißen Hautfarbe und blondem Haar, durch die länglicht-fleischige Form des Gesichts und die weichern Züge eine gewisse

Verwandtschaft mit den Niederländern verrathen. Die Lütticher können ihr französisches Blut nicht verleugnen; sie sind ebenso leichtsinnig-fröhlich, ebenso gutmüthig, ebenso mit einer, ich möchte sagen, angeborenen Höflichkeit begabt und sprechen auch einerlei Sprache, wiewol so durchaus mit Provinzialismen vorborden, daß ein Mitglied der pariser Akademie sie schwerlich für Brüder erkennen würde. Außerdem spricht das gemeine Volk eine Art Kauderwelsch, welches man unter dem Namen der wallonischen Mundart kennt. Dieses ist den Fremden völlig unverständlich, indem die ursprünglich altfranzösischen Wörter ganz verunstaltet, bald abgekürzt, bald mit andern Endungen und in einer ganz besondern Construction erscheinen. So zum Beispiel heißt: lei po wei, laßt mich sehen, statt des französischen laissez-moi voir; und wieder: serre l'hou, mach die Thüre zu, statt ferme la porte. In dem letztern Ausdruck ist hou das altfranzösische huis, wovon noch à huis clos und huissier übrig sind. Französische Eleganz habe ich in den Kleidertrachten, zumal der geringern Klasse, freilich nicht bemerkt; doch diese würde man auch in Frankreich selbst bei dieser Klasse vergebens suchen. Die lütticher Weiber tragen kurze gestreifte Röcke, Leibchen oder auch eine Art weiter Jacken von Kattun mit Aermeln, die mit demselben Zeug frisirt sind, und Kattunmäntel, die aber nur bis an die Taille reichen. Wenn sie ausgehen, binden sie ein roth- und gelbgeflecktes Baumwollentuch über die Haube um den Kopf; doch gehört dieser Putz vermuthlich nur zu den Verwahrungen, die der noch immer fortdauernde scharfe Nordwind nothwendig macht.

Unsere Fahrt von Aachen hierher, auf der Diligence, zeichnete sich wenig aus. Wir hatten die ersten Plätze, allein beim Einsteigen fanden wir drei Frauenzimmer darauf; folglich schwiegen wir von unsern Ansprüchen und setzten uns, wo wir zukommen konnten. Einmal saßen elf Personen in diesem ungeheuern Wagen, weil unterwegs einige Passagiere abstiegen und mehrere hinzukamen. Die Gespräche über politische Gegenstände nahmen kein Ende. Es freute mich indeß, die erstaunliche Menge neuer Ideen in Umlauf anzutreffen, da sie vor zehn Jahren zuverlässig allgemeines Aufsehen oder gar die Indignation der Majorität auf den Postwagen in Deutschland und Brabant erregt hätten.

Nachdem wir durch einen schweren Sandweg in einer tiefen Schlucht die Höhe des Bergs, der das Gebiet der Stadt Aachen von der Provinz Limburg scheidet, erreicht hatten, lag dieses herrliche Land wie ein Garten vor uns, und je weiter wir hineinkamen, desto reizender ward die Aussicht auf die kleinen umzäunten Wiesen und Viehweiden, welche die sanften, wellenförmigen Hügel bedecken. Ueberall ist diese Gegend mit einzelnen oder höchstens zu drei und vier beisammengestellten Hütten gleichsam besäet, die zum Theil massiv oder von

Backsteinen, zum Theil von Fachwerk gebaut, ein wohlhabendes Völkchen andeuten, das hier von der Viehzucht und vom Wollspinnen lebt. Auf viele Meilen weit sieht man die wogichten Hügel überall mit lebendigen Heerden und hier und dort auch mit hochstämmigen Bäumen geziert; auf Meilen weit liegen ein paar gute Büchsenschüsse voneinander die einzelnen Bauerhütten. Es ist unmöglich, sich hier etwas anderes als Einfalt und Gleichheit der Einwohner zu denken; man irrt in Gedanken von Haus zu Haus und erblickt überall fleißige Spinner, frohe Hirten und reinliche Käsemacher. Die Ufer der Maas begrenzen endlich diese Aussicht, indem sie unweit Mastricht in der Ferne den jähen weißen Absturz dem Auge darbieten, der mit seinen häufigen Petrefacten den Naturforschern unter dem Namen des Petersberges bekannt ist. Clermont, ein artiges Dörfchen, liegt am Wege, und in dieser Gegend schien uns die limburgische Landschaft vorzüglich reich und schön. Auf den ersten Blick hat es etwas Einladendes, wenn man so die zerstreuten Wohnungen sieht, wo jeder um seine Hütte her sein Fleckchen Landes besitzt, sein Vieh darauf weiden läßt oder auch, wie es weiterhin nach Lüttich zu der Fall ist, seinen Weizen säet. Man denkt sich dabei eine natürliche Bestimmung des Menschen, die Erde zu bauen und zu besitzen. Allein diese Vereinzelung kann ihn nicht bilden, und der zehnte Theil aller in ihn gelegten Kräfte wäre für den Hirten hinreichend gewesen. Sollte der Mensch inne werden, was es sei, das sich in ihm regt, so mußte sich in verschiedenen einzelnen bald diese, bald jene Fähigkeit entwickeln auf Kosten jener allzu einfachen Bestimmung, welche die Wohlthaten des geselligen Lebens nicht kennt, weil seine Bedürfnisse ihm fremd sind. Ich habe die guten Limburger nicht in der Nähe beobachten können; allein ihre Vereinzelung gibt mir Ursache zu vermuthen, daß ihr Ideenkreis äußerst eingeschränkt sein müsse.

In den Städten mag es indeß schon anders beschaffen sein. Hier sahen wir zum ersten mal die brabantische Cocarde, dieses furchtbare, nun aber so oft ohne echten Freiheitssinn nachgeahmte Freiheitszeichen; auch begegneten uns einige brabantische Truppen, deren Anblick indeß keine Ehrfurcht einflößte. Sie schienen völlig undisciplinirt, wußten ihr Gewehr nicht zu regieren und sollen auch von der im Dienste unentbehrlichen Subordination gar keine Begriffe haben. Ihre Kleidung ist ein bloßer Ueberrock, der schlechterdings kein militärisches Ansehen hat. Außer diesem einzigen Stücke, welches ihnen eine gewisse Uniformität gibt, sieht ihr übriger Anzug buntscheckig und oft zerrissen aus. Die meisten, die wir sprechen hörten, waren junge Leute, und einige konnte man bemerken, daß sie Ihre Erscheinung in der Provinz mag indeß die Stadt für ihre eigene Sicherheit

ein wenig beruhigt haben; denn weil sie sich gewisse Rechte an=
maßten, die das Volk ihnen nicht zugestehen will, zogen sie bis=
her von einem Ort zum andern, von Herve nach Battice und von
da noch näher an Aachen, in das Dorf Henri=chapelle, wo sie in
einer elenden Schenke ihre Versammlungen halten.

Der Abstich von jenen erbärmlichen Rotten des brabantischen
Pfaffendespotismus zu diesen rüstigen Lüttichern gehörte mit zu den
Dingen, die uns gleich bei dem Eintritt in die Stadt in Erstau=
nen setzten. Sowol die eigentlichen besoldeten Stadttruppen als
die Freiwilligen sind gut und zum Theil recht schön gekleidet. Es
ist ein allgemeines Regen und Gären unter ihnen und im Volke
wegen des bevorstehenden Abmarsches der Preußen. Vielleicht hat
auch die Gegenwart und das Beispiel dieser musterhaften Truppen
dazu beigetragen, ihnen die Begriffe von Disciplin, Subordination
und Taktik näher zu bringen, als sonst geschehen wäre; vielleicht
haben sie ihnen das Exerciren abgesehen und sich geschämt, im
Beisein ihrer Meister schlecht zu bestehen; vielleicht kann man end=
lich auch vermuthen, daß Menschen, deren Gewerbe in der Fabri=
kation von Gewehren und in den anstrengenden Köhlerarbeiten be=
steht, einestheils mit den Waffen selbst vertrauter, anderntheils
aber beherzter und gleichgültiger gegen die Gefahr sein müssen
als die brabantischen Bauern und die limburgischen Hirten. Wirk=
lich scheint es, wenn Muth den Mangel an Disciplin ersetzen kann,
daß sie nur eines geschickten Anführers bedürfen, um für die Ver=
fassung, die sie sich selbst gegeben haben, mit Nachdruck zu streiten.

Wir wanderten durch die Straßen und suchten uns soviel als
möglich mit dem Volk in Unterredung einzulassen, um uns durch
eigene Erfahrung von der herrschenden Stimmung zu überzeugen.
Es bedurfte keiner Künste, um die Leute zur Sprache zu bringen.
Sie waren durchgehends von ihren politischen Verhältnissen bis
zum Ueberströmen voll, hingen daran mit unglaublichem Eifer und
schienen sich im gegenwärtigen Zeitpunkte, wie alle freie Völker,
mit den öffentlichen Angelegenheiten beinahe mehr als mit ihren
Privatbedürfnissen zu beschäftigen. Die Namen des Königs von
Preußen, des Grafen von Herzberg, des Generals von Schliessen
und des Herrn von Dohm wurden nicht anders als mit einem Aus=
druck der Verehrung und Liebe, mit einer Art von Enthusiasmus
genannt. Man hatte uns schon in Aachen erzählt, und hier be=
stätigte es sich, daß der letztere den Umarmungen der Köhlerweiber,
welche hier die pariser Poissarden vorstellen können, mit Noth ent=
gangen sei. Zum Lobe der preußischen Truppen und ihrer vortreff=
lichen Mannszucht vereinigten sich alle Stimmen. „Ils sont doux
comme des agneaux", sagten sie, und hinterdrein erscholl die wahre
französische Ruhmredigkeit mit der Betheuerung, daß, wenn sie es

nicht wären, on leur feroit voir du païs; denn die Zuversicht, womit sie auf ihre eigenen Kräfte trotzen, geht ins Hyperbolische und reißt sie zu Aeußerungen hin, die in ihrem Munde nichts bedeuten, aber doch wie Beleidigungen klingen. Bei dem natürlichen Hange der Menschen, das Langgewohnte für etwas Nothwendiges und Gutes zu halten, folglich ihre Vorgesetzten, blos weil es die ihrigen sind und man es ihnen so gelehrt hat, zu ehren und zu lieben, muß in der That eine schrecklich empörende Mißhandlung des Volks hier vorhergegangen sein, um dieses Band zu zerreißen und den hohen Grad von Erbitterung, der sich durchgängig äußert, gegen den Bischof zu erwecken. Die Wuth — man kann es kaum anders nennen, was sie bei dem Nennen seines Namens augenblicklich entflammt — die Wuth ging so weit, daß sie sich gegen ihn der härtesten Ausdrücke bedienten und ohne alle Zurückhaltung von ihm als von einem verworfenen, des Fürstenstuhls unwürdigen Menschen sprachen. Ebenso kühn und trotzig wütheten sie gegen das wetzlarische Kammergericht und die deutschen Fürsten, die ihre vermeinte Nothwehr gegen die Tyrannei wie einen Aufruhr behandeln; diese wurden nicht ohne Verwünschungen genannt, und wir sahen die eifrigen Patrioten auffahren bei dem Gedanken, daß ihnen eine unwillkommene Coadjutorschaft bevorgestanden habe. Mit dem Fürstenhasse verbindet sich zugleich ein allgemeines Mißfallen an dem ganzen Priesterstande, das beinahe in Verachtung und Indignation gegen diese Klasse und, weil der rohe Haufe weder unterscheidet noch prüft, bei vielen auch gegen die Religion übergeht. Wie das Volk seine Religionsbegriffe blos auf Treu und Glauben, nicht nach vernünftiger und freiwilliger Prüfung angenommen hat, so muß seine Anhänglichkeit an dieselben endlich geschwächt werden, wenn das Vertrauen auf seine Lehrer verschwindet. Der état primaire, worunter das Domkapitel verstanden wird, hat sich durch den Vorschlag einer Kopfsteuer, welche auf die ärmern Volksklassen zurückfallen würde, statt des von ihm erwarteten Darlehns, bei den Einwohnern nicht zum besten empfohlen.

In den Wirthshäusern und Kaffeehäusern sahen wir fleißige Zeitungsleser, und selbst der gemeine Mann politisirte bei seiner Flasche Bier von den Rechten der Menschheit und allen den neuen Gegenständen des Nachdenkens, die seit einem Zeitabschnitte von ein paar Jahren endlich auch auf dem festen Lande in Umlauf gekommen sind. In den müßigen Zwischenräumen, welche die Sorge für die Befriedigung des physischen Bedürfnisses übrigläßt, fordert der Geist Beschäftigung. Entweder muß er seine Phantasie mit hyperphysischen Träumen wiegen, die er nicht zergliedern und nach dem Gesetz des Widerspruchs beurtheilen kann, oder ein Wort, zum Beispiel: Freiheit, das ohne Metaphysik unverständlich ist, muß sich seiner bemächtigen und ihn im Kreise umherwirbeln, das Spiel einer fortwährenden petitionis principii. Indeß so unfähig die Lütticher auch sind, einen Streit über die Grundsätze des geselligen Lebens, den die Philosophen selbst noch nicht ins Reine brachten, abzuurtheilen: so genau sind sie doch von den Thatsachen unterrichtet, welche ihre gegenwärtigen Angelegenheiten betreffen, und hier wie überall entscheidet das Gefühl augenblicklich, ehe noch die Vernunft, die das Vergangene und das Zukünftige bis an die äußersten Grenzen der Zeit mit in ihre Entscheidungsgründe einschließt, sich aus dem Chaos entgegengesetzter Verhältnisse herauswirren kann.

Die wichtigen Fragen, worüber wir hier deraisonniren hörten, kann zwar ein Köhler oder ein Schwertfeger nicht entscheiden, allein unter allen Menschen, denen diese Fragen zu Ohren gekommen sind — wie viele gibt es, deren Vernunft für competent zur Entscheidung gelten kann? Und werden diese competenten Richter unter sich einig sein? Wahrhaftig, wenn niemand sich unterstehen dürfte, über Dinge zu sprechen, oder vielmehr seine Verstandskräfte in Dingen zu üben, die er nicht rein bis auf die letzten Gründe sich entwickeln kann, so gehörte die große Masse der fürstlichen Automaten, des ungebildeten und ausgearteten Adels, der juristischen Tröpfe, der Theologen, die ihre Dogmatik nur auswendig wissen, zu den ersten, denen man Stillschweigen gebieten müßte, indeß nur wahre Weise sprechen und — was mehr ist — regieren dürften. Neben so vielen Rechten, welche die Menschen veräußern und übertragen konnten, um den Vortheil der Vereinigung zu einem Staate zu genießen, gibt es auch andere, welche ihrer Natur nach unveräußerlich sind; und unter diesen steht das Recht, ihre Geistesfähigkeiten durch Entwickelung, Uebung und Ausbildung zu vervollkommnen, obenan. Wenn ein Vertrag die Sklaverei gutheißen und den unumschränkten Willen eines Tyrannen für rechtmäßig erklären könnte, so darf doch selbst das Leibeigenthum, welches jemand besitzt, ihm nicht zum Vorwande dienen, seine Sklaven an der Erreichung ihrer Bestimmung als Menschen zu verhindern. Oder geht die Anmaßung der Tyrannei so weit, daß sie ihren Opfern auch diese Bestimmung abspricht? Darf sie im Ernste der Natur so schrecklich spotten und ohne Hehl den Sklaven zum Thier herabwürdigen wollen? Darf sie sich das Recht zusprechen, einem Menschen Vernunft und Menschheit auszuziehen? Dann regte sich alles, was noch Menschheit im Busen fühlt, gegen das Ungeheuer, das seine Größe nur auf Zerstörung baut.

Wenn wir nicht auf Inconsequenzen verfallen wollen, die alle Bestimmung unmöglich machen und den Grund aller Verträge und aller Rechte untergraben, so muß selbst die despotische Regierungs=

form eben den Zweck haben, den die Natur mit einem jeden einzelnen Dasein eines vernünftigen Wesens erreicht wissen wollte, den Zweck, den unsere Vernunft uns unaufhörlich vor Augen hält, den höchstmöglichen Grad sittlicher Vollkommenheit durch die Entwickelung aller in uns gelegten Anlagen zu erreichen. Dem Bande der Gesellschaft, durch welches diese Entwickelung auf eine vollkommenere Art als im gesetzlosen Zustande erreicht werden kann, opfern wir gewisse Mittel zur Ausbildung freiwillig auf. Wir leiden gewisse Einschränkungen unserer äußerlichen Freiheit, unserer Handlungen; wir thun Verzicht auf die vollkommene Gleichheit unserer Rechte, um, im Staate vereinigt, mit desto größerer Sicherheit auf dem Wege der moralischen Vervollkommnung ungehindert fortzuschreiten. Die Erbärmlichkeit, womit unzählige Menschen, durch falsche Vorstellungen geleitet, an der bloßen Existenz als an dem höchsten Gute hangen, mag vielleicht dazu mitgewirkt haben, bei den unumschränkten Herrschern den hohen Grad von Verachtung gegen ihre Unterthanen zu erregen, vermöge dessen sie ihnen unendlich viel Gnade zu erzeigen glauben, wenn sie ihnen nur das Leben und die Mittel zu seiner kümmerlichen Erhaltung schenken. Allein wie gesagt, hier ist nicht die Rede von den Irrwegen, auf welche der menschliche Geist gerathen kann, wenn er sich selbst als alleinigen Zweck und alles andere, die Menschen sogar nicht ausgeschlossen, als um seinetwillen geschaffen wähnt; sondern wir suchen hier den einzig möglichen Grund, auf welchem die schon bestehenden Verträge zwischen den Gliedern der Gesellschaft beruhen und auf welchen die Herrscher im Staate vor dem Richterstuhle der Vernunft ihr Recht beziehen können. Ein Vertrag ist nichtig, der die Sittlichkeit verletzt, und eine Staatsverfassung hat keinen Augenblick eine rechtmäßige Existenz, wenn sie sogar ihren Gliedern die Möglichkeit einer sittlichen Vervollkommnung raubt. Diese Vervollkommnung aber setzt den uneingeschränkten Gebrauch der Vernunft und des gesammten Erkenntnißvermögens voraus; sie heischt sogar Freiheit des Willens, worauf nur da Verzicht gethan werden darf, wo gewisse Handlungen der fremden Willkür zum gemeinschaftlichen Besten aller, das heißt zur Beförderung der allgemeinen Vollkommenheit, unterworfen werden müssen. Jede Einschränkung des Willens, die nicht zur Erhaltung des Staats unentbehrlich ist, wird der Sittlichkeit seiner Glieder gefährlich, und die Gefahr einer solchen Verwahrlosung der eigentlichen Herrscherpflicht ist groß genug, um weisen Despoten ihren Weg vorzuzeichnen und sie aufzufordern, ihren Unterthanen die uneingeschränkte Religions-, Gewissens-, Unterredungs- und Preßfreiheit zuzugestehen, ja sogar über die Verhältnisse des Staats, über seine Mängel und die Mittel ihnen abzuhelfen, keines Menschen Nachdenken und Bemühung, sich und andere zu unterrichten, ein Ziel zu stecken. Friedrich der Einzige war auch in diesem Stücke consequent und allen künftigen Alleinherrschern ein Muster.

Immerhin mögen die Vertheidiger des Despotismus über die gehoffte Vervollkommnung des Menschengeschlechts lachen! Ich lache gern mit ihnen, wenn von der Realisirung eines Ideals der sittlichen Vollkommenheit die Rede ist. Wie das Ideal des sinnlichen Vollkommenen kann es nur in der Phantasie des Philosophen existiren und hat nicht einmal den Grad von Realität, den der Künstler im Bilde dem Idealisch-Schönen geben kann. Allein es heißt zu früh gelacht, wenn nicht der höchste denkbare Punkt der Vollkommenheit als wirklich erreichbar angenommen, sondern nur die Freiheit, in der Entwickelung jedes einzelnen so weit zu kommen, als Organisation, inneres Kraftmaß und natürliche Beziehungen es jedesmal gestatten, von dem Staate und seinen Herrschern gefordert wird. Erfahrung und Geschichte lehren unwidersprechlich, daß die Menschen zu allen Zeiten von den Vorschriften, die sich aus dem Wesen der menschlichen Vernunft ableiten lassen, abgewichen sind, um einem willenlosen Begehrungsvermögen zu gehorchen; überall sehen wir die Vernunft im Streite mit blos thierischen Kräften, und in unzähligen Fällen bemerken wir den Sieg der gesetzlosen Sinnlichkeit. Aber im innersten Grunde unsers Wesens liegt der Maßstab, womit wir alles messen und würdigen können, das eigenthümliche moralische Gefühl, welches keinem einzigen Vernünftigen fehlt und in welchem die Unterschiede des Guten und Bösen, wie die Unterschiede des Schönen und Häßlichen im Sinnengefühl, ursprünglich gegründet sind. Auf ein solches allen gemeinschaftliches Gefühl, welches den Operationen der Vernunft eine unabänderliche Norm ertheilt, nicht auf einzelne Erscheinungen aus der wirklichen Welt lassen sich die unbedingten, allgemein bindenden Bestimmungen gründen, ohne welche die physische Gewalt nicht blos ein untergeordnetes Mittel wäre, rechtmäßige Ansprüche geltend zu machen, sondern selbst zum höchsten Gesetz und zur alleinigen Quelle des Rechts erhoben werden müßte. Wie furchtbar aber wäre dieses Recht des Stärkern allen Staatsverfassungen, die nicht auf eine gleichförmige Vertheilung der Kräfte gegründet sind, sondern in denen wenige schwache Einzelne ihr Herrscheramt von der unsichern Trägheit oder Convenienz der Menge abhangen lassen und dem Volke beim ersten Erwachen des Bewußtseins seiner Uebermacht weichen müßten?

Es schmälert nichts an der Vollkommenheit und Allgemeinheit der Regel, daß sie unaufhörlich übertreten wird. Willkürliche Gewalt mischt sich in die meisten Handlungen der Völker und der ungleichartigen Bestandtheile eines Staats gegeneinander. Auch kann nichts anderes erwartet werden, solange es keine vollkommen vernünftigen Menschen gibt, die aller Vorsicht ohnehin entübrig sein könnten. Wir haben inzwischen doch den großen Fortschritt gewonnen, von der rohen Thierheit zur Anerkennung der Majestätsrechte der Vernunft. Alles erweist der Vernunft die höchste Ehre keiner will sich der Gewalt bedient haben, blos weil er sich stärker fühlte, sondern weil er besser, richtiger, weiser dachte und es dem anerkannten Rechte schuldig zu sein glaubte, dem blinden Gegner mit derben Faustschlägen die Augen und das Verständniß zu öffnen. Mit diesem feinen Unterschiede ist es aber im Grunde noch nicht weit her; denn weil die allgemein gültige Vernunft nirgends geltend gemacht ist, so trifft das Compliment jedesmal nur die eigene Vernunft des einzelnen Menschen; ihr huldigt er, denn sie ist das Höchste, was er hat, so unvollkommen sie auch sein mag. Von den Prämissen, die sie ihm darbietet, muß er ausgehen; denn sie sind ihm in Ermangelung des Bessern unfehlbar, und was er daraus fortschließt, das sind ihm ebenso unfehlbare Schlüsse. Wie entscheidet man nun aber zwischen zwei streitenden Parteien, die sich beide auf ihr in Vernunft gegründetes Recht berufen? Wo man nicht überreden kann, braucht man Gewalt; und siehe da! — der Stärkere behält recht. Ist die Vernunft also wol mehr als ein bloßer Vorwand, sie nämlich, die sich im einzelnen Menschen nach dem Maße von Empfindungskräften, welche Natur und Zeit und Umstände ihm verliehen, so leicht von seinen Leidenschaften bestechen oder wenigstens besiegen läßt? Vielleicht dürfte man aber auch ebendeswegen mit gutem Fug behaupten, daß in der natürlichen Ungleichheit der Menschen, in Absicht auf Organisation, physisches Kraftmaß und Seelenvermögen, und in ihrer, von keines Menschen Willen gänzlich abhängigen Verschiedenheit der Ausbildung, welche ganz verschiedene Grade von Leidenschaft und alle die unendlich nuancirten Charaktere des wirklichen Lebens hervorbringen, der große Kunstgriff liegt, vermöge dessen die Natur den Menschen einzig und allein vor dem Herabsinken in einen todten Mechanismus von Formeln und Schlüssen bewahren konnte. Ein jeder soll nur Kräfte zur Vollkommenheit ausbilden; darum wird er mit bloßen Anlagen ohne alle Entwickelung geboren. Leuchtete allen schon dieselbe moralische Sonne im Busen, erfüllte und wärmte sie alles mit ihrer unüberwindlichen Wahrheit, dann glichen wahrscheinlich auch unsere Handlungen dem Sternentanze, der nach „großen, ewigen, ehernen Gesetzen" abgemessen, nicht die kleinste Spur von Freiheit und eigener Kraft des Willens zeigt, sondern auf ewige Zeiten hin vorausberechnet werden kann. Ach, daß uns ja das edle Vorrecht bleibe, inconsequent und incalculabel zu sein!

Die politische Lage von Lüttich veranlaßte diese Streiferei in das philosophische Gebiet und mag sie nun auch entschuldigen.

Du weißt, daß der General von Schliessen mit 6000 Mann Preußen seit ungefähr vier Monaten die Stadt Lüttich und ihre Citadelle besetzt; jetzt muß ich Dir erzählen, warum das geschehen sei, und Du wirst Dich wundern, daß die Sache, von der man so viel Aufhebens macht, so einfach ist. Der im Jahr 1316 zwischen allen Ständen und Klassen des lütticher Volks abgeschlossene Vertrag oder Friede (paix) von Fexhe enthält die Grundverfassung dieses Hochstifts. Wie zu jenen dunkeln Zeiten ein Vertrag zu Stande gekommen sein mag, dessen Vortrefflichkeit man sogar mit der britischen Constitution zu vergleichen wagt, will ich unerörtert lassen; genug, er ward mit Gewalt errungen und mit vergossenem Bürgerblute besiegelt und war nicht das Werk einer allgemeinen, freien, zwanglosen Ueberzeugung. Ein mächtiger Bischof, der zugleich Kurfürst von Köln und Bischof von Hildesheim war, that im Jahre 1684 einen gewaltsamen Eingriff in diese Verfassung, indem er den dritten Stand gänzlich von sich abhängig machte und in politischer Rücksicht gleichsam vernichtete, das Recht die Magistratspersonen in den Städten zu ernennen, dem Volk entriß und an sich zog, also zugleich den andern höhern Ständen furchtbar ward. Indeß besaß die Geistlichkeit zwei Drittheile des Bodens im ganzen Hochstift und war von Abgaben frei: ein Umstand, welcher mit der behaupteten Aehnlichkeit zwischen der hiesigen Verfassung und der englischen lächerlich contrastirt. Die Geistlichkeit sah also bei ihrem sichern Genusse gleichgültig zu, daß die Lasten des Volks sich täglich vermehrten. Allein der Zeitpunkt rückte heran, wo zur Erleichterung desselben geschritten werden mußte. Der jetzige Fürstbischof sah sich genöthigt, im vorigen Jahre (1789) eine Versammlung der Stände zusammenzuberufen und zugleich der Geistlichkeit für die Zukunft die Uebernahme ihres Theils an den Abgaben anzumuthen. Wiederholte Aeußerungen der immer mehr um sich greifenden Eigenmacht des Bischofs hatten während der Zeit den Bruch zwischen ihm und den Ständen so sehr erweitert, daß das Beispiel von Frankreich und Brabant kaum nöthig war, um eine von jenen gewaltsamen Krisen zu bewirken, welche allenthalben, wo es dem Despotismus noch nicht gelungen ist, die unterjochten Völker um alle Besonnenheit zu bringen und unter die Thierheit hinabzustoßen, früher oder später die unausbleibliche Folge des zu weit getriebenen Druckes ist.

Das Domkapitel sah wohl ein, daß dies nicht der Zeitpunkt wäre, wo es sich weigern dürfte, zur Tilgung der auf ungeheure Summen angehäuften Staatsschuld beizutragen, und beschloß auf den ersten Wink des Fürsten, seinen bisherigen Exemptionen zu entsagen. Das Volk von Lüttich aber drang bei dieser Veranlassung der Quelle der Malversationen näher, und um das Uebel mit der Wurzel auszurotten, forderte es die Abschaffung des Edicts von

1684, zwang den bisherigen Stadtmagistrat, seine Aemter niederzulegen und ernannte seit mehr als hundert Jahren zum ersten mal wieder neue Magistratspersonen.

Eine Veränderung von dieser Wichtigkeit, so heftig auch die Bewegung war, die sie in den Gemüthern voraussetzt, konnte dennoch ohne irgendeine das Gefühl empörende That vollbracht werden, sobald das Volk Einigkeit mit sich selbst hatte und niemand es wagte, ihm Widerstand zu leisten. Dies war hier wirklich der glückliche Fall. In der Nacht vom 17. auf den 18. August schrieb der Fürstbischof ein Billet, worin er zu allem, was man vornehmen möchte, vorläufig seine Einwilligung gab, und noch an dem Tage der neuen Wahl begab er sich auf die Einladung einer Deputation aus dem Magistrat von seinem Lustschlosse Seraing nach dem Rathhause, wohin das Volk seinen Wagen zog.

Diese Freude und der Taumel, den sie verursachte, waren jedoch von kurzer Dauer; denn bereits am 27. August entwich der Bischof heimlich aus seinem Lustschlosse Seraing nach der bei Trier gelegenen Abtei St.-Maximin. Hatte er also auch zehn Tage lang die Maßregeln seines Volks gebilligt, die Wahl der neuen Bürgermeister als rechtmäßig anerkannt, diese an seine Tafel eingeladen, sie in seinem Wagen fahren lassen, mit ihnen Rath gepflogen und den Ständen schriftlich bezeugt, daß er um seiner Gesundheit willen verreisen müsse, aber im Angesicht der ganzen Welt alle Klagen, die vielleicht in seinem Namen angebracht werden könnten, für null und nichtig erkläre: so bleibt es doch immer möglich und wahrscheinlich, daß er zu allen diesen Schritten durch Furcht vor unangenehmen Folgen gezwungen zu sein glaubte. Das Reichskammergericht in Wetzlar mochte wol den Vorgang in Lüttich aus diesem Gesichtspunkte angesehen haben, indem es bereits am Tage der Entweichung des Bischofs, aus eigener Bewegung und ohne daß ein Kläger aufgetreten wäre, gegen die Lütticher, als Empörer, Execution erkannte. Da auch der Bischof nicht säumte, die kreisausschreibenden Fürsten um die unbedingteste Vollstreckung dieses Urtheils zu ersuchen, so leidet es weiter keinen Zweifel, daß er aufhörte, die Rechtmäßigkeit des Verfahrens seiner Untergebenen anzuerkennen, sobald er sich vor ihrer Ahndung sicher glaubte.

Gewalt also, nicht der sanft überredenden Vernunft, sondern der physischen Ueberlegenheit, brachte in diesem kleinen Staate wie in jedem andern alle Veränderungen hervor, soweit sie sich hinaufwärts in das dunkle Mittelalter verfolgen lassen und wie sie noch vor unsern Augen entstehen. Gewalt begründete den Frieden von 1316, den Despotismus von 1684 und die wiedererrungene Volksfreiheit von 1789; Gewalt soll den Richterspruch von Wetzlar unterstützen; und sie ist es eben, nicht die Vortrefflichkeit und innere

Gerechtigkeit der Sache, die vielleicht den Lüttichern ihre Verfassung zusichern wird. Das ist der Lauf der Weltbegebenheiten, wobei sich nichts so zuträgt, wie es sich nach der a priori entworfenen Vernunftregel zutragen sollte. Gesellschaften und Staaten bildeten sich schon zu der Zeit, da die Vernunft im Menschen noch unentwickelt lag, da sie seinen thierischen Kräften unterworfen war. Kampf ging den Verträgen zuvor. Siegte auch die billigste Partei, so ward dennoch den Anmaßungen der Besiegten Zwang angethan. Waren Herrschbegierige die Sieger, so entstanden tyrannische Unterschiede im Volk und die feudalische Abhängigkeit verwandelte sich nur langsam in eine hartgemischte Verfassung von mehrern Ständen, die immer nicht in gleichem Maße die Last des gemeinschaftlichen Bundes trugen. Selbst in England, bei einer Verfassung, zu welcher die Völker Europens mit Neid und Begierde hinaufsehen, wird das Volk nicht vollkommen repräsentirt, und seine beinahe uneingeschränkte bürgerliche Freiheit ist bei den Gebrechen der politischen immer noch in Gefahr. Allerdings hing es nicht von der Willkür des Volks ab, sich eine vollkommenere Verfassung zu geben; alles entstand nach und nach unter mehr oder minder günstigen Umständen; da es die Macht in Händen hatte, mangelte es ihm an Einsicht, und als es Einsicht erlangte, war die Gelegenheit ihm entschlüpft.

Wohin führen uns diese Erfahrungssätze? Etwa zur Festsetzung des Begriffs von Recht? Nein; dieser ist bestimmt und unerschütterlich auf die uns bewußten Formen der Sittlichkeit gegründet, nach welchen wir Befugniß zu allen Handlungen haben, die zu unserer sittlichen Vollkommenheit unentbehrlich sind, ohne der Vervollkommnung anderer im Wege zu stehen. Aber das können und sollen hier jene aus der Erfahrung entlehnten Thatsachen beweisen, daß der Zwang, wodurch ein Recht behauptet werden muß, von willkürlicher Gewalt nicht unterschieden werden kann, sobald das Recht nicht außer allem Zweifel anerkannt ist. Wenn aber die Parteien, die zusammen einen Vertrag geschlossen haben, über ihre Rechte in Streit gerathen, wer soll dann oberster Schiedsrichter sein? Wessen Vernunft sollen beide für weiser und vollkommener als die ihrige erkennen? Wessen Aussprüche sollen sie als wahr und der Natur der Dinge gemäß befolgen? Wie, wenn die eine Partei durch die Gründe des Schiedsrichters nicht zu überzeugen ist, wenn sie ihn für ungerecht, bestochen oder nicht für aufrichtig und mit sich selbst einig hält? Wird sie, wenn er der andern Partei das Zwangsrecht zugesteht, jedes Bestreben, sie zu zwingen, nicht für unerlaubte Gewaltthätigkeit halten? Wo bleibt alsdann die Entscheidung? Ist es alsdann genug, daß die eine Partei zahlreicher und stärker ist, um alle Wahrscheinlichkeit für sich zu haben, daß das Recht auf

ihrer Seite sei? Ist es zum Beispiel hinreichend, daß in dem Falle
von Lüttich die ganze Nation gegen Einen Menschen streitet, um
zu beweisen, daß er wirklich unrecht habe? Oder tritt der Fall
nicht mehrmals ein, wo der Philosoph und der Geschichtschreiber
mit dem Dichter ausrufen müssen: Victrix causa Diis placuit, sed
victa Catoni! Die vom Schicksal begünstigte Partei hatte den
Rechtschaffenen zum Feinde? Gibt es überhaupt ein anderes un-
trügliches Kennzeichen eines gegründeten Rechts als die freiwillige
Anerkennung desselben von demjenigen selbst, gegen den man es
behauptet? Dies ist der große, himmelweite Unterschied zwischen
den unbedingten Sätzen einer theoretischen Wissenschaft, und ihrer
Anwendung auf das praktische Leben; so schwer, so unmöglich ist
es, in bestimmten Fällen apodiktisch über Recht und Unrecht zu
entscheiden!

Welcher Mensch, dem ein Unrecht geschehen ist, oder — was
hier gleich gilt — der fest überzeugt ist, daß man ihm unrecht gethan habe, wird warten, bis er seinem Widersacher dieses Unrecht
begreiflich machen kann, wird sich auf Ueberredung einschränken,
wenn sich ihm andere, kräftigere Mittel darbieten, sein Recht zu
behaupten? Ist das Unrecht von der Beschaffenheit, daß es ihm
mit Verlust des Lebens, oder mit Verstümmelung, oder mit Beraubung der Zwecke des Lebens, mit der Unmöglichkeit seine wahre
sittliche Bestimmung zu erreichen droht, so versteht es sich von selbst,
daß er es nicht darauf ankommen läßt, ob die Drohung in Erfül-
lung gehe, wenn er es anders noch verhindern kann. Es muß also
von einem Augenblick zum andern im menschlichen Leben geurtheilt
und gerichtet sein, ohne daß man abwarten kann, ob das Gericht
und Urtheil von allen Menschen gebilligt und als übereinstimmend
mit der allgemein gültigen Vernunft anerkannt werde.

Auf dieser Nothwendigkeit beruhen ja wirklich alle Gesetzgebungen
und politischen Verträge. Freiwillig oder aus Noth, zu Vermeidung
eines größern Uebels, erkannte man eine weisere Einsicht als die
eigene, die jeder selbst besaß; man wollte nun nicht länger in der
Ungewißheit leben, nicht länger Recht gegen Recht aufstellen und
sich in endlosen Zwist verwickeln; Eines Mannes Vernunft sollte nun
einmal allen für untrüglich gelten; oder man schuf sich auf die
möglichen Rechtsfälle, die zur Entscheidung vorkommen möchten, eine
wörtlich bestimmte Vorschrift und setzte die Verhältnisse aller Glieder
im Staate untereinander fest. Man bevollmächtigte sogar denjenigen,
dessen Einsicht man sich anvertraute, jeden, der sich etwa weigere,
diesem Vertrage gemäß zu handeln und den Gesetzen Folge zu leisten, mit Gewalt dazu zu nöthigen und durch Strafen jede Ueber-
tretung zu ahnden. Wenn indeß ewiges Beharren in einem und

demselben Gleise die Absicht dieser Verabredungen war, so beweist nicht nur der Erfolg die Vergeblichkeit eines solchen Bemühens, sondern es läßt sich schon aus dem unsteten Grunde, worauf wir hier die Verfassungen und Gesetzgebungen ruhen sehen, ihre Vergänglichkeit voraus verkündigen. Nicht einmal eine Verfassung, welche auf vollkommene Sittlichkeit wirklich abzweckte, würde ihrer Dauer sicher sein, sobald sie mächtige Nachbarn hätte, die nicht auf diesen Zweck hinarbeiteten; wie viel weniger kann man solchen Verfassungen Dauer versprechen, die auf die sittliche Vollkommenheit des Menschen nicht ihr vorzüglichstes Augenmerk richten! Je weiter sie sich davon entfernen, desto unsicherer ist ihre Existenz; denn die Zeitfolge entwickelt Begebenheiten, verändert innere und äußere Verhältnisse, bringt Krisen hervor, welche dem unvollkommen organisirten Staate allemal gefährlicher sind und früher auf ihn eine nachtheilige Wirkung äußern als auf einen solchen, dessen Bürger, da ein gemeinschaftlicher Zweck sie fest verbindet, miteinander im Gleichgewichte stehen.

Was aus Noth oder Ueberdruß am Streite und mit Aufopferung der eigenen Einsicht sowol als der eigenen Rechte entstand, das liegt als unverbrüchliches Gesetz, als heilig zu bewahrende Form, unter dem Siegel des Vertrags und drückt auf diejenige Hälfte der Bürger im Staate, die von ihren Rechten das meiste fahren ließ. Waren nun unter den Punkten, die sie aus Kurzsichtigkeit versprachen, auch unveräußerliche Rechte, solche nämlich, deren Aufopferung schlechterdings der Erreichung ihrer sittlichen Bestimmung widerstreitet, so ist die Verfassung schon ihrer Natur nach vor dem Richterstuhl der Vernunft null und nichtig und kann sich nur durch verübte Gewalt, ohne alles Recht, gegen die bessere Einsicht behaupten, die der unterdrückte Bürger schon mit schmerzlicher Erfahrung erkaufen wird. Hier tritt also der Fall ein, wo das buchstäbliche, verabredete, positive Recht dem wahren, in den ursprünglichen Denkformen des Verstandes fest gegründeten, natürlichen Rechte widerspricht, wo also der Zwang, der zur Behauptung des erstern verübt werden darf, die Gestalt der Gewaltthätigkeit annimmt und, insofern ein jeder auf seinem Rechte besteht, nicht von demselben unterschieden werden kann. Viel muß man zwar gutwillig erdulden, um nicht durch voreilige Widersetzlichkeit, indem man dem kleinern Uebel abhelfen will, das größere, den Umsturz des Staats und die gänzliche Auflösung der Bande der Gesellschaft, zu bewirken. Die Erfahrung lehrt auch, daß aus Unwissenheit, aus Liebe zum Frieden, aus Trägheit und Gewohnheit, aus Scheu vor den Folgen, aus religiösem Vorurtheil unendlich viel geduldet wird. Die Erfahrung lehrt wol noch mehr. Durch sie werden wir inne, daß, so lange die Gebrechen des Staats noch nicht zu einer unheilbaren und dem blödesten Auge sichtlichen Krankheit herangewachsen sind, es ungleich leichter ist, den einmal vorhandenen Umschwung der Staatsmaschine zu erhalten, als ihn gänzlich zu hemmen und eine andere Bewegung an seiner Stelle hervorzubringen. Das Geheimniß aller anmaßenden Regenten, auf dessen Untrüglichkeit sie getrost fortsündigen, liegt in dem Erfahrungssatze, daß der Mensch, der einmal ein unveräußerliches Recht aus den Händen gegeben hat, sich unglaublich viel bieten läßt, was er als Freier nimmermehr geduldet hätte. Er fühlt sich ohnmächtig gegen die herrschende Gewalt; wo er hinblickt, sieht er seine Brüder erniedrigt wie sich selbst, durch Vorurtheil und Sklavenfurcht und Anhänglichkeit an das Leben vielleicht schon außer Stande, zu ihrer Befreiung zu wirken; endlich sinkt er selbst in seiner eigenen Achtung durch die Verleugnung seines Verstandes, oder er zweifelt, daß eigene Empfindung und Einsicht ihn richtig leiten, wenn er einsam dasteht und niemand auf seinem Wege erblickt, der ihn verstände.

Die strengsten Herrscher hüten sich indeß, wenn sie nur ihr Interesse kennen, daß sie das göttliche Fünkchen Vernunft, welches den Menschen vor allen leblosen Werkzeugen und vor allen Lastthieren den entschiedensten Vorzug gibt, nicht ganz und gar ersticken. Unter allen Nationen in Europa haben die Polen allein die Unwissenheit und Barbarei so weit getrieben, in ihren Leibeigenen beinahe die letzte Spur der Denkkraft zu vertilgen; dafür aber tragen sie selbst die härteste Strafe, theils indem der viehische Unterthan ihnen kaum den zehnten Theil der Einkünfte liefert, den der freiere, glücklichere, vernünftige Bauer ihnen eintragen würde, theils weil sie selbst, ohne alle Unterstützung und Beihülfe von der unterjochten Volksklasse, durch ihre Ohnmacht der Spott und das Spiel aller ihrer Nachbarn geworden sind. Die weitaussehende Verschmitztheit der gewöhnlichen Despoten läuft also darauf hinaus, der Vernunft des Volks gerade nur so viel Spielraum zu lassen, als zur Beförderung ihres selbstsüchtigen Genusses nöthig scheint, übrigens aber sie mit Nebel zu umhüllen, durch furchtbare Drohungen ihr Schranken zu setzen, durch Zeitvertreib sie zu zerstreuen und durch allerlei Gespenster sie in Schrecken zu jagen.

Diese armselige Politik treibt ihr inconsequentes Spiel, solange es gehen will; glücklich, wenn sie das Wesentliche von dem Unbedeutenden abzusondern versteht und das Volk nicht blos zu amusiren, sondern auch zu füttern weiß. Im entgegengesetzten Falle wird doch zuletzt der Druck unerträglich; er bringt den Grad schmerzhafter Empfindung hervor, welcher selbst das Leben wagen lehrt, um nur des Schmerzes los zu werden; und wenn dann alle Gemüther reif und reizbar sind, so bedarf es nur jenes Menschen, der im Palais-Royal zu Paris auf einen Schemel stieg und dem Volke zu=

rief: „Ihr Herren, ich weiß, man hängt mich auf; aber ich wage meinen Hals und sage euch: greift zu den Waffen!"

Buffon erklärte sich die abstoßenden Kräfte in der Physik, indem er voraussetzte, sie würden nur alsdann wirksam, wenn die Theilchen der Materie, die einander anziehen, solange sie in gewisser Entfernung voneinander bleiben, plötzlich allzu nahe, innerhalb des Kreises der Anziehung aneinandergeriethen; alsdann, meinte er, stießen sie sich mit eben der Gewalt zurück, womit sie sonst zusammenhielten. Dies kann wenigstens als Bild auch für die Erscheinungen gelten. Es gibt einen Kreis, innerhalb dessen die Macht des Herrschers nie muß fühlbar werden, bei Strafe, ihren Namen zu verändern und negativ zu heißen, so positiv sie vorher war. Der Funke, der auf einer gleichartigen Substanz erlischt, kann einen Brand erregen, wenn er brennliche Stoffe schon entwickelt findet, und heterogene Materien können sich unter Umständen sogar von selbst entzünden. Ich erinnere mich hierbei einer Stelle im Cardinal Retz, wo er sagt: zur Entstehung einer Revolution sei es oft hinreichend, daß man sie sich als etwas Leichtes denke.*) In der That, welche Auflösung, welche Gärung setzt diese Stimmung der Gemüther nicht voraus? Ueber wie viele sonst abschreckende Ideenverbindungen muß ein Volk sich nicht hinausgesetzt haben, ehe es in seiner Verzweiflung diesen Gedanken faßt? Alle jene Uebel, welche vor alters zur Vereinigung in einem Staat, zur Unterwerfung unter die Gesetze, vielleicht unter den Willen Eines Herrschers so unaufhaltsam antrieben, werden vergessen; das gegenwärtige Uebel verschlingt diese Erinnerung; jede Partei reclamirt ihre Rechte mit Gewalt, und der Kampf geht wieder von vorn an.

Die Gebrechen einer Staatsverfassung können indeß ebenso wohl auch ohne eine heftige Erschütterung gehoben werden, wenn man sich in Zeiten guter Vorbauungsmittel bedient und unvermerkt dem ganzen Staate die rechte Richtung nach seinem wahren Ziele sittlicher Vervollkommnung gibt. In Despotien haben wir das Beispiel, daß weise Regenten es ihre vorzügliche Sorge sein ließen, die bürgerliche Gesetzgebung zu vervollkommnen, und sich dann selbst den neuen Codex zum unverbrüchlichen Gesetze machten, damit auch einst, wenn eingeschränktere Einsichten den Staat regieren sollten,

---

*) Die ganze Stelle ist so schön, daß ich sie wieder nachgeschlagen habe und hier einrücke: „Ce qui cause l'assoupissement dans les états qui souffrent, est la durée du mal, qui saisit l'imagination des hommes et qui leur fait croire qu'il ne finira jamais. Aussitôt qu'ils trouvent jour à en sortir, ce qui ne manque jamais lorsqu'il est venu à un certain point, ils sont si surpris, si aises et si emportés, qu'ils passent tout d'un coup à l'autre extrémité et que bien loin de considérer les révolutions comme impossibles, ils les croient faciles, et cette disposition toute seule est quelquefois capable de les faire."

eine Richtschnur vorhanden sein möchte, um ihnen ihren Weg vorzuzeichnen und das Gefühl von Recht und Unrecht bei dem Volke zu schärfen. Allmählich bilden sich in solchen mit Weisheit beherrschten Staaten neue, von der obersten Gewalt immer unabhängigere Kräfte; die verschiedenen Volksklassen dürfen die ihnen im Gesetze zugestandenen Vorrechte behaupten; der Wohlstand, der eine Folge milder und zweckmäßiger Politik ist, gibt ihnen Muth und Kräfte, jedem eigenmächtigen Eingriffe Widerstand zu leisten; Stände und Municipalitäten erhalten einen Wirkungskreis, und es geht zwar langsam, aber desto sicherer eine allgemeine und allen Gliedern des Staats gleich vortheilhafte Veränderung der Verfassung vor sich. Offenbar zwecken viele Einrichtungen sowol des verstorbenen Königs als seines Nachfolgers in den preußischen Staaten dahin ab; und dies ist der Grund, weshalb in jenen Staaten auch nicht die entfernteste Besorgniß einer Gärung im Volke vorhanden ist.

Ich habe mir es nicht versagen können, Dir wenigstens etwas von den Ideen mitzutheilen, die mir zuströmen, seitdem ich über die jetzige Lage von Lüttich nachdenke. Von allen jenen Vordersätzen wage ich indeß nicht, die Anwendung auf diesen individuellen Fall zu machen und die eine oder die andere Partei zu verdammen. Um das zu können, müßte man in die Geheimnisse der Cabinete eingeweiht und bis zur Epoptie darin gekommen sein, ein Punkt, wo nach dem Ausspruche der Geweihten die Entscheidungsgründe, womit wir Laien uns so gern befassen, in tiefes Stillschweigen begraben, die Urtheile hingegen mit der unfehlbaren Autorität von Orakelsprüchen der profanen Welt verkündigt werden. Demüthiger, als ich bin, will ich mich gleichwol nicht stellen; Du weißt, ich halte nichts von Tugenden, die sich mit Gepränge anmelden, und, Scherz beiseite, wenn ich alles erwäge, was ich soeben hingeschrieben habe, kommt es mir mehr als problematisch vor, daß diese Sache so von der Hand sich aburtheilen lasse, wofern man nicht gewohnt ist, mit Machtsprüchen um sich zu werfen oder auf morsche Grundlagen zu bauen. Der wüthigste Demokrat und der eigenmächtigste Despot führen heutigestags nur Eine Sprache; beide sprechen von der Erhaltung und Rettung des Staats, von Recht und Gesetz; beide berufen sich auf heilige, unverletzbare Verträge; beide glauben eher alles wagen, Gut und Blut daranzusetzen zu müssen, ehe sie zugeben, daß ihnen das geringste von ihren Rechten geschmälert werde. Mich dünkt, etwas Wahres und etwas Falsches liegt auf beiden Seiten zum Grunde; beide haben recht und unrecht zugleich. Ein Staat kann nicht bestehen, wenn jeder sich Recht schaffen will. Ganz richtig; aber nicht minder richtig ist auch der Gegensatz der demokratischen Partei: ein Staat kann nicht bestehen, wenn kein Geringer Recht bekommt. Gegen den Landesherrn sich auflehnen, ist

Empörung; die Herrschermacht misbrauchen, ist unter allen Verbrechen das schwärzeste, da es in seinen Folgen dem Staate tödlich und gleichwol selten ausdrücklich verpönt ist, sondern weil man auf die sittliche Vortrefflichkeit des Regenten volles Vertrauen setzte, seinem zarten Gefühl von Pflicht anheimgestellt blieb. Jeder unruhige Kopf kann die verletzten Rechte des Bürgers zum Vorwande nehmen, um einen Aufstand zu erregen und seine ehrgeizigen Absichten durchzusetzen; jeder Despot kann aber auch unter der Larve der Wachsamkeit für die Erhaltung des Staats die gegründeten Beschwerden des Volks von sich abweisen und dessen gerechtestes Bestreben, seine Vorrechte zu erhalten oder wiederzuerlangen, als einen Hochverrath oder einen Aufruhr ahnden. In erblichen Monarchien kann der Fürst, wenn seine Unterthanen ihm den Gehorsam aufkündigen, vor Gott und Menschen gerechtfertigt, sein Erbrecht behaupten und die Rebellen als Bundbrüchige zur Rückkehr unter seine Botmäßigkeit zwingen. Allein die Insurgenten werden ihn erinnern, daß der Erbvertrag die Bedingung voraussetzt: der Herrscher solle der weiseste und beste Mann im Staate sein; wenn es sich nun aber fände, daß der Wechsel der Zeiten und Generationen die Beherrschten weiser und besser gemacht, den Regenten hingegen hätte an Herz und Verstand verarmen lassen, wenn sie sich nicht so schwach an Geiste fühlten als ihre blödsinnigen Vorältern, so frage es sich: müsse sie da der Vertrag noch binden, oder müsse nicht vielmehr der Fürst mit ihnen seine Rolle vertauschen? Du siehst, die Politik hat ihre Antinomien, wie eine jede menschliche Wissenschaft, und es gibt in der Welt nichts Absolutes, nichts Positives, nichts Unbedingtes, als das für sich Bestehende, welches wir aber nicht kennen. Nur Bedingnisse des Wesentlichen können wir wahrnehmen, und auch diese modificiren sich nach Ort und Zeit. Die Philosophie darf daher jene Einfalt belächeln, womit mancher die einseitigsten Beziehungen für unabänderliche Normen hält, da ihn doch ein Blick auf das, was von jeher geschah und täglich noch geschieht, so leicht von dem blos relativen Werthe der Dinge überzeugen kann.

Kein Mensch verstände den andern, wenn nicht in der Natur aller Menschen etwas Gemeinschaftliches zum Grunde läge, wenn nicht die Eindrücke, die wir durch die Sinne erhalten, eine gewisse Aehnlichkeit bei allen einzelnen Menschen beibehielten, und wenn nicht wenigstens, unabhängig von allem objectiven Dasein, die Bezeichnung der Eindrücke, nach welcher wir gut und böse, recht und unrecht, widrig und angenehm, schön und häßlich unterscheiden, in uns selbst als Form aller Veränderungen, die in uns vorgehen können, schon bereit läge. Welche bestimmte Eindrücke nun aber diese oder die entgegengesetzte Empfindung in uns hervorbringen sollen, das hängt von Organisation und zum Theil auch von Erziehung oder Gewöhnung ab, und man begreift wohl, wie am Ende die Verschiedenheit der Gefühle und folglich der Gesinnungen bei manchen einzelnen schlechterdings nicht zu heben oder auf einen Vereinigungspunkt zurückzuführen ist. Aus einem gewissen Standorte betrachtet, kann es allerdings nicht gleichgültig scheinen, ob dergleichen unüberwindliche Unterschiede fortexistiren sollen oder nicht; es kann sogar einen Anstrich von höherer Vollkommenheit für sich haben, wenn alle Meinungen sich nach einer gemeinschaftlichen Vorschrift bequemten und dann durch das ganze Menschengeschlecht nur Ein Wille herrschen und nur Ein Pulsschlag in der großen sittlichen Welt, wie in der kleinen physischen des einzelnen Menschen, regelmäßig alles in Umtrieb erhalten dürfte.

Den kürzesten Weg zur Hervorbringung dieser Gleichförmigkeit hatten unstreitig diejenigen erfunden, die den großen Entwurf einer Universalmonarchie mit dem kräftigen Glauben an eine geistliche Unfehlbarkeit des höchsten Alleinherrschers und an sein überirdisches Dasein, als eines sichtbaren Stellvertreters der Gottheit, zu einem der Zeit und der unruhigen Vernunft trotzbietenden Ganzen verschmolzen zu haben wähnten. Ein Wille, Eine Weisheit, Eine moralische Größe über alles, deren Macht zu widerstreben, Thorheit, deren Recht zu leugnen, Unvernunft, deren Heiligkeit zu bezweifeln, Gotteslästerung gewesen wäre, konnten, wenn es überhaupt möglich ist, bis auf den Punkt sich aller Gemüther zu bemeistern, zuerst das Ziel erreichen, welches auch die ausschweifendste, von dem Schicksal auf Einen kleinen Planeten gebannte Herrschgier sich stecken mußte: das Ziel eines über alle die Tausende von Millionen vernünftiger Wesen, über alles, was sich regt, was hervorsproßt und was ruht auf dieser runden Erde, unumschränkt gebietenden Scepters!

Planlos war diese Macht herangewachsen; ohne tief in die Zukunft zu blicken, hatten die stolzen Halbgötter die Gegenwart genossen. Zu spät ging endlich das vollendete System hervor; denn die Kraft des Glaubens war von ihm gewichen, dieser zarte, flüchtige Hauch, der sich in dem schwachen und immer schwächern Gefäße der menschlichen Natur nicht länger aufbewahren ließ. Die neue Theokratie scheiterte endlich an der Verfassung von Europa. Ihre Vasallen waren Könige; ein anderes Mittel, zu herrschen, vergönnten ihr die Zeitläufte nicht; allein die mächtigen Satrapen spotteten zuletzt der geistlichen Zwangsmittel, wodurch sie ehedem allmächtig war.

Seitdem die Unfehlbarkeit und mit ihr die Möglichkeit einer Universalmonarchie verschwunden ist, bliebe der Versuch noch übrig, ob ein entgegengesetztes System von republikanischen Grundsätzen etwa leichter eine allgemeine Verbrüderung des Menschengeschlechts zu einem allumfassenden Staatenbunde bewirken könnte, und ob sich endlich alle Menschen bequemen möchten, den allgemein gültigen Grundsätzen, die eine solche Verbindung voraussetzt, ohne Widerrede zu huldigen. Die Folgen dieser, wenn sie möglich wäre, höchst wichtigen Zusammenstimmung hat wohl schwerlich jemand in ihrem ganzen Umfang und Zusammenhang überdacht. Bei der vollkommenen Gleichförmigkeit in der praktischen Anwendung jener Grundsätze scheint mir diejenige Einseitigkeit und Beschränktheit der Begriffe unvermeidlich, welche wir schon jetzt an Menschen wahrnehmen, die unter sich über gewisse Regeln einverstanden oder an eine besondere Lebensweise gebunden sind. Ein politischer Mechanismus, der durch alle Individuen des Menschengeschlechts ginge, würde den Bewegungen aller eine Bestimmtheit und Regelmäßigkeit vorschreiben, welche sich mit der Art und Weise, wie unsere Kräfte sich entwickeln, nicht wohl zusammen denken läßt. Je auffallendere und mannichfaltigere Abweichungen wir in der Denkungsart der Menschen bemerken, um so viel reicher sind wir an Ideen und ihren Verknüpfungen; ein großer Theil dieses Reichthums aber ginge unwiederbringlich für ein Zeitalter verloren, welches mehr Einstimmiges in unsern Gedankengang brächte. Wie viele Kräfte unsers Geistes fordern nicht zu ihrer Entwickelung außerordentliche Veranlassungen! Dort, wo alles einen gemessenern Schritt als bisher halten müßte, dort würden diese Kräfte schlummern oder doch nie zu ihrer Reife gelangen; Geister, wie die eines Perikles, eines Alexander, eines Cäsar, eines Friedrich, hätten keinen Schauplatz mehr. Wo die Spontaneität der Handlungen wegfällt, verliert man auch die Uebung der Verstandeskräfte; nur im Streit entgegengesetzter Begierden und Vorstellungsarten offenbart sich die Vernunft in ihrer erhabenen Größe; durch ihn bewährt sich die Vollkommenheit des sittlichen Gefühls als die rührend schöne Blüte der Menschheit. Nehmen wir die Contraste des menschlichen Charakters hinweg, geben wir allen einzelnen mehrere Vereinigungspunkte und einerlei Bestimmung: wo bleibt dann die Spur jener Götterweide, die Lactanz darin setzte, einen großen Mann gegen ein feindseliges Geschick ankämpfen zu sehen? Wo wir aufhören zu unterscheiden, da sind die Grenzen unserer Erkenntniß; wo nichts Hervorstechendes ist, kann die Einbildungskraft keine Kennzeichen sammeln, um ihren Zusammensetzungen Größe, Erhabenheit und Mannichfaltigkeit zu geben. Excentricität ist daher eine Bedingung, ohne welche sich der höchste Punkt der Ausbildung gewisser Anlagen nicht erreichen läßt; ein allgemein vertheiltes Gleichgewicht der Kräfte hingegen bleibt überall in den Schranken der Mittelmäßigkeit. Eine Verfassung des gesammten Menschengeschlechts also, die uns von dem Joche der Leidenschaften und mit demselben von der Willkür des Stärkern auf immer

befreite, indem sie allen dasselbe Vernunftgesetz zur höchsten Richt=
schnur machte, würde wahrscheinlich den Zweck der allgemeinen sitt=
lichen Vervollkommnung dennoch ebenso weit verfehlen, wie eine
Universalmonarchie. Was hülfe es uns, daß wir Freiheit hätten,
unsere Geistesfähigkeiten zu entwickeln, wenn uns plötzlich der An=
trieb zu dieser Entwickelung fehlte?

Doch dieser Antrieb wird uns nimmermehr entrissen werden,
wenigstens nicht in dieser einzigen, uns denkbaren Welt, wenigstens
nicht solange sich alle dreißig Jahre das Menschengeschlecht ver=
jüngt und wieder emporwächst von den blos vegetirenden Keimen
zu der thierischen Sinnlichkeit und von dieser zu der gemischten
physisch=sittlichen Bildung. Buchstaben, Formeln und Schlüsse wer=
den nie im jungen Sprößling den mächtigen, dunkeln Trieb über=
wiegen, durch eigenes Handeln die Eigenschaften der Dinge zu
erforschen und durch Erfahrung zur Weisheit des Lebens hinanzu=
steigen. In seinen Adern wird sich, ihm unbewußt, ein Feuerstrom
der Macht und des Begehrens regen, den nichts als Befriedigung
bändigen und kühlen, den der Widerstand fremder Selbstheit nur
reizen und erzürnen, dem ihre Gewalt allein Schranken setzen und
durch diese das Bewußtsein wechselseitiger Befugniß wecken kann.
Die erwachsene Vernunft mag ringen mit diesem Sporn zur Wirk=
samkeit; Auflösung folgt ihrem Siege und in jedem neuen Organ
fesseln sie des frischen Lebens stärkere Bande. Ewig schwankt daher
das Menschengeschlecht zwischen Willkür und Regel; und wenngleich
in wenigen großen Seelen beide vereinigt liegen und aus ihnen
beide vereinigt in angeborener stiller Harmonie hervorgehen, so
werden sie dennoch nur vereinzelt die Götzen der halbempfänglichen
Menge. Auch Schwung und Anziehung stellte die Natur einander
so entgegen; ewig ringen auch diese Urkräfte des Weltalls. Darf
diese hier und jene dort der andern etwas abgewinnen; dürfen sie,
in gleichen Schalen gewogen, die wunderähnliche Harmonie der
Sphärenbahnen erzeugen; sind die Phänomene der Auflösung und
der in neuen Bildungen sich wieder verjüngenden Natur die Folgen
ihres unaufhörlichen Kampfes: so darf ja dieser nicht enden, wenn
nicht das Weltall stocken und erstarren soll!

Schön ist das Schauspiel ringender Kräfte, schön und erhaben
selbst in ihrer zerstörendsten Wirkung. Im Ausbruch des Vesuv,
im Gewittersturm bewundern wir die göttliche Unabhängigkeit der
Natur. Wir können nichts dazu, daß die Gewittermaterie sich in
der Atmosphäre häuft, bis die gefüllten Wolkenschläuche der Erde
Vernichtung drohen, daß in den Eingeweiden der Berge die elasti=
schen Dämpfe sich entwickeln, die der geschmolzenen Lava den Aus=
weg bahnen. Das Zusehen haben wir überall; glücklich, daß Zeit
und Erfahrung uns doch endlich von dem Wahne heilten, der diese

großen Erscheinungen nur für Werkzeuge der göttlichen Strafgerechtigkeit hielt. Wir wissen, daß Calabrien ruht, indeß der Mongibello wüthet; wir wünschen unsern Pflanzungen Gewitterregen, wenngleich zuweilen durch den Blitz ein Dorf zum Raube der Flammen wird, ein Menschenleben früher welkt, oder ein Hagel die Saaten niederstreckt.

Mit den Stürmen in der moralischen Welt hat es genau dieselbe Bewandtniß, nur daß Vernunft und Leidenschaft noch elastischer sind als Schießpulver oder elektrische Materie. Die leidenschaftlichen Ausbrüche des Kriegs haben ihren Nutzen wie die physischen Ungewitter; sie reinigen und kühlen die politische Luft und erquicken das Erdreich. Wenn die Selbstentzündungen der Vernunft in einem ganzen Volke nichts als den erstickenden Dampf zurücklassen, so wäre es zwar allerdings erfreulicher, den Witz nur zu rechter Zeit als ein unschuldiges Freudenfeuer auflodern oder in schönen Schwärmern steigen zu sehen; doch wer weiß, was auch in solchen Fällen noch Gutes in dem Caput mortuum übrigbleibt? Auch hier ist es daher verzeihlich, Begebenheiten, an denen man nichts ändern kann, als Schauspiele zu betrachten. Beleidigte etwa diese anscheinende Gleichgültigkeit eine weichgeschaffene Seele? Im Ernst, sie sollte es nicht; denn ob Heraklit über alles weint, oder der abderitische Weise über alles lacht, ist im Grunde gleichgültig, weil es nur auf eine gewisse maschinenmäßig angewöhnte Ideenverbindung ankommt. Warum rührt uns die Schilderung eines Unglücks, das irgendein Dichter seinen Helden erleben ließ, und warum weinen wir nicht, wenn wir lesen, so viele blieben dort in der Schlacht, so viele flogen mit ihrem Schiff in die Luft, so viele hauchten ihr elendes Leben aus in Feldhospitälern, alles um den Geier Ehrgeiz zu mästen? Allerdings wird es uns leichter, uns mit Einem als mit vielen zu identificiren. Gewöhnten wir uns aber, die Idee des menschlichen Elends immer gegenwärtig zu haben, so würden uns nicht nur diese Begebenheiten Thränen entlocken, sondern wir würden beinahe allem, was wir sehen und hören, eine traurige Seite abgewinnen und einen jammervollen Roman aus den alltäglichsten Ereignissen des Lebens machen.

Es ist nun Zeit, noch einen Blick auf Lüttich zu werfen. Am letzten Tage unsers Aufenthalts genossen wir die Aussicht von der Citadelle. Das westliche Ufer springt hier in einem Winkel vor, und zwischen dieser Höhe und dem Flusse liegt die Stadt. Die Espen am Wege, wo wir hinauffuhren, blühten so dicht und grün, daß man sie für belaubt halten konnte. Der Umfang der Citadelle ist nicht beträchtlich; ihrer Lage hingegen fehlt es nicht an Festigkeit, der man mit trockenen Gräben noch zu Hülfe gekommen ist. Die preußischen Truppen halten jetzt diese Festung sowie die äußern

Barrièren der Stadt besetzt; in der Stadt selbst aber und an den Thoren stehen die lütticher Nationaltruppen. Von der Spitze eines Bastions genossen wir den Anblick der kleinen Welt von Wohnungen unter unsern Füßen und der umliegenden Gegend. Die Maas schlängelte sich durch das Thal, wirklich romantisch schön, hier hellgrün, wo die Sonne sich darin spiegelte, und dunkelblau in der Ferne gegen Norden, wo sie sich in vielen Krümmungen verliert und immer wieder zum Vorschein kommt. An ihren Ufern sahen wir, soweit das Auge reichte, die Hopfenstangen in pyramidalische Haufen zusammengestellt. Der Hopfenbau gibt den Lüttichern Anlaß, ihr gutes Bier sehr stark mit dieser Pflanze zu würzen; bekanntlich gehört auch dieses Bier zu den berühmtesten hiesigen Ausfuhrartikeln. Die Weinberge um die Stadt sind zwar auswärts nicht bekannt, denn wer hätte je den Wein von Lüttich nennen gehört; allein man kauft den Burgunder und den Champagner hier sehr wohlfeil, und der böse Leumund sagt: nicht die Schiffahrt auf der Maas sei die Ursache dieses billigen Preises, sondern die Lütticher wüßten aus dem Safte ihrer Trauben jene französischen Sorten zu brauen. Dies ist indeß nicht die einzige Art, wie man sich hier die Nähe von Frankreich zu Nutze macht. Der hiesige Buchhandel wird ebenfalls mit lauter Producten des französischen Geistes getrieben, den die Nachdruckerpresse viel echter als die Kelter darzustellen vermag. Die besten pariser Werke werden hier gleich nach ihrer Erscheinung neu aufgelegt und in Holland, in den österreichischen Niederlanden und zum Theil auch in Deutschland statt der Originalausgaben verkauft. Dieser Zweig der hiesigen Betriebsamkeit beschäftigt eine große Anzahl von Handwerkern und einige Künstler, die ihre reichliche Nahrung bei den Verlegern finden. Was er zur Aufflärung sowol des lütticher Staats als seiner Nachbarn gewirkt hat, liegt am Tage und war auch wol vorauszusehen. Doch mit den eigenen Producten des Geistes, die hier fabricirt werden, dürfte es wol etwas schlechter stehen, wenigstens wenn man den zum Sprichwort gewordenen hiesigen Almanach zum Maßstab nehmen darf.

Wir mußten endlich wieder hinuntersteigen in die engen schmuzigen Gassen. Unser Weg führte uns bei einem Hause von gutem Aussehen vorbei, welches das Eigenthum einer sehr zahlreichen Lesegesellschaft ist, und man wollte uns zu verstehen geben, daß hier die bedenkliche Lage der öffentlichen Angelegenheiten des Hochstifts zuerst ventilirt worden sei. Wie es sich aber auch damit verhalten mag, so ist wol nicht zu zweifeln, daß Privatleidenschaften einzelner Menschen hier so gut wie bei einer jeden Revolution im Spiele gewesen sind. Das wenige, was wir aus der alten Geschichte wissen, läßt uns die kleinen Triebfedern so mancher großen Veränderung in Athen und in Rom noch jetzt erkennen und lehrt uns, zwischen diesen und der allgemeinen Neigung sowol als dem allgemeinen Bedürfnisse zu einer Revolution, ohne welche sie nicht wirken können, genau zu unterscheiden. Die äußerst kritische Lage der Lütticher wäre in diesem Augenblicke noch ungleich bedenklicher, wenn ein solches Bedürfniß und ein lebhaftes Gefühl von unerträglichen Lasten sie nicht wirklich zu einem gemeinschaftlichen Zwecke verbände, wenn nur Parteigeist und Privathaß das Volk ohne hinreichende Ursache in der Bewegung zu erhalten suchten, die es sich einmal gegeben hat. Das Schicksal von Lüttich hängt zu fest an dem Schicksal Deutschlands, um sich davon absondern zu lassen, und das Interesse der Nachbarn wird es nicht leiden, daß die Lütticher ihre Sache allein ausfechten dürfen. Unser bisheriger Standpunkt war überhaupt für die Politik des Tages viel zu hoch; wir übersahen dort zu viel, unser Horizont hatte sich zu sehr erweitert und die kleinern, nähern Gegenstände entzogen sich unsern Blicken. Hier unten ist von allem, was uns dort so klar, so hellglänzend vor Augen schwebte, von den Rechten der Menschheit, der Entwickelung der Geisteskräfte, der sittlichen Vollendung, vor lauter Gewühl der Menschen und ihrer kleinen eigennützigen Betriebsamkeit wenig oder gar nichts mehr zu sehen. „Wie, erinnert nicht der Anblick fremder Kriegsvölker — —" woran? doch nicht an den Schutz, den die Großmuth des Mächtigen dem Schwachen angedeihen läßt? an die seltene Freiheitsliebe eines unumschränkten Herrschers, der die gerechte Sache des Volks gegen die Anmaßungen des Despotismus vertheidigt? an den Patriotismus eines Reichsstandes, womit er der Verzweiflung wehrt, daß sie, durch ein strenges Verdammungsurtheil gereizt, sich vom deutschen Staatssysteme nicht losreiße, sich der benachbarten Empörung nicht in die Arme werfe? Oder erinnert uns etwa nichts an die Klugheitsregeln einer in die Zukunft schauenden und die Zukunft selbst bereitenden Politik? an Verkettungen von Begebenheiten in allen Enden von Europa, die es bald erheischen können, dem nahen Brabant zu Hülfe zu eilen, seine Unabhängigkeit zu befestigen, sie durch die Vereinigung mit Lüttich zu stärken und dagegen Handelsvortheile und Arrondissements zu ernten? Fast möchte man glauben, diese letztern Antriebe lägen näher, wären dem gebieterischen Bedürfnisse des Augenblicks angemessener und, wenigstens in der Sprache des Staatsmannes, dem Scharfblicke der Cabinete rühmlicher als die Schwärmerei für demokratische Freiheit.

Wie aber das individuelle Interesse eines Hofs sich vollkommen mit der Begünstigung der Volkspartei reimen läßt, so zeichnet die Selbsterhaltung andern einen entgegengesetzten Gang der Affairen vor. Mit jedem Eingriff in die Rechte eines geistlichen Fürsten, mit jedem Vortheil, den sich der dritte Stand erringt, mit jedem Schritte, wodurch er sich dem Kapitel und dem Adel an die Seite zu stellen und neben ihm geltend zu machen sucht, wird die Verfassung geistlicher Wahlstaaten in ihren Grundfesten erschüttert und mit einem nahen Umsturz bedroht. Gesetzt also, das Volk von Lüttich hätte wirklich nur in der Form gefehlt, indem es aus eigener Macht und Gewalt die Usurpation des Edicts von 1684 aufhob und nicht durch regelmäßige Wahl, sondern im Enthusiasmus des Augenblicks durch eine allgemeine Acclamation sich selbst neue Magistratspersonen schuf, so wird doch, wo so viel, ja wo alles von Heiligung der Form abhängt, die Unregelmäßigkeit der Procedur ihre Aufhebung und Annullirung bewirken müssen. Das preußische Cabinet scheint diese Nothwendigkeit endlich einzusehen; und weil es weder mit dem deutschen Fürstenbunde brechen, noch auch plötzlich gegen die Lütticher, die es bisher beschützte, Zwangsmittel brauchen mag, zieht es endlich seine Truppen in wenigen Tagen zurück und überläßt den andern niederrheinischen Fürsten die Ausführung des wetzlarischen Executionsdecrets. Die Kosten einer Execution, die ein so starkes Corps von Truppen erforderte, häufen sich zu sehr beträchtlichen Summen an, deren Abbezahlung das Hochstift mit neuen Schulden belasten wird, wiewol der König, wie es heißt, die eigentlich sogenannten Executionsgelder, die sich täglich auf dreizehnhundert Thaler belaufen und worin der Unterhalt der Truppen nicht mitbegriffen ist, dem armen Lande großmüthig erlassen hat.

Bald dürfte man nunmehr ernsthaftern Auftritten als den bisherigen entgegensehen. Das Gefühl mag tief erseufzen über die bevorstehende Verheerung dieses blühenden Landes und die schrecklichen Ungerechtigkeiten, welche von jedem feindlichen Ueberzug unzertrennlich sind: Uebel, deren Wirkung unendlich schmerzhafter ist als das Unrecht, dem man steuern will, auf wessen Seite das auch immer sei; der gesunde Menschensinn mag einsehen, daß, wer auch Recht behält, die Entscheidung auf alles, was zur wesentlichen Zufriedenheit und Perfectibilität eines jeden Lüttichers, vom Bischof bis zum Köhler, gehört, keinen sichtbaren Einfluß haben werde; die Philosophie mag betheuern, daß, auf ihrer Wage gewogen, ein Menschenleben mehr werth sei, heiliger geachtet zu werden verdiene als die ganze Rechtsfrage, worüber man streitet; das zarte Gewissen frommer Religionsbekenner mag endlich erbeben vor der schrecklichen Verantwortung über das bei einer so frivolen Veranlassung vergossene Menschenblut: so wird doch die Politik, von den Furien des Ehrgeizes und der Selbstsucht gegeißelt, beide Parteien mit Wuth gegeneinander erfüllen und keine zur Nachgiebigkeit stimmen lassen, bis nicht Bürgerblut geflossen ist. Armes Menschengeschlecht! so spottet man deiner, indem man Gefühl und Vernunft, Philosophie und Religion im Munde führt, und deine heiligsten Güter, Leben und Endzweck des Lebens, für nichts achtet, sobald es auf elendes Rechthaben ankommt!

Das lütticher Volk sehen wir jetzt sich mit Eifer zur Gegenwehr rüsten. Alles trägt das Freiheitszeichen, eine aus Schwarz, Grün, Weiß und Roth zusammengesetzte Cocarde; man spricht einander Muth und Vertrauen ein, indem man sich schmeichelt, der König von Preußen werde mit seinen Truppen dem Volke nicht zugleich auch seine Gunst und seine Fürsprache im Nothfalle entziehen. Der Bürgermeister von Fabry, ein siebzigjähriger Greis, für dessen Rechtschaffenheit und Einsicht das allgemeine Zutrauen seiner Mitbürger spricht, arbeitet bei diesen bedenklichen Umständen mit unermüdeter Thätigkeit, um das Beste seiner Mitbürger zu bewirken. Dies ist keine leichte Sache, wenn man den erhitzten, gewaltsamen Zustand der Gemüther und die dunkle Aussicht in die Zukunft erwägt. Die Ausschweifungen des Pöbels lassen sich nicht berechnen, sobald er einmal aufgeregt ist und das mit Zügellosigkeit so leicht von ihm zu verwechselnde Wort Freiheit! zu seinem Wahlspruch genommen hat. Der Auflauf vom 7. October, welcher einem jungen Freiwilligen das Leben kostete und wobei der Pöbel vom Kirchspiel St.=Christoph den Magistrat nöthigte, eine milde Stiftung, deren Interessen sonst jährlich vertheilt wurden, auf einmal unter die jetzt lebenden Armen auszuspenden, beweist, was man von dem lebendigen Werkzeuge befürchten müsse, dem man das Bewußtsein seiner Kräfte leichter beibringen kann als den Begriff von gesetzmäßigem Betragen.

Außer jenem Todesfalle scheint bisjetzt der härteste Schlag, den das Schicksal hier austheilte, den vortrefflichen Anführer des preußischen Heeres getroffen zu haben. Auf dem Marsche von Lüttich nach Mastricht glitt sein Pferd an einer abschüssigen Stelle, wo unter dem aufgethauten Schnee noch eine Eisrinde lag, sodaß es zweimal überschlug und seinem Reiter das Bein zerschellte. Dieser Vorfall, der nur schmerzhaft und unangenehm wegen der gehemmten Thätigkeit war, hätte dem General leicht tödlich werden können, da er seine Arbeiten in Mastricht mit unablässigem Eifer betrieb und sich dadurch eine schwere Krankheit zuzog, die indeß über seinen heitern philosophischen Sinn nichts vermochte und endlich seinem guten Naturell weichen mußte. Ich habe ihn hier wiedergesehen. — Unter den Empfindungen, welche Menschengröße weckt und Worte nicht entheiligen dürfen, gibt es eine so zarte, daß sie selbst die Dankbarkeit verstummen heißt.

XII.
Löwen.

Ansicht der Gegend von Lüttich bis Löwen. La puissance de Dieu est grande. Schöne Dörfer und Menschen. Tirlemont. Anbau. Reisegesellschaft. Universitätsgebäude in Löwen. Unausgepackte Bibliothek. Doctorpromotionen. Methodische Ignoranz. Joseph's II. Reform. Neue Barbarei. Das Rathhaus. Collegium Falconis. Blämische Sprache. Löwener Bier. Volksmenge.

Sobald man von Lüttich aus die steile Höhe erreicht hat, die sich längs dem linken Ufer der Maas erstreckt, findet man oben eine Ebene, welche nur in geringen wellenförmigen Wölbungen sich hier und da erhebt und ein reiches, fruchtbares Saatland bildet, das an einigen Orten eine ziemlich weite Aussicht gewährt. Verschwunden sind nun hier die lebendigen Hecken, welche jenseit Lüttich die Aecker und im Limburgischen die Wiesen und Weiden umzäunten. Oft sieht man auf sehr weiten Strecken nicht einen Baum; oft aber zeigen sich Dörfer in Espen und Ulmenhainen halb versteckt. Der Frühling kämpfte ritterlich mit dem verzehrenden Ostwinde: denn die Blüten von Birnen, Aepfeln, Kirschen, Schwarzdorn, Ulmen und Espen drangen trotz der Kälte hervor, die von den Obstsorten indeß nur an warmen und geschützten Wänden.

Durch das kleine Städtchen St.-Trond im lüttischer Gebiete kamen wir nach Thienen oder Tirlemont, wo wir zu Mittag aßen. Auf dem Wege dahin nahmen wir eine Wirthin aus einer Dorfschenke in den Postwagen. Sie fing sogleich ungebeten an, indeß die übrige Gesellschaft schlief, mir von einer berühmten Ostertagsprocession zu erzählen, von welcher wir die Leute soeben zurückkommen sahen. Mehr als tausend Pilger zu Fuß und mehrere Hunderte zu Pferde ziehen über einen Acker und zertreten die darauf stehende grüne Saat. Allein jedesmal wird der Glaube des Eigenthümers reichlich belohnt, indem sein Acker dieses Jahr ungewöhnlich reichliche Früchte trägt. Ein Bauer, der nicht glauben wollte und sich die Procession verbat, ward von Gottes Hand gestraft und sein Acker blieb unfruchtbar. Ich begreife, sagte ich, daß das Niedertreten des jungen Korns ihm nichts schadet. Sie sah mich mit großen Augen an. „Oui", rief sie endlich in einem bedeutungsvollen Tone, „la puissance de Dieu est grande!" Ich verstand und schwieg.

Die Dörfer in dieser Gegend sind schön. Man bemerkt zwar noch manche leimerne Hütten, doch auch diese sind geräumig und in ihrem Innern reinlich; aber fast noch öfter sieht man Bauerhöfe ganz von Backsteinen erbaut. Die Einwohner haben in dieser

Gegend etwas Edles und Schönes in der Physiognomie; der gemeine Mann hat ein schönes Auge, eine große, gebogene Nase, einen scharfgeschnittenen Mund und ein rundes, männliches Kinn. Wir glaubten die Originale zu den edlern Bildungen der flamändischen Schule zu sehen. Die Frauenzimmer zeichnen sich bei weitem nicht so vortheilhaft aus; ich habe hier noch kein schönes angetroffen, doch wäre dies auf einem so schnell vorübereilenden Zuge wirklich auch zu viel verlangt. Munterkeit, Thätigkeit, mit einem Behagen an sinnlichen Empfindungen und einer gewissen Ungezwungenheit vergesellschaftet, schienen mir an diesen Menschen hervorstechende Charakterzüge. Ich spreche nur vom Volk; aber das Schicksal der zahlreichsten Klasse hat auch den ersten Anspruch auf den Beobachter, und wenn ich mich in meiner Prognosis nicht geirrt habe, so deuten jene Züge zusammengenommen auf einen ziemlich glücklichen Zustand des Landvolks.

Tirlemont ist eine reinliche, gutgebaute kleine Stadt mit vielen massiven Gebäuden, die ihren ehemaligen Wohlstand noch bezeugen. Jetzt scheint sie von ihrer Nahrung viel verloren zu haben; doch werden hier noch wollene Waaren, Flanelle nämlich und Strümpfe, verfertigt. Der starke Anbau des Oelrettichs, den man auf französisch colsat oder colza nennt, welches offenbar aus unserm „Kohlsaat" entstanden ist, beschäftigt hier ein Dutzend Oelmühlen. Auf die vortrefflichen Wege, die wir überall seit unserm Eintritt in die österreichischen Niederlande gefunden hatten, folgte jetzt eine Chaussee, welche bis nach Löwen in gerader Linie fortläuft und unzerstörbar zu sein scheint. Espen, Ulmen und Linden, oft in mehrern Reihen nebeneinander, beschatten diesen Weg und begleiten auch an manchen Stellen jeden Acker. Die häufigen Landhäuser und Dörfer, bald am Wege, bald in einiger Entfernung, zeugen von der starken Bevölkerung dieses fruchtbaren, schönen Landes, welches sich jedoch hier immer mehr bis zur vollkommenen Ebene verflacht. An einigen Stellen sahen wir die Aecker und Wiesen mit Gräben umzogen; Saatland und Kleeäcker und Oelsamen wechselten mit den bereits zur Sommersaat gepflügten Feldern ab. Alles, was romantisch ist, mangelt dieser Gegend; dafür zeigen sich aber Ueberfluß und Cultur eines leichten, fruchtbaren, mit Sand gemischten Bodens.

Um der Sicherheit willen versahen wir uns hier mit der Cocarde von Brabant, die wir vielleicht noch länger hätten entbehren können; denn so kindischfroh noch alles in Brabant mit der neuen Puppe der Unabhängigkeit spielt, so ist gleichwol die erste Wuth des Aufruhrs verraucht, und man dürfte es leicht dem durchreisenden Fremden verzeihen, daß er nicht das patriotische Abzeichen aufsteckt. Allein, um der Gefahr einer Mishandlung von einzelnen unbändigen Menschen nicht ausgesetzt zu sein, ist es immer rathsamer, sich lieber nach Landesart zu bequemen. Wir hatten überdies noch einen muthwilligern Antrieb, den die abenteuerliche Erscheinung eines unserer Reisegefährten veranlaßte. Die Gesellschaft bestand in einem alten französischen Chevalier de St.=Louis, seiner Gouvernante und einem saarbrückischen Spiegelarbeiter, der wie ein ehrlicher Bauer aussah. Unterwegs gesellten sich noch ein französischer Kupferdrucker aus Lüttich und seine niederländische Frau dazu.

Der alte Ritter hatte wenigstens seine sechzig Jahre auf dem Rücken und war ein kleines vertrocknetes Gerippe mit einem sauern Affengesicht und einer Stimme, die etwas zwischen Bär und Bratenwender schnarchte und knarrte. In seinen Zügen lag alles Eckige, Mürrische und Schneidende von Voltaire's Caricaturgesicht, ohne dessen Satire, Risibilität und Sinnlichkeit. Den ganzen Tag kam der Alte nicht aus seinem verdrießlichen, kurz abgebrochenen, trockenen Ton; nicht ein einziges mal schmiegten sich seine verschrumpften Wangen zu einem wohlgefälligen Lächeln. Eine entschiedene Antipathie wider alles, was nicht auf seinem vaterländischen Boden gewachsen war, ein aristokratisches Misfallen an der unerhörten Neuerung, daß nun auch der Pöbel, la canaille, wie er sich energisch ausdrückte, Rechte der Menschheit reclamirte, und ein ungeberdiges Bewußtsein seiner Herkunft und Würde, welches sich bei allen kleinen Unannehmlichkeiten der Reise äußerte, schienen den Grund zu seiner übeln Laune auszumachen, die dadurch noch sichtbarer und lächerlicher ward, daß er offenbar in sich selbst einen innern Kampf zwischen der Lust zu sprechen und der Abneigung, sich der Gesellschaft mitzutheilen, fühlte. Er saß da in einem kurzen, ganz zugeknöpften Rock vom allergröbsten Tuch, das einst weiß gewesen war und das unsere Bauerkerle nicht gröber tragen; im Knopfloch das rothe Bändchen, auf dem Kopfe eine runde, weißgepuderte Perrüke und einen abgetragenen, runden Hut mit flachem Kopf und schmalem Rande, der ihm folglich nur auf der Spitze des Scheitels saß, so oft er ihn auch ins Gesicht drückte. Die Gouvernante war eine ziemlich wohlgenährte französische Dirne mit einem wirklich nicht unebenen Gesicht, das eher feine Züge hatte, und mit einer Taille, worüber nur die Verleumdung dem erstorbenen Ritter einen Vorwurf machen konnte. Sie schien ohne alle Ausbildung, blos durch Nachgiebigkeit und indem sie sich in die Launen ihres Gebieters schickte, ihn doch packen zu können, wo er zu packen war. Den ganzen Weg hindurch disputirte er mit ihr, verwies ihr Dummheit und Unwissenheit, belehrte sie mit unerträglicher Rechthaberei und behielt am Ende immer unrecht. Er affectirte von seinen Renten zu sprechen und zankte mit jedem Gastwirth um seine Forderungen. Diese vornehme Filzigkeit brachte ihn mit den Zollbeamten in eine verdrießliche Lage. Ein halber Gulden hatte unsere Koffer vor ihrer Zudringlichkeit gesichert; allein ob sie ihn schon kannten oder hier ihre berüchtigten physiognomischen Kenntnisse an den Mann brachten, genug, als hätten sie geahnt, er werde nichts geben, packten sie seine Habseligkeiten bis auf das letzte Stück Wäsche aus und ließen ihm den Verdruß, sie unsern Augen preisgegeben zu haben und sie wieder einzupacken, wofür er denn, sobald sie ihn nicht mehr hören konnten, eine halbe Stunde lang über sie fluchte. Durch eine ziemlich leichte Ideenverbindung kam er auf den Finanzminister Necker und ergoß den noch unverminderten Strom seiner Galle über ihn: „Der Mann", sagte er, „empfängt immer und zahlt niemals; lebte ich nicht von meinen Renten, ich müßte zu Grunde gehen, denn meine Pension bleibt aus." Zu St.-Trond fingen wir an, von Cocarden zu sprechen; dies setzte ihn, der den Beutel so ungern zog, in Angst und Verlegenheit, zumal da wir äußerten, daß man sich leicht eine Mishandlung zuziehen könne, wofern man ohne dieses Schibolet der Freiheit sich auf den Straßen sehen lasse. Da wir es indeß doch für gut fanden, ohne Cocarde bis Tirlemont zu fahren, beruhigte er sich wieder. Hier aber steckten wir nach Tische die patriotischen drei Farben, schwarz, gelb und roth, an unsern Hut und versicherten mit bedeutender Miene: jetzt sei nicht länger mit den wüthenden Brabantern zu scherzen. Zwischen Furcht und Knauserei gerieth unser Ritter in neue Bedrängniß; mit der Gouvernante ward förmlich Rath gepflogen; sie stimmte für den Ankauf und schon war er im Begriff, das Geld hinzuzählen, als die Liebe zu den vierzehn Stübern siegte und er sich, freilich mit etwas banger Erwartung, ohne Abzeichen in den Wagen setzte. Die Menge der Cocardenträger, die uns nachmittags begegneten, beunruhigten ihn aber so sehr, daß er, wiewol wir schon in der Dämmerung zu Löwen eintrafen, noch beim Abendessen mit einem vierfarbig gestreiften Bändchen um seinen schäbigen Hut, wie ein alter Geck, der auf dem Theater eine Schäferrolle spielt, zum Vorschein kam und nach hiesiger Landesart, ob wir gleich unbedeckt waren und in Gesellschaft einer von Antwerpen angekommenen Französin dasaßen, ihn bei Tische auf dem Kopfe behielt. Die Gouvernante, die im Wagen neben ihm saß, hatte doch nicht die Ehre, mit ihrem Herrn aus einer Schüssel zu essen, sondern mußte in der Küche mit des Kutschers Gesellschaft fürliebnehmen; ein Zug, der seinen Stolz desto mehr charakterisirte, weil sonst der Kutscher schon oft der Gegenstand seines Zorns gewesen war: er fuhr ihm zu langsam, er hielt zu oft an, er war ein viel zu hübscher Kerl und schäkerte zu viel mit den Mädchen in den Schenken.

9 *

Unser Kupferdrucker war ein Original von einer ganz andern Art. Was im Gesicht des alten Ritters fehlte, war das einzige herrschende Wahrzeichen des seinigen: ein tiefer Einschnitt auf beiden Wangen, um den Mund, welcher die Gewohnheit, denselben in die Falten der Freundlichkeit zu legen, andeutete. Sein übrigens auch hageres Gesicht hatte einen Ausdruck von Geschmeidigkeit ohne Falschheit, von der Weichheit und sanften Gefälligkeit, die aus einem dunkeln Gefühl von Schwäche und Furcht entspringt, versetzt mit einer wahrhaft parisischen Reizbarkeit für den leichtsinnigsten Genuß der Minute, einer feinen Scherzlustigkeit und einem Sinn für das Grotesk=komische. Er hatte sich noch nicht zurechtgesetzt, so kündigte er sich schon an und ließ uns nicht länger in Ungewißheit über seine Schicksale, sein Gewerbe, seine Vermögensumstände, seine Verwandtschaft, seine Aussichten und seine Gebrechen. Einen Topf, in ein Tuch gebunden, behielt er sehr sorgfältig in der Hand. Dieser Topf, sagte er, sei mit einem vortrefflichen Oelfirniß angefüllt, den er bereiten könne und der zum Kupferdrucken unverbesserlich sei. Daher war auch der Schlußreim seiner Erzählungen immer: „Ich weiß zuverlässig, man wird mich in Lüttich sehr vermissen." Sein Handwerk nannte er ein talent, und versicherte sogar, daß er drei talens besäße, nämlich das Kupferdrucken, das Buchdrucken und das Formschneiden in Holz. Weiter als St.=Trond wollte er nicht gehen, dort sei er gesonnen zu bleiben, bis es da nichts mehr zu thun gäbe. Einen Theekessel führe er überall mit sich; es sei das einzige, unentbehrliche Geschirr, weil er seinen Kaffee selbst koche. In Deutschland rühmte er sich einer guten Aufnahme; er war bis Andernach gekommen, wo man ihn nach Vermögen in einer kleinen Schenke bewirthet und ihm sogar über die Streu ein Leintuch gedeckt hatte; dafür habe er auch der Magd, comme un généreux Français, beim Weggehen etliche Kreuzer geschenkt. Sein Vater war Zolleinnehmer gewesen, er nannte ihn einen petit monsieur, qui a mangé soixante mille francs. Hätte der kleine Herr nicht beträchtliche Schulden hinterlassen, die seine Wittwe und Kinder bezahlen mußten, so hätte sein Sohn studirt und wäre wieder ein Régisseur geworden; allein wenigstens seine Schwestern lebten dans le grand monde. Seine Frau konnte fast gar kein französisch und war so häßlich, daß sogar unser alter Erbsenkönig, als sie in den Wagen stieg, ein ah Dieu! qu'elle est laide! zwischen den Zähnen murmelte, ohne an seine eigenen Vorzüge zu denken. Um das Räthsel zu lösen, wie man zu einer unfranzösischen Frau kommen könne, eröffnete uns der Kupferdrucker, daß sie zwölftausend Gulden erben würde, und daß er im Begriff stehe, diese Erbschaft zu heben. „Mit dem Gelde", fuhr er fort, „bin ich ein reicher Mann, kaufe mir ein Pferd und einen brancard dazu, führe mein Weib nach

Paris, zeige ihr alle Herrlichkeit der Welt und etablire mich dann in der Provinz." Nun fing er an, uns alle Sehenswürdigkeiten der unvergleichlichen, einzigen Hauptstadt zu beschreiben. Zuerst nannte er die Tuilerien, weil der König jetzt darin wohnt; sodann die Sternwarte. „Hier", sagte er, „steigt man dreihundert Stufen tief hinab in einen Keller und guckt dann durch drei Meilen lange Röhre am hellen Mittage nach dem Mond und den Sternen. Aber lassen Sie sich nichts weismachen, wenn Sie hinkommen; es sind keine wahren Gestirne, die man dort zu sehen bekommt, sie sind von Pappe ausgeschnitten und werden vor die Sehröhre geschoben." Ebenso klare Begriffe hatte er vom königlichen Naturaliencabinet, „wo man in einem Zimmer alle Thiere und Vögel, im andern alle Pflanzen der Erde beisammen sieht". Besonders aber pries er die Wunder des Invalidenhauses und das Merkwürdigste von allem, nämlich die Küche. „Hier steht eine marmite von ungeheuerer Größe und hundert Bratspieße, et sur chacune vingt gigots de mouton." Hätten wir einen Engländer bei uns gehabt, er würde den Zug charakteristisch gefunden haben, da man in England immer über das Hungerleiden der Franzosen spottet. Während der Mann von Paris plauderte, hatte sein ganzes Angesicht sich zur Miene des höchsten Entzückens verklärt, und er beschloß mit der Betheuerung, daß er die Stadt vor seinem Ende wiedersehen und sich seiner guten Tage dort erinnern müsse. Dann pries er uns seine glückliche Ehe; und als einer bemerkte, daß der Ehesegen ausgeblieben sei, wäre er mit der ernsthaften Versicherung, dies sei auch der einzige Streitpunkt zwischen ihm und seiner Frau, gut durchgekommen, wenn sie nicht zur Unzeit von vier Jungen, so groß wie er selbst, aus ihrer ersten Ehe gesprochen hätte. Jetzt mußte er sich aus der Sache ziehen, so gut er konnte; er that es indeß mit der besten Art von der Welt und mit der feinsten französischen Galanterie gegen seine wirklich ausgezeichnet häßliche Hälfte. Endlich lenkte er das Gespräch auf seine Armuth, spottete über den Inhalt seines Koffers und wiederholte aus „Annette und Lubin": „Tu n'as rien, je n'ai rien non plus; tiens, nous mettrons ces deux riens-là ensemble et nous en ferons quelque chose", und da ihm dies die Sache nahe legte, müßte er weniger leichtes Blut gehabt haben, als ein Franzose wirklich hat, um nicht von diesem Dialog den Uebergang zum Singen zu machen und sehr zärtlich zu quäken. Im ersten Wirthshause, wo wir abstiegen, producirte er uns aus einem Päckchen etwas von seiner Arbeit. Es waren einige Kupferabdrücke, die er zu einem lütticher Nachdruck von Levaillant's Reisen gemacht hatte. Bei dieser Gelegenheit kam auch der Nachdruck der Encyklopädie in Erwähnung, die er kaum nennen hörte, als er schon ausrief: „Ah l'excellent ouvrage,

que l'Encyclopédie! — Aber schade", setzte er hinzu, „daß ich es
nicht bei mir habe, das schöne Blatt, welches ich auch noch in
Lüttich druckte, le Capsignon parmi ses disciples!" Hätte ich
den Anacharsis nicht kürzlich in Händen gehabt, so wäre es mir
nicht eingefallen, daß dies die Aussicht vom Minerventempel auf
dem Vorgebirge Sunium sein sollte, wo Plato mit seinen Schü=
lern steht.

Das Glück, sich mit einer Landsmännin von Stande in Ge=
sellschaft zu sehen, hatte sichtbaren Einfluß auf unsern Ritter; er
nahm ein Air von Würde an, das in der That ins hohe Ko=
mische gehörte. Die Dame aus Antwerpen war indeß in ihrer
Art wenigstens eine ebenso auffallende Caricatur wie er selbst.
Sie reiste ohne alle Bedienung mit einer achtjährigen Tochter und
mochte wirklich von Stande sein, wofür sie der Ritter hielt; denn
sie war für eine Modehändlerin zu gelehrt und für eine franzö=
sische Komödiantin nicht ungezwungen genug in ihrer Koketterie.
Ihr langes, bleiches Gesicht machte noch Ansprüche auf Schönheit,
die aber ihre lange hagere Figur schlecht unterstützte; im Grimas=
siren, Gesticuliren und Moduliren des Tons war sie Meister, so=
daß sie alle Beschreibung zu Schanden macht. Sie politisirte über
alle Angelegenheiten von Europa mit einer Dreistigkeit und einer
Fülle von Kunstwörtern, die mancher für Sachkenntniß genommen
hätte. Auf ihrer Reise in Holland hatte Rotterdam ihr gefallen;
vom Haag hingegen behauptete sie, daß es den Vergleich mit Ver=
sailles nicht aushielte. Doch rühmte sie den Diamantenschmuck der
Erbstatthalterin. Alles war entweder ganz vortrefflich oder ganz
abscheulich, und ihre Superlativen bestanden immer aus einer drei=
fachen Wiederholung des Worts, welches sie das erste mal lang=
sam, die beiden folgenden male aber äußerst schnell aussprach,

$\overbrace{\text{z. B. superbe — superbe — superbe!}}^{\text{prestissimo}}$

Als der alte Chevalier seine Magd aus dem Zimmer zum Essen
schickte, riß die Donna die Augen weit auf und blickte starr hinter
ihr her, bis sie schon längst zur Thür hinaus war; dabei schraub=
ten sich Mund und Nase zu einem unbeschreiblichen Ausdruck der
hochmüthigsten Verachtung. Sprach ein Bedienter sie bei Tische
an, so antwortete sie ihm mitten in der heftigsten Declamation,
wobei sie gemeiniglich, um Eindruck zu machen, im Tenor blieb, mit
einer sanften, unschuldigen Discantstimme und einem Tone der un=
erträglichsten Gleichgültigkeit. Mit eben dieser zarten Stimme und
einem affectirten, ganz gefühllosen Zärtlichthun adressirte sie auch
von Zeit zu Zeit an ihr Hündchen unter dem Tisch einige süße

Worte. Kurz, es wäre verlorene Mühe gewesen, an diesem Geschöpfe nur noch eine Faser Natur zu suchen.

Unter solchen Menschen leben wir, lachen wo wir können, und wälzen uns durch eine Welt, die uns fremd bleibt, bis der Zufall hier oder dort ein Wesen erscheinen läßt, an dessen innerm Gehalt der lechzende Wanderer sich erlaben kann. Daß solche Erscheinungen fast überall möglich sind, wird man ohne die auffallendste Einseitigkeit nicht leugnen wollen; daß aber mehr als Glück dazu gehört, sie gleichsam im Fluge zu treffen, indem wir schnell vorübereilen, das, dünkt mich, versteht sich von selbst. Trifft man sie aber nicht an, so sind dergleichen Verzerrungen, wie ich sie hier geschildert habe, willkommener als die ganz alltäglichen platten Geschöpfe, die keine Prise geben, weil ihnen sogar alles fehlte, was des Verschraubens fähig war. In Löwen machten wir keine Bekanntschaft; ich muß mich daher bei meinen Bemerkungen ziemlich auf das Aeußere und Leblose einschränken.

Eine alte Mauer von Backsteinen umringt diese Stadt, und in Büchsenschußweite voneinander sieht man noch alte runde, massive Thürme, die, sowie die Mauer selbst, verfallen sind. Die hiesige Collegiatkirche zu St.-Peter ist ein schönes gothisches Gebäude; die Höhe der Bogen, die weiße Farbe und die Einfalt des ganzen Innern machen einen herrlichen Effect. Es war schon zu finster, um das Altarblatt und überhaupt irgendetwas von den vielen Gemälden in den hiesigen Kirchen und Klöstern zu sehen. Crayer's beste Stücke trifft man hier in der St.-Quintins-, der St.-Jakobs- und der Karmeliterkirche an. Allein außer diesen und einigen ältern Blättern von Matsys, Coxis und Otto Venius findet man hier bei weitem nicht das Vorzüglichste aus der flamändischen Schule.

In dem sehr großen und geräumigen Universitätsgebäude wurden wir bei Licht herumgeführt. Die Hörsäle sind von erstaunlicher Höhe und Größe; an den Wänden stehen die Sitze stufenweis übereinander und die Katheder sind mit kostbarem Schnitzwerk reichlich verziert; allein im Winter muß man hier entsetzlich frieren, da es kein Mittel gibt, diese weitläufigen Säle zu erwärmen. Im Conciliensaale und im medicinischen Hörsaale hängen eine Menge Schildereien; in einem andern Saale sieht man einen prächtigen Kamin von Marmor, von ungeheurer Größe. Der Bibliotheksaal schien mir nur auf eine kleine Sammlung eingerichtet. Die Bücher, die seit zwei Jahren in Brüssel waren, sahen wir nur zum Theil wieder hier; allein sie standen noch in Verschlägen unausgepackt. Die Professoren sind größtentheils noch abwesend; denn viele halten die kaiserliche Partei und haben sich daher seit den Unruhen außer Landes begeben. Dahin gehört vorzüglich der Rector der Universität van Lempoel, ein geschickter Arzt und ein Mann von reifer Einsicht, den Joseph II. fähig erfunden hatte, seine wohlgemeinte Verbesserung des hiesigen akademischen Unwesens durchzusetzen. Die Mißbräuche, die hier aufs höchste gestiegen waren, machten eine neue Einrichtung unumgänglich nothwendig; allein diese griff natürlicherweise in die Vorrechte ein, welche man in dunkeln und barbarischen Zeiten der schlauen Geistlichkeit zugestanden hatte, und der erste Schritt der jetzigen Regierung war daher die völlige Wiederherstellung der uralten, wohlthätigen Finsterniß, bei der man sich bisher so wohlbefunden hatte. Ein Geistlicher, Namens Jaen, ist gegenwärtig zum Rector ernannt, und alles ist wieder auf den alten Fuß gesetzt. Die Doctorpromotionen kosten, mit Inbegriff der institutionsmäßigen Schmäuse, 8—10000 Gulden, und die gesunde Vernunft hat in allen Fällen genau so wenig zu sagen wie in diesem. Es war lächerlich, wie man unsere Vorstellungen von der Anzahl der hier Studirenden umwandelte. In Lüttich hatte man uns gesagt, wir würden deren bei 3000 finden; hier in der Stadt hörten wir, es wären kaum 300, und der Pedell bewies uns endlich aus seinen Verzeichnissen, daß ihrer noch nicht 50 wären. In der That hatten sich beim Ausbruch der Empörung eine sehr große Anzahl der damals in Brüssel befindlichen Akademiker für ihren Wohlthäter, den Kaiser, erklärt und sogar für ihn die Waffen ergriffen. Bei der bald darauf erfolgten gänzlichen Vertreibung der kaiserlichen Truppen aber mußten diese jungen Krieger, die freilich besser daran gethan hätten, den friedlichen Musen ununterbrochen zu opfern, ihre Rettung in der Flucht suchen.

Mit allen ihren Fehlern und Gebrechen hatte die Universität Löwen doch immer einen großen Namen und ward von Einheimischen und Fremden fleißig besucht. Da man, ohne in Löwen promovirt zu haben, schlechterdings kein öffentliches Amt in den österreichischen Niederlanden bekleiden, ja nicht einmal in den Gerichtshöfen advociren kann, so ist es am Tage, weswegen man sich ohne Widerrede den ungeheuern Kosten der Promotion unterwarf, und zugleich, wie man durch diesen Aufwand einem strengen Examen entging. Zum Scheine war dieses Examen allerdings abschreckend genug; man mußte auf eine ungeheuere Anzahl Fragen in allen Disciplinen antworten. Allein es gab auch Mittel und Wege, die schon vorher bestimmten Antworten auf diese Fragen (die einzigen Antworten, welche die Professoren gelten ließen, weil sie selbst oft keine andern auswendig gelernt hatten) sich vor dem Examen zuflüstern zu lassen; man lernte sie auswendig, antwortete dreist und prompt und ward Doctor. An diesem Beispiele läßt sich abnehmen, wie leicht die besten Vorkehrungen gemißbraucht und der Vortheil des Staats, den man zur Absicht dabei hatte, durch den Eigennutz einzelner Gesammtheiten in demselben, vernachlässigt werden kann. Wer hätte nicht geglaubt, daß es ein vortreffliches Mittel sei, lauter geschickte und gelehrte Beamte zu erhalten, wenn man es ihnen zur Bedingung der Beförderung machte, daß sie in Löwen graduirt sein müßten? Allein die schlaue Klasse von Menschen, denen mit der Ausbildung weiser Staatsdiener kein Gefallen geschieht, die Klasse, die immer nur im Trüben fischen will und nur durch die Unwissenheit ihrer Mitbürger ihre Existenz zu verlängern hoffen kann, wußte schon jene so gut ausgedachte Anstalt zu vereiteln und ihre eigenen Einkünfte zugleich zu vermehren. Der ganze Zuschnitt der Universität war theologisch. Alle, selbst die weltlichen Professoren, waren zur Tonsur und zum Cölibat verbunden; denn nur unter dieser Bedingung konnten sie gewisse Präbenden statt der Salarien erhalten. Die Bibliothek ward allein von den Beiträgen der Studirenden vermehrt; kein Wunder also, wenn sie unbedeutend geblieben ist. Ebenso entstand aus dem jährlichen Beitrage von acht Kronthalern, den jeder Studirende erlegen mußte, eine Kasse, in welche sich die Professoren theilten, und wobei sie sich allerdings sehr gut stehen konnten, wenn die Anzahl der Akademiker sich auf mehrere Tausende belief. Viele Fremde, insbesondere die Katholiken aus den Vereinigten Niederlanden, haben diese Universität immer fleißig besucht und auf ihr beträchtliche Summen verzehrt. Van Lempoel selbst war, wenn ich nicht irre, aus den Generalitätslanden gebürtig.

Joseph erkannte bald, daß ohne eine bessere Form der öffentlichen Erziehungsanstalten sich an keine gründliche Aufklärung in seinen belgischen Provinzen denken lasse; er erkannte zugleich, daß vermehrte Einsicht der einzige Grundstein wäre, auf welchem seine Reformen in dem Staate sicher ruhen könnten. Daher verlegte er die weltlichen Facultäten nach Brüssel, um sie dem Einflusse des theologischen Nebels zu entziehen und der Aufsicht seines Gouvernements näher zu rücken. Diese eines großen Regenten würdige Einrichtung, welche schon allein beweist, wie tief der Kaiser in das Wesen der Dinge schaute und wie sehr er den rechten Punkt, worauf es ankam, zu treffen wußte, würde vielleicht noch durchgegangen sein, wenn es ihm nicht auch am Herzen gelegen hätte, die Finsterniß, in welche die niederländische Geistlichkeit sich selbst und ihre sämmtlichen Mitbürger absichtlich hüllte, durch kräftig hineingeworfene Lichtstrahlen zu zerstreuen. Unglücklicherweise waren es nur Blitze, deren grelles Leuchten blos dazu diente, die Schrecken in der Nacht recht fühlbar zu machen; hier und da sengten sie mit ihrem kalten Strahl, zündeten und zerstörten, und ließen dann alles so wüst und unfruchtbar wie zuvor. Der große Grundsatz, daß alles Gute langsam und allmählich geschieht, daß nicht ein verzehrendes Feuer, sondern eine milb erwärmende Sonne wohlthätig leuchtet, die Dünste zertheilt und das schöne Wachsthum der organischen Wesen befördert, scheint Joseph's Kopf und Herzen gleich fremd gewesen zu sein, und dieser Mangel eines wesentlichen Grundbegriffs zertrümmerte alle seine großen und königlich erdachten Plane.

Von dem Augenblick an, da der Kaiser die Privilegien der Geistlichkeit in seinen Niederlanden antastete, von dem Augenblick an, da er den theologischen Unterricht von seinen gröbsten Schlacken reinigen und den Sauerteig der Bollandisten ausfegen wollte, war ihm und allen seinen Maßregeln Verderben geschworen. Zu einer Zeit, wo das ganze katholische Europa, Rom selbst nicht ausgeschlossen, sich der außerwesentlichen Zusätze schämte, die das Heiligthum der Religion entehren und nur so lange gelten, als man noch durch die Macht des Aberglaubens herrschen kann — am Schlusse des 18. Jahrhunderts wagte es die belgische Klerisei, die crassesten Begriffe von hierarchischer Unfehlbarkeit zu vertheidigen und im Angesicht ihrer hellsehenden Zeitgenossen selige Unwissenheit und blinden Gehorsam zu predigen. Mit dem Bewußtsein, daß ihr Wirken in allen Gemüthern die Vernunft entweder ganz oder halb erstickt habe und daß sie auf Ergebenheit der zahlreichsten Volksklasse, des gemeinen Mannes, sicher rechnen dürfe, trotzte sie auf ihre unverletzbaren Rechte. So kehrte man schlau die Waffen der Aufklärung gegen sie selbst; denn war es nicht unser Jahrhundert, das die Heiligkeit der Rechte in das hellste Licht gesetzt hat? Recht ist ein so furchtbares Wort, daß es den gewissenhaften Richter erzittern macht, selbst wenn Irrthum und Betrug es gegen Wahrheit und Redlichkeit reclamiren. Joseph's Grundsatz, nach welchem er sich verpflichtet glaubte, seine Wahrheit zum Glück der Völker mit Gewalt anzuwenden, verleitete ihn zu einem Despotismus, den unser Zeitalter nicht mehr erduldete; dies wußte der belgische Klerus, und laut und muthig ertönte seine Stimme. Gleichwol klebte dem Kaiser dieser Grundsatz wahrscheinlich noch aus seiner Erziehung an und hatte sich in gerader Linie von eben jener Hierarchie, die ihn zuerst ersann und ausübte, auf ihn verpflanzt. Joseph hatte unrecht; aber die Vorsehung übte durch ihn das Wiedervergeltungsrecht! Wären nur auch die Staaten von Brabant und der ganze belgische Congreß durch diese Beispiele toleranter geworden! Allein es ist zu süß zu herrschen, zumal selbst im Verstande der Menschen zu herrschen, und Löwen, das durch Joseph's Generalseminarium im Grunde an wahrer Aufklärung wenig oder gar nichts gewann, soll jetzt wieder lehren, was es schon bei der Stiftung der Universität im Jahre 1431 lehrte.

Das Rathhaus in Löwen, eins der prächtigsten gothischen Gebäude, die noch jetzt existiren, ist um und um mit kleinen Thürmen

verziert, ja ich möchte sagen, aus lauter solchen Thürmen zusammen=
gewachsen; aber das unermeßlich Mühsame dieser Bauart macht am
Ende, wenn es in solchen großen Gebäudemassen dasteht, doch einen
starken Effect. Wir hatten kaum Licht genug, um die Umrisse die=
ses Rathhauses noch ins Auge zu fassen und mußten auf die Be=
sichtigung des Innern Verzicht thun. Im Vorbeigehen bemerkten
wir noch an dem sogenannten Collegium Falconis ein sehr schönes,
edles einfaches Portal von griechischer Bauart.

Das Vlämische, welches hier gesprochen wird, kommt dem Hol=
ländischen sehr nahe, und sowol in den Sitten als im Ameublement
der Häuser nähern sich auch die Einwohner sehr merklich ihren Nach=
barn, den Holländern. — Ich bemerkte als einen auszeichnenden Zug
sehr viel Dienstfertigkeit und Höflichkeit unter den gemeinen Leuten.
Die Lebensart, zumal was die Küche betrifft, ist indeß noch nicht
holländisch; man bereitet die Speisen mehr nach französischer Art,
trinkt aber schon mehr Bier als Wein. Das Bier in Löwen wird
bis nach Holland verführt und hat einen Ruhm, den es meines
Erachtens nicht ganz verdient. Wenn indeß, wie billig, der Debit
hier den rechten Maßstab angibt, so muß es vortrefflich sein; denn
man erzählte uns von mehr als vierzig Bierbrauereien und von
einer jährlichen Ausfuhr von 150000 Tonnen, ohne was in der
Stadt selbst getrunken wird. Daher bezahlen auch die Brauer
allein 40000 Gulden zu den Einkünften der Stadt, die sich auf
100000 Gulden belaufen sollen. Dieses Gewerbe und einige Wollen=
fabriken nebst einem ziemlichen Speditionshandel geben ihr noch
einigen Schein von ihrer ehemaligen großen Activität und ihrem
hohen Wohlstande; allein was sind 30000 oder 35000 Einwohner
gegen die Volksmenge vor der Auswanderung der Tuchmacher nach
England im Jahre 1382? Damals hatte Löwen 4000 Tuchfabriken,
in welchen 150000 Menschen ihre Nahrung fanden, und des Abends,
wenn die Arbeiter nach Hause gingen, ward mit einer großen Glocke
geläutet, damit die Mütter ihre Kinder von den Gassen holten, weil
sie in dem Gedränge hätten ums Leben kommen können. Die Er=
richtung der Universität hat der Stadt den Verlust dieser Manu=
facturen und ihrer ungeheuern Bevölkerung nicht ersetzt; und was
Lipsius nicht vermochte, werden schwerlich seine Nachfolger bewirken.

XIII.
Brüssel.

Fahrt von Löwen auf der Barke nach Mecheln. Irländischer Mönch. Todtenstille in Mecheln. Kathedralkirche zu St.-Romuald. Cardinal-Erzbischof von Mecheln. Gemälde von Rubens in der Johanniskirche. Prunkendes Portal der Jesuitenkirche. Geschnitzte Kanzel in der Kirche Unserer Lieben Frauen von Hanswyk. St.-Bernhard und die Mutter Gottes. Vor der Hostie knieender Esel. Schwarm von Ordensgeistlichen. Ansicht der Gegend zwischen Mecheln und Brüssel. Recht der Geringen, über die Großen zu urtheilen.

Eine sehr bequeme Barke geht täglich um 7 Uhr morgens von Löwen nach Mecheln ab. Wir bedienten uns dieser angenehmen Art zu reisen, schifften uns ein und beschäftigten uns wechselsweise mit Schreiben und Umherschauen. Der Kanal ist schön, und seine Ufer sind überall mit Bäumen bepflanzt. Die ganze Gegend ist eine mit Bäumen reichlich beschattete Ebene, wo man folglich nirgends eine Aussicht in die Ferne genießt, aber gleichwohl beständig in einem Lustwäldchen zu fahren glaubt. Die Barke hat hinten nach dem Steuerruder zu ein Zimmer; in der Mitte ein zweites Gemach, wo eine kleine Küche nebst andern Bequemlichkeiten vorhanden ist, und vorn eine Stube mit einem sehr guten Kamin, worin man ein schönes Steinkohlenfeuer unterhielt. Die Kosten dieser Fahrt sind so mäßig, daß uns der ganze Transport von Löwen nach Mecheln, die Bagage mit einbegriffen, auf wenig mehr als einen halben Kronthaler zu stehen kam. Thee, Kaffee, Butter und Käse kann man auf diesen Barken jederzeit haben. Auf dem halben Wege kommt eine Barke von Mecheln dieser entgegen; die Passagiere nebst ihren Sachen wandern aus der einen in die andere und setzen hierauf ihre Reise nach ihrem jedesmaligen Bestimmungsorte fort. Es reisten eine Anzahl Mönche mit uns. Einer, ein junger Mann von einer vortheilhaften Gesichtsbildung, ward aufmerksam, als er uns englisch sprechen hörte, und fand sich bewogen, unsere Bekanntschaft zu suchen. Seine Sanftmuth und Bescheidenheit war mit vielen Kenntnissen gepaart. In Irland, seinem Vaterlande, waren ihm Cook's Reisen und die Namen seiner Gefährten nicht unbekannt geblieben. In seinen Zügen las man klösterliche Tugenden, unvermischt mit dem Zurückstoßenden der Mönchsnatur. Er war bestimmt, als katholischer Priester nach Irland zurückzukehren.

In fünftehalb Stunden erreichten wir Mecheln. Diese nicht gar große Stadt würde mit ihren geräumigen Straßen und ihren weißgetünchten Häusern einen weit bessern Eindruck auf den Fremden machen, wenn sie nicht so öde wäre und beinahe eine Todtenstille darin herrschte. Ich will gern glauben, daß die sitzende Lebensart der Einwohner, die in den ansehnlichen Hutmanufacturen Beschäftigung finden, mit dazu beiträgt, das Phänomen der Stille hervorzubringen; allein es war wirklich zu auffallend, um nicht noch tieferliegende Ursachen zu haben. Schauerlich ist es, lange Straßen zu durchwandern und weder einer menschlichen Seele, noch einem Thiere zu begegnen, ja nicht einmal das mindeste Geräusch in den Häusern zu hören. Man glaubt sich in irgendeine bezauberte Stadt aus den morgenländischen Erzählungen versetzt, deren Einwohner alle ausgestorben oder verschwunden sind. Die hiesige Bauart ist die alte, wo die Giebel der Häuser gegen die Straße zu gekehrt stehen und spitz in die Höhe laufen. Fast durchgehends ist alles von außen weiß angestrichen, welches im Sommer bei hellem Sonnenschein den Augen sehr nachtheilig sein muß.

Die große Kathedralkirche zu St.-Romuald (Rombaut) hat einen Thurm von außerordentlicher Höhe, und inwendig ist sie eins der reichsten gothischen Gebäude. Im Schiff steht an jeder Seite die Bildsäule eines Apostels und über derselben eine Reihe Termen, welche die Religion, den Glauben, die Liebe und mehrere allegorische Wesen vorstellen. An den Wänden und im Chor sieht man Gemälde von P. de Nery, Crokaert und andern, die aber keiner Aufzeichnung werth sind. Hier standen wir, als der Cardinal-Erzbischof von Mecheln hereintrat und uns die Benediction ertheilte. Er war in einen langen Scharlachrock und Mantel gekleidet, mit einem rothen Käppchen auf der Perrüke; ein Mann von ziemlich ansehnlicher Statur und schon bei Jahren, mit einem weichen, schlaffen, sinnlichen Gesicht. Er kniete hinter dem großen Altar und betete, besah aber dabei seine Ringe, zupfte seine Manschetten hervor und schielte von Zeit zu Zeit nach uns, die wir in große Mäntel gehüllt vielleicht ein verdächtiges Ansehen hatten.

In der Johanneskirche fanden wir am Hochaltar einige Stücke, angeblich von Rubens: einen Johannes, den Evangelisten, der sein Buch schreibt und auf die Eingebungen seines Adlers zu horchen scheint; auf der Rückseite dieser Füllung den Märtyrertod dieses Apostels in siedendem Oel, nach der Legende; gegenüber die Enthauptung Johannes' des Täufers und die Taufe Christi; in der Mitte endlich die Anbetung der Weisen, eine große, verwirrte, uninteressante Composition. Diese fünf Blätter nebst drei kleinen Skizzen, welche am Altar angebracht sind, gehören nicht zu den auszeichnenden Werken von Rubens und sind auch schon sehr verblichen. Sie mißfallen überdies noch durch etwas Unvollendetes in den Umriſſen, welches nicht ganz die Schuld der veränderten Farbe zu sein ſcheint.

In der ehemaligen Jeſuitenkirche, deren Portal mit vieler Oſtentation, aber deſto weniger Geſchmack am großen Markte prangt, hängen eine Anzahl Gemälde, welche auf die Geſchichte der jeſuitiſchen Ordensheiligen Beziehung haben, von denen aber keins uns in Anſpruch nahm. In der Kirche Unſerer Lieben Frauen von Hanswyk bewunderten wir die aus einem ungeheuern Baum geſchnittene Kanzel, die den Fall der erſten Aeltern im Paradieſe vorſtellt und in der That, wenn man alles erwägt, ein Werk von erſtaunlicher Anſtrengung iſt. Die Figuren ſind zwar plump, aber ſehr brav gearbeitet und das Ganze hat ſehr viel Effect. In den unzähligen Kirchen und Klöſtern von Mecheln befindet ſich noch eine große Menge von berühmten Gemälden, worunter einige auch wol Verdienſt haben mögen; allein was wir geſehen hatten, reizte uns nicht, unſern Aufenthalt zu verlängern, um aufs gerathewohl nach Kunſtabenteuern umherzuwandern. Die Einbildungskraft der Künſtler hat ſich in dieſem ſo tief in Aberglauben verſunkenen Lande mehrentheils mit Gegenſtänden aus der Legende beſchäftigt, die ſelten an ſich reich und anziehend genug ſind, um die Mühe des Erzählens und Darſtellens zu verdienen. Es herrſcht durch alle dieſe Mythologien eine klägliche Dürftigkeit der Geiſteskräfte, die wunderbar gegen den Ideenreichthum und die Eleganz der griechiſchen Dichterphantaſie abſticht. Ein Maler, der höhern Sinn für den Werth ſeiner Kunſt hätte, müßte ſich ſchämen, wenn man ihm auftrüge, den heiligen Bernhard zu malen, der ſich die Milch der Mutter Gottes aus ihren Brüſten in den offenen Mund regnen läßt; gleichwol hat van Thulden dieſes Sujet für die hieſigen Bernhardiner-Nonnen ausgeführt, und vielleicht wäre es gefährlich geweſen, dem Pfaffen, der es angab, über die Unſchicklichkeit etwas merken zu laſſen. Iſt es aber zu verwundern, wenn ein ſolcher Gegenſtand die ohnehin ſchwerfälligen Niederländer nicht begeiſtern konnte, wenn ſie nichts anderes als ein gemeines Weib in einer unanſtändigen Handlung begriffen und einen ebenſo gemeinen Mönch darſtellen konnten, ohne auch nur zu verſuchen, ob in dieſe Figuren, die in einem ſo ekelhaften Verhältniſſe gegeneinanderſtehen, ein anderes Intereſſe zu bringen ſei? Das weit eblere Sujet von Cimon und ſeiner Tochter iſt ſchon außerhalb der Grenzen der Malerei, wenigſtens was den Zeitpunkt betrifft, wo ſie dem alten Vater ihre Bruſt zu trinken gibt. Zu geſchweigen, daß die Handlung, ſo edel ſie in ſich wirklich iſt, ihren ganzen Werth verliert, ſobald man ſie ſich offenbar vor aller Augen denkt, und daß es zum Beiſpiel empörend wäre, ſie auf dem Theater wirklich vorgeſtellt zu ſehen; ſo iſt es doch unmöglich, der Figur des Vaters dabei das mindeste Interesse zu geben. Ein alter Mann, der eine Weiberbrust aussaugt, bleibt ein ekelhafter Anblick, und die ganze Stellung sowol als die Disposition der Gesichtsmuskeln zum Saugen, raubt ihm jeden andern als den blos thierischen, erniedrigenden Ausdruck. Bei einem Gemälde, welches diesen Gegenstand vorstellte, könnte gleichwol noch ein rührendes Interesse für die Tochter empfunden werden; man würde nicht umhin können, die kindliche Liebe zu bewundern, die einem alten durch Hunger entkräfteten Manne das Leben rettet. Von dem allen aber kann schlechterdings in einer Vorstellung des eben erwähnten Zuges aus St.-Bernhard's Legende nichts ausgedrückt werden, weil die Erfindung gar zu abgeschmackt ist. Sobald man die weibliche Figur ins Auge faßt, verliert sie bei jedem Manne von Gefühl ihre Ansprüche auf Jungfräulichkeit und Weiblichkeit. So lächerlich es auch ist, wenn van Dyck in seinem Gemälde vom heiligen Antonius bei den hiesigen Barfüßermönchen einen Esel vor der Hostie knien läßt, so ist es doch immer noch erträglicher; man wird nicht indignirt, man lächelt nur, weil alles, was zur innern Vortrefflichkeit des Menschen gehört, unabänderlich bleibt, hingegen conventionelle Begriffe, die man mit gewissen Dingen verbindet, der Veränderung unterworfen sind. Wem indeß das größte Compliment dabei gebührt, den Erfindern dieses plumpen Scherzes, oder dem Volke, das sich daran erbaut, ist nicht leicht ausgemacht. Unserer Logik klingt es absurd, wenn jemand behaupten will, der Gegenstand, vor welchem ein unvernünftiger Esel kniet, verdiene die Anbetung des vernünftigen Menschen; aber es hat einmal einen Grad von Einsicht gegeben, und in Brabant existirt er noch, dem dieser Schluß die stärkste Beweiskraft zu haben scheint. Bündigere und anständigere Beweisarten für die Heiligkeit des Altarsakraments können für einen höhern Grad der Vernunft berechnet sein, wiewol keine Vernunft das Uebernatürliche richten darf, und es folglich ein überflüssiges und widersinniges Bemühen ist, Dinge bei ihr rechtfertigen zu wollen, welche nur durch die Gabe des Glaubens erkannt werden können.

Die ganze Volksmenge von Mecheln gab man uns auf 20000 Menschen an, und dieses auffallende Mißverhältniß der Bevölkerung zum Umfange der Stadt erklärte besser als alles andere die ausgestorbene Leere, die wir überall bemerkten; denn nimmt man an, daß die Welt- und Ordensgeistlichen, die Nonnen und Beguinen nach einer sehr gemäßigten Berechnung zusammen den fünften Theil dieser Anzahl ausmachen, so begreift man leicht, wie nur so wenig Menschen übrigbleiben, die ihre Geschäfte zwingen, sich auf den Straßen sehen zu lassen. Wollte man fragen wie es möglich ist, daß das berühmte, mächtige Mecheln so tief herabgesunken sein könne, so würde ich auf eben diese ungeheuere Anzahl von Geist=

lichen verweisen, die allmählich alle Bewegung gehemmt haben und, indem sie sich auf Kosten der Einwohner erhielten, fast allein übriggeblieben sind. Außer den sechs Pfarrkirchen gibt es sechs Mannsklöster, zwölf Nonnenklöster und zwei Beguinenhöfe, in welchen letztern allein nahe an tausend Beguinen wohnen. Die Einkünfte dieser Geistlichkeit belaufen sich auf ungeheure Summen; die des Erzbischofs schlägt man auf 100000 Gulden an. Mich wunderte es daher nicht, daß auf unser wiederholtes Anfragen nach den Sehenswürdigkeiten von Mecheln ein jeder uns an die Kirchen und Klöster verwies, und wir zuletzt bei dieser allgemeinen Armuth an Gegenständen, welche die Aufmerksamkeit des Reisenden verdienen, in eine Sägemühle an der Dyle geführt wurden. Nunmehr war es wirklich Zeit, unsern Schauplatz zu verändern. Wir eilten also in unser Quartier zurück, und nachdem wir noch zuvor in einigen Buchläden die fliegenden Blätter des Tags, deren jetzt eine ungeheure Menge ununterbrochen herauskommen, gekauft hatten, stiegen wir in einen Wagen und fuhren in starkem Trab auf dem schönsten Steindamm durch Alleen von hohen Bäumen, die hier jedes Feld und jeden Rain begrenzen, nach Brüssel.

Von Vilvoorden, einem kleinen, an dem Kanal zwischen Antwerpen und Brüssel gelegenen Städtchen, fuhren wir längs diesem Kanal in gerader Linie nach der Residenzstadt fort. Zu beiden Seiten erblickt man Landsitze mit prachtvollen Gebäuden, Gärten und dazugehörigen Tempeln und Lusthäusern. Alles verkündigt die Annäherung zu einem reichen, großen Orte, dem Wohnsitze eines zahlreichen begüterten Adels und eines für den Genuß des Lebens empfänglichen Volks. Kurz vor der Stadt geht der Weg über den Kanal durch eine Pflanzung von hohen Bäumen, die zugleich als öffentliche Promenade dienen kann. Die Gegend um Brüssel fängt wieder an sich in kleinen Anhöhen angenehm zu erheben, deren einige sich den Mauern so sehr nähern, daß die zur Befestigung der Stadt nöthigen Außenwerke zum Theil darauf angelegt sind. Wir hätten gern gewünscht, diese Gegend in ihrem Sommerschmuck zu sehen, wo sie wahrscheinlich für den Freund des Schattens höchst anmuthig sein muß. Um die Wälle läuft ein herrlicher Gang mit hohen Espen beschattet, und innerhalb der Thore öffnet sich dem Anblick eine Stadt, die den großen Residenzen Deutschlands, was Umfang, Volksmenge und im Durchschnitt gerechnet auch Pracht und Schönheit der Architektur betrifft, vollkommen an die Seite gesetzt zu werden verdient. Wir fuhren lange durch breite und enge, reine und schmuzige Straßen, über große und kleine Plätze, bei stattlichen, öffentlichen Gebäuden und schönen Privathäusern vorbei und kamen endlich über den großen Markt, wo das Rathhaus, eins der bewundernswürdigsten gothischen

Gebäude steht, vor welchem wir die Freiwilligen von Brüssel und die neuerrichteten Dragoner sich eben versammeln sahen. Die brabantische Cocarde, die jedermann bis hinab auf die gemeinsten Tagelöhner aufgesteckt hatte, und dieses Militär, welches sich link genug bei seinen Waffenübungen benahm, nebst der Menge von Zuschauern, die uns zu erkennen gaben, daß dieses Schauspiel ihnen noch neu sein müßte, waren die einzigen Kennzeichen, an denen sich die Revolution allenfalls errathen ließ.

Unser Gasthof war voll von Engländern; auch ging ziemlich allgemein die Sage, daß man im Begriff sei, ein englisches Hülfscorps zu errichten, womit es jedoch wol zu keiner Zeit Ernst gewesen sein mag. Die Anwesenheit des Herzogs und der Herzogin von Devonshire schien auf die politische Lage von Brabant keine Beziehung zu haben. Wir hörten hier und dort, daß dies eine gewöhnliche englische Reise aufs feste Land sei, wodurch man Zeit zu ökonomisiren gewinnt; denn allzu großer Aufwand erschöpft zuletzt auch die ungeheuersten Einkünfte. Allein schwerlich konnte dieser Fall hier eintreten, weil der Herzog bei einer solchen Reise eben nicht spart. Diesen Zoll müssen indeß die Großen jederzeit von ihren disproportionirten Reichthümern und Besitzungen an das Publikum zahlen; ich meine, daß man wegen der Höhe, die sie bestiegen haben und von welcher sie auf das übrige Menschengeschlecht herabsehen, die Augen unaufhörlich auf sie gerichtet hält, ihre Bewegungen, eben weil sie sich nicht verbergen lassen, stets bewacht und ihnen allerlei Motive andichtet, von denen sie selbst sich oft nichts träumen ließen. Ein jeder allzu reicher Privatmann wird schon durch die Mittel, zu wirken, die er in Händen hat, ein wichtiger Mensch im Staate, und insofern muß er sich billig dem Urtheile seiner Mitbürger in dem Grade, wie die in öffentlichen Aemtern stehenden Personen, stellen und unterziehen. Die Natur verübt auch hierin die ihr eigene Gerechtigkeit. Das wahre, echte, einzige Eigenthum ist in unserm Herzen und Verstande. Auf alle andern erworbenen äußerlichen Güter behält der Nebenmensch immerfort einen natürlichen Anspruch, der, wenn man sich auch vermittels des bürgerlichen Vertrags dessen begibt, sich dennoch in der Freiheit und Unausbleiblichkeit des Urtheils über seine Anwendung immer wieder äußert. Je überwiegender der Einfluß ist, den ein Wesen in die Schicksale der Menschen hat, desto allgemeiner wird dieses Wesen für alle ein Gegenstand des Nachdenkens, des Lobes und des Tadels. Daher gibt es nichts in der Welt, worüber täglich und stündlich so viele und zugleich so schiefe Urtheile gefällt werden, als über die Sonne, die Natur und Gott.

XIV.
Brüssel.

Ansicht von Brüssel. Pracht der Gebäude. Anekdote von Peter dem Großen. Veränderter Zustand der Stadt seit achtzehn Jahren. Kühner Spitzthurm des Rathhauses. Prinz Karl's Statue zu Pferde auf dem Giebel des Brauerhauses. Neue Häuser an der Stelle aufgehobener Klöster. Kornmarkt. Physiognomische Anzeichnungen über den Pöbel von Brüssel. St.-Gudulakirche. Vortreffliches Gemälde von Rubens. Kreuzigung Christi von Crayer in der Kirche des großen Beguinenhofs. St.-Jakobskirche zum Kaudenberg. Herrn Danhot's Gemäldesammlung. Danaë von Tizian. Porträt eines Frauenzimmers von Leonardo da Vinci.

Wir sind einige Tage nacheinander ausgewesen, um die Stadt zu besehen. Sie ist sehr unregelmäßig gebaut, die Straßen laufen krumm, kreuz und quer durcheinander; viele sind indeß ziemlich breit, und fast durchgehends sieht man schöne oder wenigstens solide Häuser, die ein gutes Ansehen haben. Die meisten Privathäuser sind nach der Straße hin sehr schmal und mit Giebeln, welche sich stufenweise zuspitzen, versehen. Fast alles, die großen massiven Gebäude ausgenommen, ist wie in den übrigen brabantischen Städten mit weißer Tünche überzogen. Die Gegend um den Park ist eine der schönsten und würde in jeder großen Stadt dafür gelten. Massive, große Gebäude von einfacher aber geschmackvoller Bauart zieren sie. Der Königsplatz, wo eine kolossalische Bildsäule des Prinzen Karl von Lothringen in Erz vor der St.-Jakobskirche, in einer Linie mit dem kühnen, leichten Spitzthurm des Rathhauses steht, ist mit eben solchen Gebäuden umringt. Der Gerichtshof von Brabant oder das sogenannte Conseil hält in einem neuen, von den Ständen errichteten Palast, der nach dem Park hinsieht, seine Sitzungen. Die Hotels des Herzogs von Aremberg, des Vicomte von Walkiers, des englischen Gesandten, imgleichen das Wappenhaus u. a. m. stehen sämmtlich in dieser Gegend.

Seit sechzehn oder achtzehn Jahren hat Brüssel, zumal um den Park herum, eine neue Gestalt gewonnen. Die alten Gebäude, die man hier noch sieht, wie zum Beispiel die Reitbahn, stehen beinahe unter der Erde; die neuen hingegen haben zwei oft drei Keller oder Souterrains übereinander, indem man das Erdreich bis zu einer Höhe von 30 Fuß und darüber aufgeschüttet hat, um die ehedem vorhandenen Unebenheiten auszufüllen. Der Park ist daher jetzt schon vollkommen geebnet bis auf zwei Vertiefungen, welche noch vor kurzem Sümpfe waren, jetzt aber mit schönem, hohem Gebüsch bekleidet und mit festen Sandgängen ausgelegt sind. In einem dieser Gründe sahen wir eine Grotte mit einem Springbrunnen, der aber jetzt nicht floß. Das viereckte Becken von Stein unter der Nische, worin eine lesende weibliche Figur von Marmor liegt, hat auf seinem Rande folgende merkwürdige Inschrift: „Petrus Alexiowitz Czar Moscoviae Magnus Dux margini huius fontis insidens illius aquam nobilitavit libato vino hora post meridiem tertia die XVI. Aprilis anni 1717." Der große Stifter des russischen Kaiserthums hatte nämlich bei einem Gastmahl, welches man ihm zu Ehren gab, ein wenig zu tief ins Glas gesehen. Indem er nun hierherspazierte, um in der frischen Luft die Dünste des Weins verrauchen zu lassen, fiel er in das Wasserbecken, und es geschah, was die Inschrift sehr zierlich und fein mit dem libato vino ausdrückt.

Der sogenannte Große Markt ist wirklich nicht so groß, wie man ihn sich nach diesem Beinamen vorstellen möchte; allein das Rathhaus mit seinem hohen gothischen Thurme ziert diesen Platz und gibt ihm Ansehen. Das Einfache pflegt selten die stärkste Seite der gothischen Bauart auszumachen; bei diesem Thurme halten jedoch die vielen kleinen Spitzen und einzelnen Theile den Beobachter nicht ab, Einen großen Eindruck von kühn und leicht emporstrebender Höhe zu empfangen. Es wird immer den Gebäuden in diesem Geschmack zum Vorwurf gereichen, daß ihre Gestalten stachelicht und gleichsam zersplittert scheinen, zu scharfe, eckige, in die Länge gezerrte Verhältnisse und Formen darbieten und dem Auge keine Ruhe lassen. St.-Michael steht nicht übel auf der Spitze dieses Thurms in kolossalischer Größe, die jedoch von unten immer noch klein genug erscheint, und mit dem besiegten Feinde zu seinen Füßen. Auf dem benachbarten Giebel des Brauerhauses steht des Prinzen Karl von Lothringen vergoldete Bildsäule zu Pferde lange nicht so schön und gewiß nicht an ihrem Orte; allein die Brüsseler scheinen diesen Fürsten so lieb gehabt zu haben, daß sie ihn gern über ihren Köpfen reiten ließen.

Zu den Veränderungen in Brüssel muß man noch die seit der Aufhebung der Klöster angebauten Plätze rechnen, auf denen jetzt schon eine große Anzahl neuer Häuser stehen. Eins von diesen Klöstern, welches innerhalb der Stadt ansehnliche Gärten besaß, brachte durch seine Aufhebung zum ersten mal den Einwohnern und ihrem Handel einen wichtigen Vortheil, indem der Kaiser daselbst einen schönen, geräumigen Platz zum Kornmarkte einrichten ließ, auf welchem jeder Gattung von Getreide ihr besonderer Ort angewiesen ist; es stehen Pfähle errichtet, mit Bretern daran, worauf man „Bohnen, Buchweizen, Weizen, Roggen, Hafer, Gerste" u. s. w. liest. In einer andern Gegend baute man nur noch im vorigen

Jahre mehr als zwanzig neue Häuser auf den Schutthaufen eines Klosters. Diese Veränderungen und Verschönerungen einer Stadt, die, wenn man einzelne Gebäude ausnimmt, im ganzen bereits an Schönheit mit Berlin verglichen werden darf, werden jetzt eine Zeit lang ins Stocken gerathen; wenigstens werden die noch übrigen Klöster vorderhand wol mit dem Schicksal, das Joseph II. ihnen drohte, verschont bleiben. Das fromme, katholische Volk von Brabant hängt mit ganzer Seele an seinem Herkommen in der Religion wie in der Politik, und wenn man es aufmerksam beobachtet, so begreift man nicht, wie es möglich und wirklich geworden ist, daß dieses Volk mit der Anstrengung eines Augenblicks seinen Oberherrn vertrieben hat.

Die große Masse des Volks in Brüssel ist, soviel ich nach dem Haufen urtheilen kann, der sich in den Straßen sehen läßt, nichts weniger als eine schöne Rasse. Sei es verderbte Lebensart, Eigenheit des hiesigen Bodens oder Einwirkung der Verfassung und anderer zu wenig bekannter Umstände; aber gewiß ist es, daß das gemeine Volk eher unter als über der mittlern Statur gerechnet werden muß. Besonders ist dies an dem andern Geschlechte auffallend sichtbar, das überdies noch im Verhältniß des Körpers kurze Arme und Beine hat. Ihre Gesichtszüge kann man nicht eigentlich häßlich nennen; allein bei einer ziemlich regelmäßigen Bildung ist etwas Schlaffes und Grobfleischiges zugleich bemerklich, welches das physiognostische Urtheil von gutmüthiger Schwäche und uninteressanter Leere nach sich zieht. Jene schönen vollwangigen Gesichter mit hoher Stirne und schöngebogener Nase, mit Feuer im großen Auge, starken Augenbrauen und scharfgeschnittenem weiten Munde, die uns im Limburgischen und selbst noch in dem an Lüttich grenzenden Tirlemont gefielen, sahen wir hier nicht wieder. Es scheint, als hätte auf dem niederländischen Grunde der französische Firniß die Züge nur mehr verwischt, nicht charakteristischer gemacht. Dies kann vielleicht paradox, vielleicht gar unrichtig klingen; allein ich bin für meinen Theil überzeugt, daß auch ohne wirkliche Vermischung der Rassen, blos durch das Allgemeinwerden einer andern als der Landessprache, durch die vermittels derselben in Umlauf gekommenen Vorstellungsarten und Ideenverbindungen, endlich durch den Einfluß, den diese auf die Handlungen und auf die ganze Wirksamkeit der Menschen äußern, eine Modification der Organe bewirkt werden kann. Rechnen wir hinzu, daß von alten Zeiten her Ausländer über Brabant herrschten; daß Brüssel lange der Sitz einer großen, glänzenden Hofstatt war; daß auch mancher ausländische Blutstropfen sich in die Volksmasse mischte; daß der Luxus und die Ausschweifungen, die von demselben unzertrennlich sind, hier in einem hohen Grade, unter einem reichen, üppigen und müßigen

Volke seit mehrern Jahrhunderten im Schwange gingen: so kann die besondere Abspannung, die wir hier bemerken, sich gar wohl aus natürlichen Ursachen erklären lassen. Es ist indeß nicht der niedrige Pöbel allein, dessen Gestalt zu jener Skizze paßt; das ganze Corps der freiwilligen Bürger, das wir täglich auf dem Markte sehen, und dessen Glieder wenigstens bemittelt genug sind, um auf eigene Kosten alles, was zu ihrer Equipirung gehört, sich anzuschaffen, ja unter denen viele ein reichliches Einkommen haben; dieses Corps, sage ich, so schön es gekleidet ist, so eine kriegerische Miene es macht und so viel Standhaftigkeit und Edelmuth es wirklich beseelen mag, besteht gleichwol durchgängig aus kleinen, schmächtigen Menschen, auf deren Wange selten einmal etwas von einer martialischen Farbe glüht.

Die Hauptkirche zu St.-Gudula ist ein ungeheueres altes Gebäude von ehrwürdigem Ansehen, inwendig mit einer sehr großen Anzahl von Kapellen ausgeschmückt. Die vornehmste, des wunderthätigen Sakraments, bot uns den schönsten Rubens dar, den wir bisjetzt gesehen hatten; den schönsten, ich sage es dreist heraus, den ich von seiner Hand nicht übertroffen zu sehen erwarte. Das Sujet, welches er sich gewählt hat, ist Christus, indem er Petro die Himmelsschlüssel übergibt. Es herrscht eine erhabene, göttliche Ruhe in dieser schönen Gruppe von Köpfen, deren Kraft und Glanz so frisch ist, als wären sie gestern gemalt. Die Farben haben einige Härte, die man aber über den Eindruck des Ganzen nicht merkt. Der Christuskopf ist schön und sanft, nur diesmal gar zu still und unbeseelt. Die Künstler scheinen manchmal zu wähnen, daß die Sanftmuth des Dulders sich nicht zu innerm Feuer gesellen dürfe, durch welches sie doch erst ihren größten Werth erhalten muß; denn sanft sind ja auch die frommen Thiere, die einen hier, am unrechten Orte angebracht, um das allegorische „Weide meine Schafe!" anzudeuten, wirklich ärgern. Die linke Hand des Heilands ist von großer Schönheit, wie jene berühmte Hand von Carlo Dolce in Düsseldorf. Petrus, der sich über die rechte Hand seines Herrn beugt, ist ein Kopf voll Hingebung, Vertrauen, Glauben und Festigkeit. Jacobus ist alt und ehrwürdig; die andern beiden Köpfe, von weniger Bedeutung, dienen jedoch zur Verschönerung der so großgedachten Gruppe. Das Bild ist nur ein Kniestück. Von den vielen Gemälden von Crayer, Coxis, van Cleef, Champagne, Otto Venius und andern, welche die zahlreichen Kapellen dieser Kirche zieren; von den Statuen der Heiligen, den kostbaren Altären, den gemalten Fenstern und den Mausoleen kann ich nach dem Anblick eines solchen echten Kunstwerks nicht sprechen. Das wahrhaft Vollendete der Kunst füllt die Seele so vollkommen, daß es für geringere Gegenstände keinen Platz darin läßt.

In der zum großen Beguinenhofe gehörigen Kirche sahen wir an dem Altar zur Rechten ein schönes Gemälde von Crayer; es war eine Kreuzigung Christi. Der Kopf des Erlösers war edel und sogar erhaben; Johannes nicht schön, aber von bewundernswürdigem Ausdruck. Den Blick auf den Gekreuzigten gerichtet, scheint er fast noch mehr als dieser zu leiden. Die Mutter Gottes ist nicht so glücklich gefaßt, aber dennoch von vorzüglicher Kraft und schön drapirt, zumal um den Kopf. Die Magdalene zu den Füßen des Kreuzes ist ebenfalls ihres Platzes in diesem Stücke würdig, wiewol sie mit dem Johannes nicht verglichen werden kann. Die Farbe des Stücks ist wahr und der Ton in schöner Harmonie. Die Gruppe ist einfach und natürlich; kurz, so wenig es mir gegeben ist, mit Enthusiasmus und Liebe an einer der Kunst so heterogenen Wahl zu hangen, so unverkennbar ist Crayer's Verdienst in der Behandlung. Unmöglich konnte man einen Gegenstand, der an sich das Gefühl so fürchterlich verletzt, wie die Marter des menschlichen Körpers, auf eine interessantere Weise darstellen, sodaß man über den Geist und den Adel der Charaktere beinahe die Gräßlichkeit des körperlichen Leidens und der vom Henker verzerrten Gestalt vergißt.

Die St.-Jakobskirche am Königsplatz, sonst auch die Kirche vom Kaudenberg genannt, überraschte uns nach so vielen theils gothischen, theils in einem barbarischen Geschmack mit Kleinigkeiten und Spielereien überladenen Kirchen, auf eine sehr angenehme Art. Ihre äußere Facciate ist edel und groß, und hat nur den Fehler, daß sie zu beiden Seiten zwischen Häusern steckt, die zwar nicht übel gebaut, aber doch keineswegs an ihrem Platze sind und den übrigen Bau der Kirche verstecken. Die Basreliefs im Fronton und über der Thüre sind unbedeutend; aber in der schönen korinthischen Architektur ist Reichthum mit Simplicität auf die glücklichste Art verbunden. Noch mehr gefiel mir der Anblick des Innern von diesem höchst regelmäßigen Tempel. Die Proportionen der korinthischen Säulen sind untadelhaft, ihre Capitäler schön geschnitzt und die Decorationen der Kuppel, der Bogen und der Soffiten von ausgesuchter Schönheit und Eleganz. Die ganze Form des Schiffs und die Verhältnisse des Kreuzes entzücken das Auge, und diese durch keine kleinliche, unnütze Zierathen verunstaltete, durch nichts Heterogenes gestörte Harmonie wird durch die weiße Farbe, womit die ganze Kirche überzogen ist, noch erhöht. Hier ruht das Auge und der Geist; hier fühlt man sich wie zu Hause und glaubt an die Verwandtschaft des Bewohners mit unserm Geiste; hier ist nichts Finsteres, nichts Schauerlich-Erhabenes. Größe ist es, mit gefälliger Grazie, mit Schönheit und Liebe umflossen. Die Verschwendung der köstlichsten Marmorarten in den hiesigen Kirchen beklagten wir erst recht lebhaft, nachdem wir dieses schöne Gebäude betrachtet und uns vorgestellt hatten, welch einen herrlichen Effect es machen würde, wenn man sie hier angewendet und die Vollkommenheit der Form durch die Pracht und Vortrefflichkeit des Stoffs erhöht hätte. Aber daß sich nur niemand in Zukunft auf den Geschmack der vermeinten Kunstkenner verlasse! Diese Kirche und Crayer's Gemälde bei den Beguinen hatte man uns mit Achselzucken genannt. Dafür loben sie uns das Portal der Augustinerkirche und Landschaften von Breughel!

Der Abbé Mann, ein alter Engländer, verschaffte uns Gelegenheit, das Gemäldecabinet des hiesigen Bankiers Herrn Danhot zu sehen, und ich kann nicht zu früh von dieser vortrefflichen Sammlung sprechen, die mich mitten in Brüssel so angenehm an italienische Kunst und ihre Vollkommenheit erinnerte. Ich sage Dir nichts von dem schönen Lukas van Leyden, dessen Verdienst in seinem Alterthum besteht; von den kleinen Stücken, worunter ein Mieris befindlich ist, der dem Eigenthümer 4000 Gulden gekostet hat; von den meisterhaften Landschaften des wackern van Goyen; von dem Salvator Rosa, dem Bassano, den Teniers groß und klein, fünf an der Zahl, so schön ich sie je gesehen habe; von dem St.-Franciscus von Guido und einer Jungfrau, angeblich von demselben Meister, die ich aber beide für Copien halte; von den zwei Obst naschenden Knaben des Murillo, die, wie alles von diesem Künstler, aus der Natur leibhaft ergriffen sind; ich mag nicht von van Dyck's schönen Skizzen sprechen, worunter besonders die Abnehmung vom Kreuze so lieblich gedacht ist, daß man den Tod des Adonis zu sehen glaubte, wenn nicht ein Priester im Meßgewande vorn die Illusion zerstörte; nicht von Rembrandt's zwei unnachahmlichen Porträts, dem Maler und dem Philosophen; nicht von dem vermeintlichen Rafael, der diesen Namen nicht verdient; nicht von Rubens' Sabinerraub, von seiner Bürgerschaft von Antwerpen vor Karl V.; nicht einmal von seiner Rückkehr aus Aegypten, mit Figuren in Lebensgröße, wo Gott der Vater sehr gemächlich in den Wolken sitzt, der Christusknabe hingegen, mit einem lieblichen Kopf, eine vorzügliche Leichtigkeit im Gange hat. Was konnte ich von diesem Reichthum noch sehen, nachdem ich eine Danaë von Tizian und ein Porträt der Frau des Malers Joconde von Leonardo da Vinci's Hand gesehen und verschlungen hatte? Die Danaë ist eine köstliche Figur; sie liegt da und lebt. Mehr wird kein Mensch zu ihrem Lobe sagen können. Farbe, Gestalt der Muskeln, Frische und Sammtweiche der Haut sind wahr bis zum Angreifen und in der Fülle der Reize. Es ist nur schade, daß der große Meister diesem schönen Körper keine Seele schuf; der leere Kopf mit den geschlossenen Augen ist auszeichnend häßlich; man möchte ihn aus dem Bilde herausschneiden, damit er dessen Harmonie nicht störte. Frau Joconde erinnerte mich augenblicklich an mein Lieblingsbild in der landgräflichen Galerie zu Kassel, wo dem Künstler genau dasselbe Gesicht zu einer himmlischen Madonna gedient haben muß. Das Colorit des hiesigen Stücks hat indeß vor jenem einen entschiedenen Vorzug. Sie hält die eine Hand mit einer Aglienblume ein wenig steif nach Art der ältern Maler empor; in der andern hat sie blühenden Jasmin und im Schose liegen noch einige Blumen. Ein wenig Härte und Trockenheit mag immer der Pinsel beibehalten haben; es ist doch unmöglich eher daran zu denken, als bis man an den Wundern der Zeichnung geschwelgt hat und einen Vorwand sucht, um endlich sich loszureißen. Umsonst! diese kleinen Unvollkommenheiten, die so innig mit der Schönheit und dem Seelenadel des Weibes verwebt sind, werden bei ihr zu neuen Fesseln für unser Auge und für das Herz. Man überredet sich gern, daß etwas so Vortreffliches nicht anders, als wie es ist, vortrefflich sein könne, und liebt den Flecken um des Platzes willen, den man ihm beneidet. Die Natur hat die Talente nicht vereinigen können, nicht Tizian's Sinn für den zarten Hauch des Lebens, mit unsers Leonardo leiser Ahnung des Seelenausdrucks! Sie gehen also wol nicht beisammen und wir begnügen uns — begnügen? so vermessen dürften wir vom Genusse der edelsten Schöpfungen des Genius sprechen? —, wir sind überglücklich, uns in den Gesichtspunkt eines jeden einzeln zu versetzen und ihre Seele in einer Sprache von unaussprechlichen Ausdrücken mit der unserigen in Gemeinschaft treten zu lassen. Ein jeder wähle, was ihm frommt! Ich halte mich hier an den Zauberer, der Geister vor mir erscheinen läßt; wohlthätige Erscheinungen, die, einmal gesehen, ewig unvertilgbare Spuren ihres Daseins im Innern des Schauenden hinterlassen. Ist das eines Malers Frau? dann werft eure Paletten weg, ihr andern Maler, wenn ihr Madonnen und Engel, die seligen Bewohner des reinen Aethers, malen sollt. Sie hat in sich die Fülle alles dessen, was andern Regel und Muster ist; ihr selbst unbewußt, denn sie kennt weder Regel noch Muster. Ihr Sinn ist Jungfräulichkeit, ihr Thun lauter wie das Element, in dem eure Götter athmen; Sanftmuth und die äußerste Feinheit umschweben ihren wahren, zarten Mund; unbeschreiblich leise sinnt es nach in ihr im Eindruck des Kopfes um die Gegend der Schläfe; heilig und rein ist das große niedergeschlagene Augenpaar, das die Welt in sich aufnimmt und sie schöner wiedergibt. Wer möchte nicht unsichtbar sie umschweben in ihrer dunkeln Grotte, deren Grund fast nicht zu erkennen ist, wo sie einsam und in stiller Ruhe die Natur der Blüten ergründet, sie selbst die zarteste und schönste der Blüten! Die Mauerraute wuchert in den Ritzen der feuchten

Felsenwand, und die Ranken des Zimbelkrauts hangen üppig daran herunter und wollen gedrückt sein von ihr! Alles ist vollendet und bis auf die zartesten Merkzeichen ausgemalt, alles in seinen unbedeutendsten Umrissen wahr und bestimmt. O Carlo Dolce! wehe dem, der von einem solchen Meister wie Leonardo da Vinci nicht lernte, die Sorgfalt der Natur von der ekelhaften Pinselei der Manier unterscheiden!

XV.
Brüssel.

Revolution aus Unwissenheit. Fanatismus. Nous ne voulons pas être libres. Wirkungen des Verfolgungsgeistes auf die Anlagen im Menschen. Kein großer Mann in Brabant. Gleichgültigkeit und dummer Widerstand der Niederländer gegen Joseph's Wiedereröffnung der Schelde. Vergängliches Phänomen des Kunstsinnes. Phlegma. Mechanische Künste und Ackerbau. Proceßsucht. Erwachen des Begriffs von den Rechten der Menschheit bei den Rechtsgelehrten. Einfluß der hierarchischen Seelentyrannei.

Niemand soll mir wieder mit dem elenden Gemeinplatze kommen, den jetzt so mancher Apostel des Despotismus umherträgt und den ich schon zum Ekel von Nachbetern wiederholen hörte: daß die Aufklärung schuld an politischen Revolutionen sei. Hier in Brüssel sollen sie mir ihren Satz einmal anwenden! Ja wahrlich, vollkommener war keine Unwissenheit, dicker keine Finsterniß, bleierner drückte nie das Joch des Glaubens die Vernunft in den Staub. Hier hat der Fanatismus Aufruhr gestiftet; Aberglaube, Dummheit und erschlaffte Denkkraft sind seine Werkzeuge gewesen.

Was Revolutionen im Staate hervorbringt, ist gänzlich unabhängig von dem jedesmaligen Grade der Einsicht des revoltirenden Volks. Wenn seine Leidenschaften aufgeregt sind (das geschehe nun durch den unerträglichen Druck der Tyrannei oder durch die Aufwiegelungskünste boshafter und herrschsüchtiger Menschen), dann ist die Revolution zur Reife gediehen; nur mit dem Unterschiede, daß jene besteht, weil sie einen wesentlichen Grund, eine materielle Veranlassung hat, diese hingegen wieder in ihr Nichts zurücksinkt, sobald die Täuschung aufhört.

Die Kirchen und Klöster in Brüssel sind zu allen Stunden

des Tags mit Betenden angefüllt — und an den Thoren der Tempel lauert der Geist der Empörung ihnen auf. Hier läßt der Congreß seine Mandate und Verordnungen anschlagen; hier lesen wir die täglich herauskommenden Aufforderungen an das Volk, gegen die sogenannten Verräther des Vaterlandes, nämlich gegen die Demokraten, mit Feuer und Schwert zu wüthen; hier lästert die Zunge der Verleumbung den braven van der Mersch; hier stößt man Verwünschungen aus gegen die holländischen Flüchtlinge, denen man die Freiheitsliebe zum Verbrechen macht; hier erdreistet man sich sogar, den heftigsten Ausbrüchen der Wuth, womit die aristokratische Partei die andere verfolgt, den Anstrich frommer Handlungen zu geben und die rechtgläubigen Einwohner im Namen ihrer Religionspflichten dazu anzuspornen! Unverkennbar ist der Geist, der in diesen Anschlagszetteln spukt; es gibt nur Eine Klasse von Menschen, die auf solche Weise Menschliches und Göttliches untereinander wirft, um die blöden Augen der Menge zu blenden und ihre schwache Vernunft durch casuistische Cirkelschlüsse zu hintergehen.

Das Siegel eines weit ärgern Despotismus, als derjenige war, dem die Niederländer entronnen sind, klebt noch an ihrer Stirn und ein Jahrhundert wird es nicht abwaschen können. Mit ihrer neuerlangten Freiheit wußten sie nichts anzufangen; sie war ihnen lästig; sie können ohne Beherrscher nicht bestehen. „Nous ne voulons pas être libres!" „Wir wollen nicht frei sein!" antworten sie uns, wenn wir sie um ihrer Freiheit willen glücklich preisen, ohne doch vermögend zu sein, uns nur etwas, das einem Grunde ähnlich gesehen hätte, zur Rechtfertigung dieses im Munde der Empörer so paradoxen Satzes vorzubringen. Nous ne voulons pas être libres! Schon der Klang dieser Worte hat etwas so Unnatürliches, daß nur die lange Gewohnheit, nicht frei zu sein, die Möglichkeit erklärt, wie man seinen tückischen Führern so etwas nachsprechen könne. Nous ne voulons pas être libres! Arme, betrogene Brabanter! das sagt ihr ohne Bedenken hin, und indem ihr noch mit Entzücken euern Sieg über die weltliche Tyrannei erzählt, fühlt ihr nicht, wessen Sklaven ihr waret und noch seid? Schon recht! ihr könnt auch nicht mehr frei sein; ihr seid geborene Knechte: Einem Herrn entlauft ihr; aber des andern Zeichen ist euch eingebrannt, an welchem es jedem Klügern spottleicht wird, euch wiederzukennen und einzufangen, wähnet ihr gleich, ihr wäret frei!

Wie der Vogel, der den Faden bricht,
Und zum Walde kehrt:
Er schleppt des Gefängnisses Schmach,
Noch ein Stückchen des Fadens nach;
Er ist der alte, freigeborne Vogel nicht —!

Aberglaube heißt der Faden, der allerdings nur gar zu oft

auch vom weltlichen Despoten ergriffen wird und an dem er die gefesselten Nationen lenkt. Ein gefährliches Unterfangen! denn es darf sich nur die Hierarchie an den Faden hängen, so schwingt sie das Volk und den Herrscher nach ihrer Willkür umher.

Brabant ist seines Aberglaubens wegen berühmt, Dank sei es Philipp's grausamer Politik, die das Schwert in den Eingeweiden seiner selbstdenkenden Unterthanen wühlen ließ und jedem Andersgesinnten den Scheiterhaufen zuerkannte. Die Rechtgläubigen, die allein in dem entvölkerten Lande übrigblieben, mochten wol erblassen über ihrer eigenen Hände Werk. Triefend vom Blut ihrer Brüder flohen sie vor dem grellen Lichte ihrer strafenden Vernunft und den Qualen einer vergeblichen Reue. Sie eilten, die Bürde des verwundeten Gewissens im mütterlichen Schoße der Kirche abzuwerfen, und die Zauberin verwandelte den Brudermord in ein gottgefälliges Opfer. So ziemte es ihr, Verbrechen zu heiligen, die sie zuerst gebot. Zitternd vor ihr, die damals das Menschengeschlecht eher vertilgen als ihrem Herrscherrecht entsagen wollte, huldigten sie der unerforschlichen Weisheit, womit die Kirche alle Widersprüche vereinigte, und schrieben der lästigen Zweiflerin Vernunft einen ewigen Scheidebrief.

Das schöne Vorrecht einer Religion des Friedens, dem Verbrecher im Namen der versöhnten Gottheit Verzeihung und Gnade darzubieten, erstreckt sich nicht bis zur Aufhebung der natürlichen Folgen des Uebels. Geistliche Zurechnung mag sie dem Sünder erlassen, aber weder Reue noch Seligsprechung können ungeschehen machen, was geschehen ist, können aus der Kette der Dinge ein einziges Glied reißen, das hier Wirkung war und dort wieder Ursache wird. In Brabant, wo die vorgeblichen Vertrauten der Götter nicht blos zu verzeihen, sondern zu billigen, ja zu gebieten wagten, was die Natur als Verbrechen verabscheut — werden hier allein die Verirrungen der wider sich selbst wüthenden Menschheit ohne Folgen geblieben sein? Nimmermehr. Lieber leugne man allen Zusammenhang und jede Beziehung in der Natur; man lästere die unverbrüchliche Treue, womit sie an ihren Gesetzen bekleibt, ehe man zweifelt, ob das Verzichtthun auf den Gebrauch der Vernunft und ob die Betäubung des moralischen Gefühls eine andere Wirkung haben könne, als immer zunehmende Entartung!

Seit jener unglücklichen Epoche, da hier die Philippe und die Albas mordeten, da das Blut der freien Edlen auf dem Richtplatz floß, erwähnt die Geschichte dieser Provinzen nur dann, wenn fremde Kriegsheere sie zum Kampfplatz wählten oder wenn sie als ein Erbgut aus einem Fürstenhause in das andere übertragen wurden. Nie wieder erwachte in ihnen ein eigenthümlicher Geist, nie erhob sich aus ihrer Mitte ein großer Mann! In Unthätig-

keit versunken, behaupteten sie nie die Rechte der Menschheit gegen
die übermüthigen Nachbarn, die ihrem Oberherrn das harte Ge=
setz vorgeschrieben hatten, die Flüsse seines Landes zu verschließen
und seinen Städten mit dem Handel auf dem Meere Wohlstand,
Volksmenge und Mittel zur Bildung des Geistes zu rauben. Bei
Joseph's Versuche, dieses widernatürliche Joch abzuwerfen, ver=
hielten sich die Brabanter leidend und die Flamänder sträubten sich;
jene glaubten am Speditionshandel hinlänglichen Ersatz für die ge=
sperrte Schelde zu besitzen, oder hatten sich schon gewöhnt, in ihren
angeerbten Schätzen unerschöpfliche Quellen des eingeschränkten,
stillen, müßigen Genusses zu finden; diese wollten ihr Ostende dem
Flor von Antwerpen nicht opfern. Der Adel in beiden Provin=
zen befürchtete im vermehrten Wohlstande des Bürgers Vermin=
derung seines Einflusses und Ansehens, und die Geistlichkeit, die
in einigen Provinzen zum Besitz der Hälfte und in Brabant voller
zwei Drittheile von dem ganzen Landeigenthum gelangt war, be=
gnügte sich an dem sichern Ertrag des fruchtbaren Bodens.

Eine Zeit lang hatte zwar aus den Schutthaufen der Freiheit
die Kunst noch hervorgeblüht. Statt des Schwertes, das den Bel=
giern aus der Hand gesunken war, hatten sie den Pinsel ergriffen,
denn plötzlich erlischt die Energie des menschlichen Geistes nicht;
in ihrem Wirken unterbrochen, wirft sie sich gern erst in neue Ka=
näle. Der Luxus der Hauptstadt, der gehemmte Umlauf unge=
heurer Kapitalien in den Handelsstädten, die Politik und die Hof=
fart der Klerisei und der geistlichen Orden gaben anfänglich den
Künstlern Beschäftigung; allein auch diese Periode war bald verflossen
und alles neigte sich unter dem narkotischen Fittich der Pfaffen=
erziehung zum langen Geistesschlafe. Um Gestalten hinzaubern zu
können, als lebten sie, um Menschen handelnd darstellen, ja in
Thaten groß auch nur ahnen zu können, müssen frühzeitig die Bilder
des Mannichfaltigen den unbefangenen Geist zur Thätigkeit wecken
und die Begierde zu schaffen in seinem Innern hervorrufen. Das
träge Blut des Belgiers vermochte dies nie von selbst. Als der
Rausch, den ihm die kriegerischen Zeiten zurückgelassen hatten, gänz=
lich verdunstet, als van Dyck nach England verpflanzt und zu früh
gestorben war, da welkte die niederländische Kunst, und jene soge=
nannten Malerakademien, welche noch jetzt in Mecheln und Ant=
werpen bestehen, sanken in eine Geringfügigkeit, die ärger als
Vernichtung ist.

Die mechanischen Künste haben sich länger gehalten, weil die
Art des Fleißes, welche kein Nachdenken erfordert, sondern das
Werk der Uebung und Gewöhnung ist, phlegmatischen Völkern zur
andern Natur werden kann. Ihre Existenz in dieser wie in jeder
Rücksicht ist maschinenmäßiger als die Existenz der lebhaftern, geist=

reichern Menschen, deren unstetes Wesen mehr von eigenen An=
trieben abhängt und daher öfter die Erscheinung des Müßigganges
bewirkt. Noch gibt es in allen belgischen Provinzen ansehnliche
Wollen= und Leinenfabriken, obwol die erstern in Vergleich mit
ihrem Flor im 14. Jahrhundert, als Löwen und Ypern je=
des 4000, Mecheln über 3000 und Gent 40000 Weberstühle
beschäftigen konnten, gleichsam nur armselige Trümmer der ehe=
maligen Wirksamkeit verrathen. Lange vor dem Ausbruche des
Religionskriegs wanderten aber schon Tausende von Fabri=
kanten nach England, und während der Unruhen öffnete Elisabeth
ihre Häfen den fleißigen Flüchtlingen, die um ihres Glaubens
willen ihr Vaterland verließen. Andere Zweige des städtischen
Fleißes sind durch das Emporkommen auswärtiger Fabriken in Ver=
fall gerathen, wie die Seidenmanufacturen in Antwerpen; oder
Wankelmuth der Mode hat ihren Absatz vermindert, wie dies mit
den brabantischen Spitzen und mit den gestickten Teppichen von
Brüssel der Fall ist, an deren Stelle die Blonden und Papier=
tapeten gekommen sind.

Der Landmann allein ist geblieben, was er war: der arbeit=
same, geduldige Bauer des fetten ergiebigen Erdreichs. Seine
Saaten füllen die Scheuern des Adels und der Klöster; seine
Heerden bedecken unübersehbare Weiden, und seine Gespinste, das
Werk seiner Nebenstunden, beschäftigen sowol die noch übriggeblie=
benen einheimischen als auch die benachbarten auswärtigen Fabri=
kanten. Aus diesen Quellen des Reichthums, so schlecht man sie
auch benutzte, flossen jährlich noch Millionen in die Schatzkammern
des Hauses Oesterreich. Hätten weise Führer durch zweckmäßige
Bildung der Jugend, hätten große Regenten durch Erweckung eines
edeln Wetteifers den Einflüssen der Sumpfluft und des nordischen
Nebels entgegenarbeiten wollen, warum sollte es ihnen weniger ge=
glückt sein als in dem benachbarten England? Allein die Vervoll=
kommnung des dritten Standes war jederzeit, bis auf Joseph II.,
dem stolzen Hofe zu klein, dem Adel und der Geistlichkeit ein
Greuel.

Oft indessen zwecken die unberechneten Folgen der Leidenschaft
mehr als absichtliche Vorkehrungen auf die Hervorbringung des
Guten. Nirgends treibt die Habsucht mit weniger Zurückhaltung
ihr Spiel, nirgends häuft sich die Zahl der Processe so ins Unend=
liche, als in Ländern, wo ein ungebildeter zahlreicher Adel und
eine nicht minder rohe, nicht minder zahlreiche Geistlichkeit den Besitz
des Landes unter sich theilen. In den katholischen Niederlanden wie
in Polen und Ungarn nehmen diese Streitigkeiten, bei dem ge=
schwächten moralischen Gefühl, welches unausbleiblich die versäumte
Entwickelung der Vernunft begleitet, unter den Begüterten kein

Ende. Daher schwang sich endlich aus dem Bürgerstande die unentbehrlich gewordene Klasse der Rechtsgelehrten empor, und in diesem allerdings nicht erlesenen Haufen entwickelten sich gleichwol die ersten Keime des belgischen Patriotismus. Unter der furchtbaren Cohorte von drei= bis vierhundert Advocaten, die dem Geiste der Unverträglichkeit in Brüssel das tägliche Opfer bringen, fanden sich einige Männer, deren Studien und Amtsgeschäfte den glücklichen Erfolg für sie selbst hatten, ihre Begriffe von Recht und Pflicht jenseit des todten Buchstabens der Gesetze zu berichtigen und aufzuhellen. Mit dem Lichte, das ihnen plötzlich zuströmte, und das sie freilich weder in den Kreuzgängen der Jesuitenschulen, noch in der finstern Universität zu Löwen je erblicken konnten, prüften sie die Ansprüche des Fürsten, wenn er, selbst in guter Absicht, aus den Schranken heiliger Verträge trat und sich nach seiner Ueberzeugung für berechtigt hielt, die Gemüther der Menschen eigenmächtig zu ihrem wahren Vortheil zu zwingen. Mit demselben Lichte erkannten sie das Verhältniß des Volks zu seinen Repräsentanten und vertheidigten die Rechte des Bürgers gegen die Eingriffe der Prälaten und Ritter. Der Enthusiasmus, das Kind des Drucks und der verkannten Wahrheit, goß Feuer in ihre Reden und Entwürfe; allein ihre Beredsamkeit und ihr Beispiel waren verschwendet an das Volk, das sie nicht fassen konnte und gewohnt war, blindlings zu folgen. Joseph durfte die Joyeuse entrée vernichten und den Ständen ihre Vorrechte schmälern; das Volk hatte sich nicht geregt. Er nahm dem geweihten Müßiggänger seine überflüssigen Schätze — und das Volk stieß ihn vom Thron.

XVI.

Brüssel.

Zustand der Belgier unter Prinz Karl von Lothringen. Staatseinkünfte aus den Niederlanden. Joseph's Ersparnisse. Aufhebung des Barrièrentractats. Schelde= und Tauschprojecte. Ueber die Rechtmäßigkeit von Joseph's Maßregeln. Wer auf Hoffnung säen dürfe. Misbrauch des Princips, das von Erhaltung der Ruhe ausgeht. Usurpation des Adels und des Klerus. Chimären der Gleichförmigkeit in Verfassung und Gesetzgebung wie in der Religion. Einführung des neuen politischen Systems und des Generalseminariums. Kampf mit dem Aberglauben. Ausbruch der Widersetzlichkeit während des Kaisers Aufenthalt in Cherson. Nachgiebigkeit des Generalgouverneurs. Widerrufung aller Neuerungen. Rebellion der Geistlichkeit. Weigerung der Subsidien. Aufhebung der Joyeuse entrée. Mönche schießen auf die Truppen in Tirlemont. Vonk's patriotische Verbrüderung. Emigranten in Hasselt und Breda. Uneinigkeit zwischen d'Alton und Trautmannsdorf. Einnahme von Gent. Waffenstillstand von Leau. Unruhe in Brüssel. Die vergebliche Milde des Ministers. Räumung der Hauptstadt und Flucht der Kaiserlichen. Van der Noot's Triumph. Unabhängigkeitsacte der vereinigten belgischen Staaten.

Seitdem das Haus Oesterreich in engere Verbindung mit Frankreich getreten war, hatten die schönen belgischen Provinzen von den ehemaligen feindlichen Ueberzügen ausgeruht und, eingeschränkt wie ihr Handel blieb, blos durch ihren innern Reichthum einen hohen Wohlstand erreicht. Karl von Lothringen, der eine lange Reihe von Jahren als Generalgouverneur seinen Hof zu Brüssel hielt, ward von den Niederländern so enthusiastisch geliebt, wie es fast immer bei Fürsten der Fall ist, die sich an der Bereitwilligkeit der Nation zur Erlegung großer Subsidien genügen lassen, ohne sich durch Neuerung und Reform einen Namen erwerben zu wollen, ohne durch stetes Misbilligen dessen, was andere thaten, ihre Einsicht auf Kosten der Selbstachtung ganzer Millionen von Menschen geltend zu machen, ohne Macht und Gewalt blicken zu lassen, wo die Gesetze allein entscheiden sollten oder wo alles durch Güte auf dem gebahnten Wege zu erlangen war.

Der Minister Stahremberg theilte mit dem Prinzen die Zuneigung des Volks, und beide wußten seine Vorurtheile zu schonen, seinem Geschmacke zu schmeicheln und seine Gutwilligkeit ohne Geräusch zu benutzen. Der glänzende Hof des Fürsten, seine Liebhabereien, der so leicht und um so geringen Preis zu erkaufende erhabene Name eines Beschützers der Wissenschaften und Künste, die von ihm angefangene Verschönerung der Stadt und seine Sorgfalt für die Unterhaltung und die Vergnügungen des Volks: das waren seine Ansprüche auf eine Liebe, die ihm Bildsäulen zu Fuß und zu Pferde, an öffentlichen Plätzen und auf den Giebeln öffentlicher Gebäude erwarb. Die Belgier zogen ruhig auf der breiten Heerstraße der Gewohnheit fort und verrichteten willig und mechanisch ihr Tagewerk, ohne sich um die Verwaltung der öffentlichen Angelegenheiten zu kümmern. Ihr Vertrauen in die weise Führung der höhern Stände ging so weit, daß verschiedene brabantische Städte von ihrem Recht, Abgeordnete zur Versammlung zu schicken, keinen Gebrauch machten und der dritte Stand folglich zuletzt wenig mehr als dem Namen nach existirte. Die Geistlichkeit hatte beinahe in allen Provinzen, als erster und zahlreichster Landstand, ein entschiedenes Uebergewicht. Ihre treue Ergebenheit gegen den Hof beruhte auf einem gemeinschaftlichen Interesse. Die süße Herrschaft über die Gemüther, in deren Besitze man sie nicht störte, war immer einige dem Landesherrn gezollte Millionen werth. Man versichert, daß Maria Theresia während des Siebenjährigen Kriegs an wirklich bewilligten Subsidien und an negociirten Darlehen gegen hundert Millionen Gulden aus den Niederlanden gezogen habe; und noch kurz vor dem Ausbruche der Unruhen schätzte man den jährlichen Ertrag der kaiserlichen Einkünfte aus diesen Provinzen auf die unglaubliche Summe von sieben Millionen.

Der Kaiser hatte seine Niederlande selbst besucht und mit seinem Kennerblicke die tief eingewurzelten Mißbräuche ergründet, die sich dem größern Flor derselben widersetzten. Er fand das Volk ungebildet, in Aberglauben versunken, träge und ungelehrig im Gebrauche seiner Geisteskräfte; übrigens aber mit physischen Vorzügen ausgestattet, stark und arbeitsam, und geneigt zum frohen, groben Sinnengenusse. Dem angeborenen Phlegma war Gutmüthigkeit zugesellt, eine glückliche Eigenschaft, durch die sich auf den Charakter noch wirken ließ, gleichsam wie ein schwerer Körper Beweglichkeit bekommt, wenn man ihn mit einem leichtern verbindet. Allein die bisherigen Erzieher dieses Volks bedurften selbst einer sorgfältigern Bildung. Mit dem deutschen und französischen Klerus war der belgische nicht fortgeschritten; er war um mehr als ein Jahrhundert zurück und der Abstich auffallend zwischen seinen auf die Blindheit des Volks berechneten Anmaßungen und der Lichtmasse in dem übrigen Europa, vor welcher kein erkünstelter oder unechter Heiligenschein bestehen kann.

Hier war indeß beides, die hierarchische und politische Macht des Staats, in den Händen der Geistlichkeit. Ihre Häupter herrschten in den Versammlungen der Stände, ihre Schlauköpfe wußten in Schulen und Akademien die Dummheit methodisch fortzupflanzen und alle, vom Höchsten bis zum Geringsten, lenkten das Gewissen der Einwohner nach ihrer Willkür. Es forderte Joseph's ganze Thatkraft und seinen Herrschergeist, um hier nicht an Läuterung zu verzweifeln, sondern sie wirklich anfangen und durchsetzen zu wollen.

Er fing zuerst mit Ersparnissen an, auf welche man unter der vorigen allzu milden Regierung nicht geachtet hatte. Durch seine Bündnisse mit Frankreich gesichert und durch den Augenschein überzeugt, daß der Verfall der Grenzfestungen den Barrièrentractat von 1715 wesentlich schon aufgehoben habe, vermochte er im Jahre 1781 die Republik der Vereinigten Niederlande dahin, diesen Tractat auch förmlich aufzuheben und ihre Besatzungen aus allen darin benannten Festungen zurückzuziehen. Sobald er diesen Punkt gewonnen hatte, der die Generalstaaten im Grunde nur von einer unnützen und lästigen Ausgabe befreite, wurden alle niederländische Festungswerke, ausgenommen die von Luxemburg, geschleift und die Summen, die ihr angeblicher Unterhalt dem Staate jährlich gekostet hatte, in Zukunft für das Aerarium gewonnen. Aehnliche Reformen bedurften und erhielten jetzt alle Theile der Administration, und selbst die Gouvernantin der Niederlande, eine Schwester des Kaisers, wurde nebst ihrem Gemahl, dem Herzoge von Teschen, in ihren Einkünften auf eine bestimmte Summe eingeschränkt.

Von dem Charakter des Volks ließen sich vortheilhafte Veränderungen hoffen, wenn man es in neue Thätigkeit versetzte; es war vielleicht nur eine äußere Veranlassung nöthig, um in demselben schlummernde Kräfte zur Wirksamkeit zu berufen. Schon die Eröffnung der Schelde allein hätte diesen Erfolg haben müssen, da die Erscheinungen, die ihre Verschließung hervorbrachte, für ganz Europa so wichtig gewesen sind. Aber die eifersüchtige Politik der Nachbarn vereitelte diese glänzende Aussicht um so viel leichter, da die belgische Nation nicht einen Funken der Begeisterung blicken ließ, womit jedes andere Volk, das fähig gewesen wäre seinen eigenen Vortheil zu erkennen, bei einer solchen Veranlassung dem Landesherrn alle Kräfte dargeboten hätte.

Diese Fühllosigkeit mußte der Kaiser tief empfinden; sie mußte ihn auf die Wurzel des Uebels zurückführen und ihn in der ihm nur allzu gegenwärtigen Ueberzeugung befestigen, daß seiner höhern Einsicht das große Werk, seine Unterthanen wieder zu beseelen, allein aufbehalten sei. Wenn er wenig Achtung für die Vernunft des großen Haufens besaß, wenn er den Beruf in sich fühlte, seine Unterthanen, die ihm unmündige Kinder schienen, mit der ganzen Autorität des Vaters zu ihrem Besten anzuführen: wer findet den Irrthum nach solchen Beispielen nicht verzeihlich? Wer bedauert nicht den Monarchen, dessen Volk so weit hinter ihm zurückgeblieben war, er sich zu seinen Bedürfnissen nicht mehr herablassen konnte? Die Gleichgültigkeit der Belgier gegen die Maßregeln des Kaisers, die keinen andern Zweck als den größern Flor ihres Vaterlandes hatten, und bald hernach die störrige Widersetzlichkeit, die sie gegen seine vorgenommenen Neuerungen äußerten, erklären auch ein anderes Phänomen, welches sonst bei einem Fürsten, der so strenge Begriffe von Regentenpflicht hatte, befremdend scheinen möchte; ich meine das bekannte Project von einem Ländertausche, wodurch er diese so sehr verwahrlosten Menschen ihrem Schicksal überlassen wollte. Wenigstens ist es einleuchtend, daß einem Monarchen, der die unüberwindlichen Hindernisse, welche sich der Ausführung seiner Vervollkommnungsplane in den Weg legen würden, jetzt schon anfing zu ahnen, der Gedanke nahe liegen

mußte, diese Bürde von sich zu werfen, um seine unermüdete
Thätigkeit mit mehrerm Vortheil und vielleicht mit glücklicherm
Erfolge andern, ihm näherliegenden Provinzen zu widmen. Erst als
dieser große Plan vereitelt ward und der deutsche Bund sogar in
Zukunft seine Ausführung unwahrscheinlich machte, gewannen die
Reformen des Kaisers in den Niederlanden ein ernstlicheres An=
sehen.

Wie weit ging denn nun des Kaisers Befugniß und Recht,
seine Neuerungen durchzusetzen? Ueber diese Frage ward bereits
lange und wird auch noch gestritten. Du weißt, was ich von
solchen Fragen halte, wobei jede Partei gewisse Positionen als
ausgemacht zum Grunde legt und keine bis auf die letzten Ver=
nunftgründe zurückgeht. Denkende Männer, nicht blos die ma=
schinenmäßigen Actenleser, denkende Männer, die sich sonst von
den Fesseln des Vorurtheils frei zu erhalten wissen, können sich
doch in einem solchen Fall, wo das Glück eines Volks von den
Maßregeln eines Fürsten abhängt, vor einer kaltblütigen Erör=
terung scheuen und wol gar verlangen, daß das Herkommen,
die Gewohnheit, das Ansehen der Person und die einmal be=
stehende Autorität als unantastbare Heiligthümer gelten sollen. Das
Gefühl, welches sie zu dieser Forderung verleitet, macht ihrem
Herzen Ehre, indeß freilich nur auf Kosten des Verstandes. Sie
verwechseln nämlich handeln und denken, und ohne es selbst zu
wollen, begünstigen sie dadurch einen ärgern Despotismus als
denjenigen, den sie bestreiten. Die Folge der kaiserlichen Refor=
men war Widerstand, Aufruhr, Krieg; das Blut von Tausenden
mußte fließen, die Ruhe von Millionen ward geopfert — für was?
— für den Einfall eines Monarchen. Rühmlich und gut war seine
Absicht, aber bei einem zweifelhaften Erfolg; und wenn so vieler
Menschen Wohl auf dem Spiele steht, darf niemand selbst das Gute
nicht durch gewaltsame Mittel erzwingen, dem Volke die gewissen
oder eingebildeten Vortheile, die es schon genießt, nicht eigenmäch=
tig entreißen, solange es in demjenigen, was man ihm an ihrer
Stelle darbietet, keinen Gewinn erkennt. Im Gegentheil, man soll
die goldene Regel des frommen Bonafides befolgen:

>   Wenn an das Gute,
> Das ich zu thun vermeine, gar zu nah
> Was gar zu Schlimmes grenzt so thu' ich lieber
> Das Gute nicht; weil wir das Schlimme zwar
> So ziemlich zuverlässig kennen, aber
> Bei weitem nicht das Gute.

Noch mehr: der Thron schützt so wenig vor Irrthum, daß er unter
gleichen Umständen oft eine Quelle desselben wird. Der Kaiser

konnte wirklich irren, er konnte wol gar in guter Absicht etwas
wollen, das an sich ungerecht und in allen seinen Folgen schädlich
war. Wohlan! jene Maximen wollen wir einstweilen gutheißen,
diese Möglichkeit zugestehen. Allein, wenngleich der Kaiser in den
Niederlanden nichts hätte ändern sollen, so durfte er darum doch
einsehen, was recht und gut, was der Bestimmung des Menschen
und seiner ganzen Natur gemäß sei oder nicht. Mehr fordern wir
auch nicht für uns; aber dies wenige darf man uns nicht verweigern,
wenn man nicht allen Fortschritt der Erkenntniß hemmen und uns
dem Rechte des Stärkern unterwerfen will. Ein anderes ist es,
erkennen und öffentlich bekennen, was wahr, gut und recht genannt
zu werden verdient, die Vernunft dort anwenden, wo sie am un=
entbehrlichsten ist, zur Prüfung der wichtigsten Verhältnisse des Le=
bens; ein anderes, die Welt nach dieser Erkenntniß, die sich nur
allmählich einimpfen, nur langsam mittheilen und verbreiten läßt,
plötzlich umschaffen und mit Gewalt vervollkommnen wollen.

Ueberdies ließe sich auch noch manches gegen die Allgemeinheit
der Regel des guten Klosterbruders in Lessing's „Nathan" ein=
wenden. Sie ist an ihrer Stelle in der Sittenlehre des einfach=
guten, stillen, beschränkten Menschen, der sich vom Geräusche der
Welt zurückgezogen hat, in ihre Händel sich nicht mischen mag und
den Rest des Lebens frommen Uebungen widmen will. Allein
wer darf behaupten, daß diese Regel für alle Klassen von Men=
schen, nach der jetzigen Lage der Sachen, zur Richtschnur tauge?
Andere Kräfte, andere Gaben, andere Erfahrungen und Ausbil=
dungen haben auch eine andere Sittenlehre, wie einen ganz verschie=
denen Beruf. Lessing sagt an einem andern Orte sehr schön, sehr
wahr und edel: „Was Blut kostet, ist gewiß kein Blut werth"; allein
man würde seinem Geiste unrecht thun, wenn man ihm die Fol=
gerung andichten wollte, daß er alles Blutvergießen für entbehr=
lich gehalten habe. Sein durchdringender Verstand wußte zu wohl,
daß alles, was geschehen ist, hat sein müssen. Für Meinungen
ward ja von jeher Blut vergossen; und können wir leugnen, daß
ohne die gewaltsamen Mittel, sie fortzupflanzen, wir vielleicht in
unsern Wäldern noch Eicheln fräßen und Menschen wie die Thiere
jagten? Der sanftmüthige Stifter des Christenthums sah voraus,
daß er nicht den Frieden, sondern das Schwert und die Zwietracht
brächte, und dennoch folgte er seinem innern Berufe. Wer wollte
auch eines Luther Feuereifer nach Bonafides' Sanftmuth richten!
Allerdings gibt es Fälle, wo man den Blick über die etwaigen
Nachtheile hinaus, die im gegenwärtigen Augenblick aus einer Re=
form entspringen können, auf die guten Folgen richten darf, welche
die Zukunft erst reifen und offenbaren wird. Allerdings darf man
säen auf Hoffnung der zukünftigen Ernte. Die Frage ist nur,

welches sind die privilegirten Menschen, die es wagen dürfen, sich über die vorhin erwähnte Einschränkung hinwegzusetzen und ihrem eigenen Blick in die Zukunft zu trauen? Wer darf die jetzige Ruhe in Erwartung der zukünftigen Wohlfahrt stören? Gibt es Merkmale, an welchen sich diese überlegenen Geister im voraus erkennen lassen? Oder bleibt es nicht immer in der Welt bei der alten Einrichtung, daß ein jeder nach seiner Einsicht und seinem Gefühle handeln müsse, auf seine Gefahr?

Wenn die Speculation einen Grundsatz aufstellt, so gibt sie ihm eine Allgemeinheit, die er in der Anwendung nicht behalten kann, wo unaufhörlich entgegengesetzte Tendenzen von Principien, die an sich gleich richtig, gleich gut und gleich allgemein sind, den Handelnden wo nicht in Verlegenheit setzen, doch zu Rücksichten nöthigen, die seine absolute Wirksamkeit einschränken. So mag es denn auch mit dem Begriffe von Volksglückseligkeit beschaffen sein, den man zuweilen so fest an die Erhaltung einer ruhigen Existenz zu knüpfen pflegt. Kein Bewegungsgrund — so will man behaupten — soll stark genug sein, den Vortheil zu überwiegen, der aus dem ungestörten Genusse der physischen Befriedigung entspringt. Auf die Gefahr, den Menschen in seiner einförmigen Lebensweise zu stören, soll es nicht erlaubt sein, ihn in neue Verhältnisse zu versetzen, die er blos der Neuheit wegen haßt. Wie aber, wenn jemand einsähe, daß, indem alles jetzt beim alten sein Bewenden hätte, das Misverhältniß bald zu einer Höhe steigen müßte, wodurch die Bande des Staats gewaltsam aufgelöst würden? Wie, wenn das ungestörte Beharren in einem Zustande der unvollkommenen Bildung, die den Menschen der Thierheit näher läßt als jenem Ziele, welches ihm in der Perfectibilität seiner Geisteskrafte gesteckt ist; wenn dieses schläfrige, träge Vegetiren endlich Unfähigkeit zur Vervollkommnung bewirkte; eine solche Erstarrung der Organe, die zur Vervollkommnung dienen, zu Wege brächte, daß die sinnliche Maschine keinen sittlichen Werth mehr erlangen, keiner subjectiven Ausbildung mehr fähig sein, sondern blos zu thierischen Functionen tauglich bleiben könnte? Dann dürfte doch einem Manne, der große Macht in Händen hat und den Beruf in sich fühlt, mächtig in die Schicksale der Menschheit zu wirken, die Pflicht näher liegen, den Menschen Fähigkeit und Würdigkeit zum Genuß ihres Daseins zu verschaffen, als jene, ihnen einen Genuß zu sichern, der ihnen den Weg zum Ziel ihrer höhern Bestimmung abschneidet. Wer den Zweck will, muß auch die Mittel wollen. Ist die innere, sittliche Freiheit die wahre Grundlage menschlicher Glückseligkeit; ist alles Glück unsicher, außer demjenigen, welches in dem Bewußtsein der moralischen Unabhängigkeit besteht: so hintergeht man uns, wenn man in allen Fällen auf die Erhaltung des gegenwärtigen

Zustandes bringt und den hohen Genius anfeindet, der vielen Menschen Veranlassung gab, durch ungehemmte Wirksamkeit der Geisteskräfte sich zu jenem Bewußtsein emporzuschwingen.

Die aristokratische Partei schreit über Entweihung ihrer Rechte. Allein „in einem Staate, wo das Volk nicht wirklich repräsentirt wird", erwidert die Gegenpartei, „dort existirt, strenge genommen, keine rechtmäßige Gewalt; alles ist Usurpation, und selbst die freiwillige Ergebung des Volks in den höchsten Willen der Aristokraten setzt eine schon früher an seinem Verstande verübte Gewaltthätigkeit voraus, ist ein Beweis von gekränkter Menschenwürde und verletztem Menschenrechte". Alle sogenannten Souveränetätsrechte, behaupten die Demokraten ferner, sind ihrer Natur zufolge allen Menschen unveräußerlich eigen, und jede unwiderrufliche Uebertragung derselben, wann und wo sie auch erschlichen ward, ist nur ein Kennzeichen von menschlicher Ohnmacht und Unwissenheit. Diese beiden Eigenschaften sind allerdings so allgemein durch unsere Gattung verbreitet, daß sie gleichsam ihre charakteristische Bezeichnung ausmachen und allen Herrschern der Erde, statt des wirklichen Rechts, welches sie nimmermehr erweisen können, ein im verjährten Besitz und in fortdauernder Schwäche der Völker gegründetes, der Vernunft sogar furchtbar gewordenes Scheinrecht ertheilen. Solange die große Masse des Menschengeschlechts in einem Zustande der Unmündigkeit bleibt — und es hatte noch unlängst den Anschein, daß sie es ewig bleiben würde —, solange kann dieser Unterschied subtil und überflüssig scheinen; für denkende Menschen aber und für Völker, welche anfangen sich zu fühlen, ist er ohne Zweifel sehr gegründet und sehr erheblich zugleich. Nach diesen Voraussetzungen wäre es demnach offenbar: wer Joseph's Recht, in den Niederlanden nach seiner Erkenntniß des Bessern zu herrschen, in Zweifel zieht und seine Reform gewaltthätig nennt, der darf ihm wenigstens nicht das usurpirte, im Stumpfsinn und im Aberglauben des Volks geschöpfte Recht der Stände entgegensetzen.

Doch die Frage von Recht beiseite, so läßt sich allerdings noch bezweifeln, ob es der Klugheit des Regenten gerathen war, im gegenwärtigen Fall den Despotismus der Aristokratie entgegenzustellen und es darauf ankommen zu lassen, auf wessen Seite das Volk sich neigen würde. — Das Volk? Trägt es nicht überall die Fesseln der Gewohnheit als einen angeerbten Schmuck, den zu veräußern oder gegen eine schönere und nützlichere Zierde zu vertauschen es für ein Verbrechen hält! War es nicht in den Niederlanden insbesondere gleichgültig gegen jede Neuerung, auch wenn sie ihm, wie die Eröffnung der Schelde, mit keinem Umsturz seiner Verfassungen drohte und vielmehr reinen Gewinn zu bringen versprach? Konnte man vergessen, daß es in der Hand seiner Beicht=

väter ein bloß leidendes Werkzeug ist? Vielleicht verachtete der Kaiser die wirklich auffallende Erschlaffung selbst dieser Theokraten, die dicke Finsterniß, in welcher ihre Geisteskräfte schlummern, die Feigheit, die so oft die Gefährtin eines bösen Gewissens ist; er glaubte vielleicht, die Sybaritenseelen würden zittern vor dem Ernst eines Mannes. Diese Ueberzeugung wäre dann ein neuer Beweis des Scharfblicks, womit Joseph die Menschen durchschaute. Wirklich zitterten sie, so oft er ihnen in furchtbarer Herrschergewalt erschien. Erst nach dem unglücklichen Feldzuge wider die Türken im Jahre 1788 wuchs ihr Muth gegen den sterbenden Kaiser, und selbst dann bedurfte es genau des ganzen Zusammenflusses von Begünstigungen des Schicksals, um ihnen das Zeichen zum Aufruhr zu entlocken.

Die Lieblingsidee des Kaisers, eine völlige Gleichförmigkeit des Administrationswesens und der Gesetzgebung in allen seinen Staaten einzuführen, ist ebenfalls nicht frei von Tadel geblieben. Es scheint in der That natürlicher, die Formen nach dem verschiedenen Genie der Völker abzuändern, als alle Völker in Eine Form zu zwängen. In Italien, Deutschland, Böhmen, Ungarn und Belgien sind die Menschen viel zu weit voneinander verschieden in physischen und moralischen Anlagen, in Sitten und Gewohnheiten, um gleichen Handlungen denselben Werth oder Unwerth beizumessen. Die Verschiedenheit des Bodens, der Lage, des Himmelsstrichs bestimmt diese Mannichfaltigkeit im Menschengeschlechte wie in der ganzen organischen Schöpfung, die nur durch sie desto reicher und schöner unsern Augen und unserm Verstande entgegenglänzt. Sie durch irgendeinen Mechanismus einschränken wollen, scheint beinahe eine Versündigung an der Natur. Allein zur Rechtfertigung des Kaisers muß man sich erinnern, daß er am Rhein und an der Donau, am Po wie an der Maas und Schelde, eine weit unbegreiflichere Gleichförmigkeit als die war, die er einführen wollte, wirklich errungen sah: eine Gleichförmigkeit des Glaubens an unsichtbare, die Vernunft und ihre Formen weit übersteigende Dinge, eine allgemeine, unbedingte Gleichförmigkeit, die sich bis auf die individuellsten Bestimmungen erstreckt, die sich ein Recht der unumschränkten Herrschaft über alle Gemüther des Erdkreises anmaßt und keinen Widerspruch erträgt. Die Entstehung eines ähnlichen Systems in politischer Hinsicht, in dem Verstande eines Monarchen, ist also leicht begreiflich, wenn man gleich bedauert, daß er es für so wichtig halten konnte. Ein solches Maschinenwerk hätte seinen Stolz beleidigen, es hätte seinem Geiste zu klein sein müssen. Der große Mann nimmt die Menschen wie sie sind, und indem er ihnen den Glauben an ihre Spontaneität und Selbstbestimmung läßt, weiß er sie, unfühlbar wie die Gottheit, nach seinem Willen und zu seinem Zwecke zu lenken.

Bereits im Jahre 1785 fing der Kaiser an, dieses System, welches er in seinen deutschen Staaten zum Theil schon gegründet hatte, auch in den Niederlanden einzuführen. Das Verbot der Einfuhr fremder Fabrikate und der Ausfuhr der rohen inländischen Producte fiel dem Speditionshandel dieser Provinzen sehr zur Last, indem es die Transportkosten durch die Erhebung starker Transitozölle um ein Merkliches erhöhte. Die Eintheilung des Landes in neun Kreise, nach dem Muster der österreichischen, die Ernennung der Intendanten in den Kreishauptmannschaften, die Einführung des neuen Gerichtssystems durch den Freiherrn von Martini, der dieses Geschäft in den italienischen Besitzungen des Kaisers bereits glücklich beendigt hatte, und die Abstellung verschiedener in den Privilegien zwar gegründeten, aber durch die Länge der Zeit in Misbräuche ausgearteten Einrichtungen, bedrohte den Adel und die höhern Stände überhaupt mit einer großen Schmälerung ihrer bisher genossenen Vorrechte und des überwiegenden Einflusses, den sie seit undenklichen Zeiten im Lande behauptet hatten. Es war des Kaisers Absicht, allen seinen Unterthanen, ohne Ansehen des Ranges, des Standes und der Person, gleichen Schutz des Gesetzes angedeihen zu lassen und von allen einen gleichförmigen Beitrag zu den Bedürfnissen des Staats zu fordern. Diesen gerechten und billigen Vorsatz konnte er aber nicht anders bewerkstelligen, als indem er den bisherigen Gang der Geschäfte in den Gerichtshöfen abänderte, wo derselbe zu verwickelt war und ihm gar zu viele Schwierigkeiten in den Weg legte, die Tribunale selbst aufhob und zur Erhebung der neuen Steuern andere Beamten, mit andern Vorschriften und Vollmachten als die vorigen, einsetzte.

Beinahe noch wichtiger war derjenige Theil seiner Reform, welcher die Diener der Religion betraf. In ihrer Person wollte er dem Volke bessere Erzieher und Führer bereiten, und stiftete zu dem Ende überall in seinen Landen, mithin auch in den belgischen Provinzen, ein Generalseminarium, ein Erziehungsinstitut für künftige Priester und Pfarrer, wo sie nach bessern Grundsätzen als bisher gebildet und in den Pflichten nicht blos des hierarchischen Systems, sondern auch der Menschheit und des Bürgers zweckmäßig unterrichtet werden sollten. Löwen, diese alte, einst berühmte, durch die Freigebigkeit ihrer Stifter vor allen andern begüterte Universität, die jetzt in den Pfuhl des ultramontanischen Verderbens gesunken war, erheischte die ganze Aufmerksamkeit und Sorgfalt des Monarchen und seiner Studiencommission. Die beinahe uneingeschränkten Gerechtsame dieser hohen Schule hatten daselbst in den Händen herrschsüchtiger Priester ein System von Misbräuchen, eine Verschwörung wider die Menschheit und was sie adelt, die Denkkraft, erzeugt, dessen schauderhafte Wirkungen ohne gänzliche Umschmelzung der Universität nicht vertilgt werden konnten. Es wurden anfänglich vier Directoren in den vier Facultäten ernannt, um die Studien nach einem neuen Plan daselbst einzurichten; allein diese Vorkehrung, welche bei einem von der Geistlichkeit und dem päpstlichen Nuntius unter den Studenten angezettelten Tumult und in der Folge bei jeder Veranlassung den heftigsten Widerspruch erlitt, ward zuletzt unzulänglich befunden.

Die Erziehung des Volks, der Hauptgegenstand von Joseph's väterlicher Fürsorge, konnte nicht ohne große Kosten auf einen bessern Fuß gesetzt werden; die neuen Besoldungen der Schullehrer und Seelsorger beliefen sich auf ansehnliche Summen, zu deren Bestreitung der Fond erst ausgemittelt werden mußte. Den Kaiser führte sein Plan hier wie in Oesterreich, Ungarn und der Lombardei zu den todtliegenden oder gemißbrauchten Schätzen der Klöster. Die frommen Gaben und Stiftungen, womit die Vorzeit der Heiligkeit des monastischen Lebens fröhnte, zugleich aber sie wahrscheinlich auf die Zukunft hin untergrub und in wollüstigen Müßiggang verwandelte, sollten nunmehr ihre bisher verfehlte Bestimmung erreichen und, in einen allgemeinen Religionsfond gesammelt, dem Bedürfnisse des Volks, geläuterte, einfache Begriffe von Gottesdienst und Christuslehre zu empfangen, heilig sein. Die Klöster erhielten also den Befehl, den Betrag ihres Vermögens anzugeben; zugleich bestimmte man die Dörfer, wo neue Pfarren angelegt werden sollten, und um den Anfang der Rückkehr zur ursprünglichen Einfalt und Reinheit des Christenthums zu begründen, erschien das Verbot der Processionen und Wallfahrten, die den Müßiggang, den Aberglauben und die Immoralität im Volke unterhielten; die Andächtelei der Brüderschaften verschwand, die überflüssigen Feiertage wurden abgestellt und solchergestalt ward mancher Faden zerschnitten, durch welchen es der römischen Seelentyrannei vor zeiten gelungen war, ihr weites Reich auch in den Niederlanden zu begründen. Endlich schritt der Kaiser zur Aufhebung der entbehrlichsten Klöster und ließ die Güter der erledigten Prälaturen für Rechnung des Religionsfonds administriren. Alle diese Neuerungen brachten die Geistlichkeit in den Niederlanden mehr als in allen übrigen Provinzen seines Reichs wider ihn auf; und da sich alle Volksklassen zu gleicher Zeit für gekränkt und in ihren Rechten angegriffen hielten, alle nur erst das Unbequeme und die Last der Reformen empfanden, ohne in die Zukunft, wo ihnen wahre Vortheile winkten, hinauszublicken zu wollen oder zu können, so erhob sich hier gleichsam eine allgemeine Stimme der Mißbilligung, der Weigerung und des Unwillens.

Diese Uebereinstimmung gab den Vorstellungen, welche die Stände gegen die Verordnungen ihres Landesherrn einschickten, einen kühnen, zuversichtlichen, trotzigen Ton. Geduld und Güte waren die Beruhigungsmittel, deren sich der Kaiser anfänglich dagegen bediente. Den Nuntius Zondadari, als den Urheber der Unruhen in Löwen, hatte man aus dem Lande gejagt; aber den Cardinal von Frankenberg, der sich dabei nicht minder thätig bewiesen, behandelte Joseph, nachdem er ihn vor sich nach Wien hatte berufen lassen, mit ausgezeichneter Langmuth, und dem Bischofe von Namur verzieh er sein noch gröberes Vergehen. Die neue gerichtliche und politische Verfassung nahm mit dem 1. Januar 1787 ihren Anfang; der Staatsrath, der geheime und der Finanzrath wurden abgeschafft, und an ihre Stelle ein einziges Generalgouvernement mit einem dazu gehörigen Rath eingesetzt, worin der bevollmächtigte Minister des Kaisers den Vorsitz führte und über die sämmtlichen politischen und ökonomischen Angelegenheiten des Landes entschied. Alle Deputationen oder immerwährende Ausschüsse der Stände in den Niederlanden hob der Kaiser mit einem Federstrich auf und ließ dagegen einige Abgeordnete von den Ständen als Beisitzer in den Gouvernementsrath eintreten. Alle bis dahin subsistirende Gerichtshöfe, den hohen Rath von Brabant mit einbegriffen, alle Gerichtsbarkeiten der Gutsbesitzer auf dem platten Lande, alle geistlichen Tribunale und nicht minder die Gerichte der Universität Löwen annullirte er zu gleicher Zeit, um einem souveränen Justizhofe (conseil souverain de justice) Platz zu machen, der in Brüssel residiren und als höchste Instanz in erforderlichem Falle die Revision der ebenfalls zu Brüssel oder zu Luxemburg in den dortigen Appellationsgerichten entschiedenen Processe übernehmen sollte. Die Eintheilung der sämmtlichen österreichischen Niederlande in neun Kreise war mit der Aufhebung aller bisherigen Grands-Baillis, Castellane und anderer Beamten verbunden, und schien berechnet, um die vorige Eintheilung nach den Provinzen gänzlich aufzulösen. Die Gubernialräthe oder Intendanten und ihre Commissarien erhielten die Oberaufsicht über alle Magistratspersonen und alle Administratoren der öffentlichen Einkünfte, nebst einer Jurisdiction, welche ihnen die summarische Justiz anvertraute.

Dieses furchtbare Heer von neuen Verfügungen drohte den Ständen augenscheinlich mit dem Verlust ihrer ganzen Autorität; einer Autorität, die, so sehr sie mit dem wahren Interesse des belgischen Volks stritt, ihnen gleichwol durch langwierigen Besitz und durch die feierliche, eidliche Bekräftigung aller ihrer Privilegien, von jedem neuen Thronbesteiger, und namentlich auch von Joseph II. im Jahre 1781, zugesichert worden war. Der Adel nebst dem dritten Stande, dessen Zustimmung unter den jetzigen Umständen leicht gewonnen ward, verbanden sich mit der Geistlichkeit zu gegenseitigem Beistande; sie wurden einig, zuerst das politische und gerichtliche System des Kaisers anzugreifen, und sobald ihnen dieses gelungen sein würde, mit vereinigten Kräften von neuem auf die Zurücknahme aller Verordnungen zu bringen, welche die geistliche Reform zum Ziele hatten.

Eine betrügliche Ruhe ging dem Ausbruch dieser verabredeten Bewegungen vorher. Der Kaiser hatte seinen Entschluß bekannt gemacht, seine erhabene Freundin, Katharina die Große, auf ihrem Zuge nach Taurien zu besuchen, und die Niederländer warteten den Zeitpunkt seiner Entfernung ab, um ihr Vorhaben auszuführen. Am 11. April hatte der Kaiser seine Residenz verlassen; am 17. versammelten sich die brabantischen Stände, und am 26. weigerten sie sich, die gewöhnlichen Subsidien zu bewilligen, es sei denn, daß alle neuen Einrichtungen, als unverträglich mit ihren Vorrechten, wieder aufgehoben würden. Das vom Kaiser abgesetzte Conseil von Brabant erklärte am 8. Mai die neuen Gerichte für verfassungswidrig und alle ihre Proceduren für nichtig. In Flandern, Hennegau, Tournesis, Mecheln und Geldern folgte man diesem Beispiele; nur Limburg und Luxemburg blieben ruhig und äußerten ihre Zufriedenheit mit der neuen Verfassung. Das Vorrecht der Niederländer, nur in ihrem Vaterlande gerichtet zu werden, war in der Person eines Seifensieders, de Hont, verletzt worden. Er sollte Betrug an einer landesherrlichen Kasse verübt haben; man hatte ihn in Verhaft genommen und nach Wien geliefert. Das Volk, gestimmt und gereizt durch die Widersetzlichkeit der Stände gegen das Gouvernement, bediente sich dieses Vorwandes, um mit einem allgemeinen Aufruhr zu drohen. Schon umringte es das Rathhaus und schickte zu den versammelten Ständen hinauf, um anzufragen, ob es zu den Waffen greifen solle; schon sah man Vornehme und Geringe, ohne Unterschied des Geschlechts, sich unter diesen Pöbel mischen, um ihn zu Gewaltthätigkeiten anzufeuern; schon schleppte man Strohmänner mit dem daran befestigten Namen „Kreishauptmann" durch die Straßen und verbrannte sie auf öffentlichem Markte; man warf dem Minister, Grafen von Belgiojoso, und andern kaiserlichen Beamten die Fenster ein und bewog dadurch den Präsidenten des souveränen Justizhofs, von Crumpipen, seinen Posten zu resigniren. Die Concessionen, wozu sich die Erzherzogin Christine nebst ihrem Gemahl genöthigt sah, schienen das Volk und die Stände nur beherzter zu machen. Am 30. Mai erfolgte in Brüssel ein neuer Auflauf, der mit den fürchterlichsten Symptomen ungezügelter Wuth im Pöbel und mit einer ungestümen Forderung von seiten der Stände an die Generalgouverneurs begleitet war. Die peremptorisch verlangte und noch denselben Abend erfolgte Entschließung, von der man schwerlich erfahren wird, wieviel davon erzwungen und wieviel freiwillig oder absichtlich zugestanden war, enthielt die Versicherung, die Privilegien, Freiheiten, Herkommen und Gebräuche, wie sie seit zweihundert Jahren bestanden hätten, unverändert aufrecht zu erhalten und alles zu annulliren, was dawider geschehen sei. Das Volk ging am andern Morgen von einem Extrem zum andern über, von aufrührerischer Wuth zu ausgelassener Freude. Sechshundert junge Brabanter, aufs prächtigste gekleidet, zogen die Generalgouverneurs in ihrem Wagen unter Begleitung der Musik in die Komödie; die Stadt war erleuchtet, man löste die Kanonen und läutete mit allen Glocken.

Des Kaisers beschleunigte Rückkehr nach Wien verwandelte die schönen Hoffnungen, womit man sich schon wiegte, in Trauern und Zagen. Er berief die Generalgouverneurs und den Minister Belgiojoso zurück und forderte von den Ständen eine Deputation, die ihm ihre Beschwerden vorlegen sollte. Die Stände sowol als auch der Magistrat von Brüssel machten Miene, die Erzherzogin und den Herzog zurückzuhalten; sie weigerten sich sogar, die Deputirten abzuschicken. Der Kaiser erneuerte seinen Befehl, und man gehorchte. Nach der Abreise der Generalgouverneurs und des Ministers vereinigte Graf Murray auf Verfügung des Kaisers in seiner Person die Befehlshaberstelle über die Truppen mit der Würde eines Interimsgouverneurs. Er ließ die Besatzungen der verschiedenen Städte ausmarschiren, Lager im Felde beziehen und sich mit Munitionen und Artillerie versehen. Diese Maßregeln hielten die Bürgercorps, die sich hier und dort zu formiren und zu bewaffnen angefangen hatten, in einiger Furcht, welche sich auf die gewisse Nachricht, daß der Kaiser ein beträchtliches Kriegsheer nach den Niederlanden beordert habe, noch um ein Merkliches vermehrte. Die von Wien zurückgekommenen Deputirten bewogen endlich die Stände, sich dem Willen des Kaisers zu unterwerfen und alles wieder auf den Fuß herzustellen, wie es vor dem 1. April gewesen war. Alle Provinzen fügten sich einer Verordnung, welche die beleidigte Monarchenehre als Genugthuung befolgt wissen wollte, und bewilligten endlich die noch immer vorenthaltenen Subsidien. Die Bürgerschaft in Brüssel allein hatte sich in ihre Uniformen und Cocarden verliebt und weigerte sich, sie abzulegen. Murray ließ am 19. September Truppen einmarschiren, und der Schwindel der Einwohner ging wirklich so weit, daß sie sich zur Gegenwehr setzten. Die ganze Stadt war eine Scene des wüthendsten Aufruhrs. In diesem schrecklichen Augenblicke entwarf ein kaiserlicher General den Plan einer allgemeinen Plünderung und Verheerung der Stadt. Das Schwert würde Joseph II. fürchterlich an den Einwohnern von Brüssel gerächt haben, fürchterlicher als sein im Grunde menschliches Herz es je ertragen hätte, wenn nicht der Herzog von Ursel, schon damals der eifrigste Gegner despotischer Maßregeln, ins Mittel getreten wäre. Sein Ansehen und seine Geistesgegenwart retteten die Stadt. Nachdem der Auflauf zwei Personen das Leben gekostet hatte, gelang es dem Herzog am 20., die Bürgerschaft zu ruhiger Folgeleistung zu bereden.

Die Nachgiebigkeit der Generalgouverneurs hatte jedoch den Kaiser zu sehr compromittirt, als daß er im Ernst daran hätte denken können, seinen Reformationsplan durchsetzen zu wollen. Kaum war also jeder Widerstand besiegt und der Nacken der Sträubenden unter das Joch gebeugt, als bereits am 21. September, vermöge einer zu diesem Behufe schon fertig liegenden Depesche, den Ständen alle ihre Forderungen zugestanden wurden, und die alte Landesverfassung, bis auf wenige zu näherer Verständigung aufgehobene Punkte, in ihre ehemaligen Rechte trat. Ohne Zweifel hatte der zwischen Rußland und der Pforte jetzt ausgebrochene Krieg, woran der Kaiser thätigen Antheil nehmen mußte, einen nicht geringen Einfluß auf diese Entschließung. Damit indeß künftighin die Güte und Sanftmuth der Generalgouverneurs vor ähnlichem Mißbrauch gesichert werden möchte, schickte der Kaiser den Grafen von Trautmannsdorf mit einer erweiterten Vollmacht als seinen Minister nach den Niederlanden; und wie der Erfolg zeigte, so lag ein Theil dieser Sicherung in der Art des Verhältnisses, welches der Kaiser zwischen seiner Schwester, ihrem Gemahl und diesem Minister festgesetzt hatte. Der General d'Alton erhielt zu gleicher Zeit das Commando aller in den Niederlanden befindlichen Truppen an der Stelle des zurückberufenen Grafen von Murray. Gegen das Ende des Januar 1788 kehrten der Herzog Albert und die Erzherzogin Christine in ihr Generalgouvernement nach Brüssel zurück.

Die Stände der belgischen Provinzen hatten nunmehr in politischer Rücksicht ihren Endzweck völlig erreicht, und es wäre ungerecht, ihnen so viel Einsicht abzusprechen, als dazu gehörte, sich an diesen Vortheilen zu begnügen und die vorbehaltenen Punkte, nämlich die Einrichtung des Generalseminariums und die Angelegenheiten der Universität Löwen, des Kaisers Willkür zu überlassen. Unter den edeln Familien von Brabant und Flandern gab es unstreitig auch einzelne gebildete und aufgeklärte Personen, denen die Reformen des Kaisers im geistlichen Fache in ihrem wahren, wohlthätigen Licht erschienen, und die es folglich gern sahen, daß das Erziehungswesen eine bessere Einrichtung bekam. Allein die Geistlichkeit erinnerte jetzt ihre Verbündeten an den vorhin mit ihnen abgeschlossenen Vertrag; sie forderte von ihnen unbedingte Unterstützung zur Wiedererlangung aller ihrer Privilegien, und wußte es dahin zu bringen, daß man sich verpflichtet glaubte, diese treue Bundesgenossin, die sich zur Aufwiegelung des Volks so geschäftig erwiesen hatte, nicht zu verlassen.

Auf diesen Beistand trotzten die Bischöfe, indem sie auf die Erhaltung ihrer Priesterseminarien drangen und sich jeder Neuerung, die der Kaiser zu Löwen vornehmen wollte, muthig widersetzten. Bei der Eröffnung seines Generalseminariums am 15. Januar 1788 fanden sich keine Zuhörer ein, um die Vorlesungen der neuen Professoren zu hören. Das Gouvernement ließ hierauf die bischöflichen Seminarien verschließen und den Lehrern bei Strafe verbieten, daselbst Vorlesungen zu halten; allein der Cardinal-Erzbischof von Mecheln wagte es, gegen dieses Verbot einen förmlichen Proceß anhängig zu machen. Schon einige Zeit vorher hatte auch der Universitätsmagistrat versucht, sich als einen unmittelbaren Landstand anerkennen zu lassen; eine Anmaßung, welche in den Privilegien keinen Grund hatte und daher auch bald durch ernste Maßregeln zurückgewiesen ward. Dessenungeachtet äußerten viele der vorigen Universitätsglieder eine so halsstarrige Widersetzlichkeit, daß man sie in Verhaft nehmen mußte; andere entfernten sich, um diesem Schicksal zu entgehen, und die Studenten zogen haufenweise fort. Dies bewog den Kaiser, am 17. Juli eine neue Verordnung ergehen zu lassen, vermöge deren er die medicinischen, juristischen und philosophischen Facultäten nach Brüssel verlegte, die theologischen hingegen sammt dem Generalseminarium zu Löwen ließ und dem Cardinal, der seinen Proceß mittlerweile verloren hatte, nebst den andern Bischöfen anbefahl, sich dorthin zu begeben und die daselbst vorgetragene Lehre zu prüfen, um sich von ihrer Orthodoxie zu überzeugen. Die allgemeine Bewegung, welche diese Verfügungen in Brabant verursachten, ließ sich leicht auf ihre Quelle zurückführen, und die militärische Gewalt dämpfte die Unruhen, welche darüber in Brüssel, Mecheln und Antwerpen entstanden.

Diese Tumulte waren indeß nur das Vorspiel zu wichtigern Auftritten. In Hennegau und Brabant hatte die Geistlichkeit alle Gemüther gestimmt, mit dem Adel und den Ständen alles gekartet. Wenige Monate zuvor hatten diese letztern dem Kaiser in den unterwürfigsten Ausdrücken ihre gänzliche Rückkehr zu seiner väterlichen Huld bezeugt und ihn angefleht, die Spur aller vorhergegangenen Irrungen durch die Wiederkehr seines Zutrauens zu vernichten. Jetzt bewilligten die beiden höhern Stände die Subsidien, von denen sie jedoch voraus wußten, daß der sogenannte dritte Stand, der nur aus den Abgeordneten der drei Städte Brüssel, Mecheln und Antwerpen besteht, der Abrede gemäß die Zahlung verweigern würde. Den Vorwand zu dieser Verweigerung schämte man sich nicht von der unterbliebenen Herstellung der Processionen und Brüderschaften zu entlehnen; man forderte die Zurückgabe aller aufgehobenen Klöster und die unbedingte Zurücknahme aller Neuerungen im geistlichen Erziehungswesen. Der Kaiser setzte dieser muthwilligen Forderung am 26. Januar 1789 eine sehr ernsthafte Erklärung entgegen, wodurch er sich von allen seinen übernommenen Verpflichtungen wegen der ohne Grund verweigerten Subsidien loszusagen drohte. Die Stände von Brabant, denen es noch nicht Ernst war, den Klerus bei einer so frivolen Veranlassung in Schutz zu nehmen, beugten sich von neuem unter den Scepter, bewilligten die Steuern und flehten um Verzeihung und Gnade. Zu Mons hingegen im Hennegau, wo die Entlassung des Herzogs von Aremberg von seinem Ehrenposten als Grand-Bailli und die Wiederbesetzung dieser Stelle durch einen Ausländer, den verhaßten General von Arberg, die Erbitterung schon weiter getrieben hatte, beharrten die Stände auf ihrer Weigerung, und es blieb kein anderes Mittel übrig als die Cassation ihrer Versammlung und ihrer Privilegien und die Gefangennehmung der vornehmsten Mißvergnügten.

Bei dem Kreislauf der Kenntnisse, welcher seinen Einfluß über alle Gegenden von Europa erstreckt, bei der Menge von statistischen Begriffen, welche durch die fortwährenden Mißverständnisse von mehrern Jahren zwischen dem Volk und dem Monarchen immer genauer entwickelt werden mußten, wäre es in der That eine beispiellose, unbegreifliche Höhe und Allgemeinheit der Unvernunft gewesen, wenn unter zwei Millionen Menschen die gute Seite der kaiserlichen Reformen keinem eingeleuchtet hätte. So wenig Nachdenken im allgemeinen unter den Niederländern stattfinden mochte, so tief sie auch gebeugt waren unter das Joch der Vorurtheile und des Aberglaubens, so gewiß mußten sich dennoch einzelne Menschen finden, die in eigener Thätigkeit des Geistes zu reinen, unumstößlichen Resultaten gelangten, und andere, die einer bessern Ueberzeugung, sobald sie sich ihnen darbot, offen und empfänglich waren. Solche einzelne fanden sich wirklich, wie ich schon erwähnt habe, unter dem zahlreichen Heere der niederländischen Rechtsgelehrten. Die Bürger, wenigstens die wohlhabendsten unter dieser Klasse, blieben nicht durchgehends ohne Empfänglichkeit für ihren Unterricht. In den Maßregeln des Kaisers — so sehr sie einen despotischen Geist verriethen und aus der Voraussetzung zu fließen schienen, daß der Zweck in des Monarchen Hand die Mittel heiligen könne — erkannte man dennoch ein Bestreben, den aristokratischen sowol als den hierarchischen Einfluß einzuschränken und dem Volk ein größeres Gewicht beizulegen, mithin eine gewisse Annäherung zu dem Ziele der kleinen Anzahl von Patrioten, die eine vollkommenere Repräsentation für die einzige Grundfeste der Volksfreiheit hielten. Man hatte sich geschmeichelt, daß der Kampf zwischen dem Kaiser und den Ständen diese vortheilhafte Wendung nehmen würde; allein durch die plötzliche Wiederherstellung der alten Verfassung ging diese

Aussicht verloren und es blieb nur noch der schwache Schimmer einer Möglichkeit, jene demokratischen Grundsätze im stillen unter dem Volke zu verbreiten. So entstanden von jener Zeit an die patriotischen Versammlungen, wo die Advocaten Vonk, Verlooy und verschiedene andere auf ihre Mitbürger zu wirken suchten. Es gab sogar einzelne Personen vom höchsten Adel aus den ersten und berühmtesten Häusern, denen die Absichten dieser Demokraten nicht unbekannt blieben und die sie unter der Hand begünstigten; entweder weil sie selbst, von einem viel zu richtigen Gefühl geleitet, den Gedanken verwarfen, Theilnehmer an der aristokratischen Tyrannei zu werden, oder weil ihr Ehrgeiz bei der Demagogenrolle besser seine Nahrung fand.

Das Schicksal arbeitete indessen für diese Partei noch früher, als sie es erwarten konnte. Die Unterwürfigkeit der Stände bei der letzten Veranlassung war so weit gegangen, daß sie sich sogar zu einiger Abänderung der Grundverfassung geneigt erklärt hatten. Dem Kaiser blieb es noch in frischem Andenken, daß die fehlerhafte Constitution des dritten Standes schuld an der neulichen Verweigerung der Subsidien gewesen war. Er benutzte daher den günstigen Augenblick, um eine neue Verfassung dieses Standes in Vorschlag zu bringen, die ihn vor dem überwiegenden Einflusse der beiden andern sicherstellen und den Stolz der drei bisher allein repräsentirten Städte herabstimmen sollte. Einen Vorschlag von dieser Art hatte man nur erwartet, um das vorige Mistrauen in seiner ganzen Stärke zu äußern und die Larve des guten Vernehmens mit dem Monarchen wieder abzuwerfen. Da der Kaiser zu gleicher Zeit die Absicht zu erkennen gab, die Bewilligung der Subsidien auf ewige Zeiten, wie man sie bereits im Jahre 1754 in Flandern ein für allemal zugestanden hatte, auch in Brabant durchzusetzen, und da er sich für berechtigt hielt, von dem hohen Rath (Conseil) oder Justizhofe von Brabant die Promulgation seiner Edicte, wenn sie nicht mit den beschworenen Privilegien stritten, unverweigerlich fordern zu können: so versagten die versammelten Stände ihre Einwilligung zu allen diesen Zumuthungen und beharrten auf ihrem Entschlusse, selbst nachdem der Kaiser, zum höchsten Zorn gereizt, das Conseil von Brabant und die Deputationen der Stände cassirt und alle Rechte und Privilegien der sogenannten Joyeuse Entrée oder des Grundvertrags zwischen ihm und den Belgiern förmlich widerrufen und vernichtet hatte. Hierauf erfolgte noch am 18. Juni 1789 die Aufhebung der Stände selbst, wie im Hennegau.

Eine so schnelle, so plötzliche Umstimmung der Gemüther konnte nicht blos einem Anfall von übler Laune beigemessen werden, vielmehr mußte sie schon von fern her vorbereitet gewesen sein. In der That hatte die Priesterschaft seit der Verschließung der bischöflichen Seminarien das Volk zur Aufkündigung alles Gehorsams unablässig angefeuert. Ueberall hörte man jetzt gegen die Person des Kaisers die gehässigsten Beschuldigungen des Unglaubens und der Ketzerei. Der Erzbischof und Cardinal von Mecheln fuhr fort, das Generalseminarium als irrgläubig zu verdammen und den Professoren verfängliche Fragen vorzulegen. Diesem Trotz folgte endlich die vom Minister dem Prälaten angedrohte Strafe, ihn von allen seinen Würden zu entsetzen und die Zurückforderung der Ordenszeichen, womit die verstorbene Kaiserin ihn beschenkt hatte. Noch ungleich gefährlicher und ahndungswerther mußte dem Generalgouvernement das Betragen des Bischofs von Antwerpen erscheinen, indem es diesem sogar Hausarrest ankündigte. Wie kräftig die Ermahnungen dieser Friedensapostel gewesen sein müssen, zeigt die fast unmittelbar darauf im Volk hervorgebrachte Gärung. Der Pöbel in Tirlemont, Löwen und Diest rottete sich zusammen, plünderte die Häuser der Kaiserlichgesinnten nebst den landesherrlichen Kassen, und feuerte unter Anführung der Mönche, die ihnen das Beispiel gaben, auf die daselbst in Besatzung liegenden Truppen. Unstreitig trug die Fortdauer des Kriegs gegen die Türken, die den Kaiser nöthigte, seine ganze Macht an den östlichen Grenzen der Monarchie zusammenzuziehen, nicht wenig dazu bei, die Niederländer so beherzt zu machen. Der unvermuthete Umsturz der monarchischen Verfassung in Frankreich, welcher genau in diesen Zeitpunkt traf, vermehrte ebenfalls den Schwindel dieses mißgeleiteten Volks. Endlich hatte auch die Eifersucht gewisser europäischen Mächte gegen Joseph und seine große Bundesgenossin sichtbaren Antheil an der Verwegenheit, womit die Unterthanen des Kaisers in allen seinen Staaten sich gegen seine Verordnungen auflehnten. Der Advocat Heinrich van der Noot negociirte heimlich im Namen des belgischen Volks, dessen bevollmächtigten Agenten er sich nannte, an einigen benachbarten Höfen und körnte seine angeblichen Committenten mit erdichteten oder auch wirklich erhaltenen Versprechungen.

Unter allen diesen mitwirkenden Ursachen, die das Feuer der Empörung heimlich anfachten, war keine dem Kaiser so wichtig und so bedenklich als die unbedingte Macht der Geistlichkeit über die Meinungen des Volks. Er erkannte jetzt zu spät, daß, die Zeit allein etwa ausgenommen, nichts vermögend sei, den nachtheiligen Eindruck auszulöschen, den der Fanatismus in einem abergläubischen Volke gegen ihn heraufzaubern konnte. Solange die Reformen nur die bürgerlichen Verhältnisse des Staats und seiner Glieder betrafen, hatte man sich zwar widersetzt, jedoch nicht aufgehört, den Landesherrn zu ehren und alle Pflichten gegen ihn zu erfüllen. Hingegen von dem Augenblicke an, wo die Priesterschaft seinen

Glauben verdächtig machen und seinen Einrichtungen den Anstrich gottesläſterlicher Eingriffe in die Myſterien der Religion geben konnte, verwandelte ſich die Achtung ſeiner Unterthanen in Abſcheu und Haß. Die furchtbare Beſchuldigung der Ketzerei hatte noch jetzt in den Niederlanden dieſelbe Kraft, wie vor dreihundert Jahren im übrigen Europa; ſie löſte alle Bande der Pflicht und der Menſchheit und raubte dem Beſchuldigten alle Rechte. Joſeph empfand alſo noch am Schluſſe des 18. Jahrhunderts die ganze unwiderſtehliche Gewalt der theologiſchen Zauberformeln, die vor alters ſeine Vorfahren auf dem Kaiſerthrone ſo tief gedemüthigt hatten. Er empfand vielleicht noch mehr; vielleicht ſchmerzte ihn wirklich, in dem zerrütteten Zuſtande, worin ſich ſeine ganze Organiſation ſo kurze Zeit vor ihrer Auflöſung befand, die verlorene Liebe dieſes verblendeten Volks. Das Glück der Unterthanen hatte ihm bei allen ſeinen Reformen am Herzen gelegen; ſie hatten dieſes Ziel verfehlt und er nahm ſie zurück. Am 14. Auguſt erſchien wirklich ein neues Edict, wodurch die Univerſität zu Löwen in alle ihre Gerechtſame wieder eingeſetzt und die biſchöflichen Seminarien von neuem eröffnet wurden. Allein der Zeitpunkt, worin dieſe Handlung die Gemüther hätte beſänftigen können, war verſtrichen; das Zutrauen des Volks war dem Monarchen entriſſen; eine leidenſchaftliche Erbitterung hatte ſich aller Klaſſen bemächtigt und ſie alle gegen ihn unempfindlich gemacht. Man ſchrieb der Ohnmacht, der Furcht, der Verſtellung eine Nachgiebigkeit zu, woran diesmal die Güte wirklich theilgehabt haben konnte; und im Taumel der Freude über dieſen Triumph fing man an zu glauben, das Volk dürfe nur wollen, um von ſeinem Herzog unabhängig zu ſein.

Die demokratiſche Partei blieb bei dieſer Lage der Sachen nicht unthätig. Der Advocat Vonk entwarf den berühmten Plan einer Aſſociation, die er pro aris et focis nannte, und wozu er ſich nur mit ſieben andern Verſchworenen (Verlooy, Torfs, Kint, Wenmals, Taubremez, Fisco und Hardi) verband. Dieſe beeidigten jeder anfänglich ſieben bis zehn neue Mitglieder, welche wieder andere aufnahmen, und ſo ging es fort ins Unendliche. Jeder Verſchworene gab ſich einen Namen, den er auf eine Karte ſchrieb; derjenige, der ihn aufgenommen hatte, ſchrieb den ſeinigen dazu, und ließ die Karte auf dieſe Art an die urſprünglichen Häupter des Bundes gelangen. Solchergeſtalt überſahen dieſe auf einen Blick die Anzahl der Verbündeten, und außer ihnen wußte niemand den ganzen Zuſammenhang der Verſchwörung. Städte und Dörfer wurden auf dieſem Wege zu einem gemeinſchaftlichen Zweck vereinigt; man leitete alles dahin ein, zu gleicher Zeit im ganzen Lande durch eine gewaltſame und plötzliche Anſtrengung die Macht des Kaiſers zu bezwingen, ohne zuvor das geringste von diesem Vorhaben ahnen zu lassen. So wurden zu Mecheln dreitausend Menschen in drei Tagen für die Association gewonnen; ganz Löwen gehörte in acht Tagen dazu; in den andern Städten von Brabant und Hennegau warb man ebenfalls die Majorität der Einwohner an.

Fast zu gleicher Zeit beschloß die patriotische Versammlung in Brüssel, an den Grenzen der Niederlande ein kleines Heer zu versammeln. Wer für das Vaterland die Waffen ergreifen wollte, ward heimlich in die Gegend von Hasselt im lüttich'er Gebiet geschickt und dort aus einer Kasse, wozu die reichen Klöster und Abteien, die Kaufleute von Antwerpen und andere Privatpersonen große Summen gaben, bis zur gelegenen Zeit unterhalten. In der holländischen Grenzstadt Breda und ihrer Nachbarschaft versammelte sich ein zweiter Haufe von Flüchtlingen, den die patriotische Versammlung zu Brüssel in der Folge ebenfalls in Sold nahm. Van der Noot, dessen Vollmacht einige Mitglieder des Prälaten- und des Bürgerstandes unterzeichnet hatten, fuhr noch lange fort, sich zu schmeicheln, daß eine auswärtige Macht den Niederländern Hülfstruppen bewilligen würde; doch endlich verschwand sowol diese Hoffnung, als die noch weniger gegründete auf französischen Beistand.

So kühn und wohlersonnen diese Maßregeln scheinen mögen, so wenig hätten sie gleichwol gegen sechzehntausend Mann regulärer Truppen vermocht, welche d'Alton in den Niederlanden commandirte. Allein zu den Unglücksfällen, welche die letzten Monate von Joseph's Regierung bezeichneten, gehörte vorzüglich auch dieser, daß unter seinen Bevollmächtigten der Geist der Zwietracht herrschte. Die unumschränkte Macht des Ministers Trautmannsdorf mußte ihn bei denen verhaßt machen, die sich durch ihn von einem wirksamen Antheil an der Regierung ausgeschlossen fühlten; es konnte sogar das Interesse einiger Mitglieder des Gouvernements geworden sein, den Unternehmungen der Niederländer den glücklichsten Erfolg zu wünschen, solange nicht die gänzliche Unabhängigkeit, sowol der Sache als dem Namen nach, der letzte Endzweck der Insurgenten war. Das Misverständniß zwischen dem General und dem Minister hatte den Punkt erreicht, wo man so leicht die Pflichten gegen den Staat und den Landesherrn aus den Augen setzt, um den Eingebungen des Hasses und der Privatrache zu folgen. Trautmannsdorf erhielt beständig die freundschaftlichsten Ministerialversicherungen von dem Gesandten der Generalstaaten, daß seine Souveräne keinen Antheil an den Bewegungen der Niederländer nähmen, und affectirte daher, die bedenklichen Nachrichten, die ihm d'Alton von Zeit zu Zeit einschickte, für unbedeutend zu halten. Es war indeß nicht zu leugnen, daß die belgischen Flüchtlinge zu Breda unter der Hand allen Vorschub erhielten, der nicht für einen offenbaren Friedensbruch gelten konnte. Die Generalstaaten weigerten sich auch, den niederländischen Emissar van der Noot, der sich im Haag aufhielt, auf Ansuchen des kaiserlichen Gesandten auszuliefern. Allein so lange die ganze Gefahr eines Angriffs nur von einem so kleinen, so schlecht gekleideten und bewaffneten, so gänzlich undisciplinirten Haufen wie der zu Breda herrühren sollte, war der Minister zu entschuldigen, daß sie ihm verächtlich schien. Vielleicht schmeichelte auch seinem Selbstgefühl der Gedanke, alles noch ohne Zuthun des Feldherrn beilegen und beruhigen zu können. So begreift man wenigstens, warum er den Kaiser von dieser Möglichkeit bis auf den letzten Augenblick zu überzeugen und ihn zu gütigen Maßregeln zu stimmen suchte, indeß er die kritische Lage der Sachen entweder verhehlte oder selbst nicht in ihrem ganzen gefahrvollen Umfang übersah. Der Mann, der, im Gefühl seiner ihm anvertrauten Vollmacht, zu seinen eigenen Kräften leicht ein großes Zutrauen fassen mochte, gab auch wol eine Seite seines Charakters preis, die man benutzen konnte, um ihn in seiner Täuschung zu erhalten. Die doppelte und schwer zu vereinigende Absicht, dem Kaiser seine Provinzen und sich selbst den ganzen Einfluß seines Postens zu sichern, ward unausbleiblich eine Quelle schwankender, unzusammenhängender, widersprechender Handlungen, welche nur dazu dienten, der Nation die Schwäche und innere Zerrüttung des Gouvernements noch deutlicher zu verrathen.

Die Auswanderungen wurden indessen immer häufiger und erregten endlich die Aufmerksamkeit der Regierung. Am 30. September wurden sie bei Strafe des Todes und der Einziehung der Güter verboten. Bald darauf marschirte der General Schröder mit einem ansehnlichen Detachement nach Hasselt, um die daselbst versammelten Insurgenten zu zerstreuen; allein bereits am 6. October hatten sich diese nach den Städten und Dörfern des holländischen Brabants gezogen und machten nunmehr mit dem zwischen Breda und Herzogenbusch entstandenen Haufen ein Heer von vier- bis fünftausend Mann aus. Um die Geistlichkeit außer Stand zu setzen, diese Truppen fernerhin zu besolden und mit Kriegsmunitionen zu versehen, erschien am 13. October ein Edict, welches die Einkünfte von zwölf begüterten Abteien, Tongerloo, St.=Bernhard, Affligem, Gemblour, Villers, Vlierbeek, St.=Gertrud, St.=Michael, Diligem, Grimbergen, Everboden und Heylissem, sequestrirte und einer kaiserlichen Administration unterwarf. Von allen Seiten liefen jetzt Denunciationen gegen viele verdächtige Personen von allen Ständen bei der Regierung ein. Vonk und Verloop entkamen aus Brüssel in dem Augenblick, da man sich ihrer bemächtigen wollte; einige von ihren Verbündeten waren nicht so glücklich und geriethen in die Hände ihrer Verfolger. Allmählich wurden sogar die ersten Familien im Lande verdächtig gemacht. Fünf Mitglieder der Staaten von Brabant, die Grafen von Spangen, Lannoy, Duras, Coloma und Prudhomme d'Hailly, kamen in Verhaft; man bewachte die Herzoginnen von Aremberg und von Ursel in ihren Palästen, und warf sowol den Schriftsteller Linguet als den kaiserlichen Fiscal Le Coq und den Schweizer Secretan, Hofmeister der Söhne des Herzogs von Ursel, ins Gefängniß. Ganz Brüssel erbebte von dem Gerüchte einer Verschwörung, welche in ihren Wirkungen der Sicilianischen Vesper geglichen hätte; eine Anzahl Häuser, hieß es, sollten in die Luft gesprengt, die Offiziere der Besatzung, die Glieder der Regierung und der Rechnungskammer zu gleicher Zeit ermordet werden. Wie viel Wahres oder Erdichtetes in dieser Beschuldigung lag, könnten nur die Protokolle jener Zeit erweisen; allein, was auch immer die Ursache gewesen sein mag, dem Schweizer Secretan ward die Todesstrafe zuerkannt; man schleppte ihn in das finstere Behältniß, wo überwiesene Missethäter die Vollziehung ihres Urtheils abwarten müssen, und erst nach einer zweimonatlichen Gefangenschaft rettete ihn endlich die Revolution. Alle Gefängnisse in Brüssel waren jetzt mit Personen aus allen Ständen, mit Priestern, Kaufleuten und Adelichen angefüllt, die man insgesammt irgendeines Verbrechens wider den Staat beschuldigte. Alles verkündigte die allgemeine Gärung, das gänzlich verlorene gegenseitige Zutrauen und die nahe Entscheidung.

Die patriotische Armee setzte sich nun den 20. October wirklich in Bewegung. Vonk hatte ihr in der Person seines Freundes, des ehemaligen kaiserlichen Obersten van der Mersch, einen geprüften Führer erworben. Ihre ersten Unternehmungen waren gegen Turnhout und die unbesetzten Schanzen Lillo und Lieffenshoek an der Schelde gerichtet. Der General Schröder, der ihnen am 27. nach Turnhout entgegenkam, hatte anfänglich einigen Vortheil; als er aber in die Stadt einrückte, empfing man seine Truppen mit einem heftigen Feuer aus den Fenstern und von den Dächern, welches ihn nach einem blutigen Gefechte zum Rückzuge nöthigte. Die Insurgenten verließen jedoch freiwillig alle diese Postirungen wieder, um von einer andern Seite, jenseit der Schelde, einen Versuch auf Flandern zu wagen. Ueberall, wo sie erschienen, verbreiteten sie ein kühnes Manifest, welches van der Noot entworfen und unterzeichnet hatte, worin sie den Kaiser der Herzogswürde verlustig erklärten und ihm allen Gehorsam förmlich aufkündigten. Um diese Zeit hatte sich ein Ausschuß oder Comité der Stände von Brabant nach Breda begeben und dirigirte von dort aus die Operationen des Patriotenheers. Hierher hatte eine streifende Partei auch den Kanzler von Crumpipen gefangen geführt, den jedoch die Generalstaaten auf Ansuchen des kaiserlichen Chargé d'affaires wieder in Freiheit setzen ließen.

Am 13. November ward Gent von den Insurgenten besetzt, die sich nach einem fürchterlichen viertägigen Kampfe, wobei ein Theil der Stadt eingeäschert ward, in dieser Hauptstadt von Flandern behaupteten. Zu gleicher Zeit erklärten sich alle Städte dieser Provinz gegen den Kaiser. Die Wirkungen der Vonk'schen Verbrüderung äußerten sich plötzlich in allen Gegenden von Flandern, Brabant und Hennegau; Bürger und Bauern griffen zu den Waffen und vertrieben oder vertilgten die kaiserlichen Besatzungen. Van der Mersch rückte jetzt zum zweiten mal an der Spitze von fünftausend Mann aus den holländischen Grenzen bei Hoogstraaten in Brabant ein. Die Bestürzung über die von allen Seiten drohende Gefahr war bei den Anhängern der kaiserlichen Partei in Brüssel so groß, daß die Generalgouverneurs bereits am 18. November die Stadt verließen und sich über Namur und Luxemburg nach Koblenz flüchteten. Verschiedene kaiserliche Beamte nebst einigen Personen vom hohen Adel folgten diesem Beispiel. Der Minister ließ alle Gefängnisse in Brüssel, Antwerpen, Löwen und Mecheln öffnen und die Verhafteten, die sich in die Hunderte beliefen, von welchem Range und Stande sie auch waren, ohne alle Bedingung in Freiheit setzen; er vernichtete am 20. das Generalseminarium zu Löwen, den Stein des Anstoßes der niederländischen Geistlichkeit; er widerrief am 21. im Namen des Kaisers das Edict vom 18. Juni, stellte am 25. alle Privilegien von Brabant in ihrem ganzen Umfange wieder her, versprach eine allgemeine Amnestie, dehnte sie am 26. auf alle Provinzen der Niederlande aus und verbürgte sich mit seiner Ehre, daß der Kaiser den ganzen Inhalt aller dieser Declarationen genehmigen würde. Allein diese Maßregeln brachten jetzt auch nicht die geringste Wirkung hervor und änderten nichts in dem entschlossenen Gange der Gegenpartei. Schon am 23. November versammelten sich zu Gent die Stände von Flandern, und am 25. beschlossen sie vor allen übrigen Provinzen, daß der Kaiser aller Hoheitsrechte über die Grafschaft Flandern verlustig sei, und daß den sämmtlichen Provinzen der Vorschlag zu einer niederländischen Union gethan werden solle.

Nachdem van der Mersch über Tiest und Tirlemont gegen Löwen vorgerückt war und den General d'Alton genöthigt hatte, daselbst Vertheidigungsanstalten zu treffen, nahm er am 29. seine Stellung bei Leau, woselbst noch an eben dem Tage der Oberst de Brou mit Friedensvorschlägen eintraf. Am 2. December ward auf zehn Tage ein Waffenstillstand geschlossen, den van der Mersch auf zwei Monate zu verlängern versprach, wofern die Stände von Brabant zu Breda diese Verlängerung genehmigen würden. Der Minister schmeichelte sich umsonst, auf diese Art zu neuen Unterhandlungen Zeit zu gewinnen; weder die Stände von Flandern, noch das Comité von Breda wollte seine Vorschläge hören. Der ganze Vortheil des Waffenstillstandes blieb auf der Seite der Patrioten; sie hatte man dadurch gleichsam förmlich anerkannt, man hatte ihnen in dem deßhalb aufgesetzten schriftlichen Vergleiche diesen ehrenvollen Namen zugestanden, und man ließ ihnen Zeit, ihre Armee durch Freiwillige und vor allem durch die scharenweise einkommenden Ueberläufer aus dem kaiserlichen Lager zu verstärken.

Die Entfernung des Generalgouverneurs, die Nähe der patriotischen Armee, die Wichtigkeit, die man ihr durch einen erbetenen Waffenstillstand gegeben hatte, endlich die täglich aufeinander folgenden Concessionen des Ministers mußten der Gegenpartei Muth machen, alles zu unternehmen. Selbst die Vorkehrungen, welche d'Alton zur Erhaltung der Ruhe in der Stadt getroffen hatte, dienten den Patrioten zur Erreichung ihres Endzwecks.

Die Klöster, in denen die Truppen einquartirt lagen, boten die beste Gelegenheit dar, sie zum Ueberlaufen zu gewinnen; man drückte sogar den Schildwachen Geldstücke in die Hand, nahm ihnen ihre Waffen ab und schaffte sie heimlich zur Stadt hinaus. Das Misverständniß zwischen ihrem General und dem Minister ward den österreichischen Kriegern ein dringender Bewegungsgrund, ihre Fahnen zu verlassen und dahin überzugehen, wo die Freigebigkeit der Patrioten ihnen außerordentliche Vortheile und die Klugheit der Maßregeln größere Sicherheit für ihr Leben bot. Am 7. December hatte Trautmannsdorf den Einwohnern die Außenwerke preisgegeben, welche d'Alton kurz zuvor hatte aufwerfen lassen, um die Stadt vertheidigen und zugleich in Furcht halten zu können. Von diesem Augenblick an verwandelte sich die Feigheit des Pöbels in das entgegengesetzte Extrem des tollkühnen Muths. Am 10. December ward in der Hauptkirche zu St.-Gudula für das Glück der patriotischen Waffen eine feierliche Messe celebrirt. Gegen das Ende des Gottesdienstes steckte jemand die Nationalcocarde an seinen Hut und hob ihn, allen Anwesenden zum Signal, auf seinem Stock in die Höhe. In wenigen Minuten trug alles in der Kirche, in wenigen Stunden alles in der Stadt die Cocarde.

In diesem furchtbaren Zeitpunkt der allgemeinen Ungebundenheit konnte nur Ein Gegenstand die Vorsorge des Gouvernements erheischen: man mußte Brüssel vor seinem eigenen Pöbel retten. Dahin war es aber zwischen d'Alton und dem Minister gekommen, daß dieser die Stadt in den Händen der Bürger sicherer glaubte, als unter dem Schutz eines Militärs, dessen Treue durch wiederholte Desertion von einer Stunde zur andern verdächtiger, dessen

Macht auch aus demselben Grunde immer unzulänglicher ward. Am Abend gab daher Trautmannsdorf den Bürgern ihre Waffen wieder; die Bürgercompagnien zogen noch in derselben Nacht auf die Wache, und am folgenden Tage verlegte der General, nach einigen unbedeutenden Scharmützeln, alle seine Truppen in die höhere Gegend der Stadt. Der Waffenstillstand war jetzt verstrichen; der Ausschuß zu Breda hatte sich standhaft geweigert, die vorgeschlagene Verlängerung zuzugestehen, und d'Alton mußte befürchten, wenn er noch länger in Brüssel zögerte, dem General van der Mersch in die Hände zu fallen. Ein schneller Abzug rettete ihn vor einem allgemeinen Aufstand und Angriff des Volks. Er eilte so sehr, daß seine Kriegskasse und drei Millionen an baarem Gelde im königlichen Schatze zurückblieben. Die Flucht des Ministers verrieth dieselben Symptome der Uebereilung; erst als er schon zwei Meilen von Brüssel entfernt war, erinnerte er sich seines Versprechens an die auswärtigen Minister, ihnen den Tag seiner Abreise zu notificiren. Der Abend dieses merkwürdigen Tags, des 12. December, ward in Brüssel mit Freudenfeuern, Erleuchtungen und andern Feierlichkeiten begangen, und bereits am folgenden Morgen stellte man den hohen Justizhof von Brabant wieder her. An eben diesem Tage räumten die Kaiserlichen die Stadt Mecheln, und am 14. zog van der Mersch wie im Triumph zu Löwen ein. Namur ward von den Patrioten besetzt, und das sehr verminderte Heer des Kaisers concentrirte sich, nachdem es alle zerstreuten Commandos und alle Besatzungen an sich gezogen hatte, in Luxemburg und der umliegenden Gegend. Die mislungenen Versuche der Patrioten, etwas im freien Felde gegen diese geübten und disciplinirten Veteranen auszurichten, bestätigten die Vermuthung, daß die bisherigen Fortschritte der Niederländer nicht sowol ihrer Tapferkeit als vielmehr der Uneinigkeit unter den kaiserlichen Anführern und ihren widersprechenden Maßregeln zugeschrieben werden müßten.

Am 18. December intonirte der Cardinal-Erzbischof von Mecheln, der während der letzten Unruhen, indeß man ihn in Frankreich glaubte, bei einem Krämer in Brüssel versteckt geblieben war, ein feierliches Tedeum in der Gudulakirche. Die Stände von Brabant waren zugegen; der Advocat van der Noot ward überall als Befreier des Vaterlandes vom Pöbel im Triumph umhergeführt und bald hernach zum Minister der brabantischen Stände ernannt. In allen Städten der abgefallenen Provinzen publicirte man sein Manifest, und der ehrwürdigste Name, den das 18. Jahrhundert ausgesprochen hat, der Name Franklin, ward entheiligt, indem man diesen Priesterstlaven damit schmückte. Jetzt eilten Deputirte aus allen Provinzen nach Brüssel, um einen allgemeinen niederländischen Congreß zu bilden, welcher sich an die Stelle des Souveräns setzte und das große Werk der Union am 11. Januar 1790 vollendete. Die Vorschläge, die der Graf von Cobenzl vom Kaiser mitbrachte, wurden ungehört verworfen und die neue Macht der vereinigten belgischen Staaten schien einen Augenblick ihre Unabhängigkeit vom habsburgischen Stamme behaupten zu können.

XVII.
Brüssel.

Brabantische Broschüren. Vorgeschlagene Wiedereinsetzung der Jesuiten. Der Abbé Ghesquière. Charakterzüge der Brabanter. Einfluß der Revolution auf die Sitten. Phlegmatisches Temperament. Politik der Nachbarn. Kaiserliche Partei. Die patriotische Gesellschaft und ihre Bittschrift an die Stände. Erzwungene Gegenadresse Walkiers. Mordbrennerei in Brüssel von den Söldnern der Stände. Ihr Sieg über Walkiers. Aufhebung der patriotischen Gesellschaft.

In Paris, wo das Bedürfniß, mit dem Publikum zu sprechen, so allgemein und der leidige Autortrieb so unüberwindlich ist, wird nach Verhältniß der Größe des Orts kaum mehr geschrieben als während der jetzigen Periode in den Niederlanden. Die Pressen überschwemmen täglich die Stadt mit einer Ladung von Pamphlets und fliegenden Blättern, die man, solange das Revolutionsfieber währt, in allen öffentlichen Häusern begierig verschlingt; und obgleich die herrschende Partei nur solche Schriften duldet, die ihrer eigenen Sache das Wort reden, so werden dennoch unter der Hand von den Colporteurs auch die Aufsätze der sogenannten Vonkisten verbreitet. Seitdem wir uns in Brüssel aufhalten, ist kein Tag hingegangen, der nicht etwas Neues in dieser Art hervorgebracht hätte; allein unter dem ungeheuern Wuste von neuen politischen Controversschriften, den wir in den Buchläden ansehen müssen, gibt es auch nicht ein einziges Blatt, das den Stempel eines höhern, über das Gemeine und Alltägliche auch nur wenig erhabenen Geistes trüge. Plumpheit im Ausdruck, der gewöhnlich bis zu Schimpfwörtern hinuntersteigt, ein schiefer oder vollends eingeschränkter Blick, ein mattes, oberflächliches, einseitiges, abgenutztes Raisonnement, und auf der aristokratischen Seite noch zu diesem allem ein blinder Fanatismus, der seine Blöße schamlos zur Schau trägt: das ist die gemeinschaftliche Bezeichnung aller niederländischen Hefte des Tags. Der Stil dieser Schriften ist unter aller Kritik; ein Franzose würde in dem Schwall von Barbarismen kaum seine Sprache wiedererkennen. Ich wüßte nicht, was hier eine Ausnahme verdiente; gewiß nicht das Manifest der Stände von Hennegau, das immer noch vor andern gerühmt zu werden verdient; nicht Linguet's Vertheidigung der Aristokratie, die so schal und dürftig ist, wie der Gegenstand es mit sich bringt; nicht die unzähligen Adressen an das Volk und die Briefe der verschiedenen Demagogen; endlich auch nicht die Manifeste, Edicte und Staatsschriften des Congresses, der Stände und ihrer Minister.

Unter dem Neuen von dieser Art, das mir eben in die Hände fällt, ist aber eine sehr ernsthafte Vorstellung bemerkenswerth, wodurch man bei dem Congreß auf die Wiederherstellung des Jesuitenordens in den Niederlanden anträgt („Mémoire à leurs hautes et souverains Puissances, Nosseigneurs les Etats-unis des Pays Bas Catholiques, sur le rétablissement des Jésuites. 1790." 8. 48 S.) Ihr Verfasser rügt die Illegalität der Proceduren bei der Aufhebung des Ordens, und erklärt das päpstliche Breve für nichtig und null, sowol was das göttliche als das natürliche, peinliche und geistliche Recht betrifft. Diesen Satz führt er sehr weitläufig und bündig aus; denn im Grunde ist wol nichts leichter als der Beweis, daß Macht und Gewalt in diesem Falle die Stelle des Rechts vertreten haben, wie wohlthätig auch immer die Folgen für die Fortschritte der Erkenntniß gewesen sind. Merkwürdig ist die Stelle, wo der Verfasser diesen Ausspruch von Pius VI. anführt: „indem man die Jesuiten zerstörte, hat man alles zerstört; diese umgestürzte Säule ist die Hauptstütze des Heiligen Stuhls gewesen" (S. 41). Wenn diese Aeußerung so gegründet wäre, als sie auffallend ist, so hat der Heilige Stuhl in der That schon lange sehr unsicher gestanden; denn dieser Orden, so viel Verdienst auch einzelne bessere Mitglieder desselben besaßen, war doch im Grunde wie alle übrigen Mönchsorden einzig und allein auf die Dummheit der Nationen berechnet, und sein Sturz selbst ist der überzeugendste Beweis von der Geringfügigkeit der in ihm vereinigten moralischen Kräfte, von dem Mangel an Geist und an Ausbildung im großen Haufen seiner Glieder. Nichts kann daher den traurigen Zustand der Gemüthskräfte in den Niederlanden anschaulicher und nachdrücklicher schildern, als dieses so lebhaft und dringend geäußerte Bedürfniß des jesuitischen Unterrichts. Man möchte hier wirklich mit einem biblischen Ausdruck ausrufen: „Wenn das Licht, das in euch ist, finster ist, wie groß wird denn die Finsterniß sein!"

Hier habe ich noch einen ähnlichen Fang gethan. Ein gewisser Abbé Ghesquière hat eben eine „Notion succincte de l'ancienne constitution des Provinces Belgiques" drucken laſſen, die ich Dir doch bekannt machen muß. Er iſt in der That einzig, dieſer Abbé, denn er findet die Vorrechte der niederländiſchen Kleriſei ganz klar im Tacitus aufgezeichnet. Tacitus ſagt im ſiebenten Kapitel ſeines Aufſatzes über die Sitten der Deutſchen, daß ihre Könige nicht unumſchränkte Herrſcher waren (nec regibus infinita aut libera potestas). Alſo hatten die Belgier damals einen geiſtlichen, adelichen und dritten Stand, deren Repräſentanten die königliche Macht in Schranken hielten. Wer wollte die Bündigkeit dieſes Schluſſes antaſten? Wer wollte noch in Zweifel ziehen, was ein gelehrtes Mitglied der ſeeländiſchen Akademie vermöge ſeiner ſeltenen Gewandtheit in der Auslegungskunſt ergründet hat? Den Unglauben hat er indeß vorausgeſehen und tritt mit einem zweiten Citat auf, hinter welchem er unüberwindlich iſt. Nicht erſt im Tacitus, im Julius Cäſar ſteht ſchon der Beweis, daß die Staaten von Brabant die rechtmäßigen Souveräne dieſes Landes ſind. „Der König der Eburonen, Ambiorix", ſagt der erhabene Ueberwinder des Pompejus, „hatte nicht mehr Antheil an den öffentlichen Entſchlüſſen und Unternehmungen, als die Menge des Volks." (Suaque ejusmodi esse imperia, ut non minus haberet in se juris multitudo, quam ipse in multitudinem.) Die Eburonen waren bekanntlich Belgier; die Belgier haben jetzt Biſchöfe und Prälaten; alſo hatten die Eburonen einen Klerus, der zugleich erſter Landſtand war! Das iſt klar wie die Sonne! Und wer es nicht glaubt, der ſei Anathema zu Löwen und Douai und überall, wo man Beweiſe führt wie der fromme Bollandus.

Wenn es wahr wäre, daß die Bataven und Eburonen bereits vor Chriſti Geburt ſo chriſtliche Zuchtmeiſter hatten, ſo müßte man aufhören, ſich über ihren treuherzigen Glauben zn wundern, und vielmehr erſtaunen, daß ihnen doch noch mancher Zug von Menſchlichkeit geblieben iſt. In Ernſt, je mehr ich die Brabanter kennen lerne, deſto mehr ſöhne ich mich auch mit ihrer indolenten Gutmüthigkeit aus. Was Gutes an ihnen iſt, könnte man mit dem Dichter ſagen, iſt ihnen eigen; ihre Fehler und Mängel fallen ihren Erziehern zur Laſt. Das Volk iſt beſcheiden, gefällig, höflich und ſelbſt dann, wenn es gereizt wird, in ſeinen leidenſchaftlichen Ausbrüchen noch menſchlich und ſchonend. Die Revolution hat dieſen Charakter in vielfältigen Beiſpielen bewährt. Als die Generalgouverneurs flohen, der Miniſter und der Feldherr des Kaiſers durch bewaffnete Bürger vertrieben wurden, blieben ihre Häuſer unberührt; niemand verſuchte, niemand drohte ſie zu zerſtören oder auch nur auszuplündern. So oft man es auch dahin zu bringen wußte, daß die niedrigſten Volksklaſſen in der furchtbaren Geſtalt von Aufrührern erſchienen und mit allgemeiner Zerſtörung drohten, ſo selten sind gleichwol die Fälle, wo ihrer Wuth ein Mensch geopfert ward. In dem Aufruhr vom 16. März dieses Jahres erbrach der Pöbel fünf Häuser von der demokratischen Partei und plünderte sie; dieß war das einzige Beispiel von Zügellosigkeit seit dem Anfang der belgischen Unruhen. Allein dieß veranstaltete ein geringer Haufe von etwa dreihundert zusammengerafften Menschen aus den Hefen der Stadt; keinen von ihnen trieb ein lebhaftes Gefühl von vermeintlichem Unrecht dazu an, sondern listige Anführer hatten sie durch Bestechungen und Verheißungen bewogen, eine Plünderung zu unternehmen, wobei für sie sehr viel zu gewinnen und wenig oder nichts aufs Spiel zu setzen war. Dieser verworfene Haufe hätte dennoch die Wohnung des Kaufmanns Chapel gänzlich verschont, wenn nicht in dem Augenblick, da eine beredte Stimme sich zu seinem Vortheil hören ließ, an sein Verdienst um seine Mitbürger erinnerte und bereits Eindruck zu machen anfing, drei Franciscanermönche, die sich in der Mitte des Tumults befanden, die Umstehenden angefeuert hätten, den Mann, der ihre Partei nicht hielt, zu bestürmen. Ein Aeltester von einer der neun Gilden, Chapel's Nachbar, fiel jetzt über dessen Vertheidiger her, warf ihn zu Boden und ließ das Volk, nach seinem Beispiel, ihn zertreten.

Vor den Schreckbildern des gegenwärtigen Zeitpunktes verfärben sich allerdings die Sitten; sie bekommen einen Anstrich von Mistrauen, Zurückhaltung und Strenge. Die Unsicherheit der politischen und bürgerlichen Existenz bringt diese Erscheinungen da hervor, wo sonst die Ueppigkeit ihren Wohnsitz aufgeschlagen zu haben schien. Die Freuden der Tafel sind verschwunden, alle Arten von Pracht und Aufwand eingestellt; genau als ob man zu wichtigern Bedürfnissen Mittel aufsparen müßte oder durch eitles Gepränge die Augen des Volks jetzt nicht auf sich ziehen möchte. Nur Ein Artikel der hier im Schwange gehenden Ausschweifungen konnte keine Verminderung leiden, weil die einzige Subsistenz einer allzu zahlreichen Klasse von Unglücklichen darauf beruht. Auch die Folgen der gar zu ungleichen Vertheilung der Güter, Armuth und Bettelei, mußten in ihrer ganzen Widrigkeit sichtbar bleiben; die Zahl der Bettler steigt, wie die Zahl der Mädchen, die ihre Reize feilbieten, bis in die Tausende. Wahrscheinlich auch in Beziehung auf jene despotischen Naturtriebe, die sich durch eine politische Revolution nicht so leicht wie andere Gattungen des Luxus bannen lassen, ist die Zahl der Modehändlerinnen hier so außerordentlich groß; ich erinnere mich nicht, einen Ort gesehen zu haben, Paris nicht ausgenommen, wo die zum Verkauf und zur Verfertigung des Putzes dienenden Kramläden in allen Straßen so zahlreich wären. Das schöne Geschlecht in Brüssel verdient vielleicht auch den Vorwurf, daß es sich durch öffentliche Unruhen und Calamitäten in den wichtigen Angelegenheiten der Toilette und des Putzes nicht irremachen läßt. Allein ich fange jetzt an, unter der wohlhabenden Klasse einige hübsche Gesichtchen zu entdecken, denen man diese Schwachheit verzeiht; ich sehe einige schlankere Taillen, einige Blondinen von höherm Wuchs. Nur vermißt man den prometheischen Feuerfunken in ihrem Blick; diese schönen Automaten können nur sündigen und beten.

Phlegma und überall Phlegma! Ich behaupte sogar, daß sich dieses charakteristische Phlegma in den Spielen der Kinder auf den Straßen wahrnehmen läßt. Wenigstens ist es merkwürdig, daß wir bisher in allen brabantischen Städten, wo wir gewesen sind, ohne Ausnahme, die Mädchen von sieben bis dreizehn Jahren jeden Abend denselben Zeitvertreib vornehmen sahen: es war das bekannte Hüpfen über ein Seil, welches man sich im Kreise über den Kopf und unter den Füßen wegschwingt. Bald schwang jede ihr Seil für sich allein; bald waren es zwei, die ein längeres Seil um eine dritte bewegten. Diese lebhafte Bewegung ist vermuthlich eine Wirkung des Instincts, der für die Erhaltung eines Körpers wacht, in welchem sonst die Spontaneität fast gar nicht bemerklich ist. Eine weit allgemeinere Erfahrung lehrt, daß gerade die trägsten Kinder, wenn sie einmal in Bewegung sind, am längsten und heftigsten toben. Ich erinnere mich nicht, in Brabant einen Knaben bei diesem Spiele gesehen zu haben, und auch das ist eine Bestätigung meiner Hypothese.

Bei den Erwachsenen ist diese Langsamkeit des Temperaments nicht zweifelhaft, allein sie äußert sich am stärksten in Absicht auf den Gebrauch der Vernunft. Oft haben wir uns über die gleichgültige Ruhe gewundert, womit die Brabanter in die Zukunft sehen. Die Möglichkeit eines österreichischen Angriffs scheint ihnen verborgen zu sein, und fast durchgehends werfen sie jetzt den Gedanken von der Unentbehrlichkeit eines auswärtigen Beistandes sehr weit weg. Vorgestern, als ein Gerücht sich verbreitete, daß preußische Truppen von Lüttich nach Huy marschirten, in der scheinbaren Absicht, sich Luxemburg zu nähern, entstand eine allgemeine Mißbilligung dieses Schrittes; so wenig Begriff hatte man von der Wichtigkeit einer Cooperation dieses mächtigen Nachbars mit ihnen gegen ihren ehemaligen Landesherrn. Von den politischen Gesprächen der hiesigen gesellschaftlichen Kreise läßt sich nach dem bisher Gesagten wenig mehr als Ungereimtheit erwarten. Die französische Dreistigkeit, über solche Gegenstände ein eigenes Urtheil zu fällen, zeigt wenigstens, auch wenn es ungehirnt genug klingen sollte, von einer gewissen eigenthümlichen Beweglichkeit der Geisteskräfte. Hier hingegen merkt man es jedem Wort und jeder Wendung an, daß diese Kräfte bisher brach gelegen haben. Könnte man die

verschiedenen Urtheile jedesmal bis an ihre Quelle verfolgen, so
würde sich's ausweisen, daß sie alle in drei oder vier Köpfen von
der einen oder der andern Partei, ja, was noch merkwürdiger ist,
zum Theil in fremden Köpfen entstanden sind. Die gewöhnliche
Gewandtheit in Vertheidigung selbst angenommener Meinungen, die
von einigem Nachdenken unzertrennlich ist, vermissen wir hier in
einem kaum glaublichen Grade. Die Eingebungen sind so kennt=
lich, daß man den Hauch zu bemerken glaubt, mit dem sie aus
einem Kopf in den andern übergingen. Die Verfechter der Stände,
bei weitem die zahlreichste Partei, führen nur die alte Verfassung
und die Joyeuse Entrée im Munde; sie sträuben sich heftig gegen
die Freiheit und kennen kein größeres Uebel als eine Nationalver=
sammlung. Umsonst versucht man es ihnen begreiflich zu machen,
daß zwischen einer oligarchischen Tyrannei und einer französischen
Demokratie noch ein drittes, eine verbesserte Repräsentation des
Volks, möglich sei; sie denken nichts bei den Ausdrücken, auf welche
sie geschworen haben, und desto gewissenhafter beharren sie darauf.
Allein man glaube ja nicht, daß es der blinde Nachbeter in der
andern Partei wenigere gibt. Neulich hörte ich einen eifrigen De=
mokraten sehr ernsthaft behaupten, die neuen belgischen Staaten
könnten das aristokratische System nicht behalten, weil es schon in Hol=
land angenommen sei. Also hätte sein Vaterland nach dieser Logik am
Ende gar keine Regierungsform bekommen müssen, denn unter den
angrenzenden Staaten gibt es auch schon Demokratien und Des=
potien! In dem heftigen Wortstreit, den man fast täglich an
öffentlichen Orten hören kann, werfen die Parteien einander, und
wie es scheint mit Recht, gänzlichen Mangel an Grundbegriffen
vor; das heißt: aus Erfahrung kennen sie einander genau; doch
damit ist dem Uebel nicht abgeholfen. Es ist indeß unleugbar ein
gewisser Enthusiasmus vorhanden, der nur darum fremden Im=
pulsionen folgt, weil er mit einer so ungewöhnlichen Leere der
Phantasie und einer gänzlichen Unfähigkeit, sich nach eigener Einsicht zu bestimmen, verbunden ist.

Dieser Mangel an Spontaneität ist nirgends offenbarer als in
dem entschiedenen Siege der Aristokraten über die demokratische
Partei. Van der Noot, der auch in Brabant den Ruf eines mittel=
mäßigen Kopfes hat, war gleichwol schlau genug, gleich bei der
Gründung der belgischen Unabhängigkeit diese Wendung voraus=
zusehen. Seine Talente machten ihn dort unentbehrlich, wo sie,
wie er wußte, immer noch ohne Rivalität hervorleuchteten; allein
sie hätten ihn nicht gerettet, wenn er es gewagt hätte, sich dem
alles hinreißenden Strome des geistlichen Einflusses zu widersetzen.
Um an der Spitze zu stehen und alles, wenn nicht dem Namen
nach, doch in der That zu lenken, mußte er also zu dieser Fahne

schwören. Der Großpönitentiar von Antwerpen, der so berüchtigte van Eupen, ein Bonze vom gemeinsten Schlage, dessen ganze Superiorität in niedriger Verschmitztheit und heimlichen Ränken besteht, ward sein Vertrauter und Gehülfe. Der schwache Cardinal war alles was man wollte in jedermanns, und blieb es folglich auch in ihren Händen. Die einzelne Stimme des Bischofs von Antwerpen, eines Prälaten, dem man Einsicht und Festigkeit des Charakters zuerkennt, verhallt ungehört im Fauxbourdon einer Majorität von Mönchen, die im Gefühl ihrer Talentlosigkeit alles der Anordnung ihrer Minister überlassen und nur dafür sorgen, daß ihr heiliges Interesse auf jedem Votum zu oberst schwimmt.

Bei allen Vortheilen, in deren Besitz die Partei der Stände sich behauptet hat, bietet indeß dieses unglückliche Land und vorzüglich die Hauptstadt dennoch das Schauspiel der innerlichen Zerrüttung dar. Das mannichfaltig verschiedene Interesse der Einwohner, die Verbitterung, die bei den Siegern vom Widerstand, bei den Besiegten vom Gefühl des erlittenen Unrechts herrührt; die Eifersucht, womit ein Nachbar den andern belauscht; die Hinterlist, wovon die Stände selbst das Beispiel geben; die Hoffnung endlich, welche den Bedrückten noch immer neuen Zunder gibt und sie auf eine glücklichere Zukunft vertröstet: dies alles wirkt zusammen, um den Niederländern die Früchte ihrer Anstrengung zu rauben und vielleicht in kurzem wieder den Schatten einer Unabhängigkeit zu entreißen, dessen Wesen sie noch nicht besitzen. So empörend auch die Anmaßung der brabantischen Stände scheinen mußte, die sich die gesetzgebende und die ausübende Macht zugleich zugeeignet haben, so unglücklich scheint der Zeitpunkt gewählt, die Rechtmäßigkeit ihrer Forderungen zu untersuchen oder die Verfassung neu zu organisiren. Innere Einigkeit und festes Zusammenstimmen zum gemeinschaftlichen Zwecke der Erhaltung konnte ganz allein das Zutrauen der auswärtigen Mächte gewinnen und die Anerkennung ihrer Unabhängigkeit beschleunigen. Trennung und Zwietracht können allein dem österreichischen Hofe den Weg zur Wiedereroberung der Niederlande bahnen. Nicht umsonst bemerkt man hier noch geheime Emissarien von verschiedenen mächtigen Höfen, statt der öffentlich accreditirten Gesandten, die mit den Generalgouverneurs fast zu gleicher Zeit verschwunden sind. Von einigen Mächten gehen sogar mehrere Personen mit verschiedenen und zum Theil entgegengesetzten Aufträgen herum; Kanzlisten, Kaufleute, Juden correspondiren auf verschiedenen Wegen mit demselben Minister, insofern er hier die aristokratische Partei, dort die Patrioten und noch an einem dritten Ort eine dritte Klasse von politischen Sektirern sondiren läßt. Die Vereinbarung der Moral mit der Politik der Cabinete, deren Möglichkeit ich nicht bezweifeln will, ist wenigstens bisjetzt noch immer Speculation geblieben, wenn man nicht etwa in dem hohen Grade Neuling ist, die öffentlichen Protestationen von Redlichkeit der Absichten, und die Lobsprüche, die mancher Hof, mancher Fürst, manches Departement sich selbst ertheilt, für baare Münze zu nehmen. Thöricht wäre es also, glauben zu wollen, daß irgendein europäisches Cabinet die Ausnahme machen und allein in einem Spiele, wo es darauf ankommt, nach der Regel zu gewinnen, eine zwecklose und ihm selbst nachtheilige Großmuth ausüben werde. Ich erhalte hier Winke und Aufklärungen, die es außer allem Zweifel setzen, daß sowol von einem auswärtigen Erbstatthalter des katholischen Belgien, als auch von einem unabhängigen belgischen Herzoge, aus der Mitte des niederländischen Adels, zu seiner Zeit sehr ernsthaft die Rede gewesen ist. Allein die Auftritte vom 15. bis 19. März, zusammengenommen mit dem, was eben jetzt bei der Armee in Namur vorgeht, müssen, für den gegenwärtigen Zeitpunkt wenigstens, den Eifer der Nachbarn, sich in die belgischen Angelegenheiten zu mischen, bis zur Gleichgültigkeit abkühlen.

Außer den Anhängern der Stände und der Geistlichkeit, außer den Freunden der Demokratie, die aber durch die vorgestern erfolgte Entwaffnung des Generals van der Mersch den empfindlichsten Stoß erlitten haben, gibt es hier noch eine starke kaiserliche Partei, wozu besonders die reichsten Bankiers und Handlungshäuser gehören. Bisher blieben sie hinter der Larve der Demokratie versteckt; allein jetzt ist es gar nicht unwahrscheinlich, daß selbst die eifrigsten Freunde der Volksfreiheit lieber mit den Royalisten die Wiederkehr des alten Systems zu befördern suchen, als unter dem eisernen Scepter der Stände länger geduldig leiden werden. Diese Gesinnung ist wenigstens bei allen Freunden der hohen Häuser Aremberg und Ursel offenbar; sie geben sich kaum noch die Mühe, sie zu verhehlen. Diese beiden Häupter des niederländischen Adels haben sich jederzeit standhaft gegen die Usurpation der Stände erklärt und die Volkspartei mit Enthusiasmus ergriffen; nie haben sie den Ständen den Huldigungseid, wozu man sie bereden wollte, abgelegt und der flüchtige Gedanke einiger Patrioten, dieser Familie den belgischen Fürstenhut zu ertheilen, so fern er auch von der Ausführung war, beruhte wenigstens auf einer wirklichen Anerkennung ihrer persönlichen sowol als ihrer angestammten Vorzüge.

Der Herzog von Ursel diente im kaiserlichen Heere vor Belgrad und Orsova. Als die Revolution ausbrach, suchte der Kaiser ihn durch die schmeichelhafteste Begegnung zu gewinnen, allein umsonst. Der Herzog schlug alle Gnadenbezeigungen aus, eilte nach Brüssel, entsagte allen seinen militärischen Verhältnissen und schickte seinen Kammerherrnschlüssel zurück. Die Stände übergaben ihm das Kriegs=

departement, indem sie ihm den Vorsitz darin ertheilten; sobald er aber merkte, daß ihre Minister es sich anmaßten, auch hier ohne sein Vorwissen Verfügungen zu treffen und ihn von aller eigenen Wirksamkeit auszuschließen — wovon die Ernennung des Generals von Schönfeld zum zweiten Befehlshaber der Armee das auffallendste Beispiel war —, resignirte er sogleich seinen Posten und erklärte sich bald hernach, wie sein Schwager, der Herzog von Aremberg, für die demokratische Partei. Am 8. März, bei der Ablegung des Eides, dessen Abfassung die Parteien heftig erbittert hatte, bis endlich eine von beiden Seiten gebilligte Formel angenommen ward, erwählten die Freiwilligen von Brüssel den Herzog von Ursel mit einstimmiger Acclamation zu ihrem Generalissimus, und zum Zeichen des Friedens umarmte ihn van der Noot auf öffentlichem Markte. Allein am 16., als der Herzog in die Versammlung der Stände ging und Vollmacht forderte, um die Ruhe in Brüssel wiederherzustellen, erhielt er die stolze Antwort, es würde schon ohne sein Zuthun geschehen; und als er vor etlichen Tagen mit dem Grafen Lamarck nach Namur reiste, um die Armee unter van der Mersch zu besänftigen, wurden beide in Verhaft genommen, sobald es dem General von Schönfeld gelungen war, sich Namurs zu bemeistern. Man ist noch ungewiß, ob er sie mit dem General van der Mersch hierher nach Brüssel schicken werde oder nicht.

Dies ist ein Beispiel der Eifersucht, die es den beiden Freunden van der Noot und van Eupen zur wichtigsten Angelegenheit macht, jeden größern Mann, es koste was es wolle, vom Ruder entfernt zu halten. Der Wettstreit mit der demokratischen Partei, in welchem sie die Oberhand behielten, gibt hiervon noch einen vollständigern Begriff und beweist zugleich, wie tief das Volk gesunken sein muß, dem bei einer allgemein bekannten Ruchlosigkeit in der Wahl der Mittel die Augen über das Betragen dieser herrschsüchtigen Menschen dennoch nicht aufgegangen sind. Die Unionsacte war kaum unterschrieben, die Unabhängigkeit der Provinzen kaum feierlich angekündigt worden, als der Ausschuß der Stände schon die Versammlungen der patriotischen Gesellschaft, der man den glücklichen Erfolg der Revolution fast einzig verdankte, unter dem Vorwande der Gehässigkeit und Gefahr geheimer Zusammenkünfte verbieten wollte. Allein damals trotzte die Gesellschaft auf ihre gute Sache: „Den Tag und die Stunde", ließ man dem Comité zur Antwort sagen, „wird öffentliche Sitzung gehalten; alle ruhigen Bürger, alle Freunde des Vaterlandes dürfen zugegen sein und die Berathschlagungen mit anhören, die nur das allgemeine Wohl zum Ziele haben." Der Vorwurf des Geheimnisses traf also nicht eine Gesellschaft, welche aus den Bankiers und reichen Kaufleuten, aus dem ganzen nicht repräsentirten Adel, aus den Bürgern mehrerer Städte, verschiedenen Mitgliedern des dritten Standes von Brüssel und den vornehmsten Advocaten dieser Stadt bestand.

Allerdings hatte die Aristokratie wol Ursache, gegen diese Gesellschaft die heftigsten Maßregeln zu ergreifen, wenn sie sich in ihrer angemaßten Oberherrschaft behaupten wollte. Den Patrioten genügte es nicht, den Kaiser vertrieben zu haben; sie wollten Freiheit in den Niederlanden, nicht die alte Tyrannei unter einem neuen Namen. In dieser Absicht entwarfen sie eine Bittschrift an die Stände, welche bald von zwölfhundert der angesehensten Männer in der Provinz unterzeichnet ward. Sie stellten ihnen darin die Nothwendigkeit vor, nach dem Beispiel der Stände von Flandern die Souveränetät des Volks feierlich anzuerkennen, die Finanzadministration zu verbessern und die Lasten des Volks zu erleichtern, das Commerz zu beleben, die Armee zu organisiren, die Preßfreiheit zu bewilligen und alle Stellen und Aemter nur ad interim, bis zur Versammlung der Nation, zu besetzen.

Nie hatten die Forderungen Joseph's II. dem Ansehen der Stände furchtbarer gedroht, als diese Bitten jetzt zu drohen schienen, denen Vonk in seinen „Considérations impartiales sur la position actuelle du Brabant" durch unumstößliche, mit Bescheidenheit und Mäßigung vorgetragene Gründe den größten Nachdruck verlieh. Der erste und fruchtbarste Gedanke, den van der Noot und seine Gehülfen diesem patriotischen Vorhaben entgegensetzten, war natürlicherweise der, daß man suchen müßte, den Eindruck jener billigen und vernünftigen Vorstellungen durch den Einfluß der Geistlichkeit auf die Gemüther zu verwischen, indem man jede Neuerung unter den jetzigen Umständen als gefährlich und feindselig gegen das Vaterland schildern ließe. Es ward sogleich ein Circularschreiben an alle Pfarrer im ganzen Lande erlassen, worin man ihnen anbefahl, eine Gegenadresse an die Stände, welche auf Bestrafung der Neuerer und Störer der öffentlichen Ruhe drang, in ihren Kirchspielen unterzeichnen zu lassen. Zwei brabantische Offiziere reisten mit dieser Adresse im ganzen Lande umher und bedienten sich allerlei unerlaubter Mittel und sogar der Gewalt, um Unterschriften zu erzwingen. Der Kanonikus du Vivier, Secretär des Cardinals, arbeitete mit einem frommen Eifer zu demselben Zweck; und solchergestalt brachte man in kurzer Zeit die Namen von 400000 Brabantern zusammen, welche diese Gegenadresse unterstützten.

Durch diese Spiegelfechterei ließ sich indeß die patriotische Gesellschaft nicht irremachen, vielmehr setzte sie ihre Versammlungen fort und bemühte sich, ihre republikanischen Grundsätze in ein helles Licht zu stellen. . Die sechs Compagnien von Freiwilligen, welche zu den fünf sogenannten Sermens oder Bürgerinnungen von Brüssel gehörten und keineswegs die Oberherrschaft der Stände begünstigten, waren vielleicht den Aristokraten vor allen übrigen Einwohnern furchtbar, weil sie die Waffen trugen und die Sicherheit der Stadt ihnen allein anvertraut war. Sie durften nur wollen und die ganze oligarchische Tyrannei verschwand. Um sich ihrer zu versichern, ward ihnen am 6. Februar ein Eid deferirt, den sie den Ständen, als ihrem rechtmäßigen Landesherrn, leisten sollten. Eduard von Walkiers, ein reicher Bankier, der unter der vorigen Regierung den Titel eines Vicomte erhalten hatte, widersetzte sich dieser Zumuthung als Aeltester (doyen) der Innung von St.-Sebastian und Chef der einen zu dieser Innung gehörigen Compagnie von Freiwilligen. Auch die übrigen Compagnien weigerten sich, diese Eidesformel anzunehmen, die ihre Absicht gar zu deutlich an der Stirne trug. Van der Noot sah sich also genöthigt, einen günstigern Zeitpunkt abzuwarten.

Mittlerweile kehrte der Herzog von Aremberg aus dem südlichen Frankreich in sein Vaterland zurück und nahm am 10. Februar von den sämmtlichen Freiwilligen, die auf dem großen Platze vor dem Rathhause versammelt waren, den Ehrennamen ihres Élu des élus (Erwählten der Erwählten) unter lauten Freudensbezeigungen des Volks an. Am folgenden Tage leistete er in dieser Eigenschaft den Bürgerinnungen einen Eid, aber nicht, wie man auch von ihm gefordert hatte, den Ständen, deren Rechtmäßigkeit er zu gleicher Zeit in Zweifel zog. Ohne der patriotischen Gesellschaft förmlich beizutreten, billigte er nebst seinem Bruder, dem Grafen de la Marck, nicht nur alle ihre Schritte, sondern äußerte auch bei mehrern Gelegenheiten seine ausgezeichnete Hochachtung für verschiedene Mitglieder dieses demokratischen Bundes und namentlich für den Advocaten Vonk, den eifrigen Verfechter der Volksfreiheit.

Von diesem Augenblick an erhob die demokratische Partei das Haupt und schien sich mit großen Hoffnungen zu schmeicheln. Die patriotische Gesellschaft wählte Herrn Vonk zu ihrem Präsidenten; sie wählte einen Secretär, sie führte nach dem Beispiel ähnlicher Clubs in England und Frankreich eine gewisse Ordnung ein, nach welcher ihre Versammlungen gehalten wurden, sie entschied über die vorkommenden wichtigen politischen Fragen durch Mehrheit der Stimmen, und ließ die Generale van der Mersch, de Rosières und Kleinberg durch eine Deputation feierlich zum Beitritt einladen. Alles schien zu erkennen zu geben, daß sie sich für eine Copie der französischen Nationalversammlung und vielleicht sogar für das Vorbild einer niederländischen angesehen wissen wollte. Desto unglücklicher war es für sie, wenn ihre Absichten wirklich rein und auf das wahre Wohl des Vaterlandes gerichtet waren, daß ein unreifer Enthusiasmus in einigen Köpfen brauste, und am 25. Februar,

an dem Tage, nachdem der General van der Merſch ganz unver=
hofft in Brüſſel von der Armee eingetroffen war, einen Auflauf
bewirkte, wobei es auf nichts Geringeres als eine Gegenrevolution
angeſehen ſchien. Ein dunkles Gerücht verbreitete ſich am Abend
des 21. durch die ganze Stadt, daß man eine neue Cocarde — die
Cocarde der Freiheit wurde ſie emphatiſch genannt — in der Kirche
zu St.=Gudula aufſtecken wolle, und dabei ſagte man ſich die Ab=
ſicht ins Ohr, die Stände müſſe man vom Ruder des Staats ent=
fernen. Am folgenden Morgen, ſtrömte alles nach St.=Gudula, und
Eduard Walkiers verſammelte, auf allen Fall, ſeine Compagnie.
Diesmal zitterten die neuen Miniſter für ihre politiſche Exiſtenz. Die
ehrwürdige Stimme des Prieſters war nochmals ihre einzige Zuflucht;
ſie ſchickten dem Pfarrer der Hauptkirche dieſe ſchriftlich abgefaßte
Erklärung: „Wir Unterzeichneten verſichern, daß das Manifeſt des
brabantiſchen Volks nach allen Stücken ſeines Inhalts befolgt wer=
den ſoll; daß alles, was vorgeht, im Namen des Volks geſchieht,
in welchem die Souveränetät inwohnend iſt und wogegen die Stände
ſich nie etwas haben anmaßen wollen.“ Van der Noot und van
Eupen hatten dieſen Aufſatz eigenhändig unterſchrieben und der
Pfarrer las ihn von der Kanzel ab. Eine ſo unerwartete Nach=
giebigkeit von ſeiten der Stände veränderte plötzlich die Stimmung
des zuſammengerotteten Volks, und beim Weggehen aus der Meſſe,
anſtatt die Ariſtokratie zu beſtürmen, fielen einige fanatiſche Köpfe
über einen demokratiſch geſinnten Offizier her, den Walkiers aber
mit ſeinen Freiwilligen ſogleich aus ihren Händen riß. In der
Kirche hatte hier und dort einer verſucht, die neue Cocarde auf=
zuſtecken, und einige wurden in Verhaft genommen, bei denen man
ſie in der Taſche fand. Noch jetzt iſt es daher gefährlich, ſich mit
einer andern als der echten brabantiſchen dreifarbigen Cocarde
ſehen zu laſſen; und es iſt uns ſelbſt widerfahren, daß ein Frei=
williger uns höflich anredete, wir wären vermuthlich Fremde und
wüßten nicht, daß das weiße Bändchen an unſerer Cocarde ver=
boten ſei.

Niemand in Brüſſel wollte etwas um dieſen Auflauf gewußt
haben; man ſetzte ihn auf Rechnung der Royaliſten, denen man
die Abſicht beimaß, ſie hätten dadurch alles in Verwirrung bringen
wollen; als ob durch dieſe Verwirrung, zu einer Zeit, wo keine
öſterreichiſchen Truppen ſie benutzen konnten, etwas für die Sache
des Kaiſers wäre gewonnen worden? Den Ständen und ihren
Miniſtern ſchien der Schlag von einer ganz andern Seite her zu
kommen; allein ohne die deutlichſten Beweiſe war jetzt eine öffent=
liche Beſchuldigung von dieſer gehäſſigen Art nicht rathſam. Zu=
dem ſtand ihnen Walkiers mit ſeinen Freiwilligen und ſeinem thä=
tigen, unternehmenden Geiſt überall im Wege. Gern hätte man

ihm diesen Auftritt vom 25. Februar schuldgegeben; es wurden sogar in dieser Absicht Briefe zwischen dem Kriegsdepartement und ihm gewechselt; allein diese Correspondenz schlug ganz zu seinem Vortheil aus, indem er den Winken und Anspielungen der Ministerialpartei den Ton eines beleidigten Mannes, der seiner guten Sache gewiß ist, mit allem Trotze dieses Bewußtseins entgegensetzte. Die eben bekannt gewordene nachdrucksvolle Remonstranz der demokratischen Partei an die Stände, worin man ihnen nochmals vorhält, daß die gesetzgebende und die vollziehende Macht ohne Gefahr für den Staat nicht länger in Einer Hand vereinigt bleiben dürfen, gestattete jetzt keine andern als indirecte Maßregeln gegen einen so mächtigen Feind. Man wußte den Stadtmagistrat dahin zu bewegen, daß er am 28. Februar die Compagnie von Walkiers aufhob, unter dem Vorwande, daß jeder Serment deren nur Eine haben könne; allein die Freiwilligen eilten am folgenden Morgen mit Ungestüm auf das Rathhaus, und auf ihre Vorstellung nahm der Magistrat seine Verordnung zurück. Walkiers, an dem die Reihe war, zog mit den Seinen auf die Wache und triumphirte im lauten Beifall des Volks.

Es war nunmehr nöthiger als jemals, die Freiwilligen beeidigen zu lassen. Man berathschlagte sich über die zu adoptirende Formel, und van der Noot bot die Hände zu einem Vergleich mit der patriotischen Societät. So wichtig schien diese Ceremonie in den Augen aller, daß man nicht Behutsamkeit genug anwenden zu können glaubte, um keine Zweideutigkeit übrigzulassen, hinter welche sich die eine oder die andere Partei flüchten könnte. Endlich, nachdem man mehr als Einen Vorschlag verworfen, nachdem van der Noot vergebens die versammelten Freiwilligen auf dem großen Platze haranguirt hatte, ward eine ganz kurze Formel in allgemeinen Ausdrücken adoptirt, die alles so unbestimmt ließ, wie beide Parteien es wünschen konnten, um bei einer scheinbaren Uebereinkunft sich zu überreden, man habe auf keinen Anspruch Verzicht gethan. Diese Feierlichkeit, wobei sich, wie ich Dir schon erzählt habe, der Herzog von Ursel und van der Noot zum Zeichen der Versöhnung beider Parteien umarmten, ward am 9. März vollzogen, und gleich darauf wies auch der hohe Rath oder Justizhof von Brabant die Bitte um Aufhebung der patriotischen Gesellschaft als unstatthaft zurück. Dagegen aber cassirte der Congreß, als Souverän der Niederlande, bereits am 13. März ein Regiment von besoldeten Truppen, welches den Einfall gehabt hatte, nach dem Beispiel der Freiwilligen, dem Volke den Eid der Treue schwören zu wollen.

Walkiers hatte indessen den Ehrgeiz der Minister und der Stände zu tief beleidigt, und sein hochfliegender Patriotismus war ihnen zu furchtbar geworden, als daß sie nicht vor allem seinen Sturz hätten beschließen sollen. Man griff ihn von der einzigen Seite an, wo er verletzbar blieb, das ist: man wirkte durch eine Ueberschwemmung von fliegenden Blättern und durch öffentlich ausgestreute Beschuldigungen auf die Leichtgläubigkeit des unwissenden und immer noch von Priestern beherrschten Volks. Es gelang den Emissarien der Geistlichkeit und der Aristokratie, den Samen des Mißtrauens unter die Bürger von Brüssel und sogar unter die Freiwilligen auszustreuen; es gelang ihnen, sie zu trennen, indem man den Grund einer verabscheuungswürdigen Verschwörung aufdeckte, einer Verschwörung, wodurch eine geringe Anzahl von Ehrgeizigen, unter dem Vorwand, das Volk in seine Souveränetätsrechte einzusetzen, sich selbst der Regirung zu bemächtigen gedächten. Walkiers, sagte man, sei das Haupt des Complots; die Offiziere der Freiwilligen wären seine Verbündeten, und eine Nationalversammlung, die man berufen wolle, würde nur als Werkzeug ihrer Tyrannei, nach dem Beispiel der französischen, alle Rechte der Bürger umstoßen, die Altäre berauben und die heiligen Diener der Religion mishandeln.

Hatte denn, wirst Du fragen, das Volk von Brüssel in einer so langen Periode von politischer Gärung noch nicht gelernt, gegen Verleumdungen auf seiner Hut zu sein und seinen Verdacht aus reinern Quellen als den Broschüren des Tags zu schöpfen? Hatte es noch nicht Gelegenheit genug gehabt, den Charakter der verschiedenen Häupter der Parteien zu ergründen, und ein Urtheil über sie zu fällen, welches nicht von jedem Hauche verändert werden konnte? Unstreitig muß sich jedem Unparteiischen bei einer so plötzlichen Umstimmung der Gemüther der Gedanke lebhaft vergegenwärtigen, daß gerade die Wahrscheinlichkeit der Beschuldigung diese große Wirkung hervorgebracht habe. Auch ohne etwas von wirklich vorhandenen geheimen Absichten, von einem trüglichen dessous des cartes zu ahnen oder zu glauben, konnte gleichwol die Schilderung wahr und treffend sein, die man im voraus von einer niederländischen Nationalversammlung entwarf. Sie mußte, wenn sie Gutes bewirken wollte, die bisherige Verfassung vernichten und die Misbräuche ausrotten, welche der moralischen Freiheit, dieser einzig wahren Quelle der bürgerlichen, entgegenwirkten; sie wäre folglich dem Klerus und besonders der Ordensgeistlichkeit furchtbar geworden. Nach dem Zustande der Aufklärung in den belgischen Provinzen und nach der Seltenheit gründlicher Einsichten und großer Talente zu urtheilen, war endlich auch, ohne dem Patriotismus der Demokraten zu nahe zu treten, die Prophezeiung, daß die Nationalversammlung nur ein Instrument in den Händen weniger Demagogen werden könne, die unverdächtigste Lobrede aus des Feindes Mund auf das Verdienst und die Fähigkeiten eines Walkiers, eines Vont und der übrigen Häupter der patriotischen Gesellschaft.

Unter den jetzigen Umständen war die ausgestreute Besorgniß, daß die Religion in Gefahr sei, gleichsam eine Losung für die Majorität der Bürger von Brüssel, die demokratische Partei zu verlassen und für die Erhaltung des einmal bestehenden Regierungssystems zu eifern. Kaum war van der Noot dieser Stimmung gewiß, so sprang die Mine, die er seinen Nebenbuhlern bereitet hatte. Es kam jetzt darauf an, welche Partei der andern zuvorkommen würde, und er hatte seine Maßregeln so gut berechnet, daß er sein Vorhaben ausführte, ehe die Armee die Bewegungen in Brüssel unterstützen konnte. Am 15. März überreichte die patriotische Gesellschaft den Ständen eine Bittschrift, worin sie zwar sehr bescheiden, jedoch mit Ernst auf eine neue Organisation der Verfassung antrug und den Ständen gleichwol, wegen ihres bekannten Widerwillens gegen eine Nationalversammlung, die Art der Zusammenberufung der Volksrepräsentanten gänzlich anheimstellte. Diese Bittschrift war kaum überreicht und gelesen, so verbreitete man im Publikum ein Verzeichniß der Störer der öffentlichen Ruhe, deren ganzes Verbrechen in der Unterzeichnung jenes Aufsatzes bestand, welchen man sich indeß wohl hütete, durch den Druck bekannt zu machen. Dagegen aber las man an den Kirchthüren überall einen Anschlagzettel, worin man das Volk aufforderte, sich am folgenden Morgen um neun Uhr zu versammeln, indem eine Verschwörung wider den Staat und die Religion im Werke sei. Aehnliche Zettel verurtheilten die Herzoge von Aremberg und Ursel, den Grafen la Marck, Eduard Waltiers, Vonk, Herries und Godin zum Laternenpfahl. Früh am 16. erschien der Pöbel und insbesondere die Bootsknechte, Träger und anderes Gesindel, welches sich in der Nähe des sogenannten Hafens aufhält und unter dem Namen capons du rivage bekannt ist, vor dem Rathhause, unter Anführung der beiden Ehrenmänner, die vor einiger Zeit so viele Unterschriften für die berüchtigte Gegenadresse eingetrieben hatten. Die Gildemeister standen auf den Stufen und schwenkten dem Haufen, der den Staaten und van der Noot ein Vivat über das andere brachte, mit Hüten und Schnupftüchern Beifall zu. Auf dieses Signal ging die Plünderung der Häuser an, welche man zuvor zu dem Ende gezeichnet hatte. Der Kaufmann Chapel kam mit eingeworfenen Fenstern und Thüren davon; hingegen fünf andere Häuser wurden nicht nur erbrochen und gänzlich verwüstet, sondern auch in einem der Besitzer tödlich verwundet. Walkiers mit seinen Freiwilligen gab verschiedentlich Feuer auf diese Banditen; allein die andern Compagnien, anstatt ihn zu unterstützen, drohten vielmehr, ihre Waffen gegen ihn zu kehren.

Am 17. erkaufte van der Noot die Ruhe der Stadt von den Plünderern mit einem Versprechen von dreitausend Gulden, die ihnen richtig ausgezahlt wurden; allein noch nicht zufrieden mit diesem Opfer und ihrer Instruction getreu, forderten sie den Kopf ihres Widersachers, Walkiers. Man lud ihn in der Dämmerung vor die versammelten Stände, stellte ihm vor, seine Compagnie habe den Haß des Volks auf sich gezogen, und bewog ihn durch diese bloße Vorstellung, sie abzudanken. Van der Noot geleitete ihn mitten durch den aufgebrachten Pöbel nach Hause. In derselben Nacht verließ er Brüssel, und mit seiner Abreise erlosch die letzte Hoffnung der Demokraten. Der hohe Rath von Brabant publicirte noch an demselben Tage das Aufhebungsdecret der patriotischen Gesellschaft, und ihre Häupter entflohen theils zur Armee in Namur, theils nach Lille im französischen Flandern. So gewaltsam dieses Mittel auch war, wodurch die Stände über die Freunde der Volksfreiheit den Sieg behielten, so hätte man es ihnen dennoch in einer solchen Krise verziehen, wenn nur auch ihre Regierung von nun an die wohlthätigen Wirkungen geäußert hätte, um derentwillen es sich verlohnte, dem Kaiser die Oberherrschaft zu entreißen. Allein von einer so übel organisirten Versammlung durfte man sich keinen edeln Gebrauch der Kräfte versprechen. Sie benutzte den ersten Augenblick, in welchem sie sich ohne Nebenbuhler fühlte, um vermittels tyrannischer Maßregeln die Möglichkeit eines abermaligen republikanischen Kampfes zu verhüten. Die Preßfreiheit, das Palladium freier Völker, ward unverzüglich abgeschafft; eine strenge Büchercensur wachte für die Erhaltung politischer und geistlicher Finsternisse, und das Verbot aller auswärtigen Zeitungen, welche demokratische Grundsätze begünstigten, krönte diese des 18. Jahrhunderts unwürdigen Verordnungen. Der Schleier des Geheimnisses deckt alle Berathschlagungen der gesetzgebenden Macht; feindseliger Haß verfolgt die Ueberreste der patriotischen Gesellschaft; aus Furcht vor strenger Ahndung werden die Namen Vonk, Walkiers, Ursel und la Marck an öffentlichen Orten nicht ausgesprochen, und der Enthusiasmus, der noch glüht und noch zuweilen ein paar hitzige Disputanten aneinanderbringt, wird allmählich erkalten und in jene todte Gleichgültigkeit gegen das gemeine Beste ausarten, welche überall herrschen muß, wo nicht von den Gesetzen, sondern von der Willkür und den Leidenschaften der Regenten das Leben und das Eigenthum des Bürgers abhängt.

XVIII.
Brüssel.

Bedauernswerthe Lage des brabantischen Volks. Aufwallung über den Brief des Generals van der Mersch. Geschichte seiner Entwaffnung. Schwankendes Betragen der Volkspartei. Aristokratische Verblendung gegen Leopold's Anerbietungen. Zustand der Wissenschaften in Brüssel. Königliche Bibliothek. Verfall der Manufacturen und des Handels. Simon's Wagenfabrik. Beschreibung des Lustschlosses Schooneberg. Allgemeine Liebe des Volks für den Herzog Albert.

Gewöhnlich bedauere ich nicht die unterjochten Völker; ihre Sklaverei sei auf ihrem eigenen Haupte! Gegen die Löwenkräfte des freien Menschen, der seine Freiheit über alles liebt, sind alle Höllenkünste der Tyrannei unwirksam. Der Uebermuth der römischen Eroberungssucht konnte ja nicht einmal das kleine Numantia bezwingen. Heldentod in den Flammen und unter den Schutthaufen ihrer einstürzenden Gebäude war der letzte und edelste Sieg dieser echten Republikaner!

Heute dauert mich gleichwol das Schicksal der Brabanter. Unter bessern Führern wären Menschen aus ihnen geworden; der Stoff liegt da in ihrem Wesen, roh, vom Gift einer allzu üppigen Cultur noch nicht durchdrungen, sondern nur das Opfer des unüberwindlichen Betrugs. Heute haben wir sie in einer Aufwallung von republikanischem Geiste gesehen, die gänzlich unvorbereitet und nur desto rührender war. Wir kamen von Schooneberg, dem Landhause der Generalgouverneurs, zurück, und in allen Straßen sahen wir ganze Scharen von Menschen in die Buchläden stürzen und mit unbeschreiblicher Ungeduld nach einem Blatte greifen, das eben jetzt die Presse verließ. Es war ein Brief des Generals van der Mersch an die Staaten von Flandern, worin er ihnen seine Ankunft in Brüssel meldet und auf die strengste Untersuchung seines Betragens dringt. Die Neugier des Publikums spannte um so mehr auf dieses Blatt, da seit einigen Tagen die wüthendsten anonymischen Affichen und Handbillets gegen den General ausgestreut werden, worin er ein Verräther des Vaterlandes genannt und absichtlich zum Gegenstand der allgemeinen Indignation aufgestellt wird. Die lebhafte Theilnahme an seinem Schicksal, die, so verschieden auch der Beweggrund sein mochte, durch alle Klassen der Einwohner zu gehen schien, hatte wenigstens mehr als Neugier zum Grunde und verrieth einen Funken des Freiheitsgefühls, wovon man sich in Despotien so gar keine Vorstellung machen kann. Es war ein erfreulicher Anblick, alles, Alt und Jung, Männer, Weiber, Kinder, Vornehme und Geringe hinzuströmen zu sehen, um die erste Silbe der Rechtfertigung eines Angeklagten zu lesen! Diese Bewegung dauerte mehrere Stunden; die Druckerei konnte nicht schnell genug die hinlängliche Anzahl Exemplare liefern; man riß einander den Brief aus der Hand; man stritt sich, wer das erste von dem neuankommenden Vorrathe besitzen sollte; man drang den Buchhändlern das Geld im voraus auf; man bot doppelte, zehnfache Zahlung und wartete, wie dies unter andern unser eigener Fall war, stundenlang auf einen Abdruck. So ging es fort bis spät in die Nacht.

Van der Mersch ist gestern Abend hier eingetroffen; dies ist der vollendende Schlag, welcher das Gebäude der Aristokratie in den Niederlanden befestigt. Die Armee in Namur war bisher noch immer eine Stütze der Volkspartei geblieben; mit den Waffen in der Hand hatte sie die Bittschrift der patriotischen Gesellschaft gebilligt. Sie war in ihrem Eifer noch weiter gegangen. Eine unbegreifliche Gleichgültigkeit der brabantischen Stände sowol als des mit ihnen einstimmigen, ebenfalls von van der Noot inspirirten Congresses hatte die Armee an allen Bedürfnissen, an Pferden und Geschütz, an Geld, an Lebensmitteln und Kleidungsstücken den äußersten Mangel leiden lassen; ein großer Theil der in Namur liegenden Truppen hatte weder Uniformen noch Schuhe. Vielleicht empfanden die vereinigten Provinzen schon jetzt die große Schwierigkeit, zu den Vertheidigungsanstalten, die ihre Lage erforderte, die nöthigen Summen herbeizuschaffen; vielleicht war auch die verdächtige Treue dieses Heeres die Ursache, daß die Stände säumten und zögerten, um es nicht wider sich selbst zu bewaffnen. Wahr ist es indessen, daß ein allgemeines Misvergnügen unter den Truppen zu Namur ausgebrochen war, daß der Mangel häufige Veranlassung zu den größten Unordnungen und zur Desertion gab, und daß van der Mersch, nachdem seine wiederholten Vorstellungen an den Congreß nichts gefruchtet, den Entschluß gefaßt hatte, seine Befehlshaberstelle niederzulegen. Bei diesen Umständen versammelten sich am 31. März alle Offiziere der dortigen Besatzung und äußerten einmüthig das Verlangen, daß van der Mersch den Oberbefehl der Armee behalten, der Herzog von Ursel wieder an die Spitze des Kriegsdepartements gesetzt werden und der Graf la Marck zum zweiten Befehlshaber ernannt werden möchte. Zugleich schrieben sie an alle Provinzen um ihre Mitwirkung zur Abschaffung der Misbräuche und Wiederherstellung der guten Ordnung. Diese Wünsche mit der am 1. April von dem General erhaltenen schriftlichen Zustimmung überschickten die Offiziere dem Congreß in einem Briefe, worin sie ohne Umschweif behaupten, das einzige Rettungs=

mittel für den kranken Staat darin gefunden zu haben, daß sie einigen Ehrgeizigen ihre über die ganze Nation usurpirte Macht zu entreißen beschlossen hätten. Um zu gleicher Zeit das Schreckbild einer Nationalversammlung zu entfernen, erschien am folgenden Tage eine Erklärung, welche die nach Namur geflüchteten Patrioten Vonk, Verlooy, Daubremez und Weemaels unterzeichnet hatten, worin sie nochmals versicherten, daß sie in der Bittschrift vom 15. März auf eine Versammlung dieser Art keineswegs angetragen hätten, sondern im Gegentheil auf die Verfassung der drei Stände festzuhalten gesonnen wären, und lediglich eine mehr befriedigende Repräsentation als die jetzige, nach dem Beispiel von Flandern, verlangten. Dieser Erklärung ertheilte die Armee am 3. April ihre Zustimmung. Sie war um so merkwürdiger, da das Project des Congresses, oder, wie er sich selbst nannte, der belgischen Generalstaaten, vom 31. März mit ihr gleichen Inhalt hatte, den einzigen Umstand ausgenommen, daß der Congreß behauptete: noch sei es zu früh, an eine verbesserte Repräsentation zu denken, indem auf die Vertheidigung gegen den auswärtigen Feind alle Kräfte und alle Sorgen gerichtet werden müßten; wenn aber der Zeitpunkt gekommen sein würde, wolle man selbst die Nation dazu auffordern, und mittlerweile wünsche man die Zustimmung und Garantie aller Provinzen zu diesem Entwurfe. Die Stände von Flandern säumten nicht, diesem Vorschlag ihren Beifall zu ertheilen, indem sie sich zugleich vorbehielten, in ihrer Provinz mit der bereits angefangenen Verbesserung der Constitution fortzufahren und sie zu vollenden, ohne die Aufforderung des Congresses abzuwarten. Diese Aeußerung war um so schicklicher, da es mit dem ganzen Vorschlage des Congresses nur darauf angesehen war, dem Volke Staub in die Augen zu werfen, und die Stände von Brabant nicht die geringste Rücksicht darauf nahmen, sondern fortfuhren, ihre vermeinten Ansprüche auf die Souveränetät dieser Provinz geltend zu machen.

Die Nachricht von den demokratischen Gesinnungen der Armee erschütterte nicht nur die Stände von Brabant, sondern auch die bisher so eifrigen Freunde des Generals van der Mersch, die Stände von Flandern. Sie forderten den Congreß auf, alle Kräfte anzustrengen, um die Gefahr abzuwenden, die von dorther dem Vaterlande drohte, und sie waren es auch, welche den Vorschlag thaten, den General nach Brüssel vor den Congreß fordern zu lassen, damit er von seiner Aufführung Rechenschaft gäbe. Im Weigerungsfalle wollten sie ihm die noch kürzlich bewilligte Zulage von 2000 Gulden zu seiner Besoldung entziehen.*) Von

---

*) Die Provinzen hatten ihm ein jährliches Gehalt von 15000 Gulden nebst 10000 Gulden Tafelgeldern zugestanden.

einer andern Seite erboten sich die beiden patriotischen Freunde, der Herzog von Ursel und der Graf de la Marck, in einem Schreiben an den Congreß, sich nach Namur zu begeben und vermittels des Vertrauens, welches ihnen die Armee bezeigt habe, den Ausbruch des Unglücks zu verhüten. Da sie gleich bei ihrer Ankunft das vorhin erwähnte Project des Congresses vom 31. März der Armee bekannt machten, so gelang es ihnen, eine Erkärung unter dem 5. April von derselben und von dem General van der Mersch zu erhalten, worin sie ihre völlige Zufriedenheit mit dem Inhalt dieses Projects in Absicht auf die künftige Reform der Verfassung zu erkennen gaben. Allein van der Noot wußte ein zuverlässigeres Mittel, für die Erhaltung seiner Partei zu sorgen. Er ließ ein Corps von fünftausend Mann, welches bisher in Löwen gestanden hatte und den Ständen von Brabant ergeben war, unter Anführung des Generals von Schönfeld nach Namur marschiren. Van der Mersch, der von dieser Maßregel keine Nachricht aus Brüssel erhalten hatte, rückte mit seiner in drittehalbtausend Mann bestehenden Besatzung dem andern Corps entgegen. Bald erfuhr er indeß durch die an ihn geschickten Adjutanten, daß der Congreß nicht nur diese Truppen beordert habe, sondern daß sich auch deputirte Mitglieder des Congresses an ihrer Spitze befänden, vor denen er sich stellen müsse. Er begab sich sogleich zu ihnen, und da er inne ward, daß der ganze Anschlag hauptsächlich auf seine Person gemünzt war, so beschloß er auf der Stelle, vor dem Congreß in Brüssel zu erscheinen. So vermied er den Ausbruch eines Bürgerkriegs, in welchem Brüder gegen Brüder hätten fechten müssen. Der Herzog von Ursel und der Graf de la Marck haben nur wenige Stunden lang Arrest gehabt und sind wieder auf freien Fuß gestellt. Das ist die Geschichte jenes merkwürdigen Tags, die heute die ganze Stadt beschäftigt. Gestern und vorgestern waren die Nachrichten über dieses Ereigniß noch zu unbestimmt und widersprechend.

Ich kann es der demokratischen Partei nicht verdenken, daß sie hier noch einen Versuch wagte, sich wieder emporzuschwingen. In dem leidenschaftlichen Zustande, den der Parteigeist voraussetzt, den die Treulosigkeit der Gegner unterhält und den die getäuschte Hoffnung so leicht bis zur Wuth erhöht, wäre es unbillig, ganz überlegte, mit kalter Besonnenheit nach dem richtigen Maßstabe der Bürgerpflicht abgemessene Handlungen selbst von edlern und bessern Menschen zu erwarten. Im Gegentheil, je reiner und herzerhebender das Bewußtsein der Demokratenhäupter war; je inniger sie ihre moralische Ueberlegenheit über einen van der Noot und einen van Eupen fühlten, desto flammender mußte ihr Eifer sie begeistern, das bethörte Volk von Brabant aus den Händen solcher Anführer zu erretten. Dies vorausgesetzt, lassen sich auch gewisse Unregel=

mäßigkeiten leichter entschuldigen, die bei dieser Gelegenheit vorfielen, und deren Verhütung nicht allemal in der Gewalt der Gutmeinenden ist, die sich an die Spitze einer Partei stellen. Unstreitig wagte die Armee einen dreisten Schritt, als sie einige Mitglieder des Congresses, die mit Depeschen nach Namur gekommen waren, gefänglich einzog, ihre Briefe las und sie öffentlich im Druck erscheinen ließ, wenn es gleich die Absicht dieser Emissarien war, ihnen eine Eidesformel hinterlistigerweise aufzudringen, welche die Freiwilligen in Brüssel längst verworfen hatten. Van der Mersch selbst, im Vertrauen auf den Beistand seiner Truppen, sprach am 3. April aus einem Tone, der den Ständen von Brabant feindselig klingen mußte, und es ist noch die Frage, ob er nicht am 5. das Schwert zur Entscheidung gezogen haben würde, wenn nicht van der Noot's Emissarien den Augenblick seines Auszugs aus Namur benutzt hätten, um den Magistrat dieser Stadt umzustimmen und den Pöbel mit einer ansehnlichen Summe, die einige auf funfzigtausend Gulden angeben, zu erkaufen. Daher fand der General, als er wieder in die Stadt ziehen wollte, die Thore gegen sich und seine Truppen verschlossen, und dieser Umstand, sagt man, bewog ihn zum gütlichen Vergleich. Ebenso wenig läßt es sich leugnen, daß die Reise des Herzogs von Ursel und seines Freundes, in einem Zeitpunkte, wo Vonk und seine Verbündeten sich wirklich schon zu Namur aufhielten, den Anschein hatte, daß es ihnen mehr darum zu thun war, die Gärung der dortigen Armee zu benutzen, als sie stillen zu helfen. Nehmen wir aber an, daß sie gegen die Usurpation der Stände die gute und gerechte Sache zu haben wähnten, wer könnte sie tadeln, wenn sie sich der Mittel bedienten, welche das Schicksal ihnen darbot, um sie geltend zu machen?

Weit schwerer, ich glaube sogar unmöglich wird es sein, sie in einer andern Rücksicht zu entschuldigen. Das Vorurtheil des Volks mußte ihnen ehrwürdig sein, wenn es unheilbar war, wenn sie voraussehen konnten, daß seine Anhänglichkeit an die Stände sich weder durch Gründe, noch durch Gewalt bezwingen ließ; in diesem Falle war folglich ihre Widersetzlichkeit zwecklos und ungerecht. Hatten sie hingegen die Möglichkeit in Händen, durch eine große Anstrengung die aristokratische Tyrannei zu stürzen, so bleibt ihnen ewig die Reue, aus Kleinmuth die Gelegenheit verfehlt zu haben, das Vaterland zum zweiten mal zu befreien. Alle absolute Bestimmungen sind Werke der Speculation und nicht von dieser Welt; hier hängt alles von Verhältnissen und Umständen ab; das Wahre und Gute entlehnt, wie Recht und Gerechtigkeit, seine Farbe von der Zeit und den Dingen. Die Beistimmung der Welt zu unsern Grundsätzen können wir daher nicht erzwingen; allein die Schuld ist an uns, wenn sie unserm Charakter keine Hochachtung zollt. Besser ist es, die Waffen für eine gute Sache nicht ergreifen, als wenn man sie einmal ergriffen hat, nicht lieber mit den Waffen in der Hand zu siegen oder zu sterben.

Wenn uns da noch Unvollkommenheiten betrüben, wo größere und edlere Menschheit uns anzieht, wie werden wir den Blick mit Widerwillen wegwenden von jenen Unglücklichen, deren sittliche Mißgestalt kein Zug von guter Bedeutung mildert? Der glückliche Erfolg ihrer Unternehmungen kann aus ihrem Namen die Brandmale nicht tilgen, womit die Wahl der niedrigsten Mittel, Doppelzunge, Arglist, Bestechung, Verrath, Aufwiegelung und Mißbrauch der Gottesfurcht des Pöbels, Plünderung und Mord der Bürger, sie gezeichnet hat. Gewiß, die Brabanter sind bedauernswerth, daß Menschen von dieser Gattung ihre Führer geworden sind und ihr ganzes Vertrauen besitzen! Sie waren es, die dem Volk einen so tödlichen Haß gegen die ganze Verwandtschaft seines ehemaligen Fürsten einflößten, daß Joseph's Tod und Leopold's strenge Mißbilligung aller seiner Neuerungen noch keinen Eindruck auf die Herzen haben machen können, so empfänglich sonst die unverdorbene Natur des Menschen für sanftere Empfindungen zu sein pflegt, wenn der Tod des Beleidigers Genugthuung gibt und alle seine Schulden tilgt. Die großen Anerbietungen des Königs von Ungarn und Böhmen haben zwar hier in Brüssel und noch mehr in Flandern die Partei der sogenannten Royalisten verstärkt; allein die Masse des Volks hat von seinen Seelsorgern gelernt, den Namen Leopold mit Abscheu zu nennen und mit demselben, wie mit Joseph's Namen, den furchtbaren dunkeln Begriff der Irrgläubigkeit zu verbinden. Diese Schreckbilder mögen hinreichend sein, um den Ständen den Gehorsam der Brabanter zuzusichern; werden sie ihnen aber auch einst Kraft und Muth einflößen, Leopold's Krieger zurückzuschlagen? In der That, der Anblick der Freiwilligen, die wir hier täglich aufziehen sehen, und was wir von dem Zustande der Disciplin und der Taktik bei der Armee vernehmen können, läßt diese Vermuthung nicht aufkommen. Die einzige gegründete Hoffnung der Stände von Brabant und der übrigen Provinzen auf die Erhaltung ihrer Unabhängigkeit liegt in der Eifersucht der Mächte Europas gegen das Haus Oesterreich.

Auf eine oder die andere Art ist diesem zerrütteten Lande die Wiederkehr der Ruhe zu wünschen. Es ist betrübt, zu sehen, wie verscheucht und verwildert alles in wissenschaftlicher Hinsicht hier aussieht. Zwar hatte der fromme Eifer von jeher gesorgt, daß des Guten in diesem Fache nicht zu viel werden möchte. Allein unter dem Prinzen Karl hatten wenigstens die Erfahrungswissenschaften ihre ersten unverdächtigen Blüten gezeigt. Man hatte wol etwas von wunderbaren Bastarden zwischen Kaninchen und Hühnern gefabelt; indeß war doch die Menagerie vorhanden, wo dieses Monstrum, das im Grunde nur das bekannte japanische frisirte Huhn war, unter vielen andern Thieren vorgezeigt ward. Diese Menagerie, das Naturaliencabinet des Prinzen, seine Gemäldesammlung, sein physikalischer Apparat, seine Bibliothek, von dem allen ist kaum noch eine Spur geblieben. Wir besuchten eine sogenannte königliche Bibliothek unter Aufsicht des Abbé Chevalier, die höchstens in zwölftausend Bänden besteht. Die Eintheilung in Theologia, Humaniora, Jurisprudentia, Historia, Scientiae et Artes mag zur Beurtheilung der Ordnung und selbst des Inhalts dienen. In demselben Hause gibt man auch ein öffentliches Naturaliencabinet in einem dunkeln, einäugigen Zimmer. Es besteht in etlichen Petrefacten und Krystalldrusen, einigen ausgestopften Schlangen und Vögeln, einigen Schubkasten voll Conchylien, Schmetterlingen und Mineralien ohne Ordnung und Auswahl; einem Scharlachrock mit Gold, den einst ein König getragen hat, und einen grönländischem Canot. Dies und einige physikalische Instrumente, die wir in des Abbé Mann Behausung fanden, sind die Reste der großen Sammlung, die Prinz Karl hier angelegt hatte. Die Akademie der Wissenschaften, bei welcher derselbe Abbé Mann der Secretär ist, verhält sich bei den jetzigen Zeitläufen ganz still, wie es Philosophen geziemt; allein sie war immer von friedliebender Natur und hat wenig Aufsehen in der Welt machen, am wenigsten durch ein zu schnell verbreitetes Licht der Vernunft den Glauben gefährden wollen. Herr Mann ist ein Mitglied der erloschenen Gesellschaft, um deren Wiederherstellung man sich in den belgischen Staaten schon so viele Mühe gegeben hat, und außer seinen physikalischen Arbeiten auch durch die Bekehrung des Lord Montague berühmt.

Von dem Verfall der hiesigen Manufacturen habe ich schon bei einer andern Gelegenheit etwas erwähnt. Die englischen und französischen Kamelote haben dem Absatz der hiesigen, die ehemals so berühmt waren, so starken Abbruch gethan, daß es jetzt keine großen Unternehmungen in dieser Gattung von Waaren mehr gibt. Die Quantität der Kamelote, die jährlich fabricirt werden, ist daher nicht mehr so beträchtlich wie ehedem. Von den nicht minder berühmten brüsseler gewirkten Tapeten existirten vor wenigen Jahren noch fünf Fabriken; jetzt ist die des Herrn van der Vorght nur noch allein im Gange, und es arbeiten nur fünf Fabrikanten darin. Dennoch klagt man über die großen Vorräthe, die dem Eigenthümer auf den Händen bleiben. Die Arbeiter sitzen zwei und zwei an einem Stuhl, wie es bei der Basse=Lisse gewöhnlich ist. Die Tapeten waren schön gezeichnet und mit ungemeiner Präcision ausgeführt. Man zeigte ein vortreffliches Stück nach Teniers, ein anderes nach Lebrun u. s. w. Die Elle von solchen Tapeten kostet zwei Karolin. Von den zwei großen Zuckerraffinerien der Herren Rowis und Danhot, die in ihrer Art gut eingerichtet sind, will ich nichts sagen; aber eine in Europa wahrscheinlich einzige Kutschenfabrik verdient, daß ich sie Dir näher beschreibe. Herr Simon, ihr Eigenthümer, hat gewöhnlich hundert bis hundertundzwanzig Arbeiter, die in weitläufigen, durch große Fenster schön erleuchteten Sälen sitzen und einander in die Hand arbeiten. Die Höhe des Saals erlaubte ihm, eine Galerie oben rundherum zu führen, auf welcher, so wie unten, die Arbeiter um ihre Tische sitzen. Die gegenwärtigen Unruhen haben indessen die Zahl der Arbeiter bis auf die Hälfte vermindert. Alles, was zu einer Kutsche gehört, das Eisenwerk, Leder, Holz, der Lack, die Vergoldung und Farbe, alles wird hier innerhalb des Bezirks dieser Einen Fabrik verfertigt. In den Sälen hangen Tafeln, auf welchen die Gesetze geschrieben stehen, denen sich jeder Handwerker, wenn er hier arbeiten will, unterwerfen muß. Es wird darin bestimmt, wann man sich einfinden, wie lange man arbeiten soll; auf das Ausbleiben, auf überlautes Plaudern bei der Arbeit u. s. w. stehen Geldstrafen; aber dem gesetzmäßigen Betragen wird dagegen auch eine Belohnung zutheil. Der Holzvorrath, den wir hier sahen, ward allein auf achtzigtausend Gulden geschätzt; er bestand unter anderm in einer großen Menge Ahorn aus der Schweiz und einer ansehnlichen Quantität Mahagoni, welches Herr Simon schon deswegen so stark verbraucht, weil er seinen guten Lack auf kein anderes Holz setzt. Die Fasern unsers Buchen= und Rüsterholzes werden unter dem Lack immer wieder sichtbar und machen ihn rissig. Die Schmiede hatte sechs Essen, wovon jetzt aber nur zwei noch brannten. Mit diesen Vorkehrungen verbindet der Eigenthümer die höchste Solidität und Eleganz, ja, was mehr als alles mit Bewunderung erfüllt, einen erfinderischen Scharfsinn, einen mechanischen Instinct möchte ich es nennen, entwickelt und vervollkommnet durch wirkliches Studium der Naturgesetze und der angewandten Mathematik, wodurch die Vertheilung der Lasten zu einem hohen Grade der Vollkommenheit getrieben und der enge Raum einer Kutsche auf eine fast unglaubliche Weise benutzt wird. Für einen Mann, der öfters lange Reisen machen muß, wüßte ich nichts Unentbehrlicheres als einen Reisewagen, wie ich ihn hier gesehen habe, worin man Tisch und Bett und alle ersinnlichen Bequemlichkeiten vereinigt hat. Wenn der arme Li=Bu aus den Pelew=Inseln sich schon über eine londoner Miethskutsche ekstasiiren und sie ein Haus zum Fahren nennen konnte, was hätte er nicht beim Anblick dieses Wunderdinges gesagt! Es ist in der That ein angenehmes Schauspiel, den menschlichen Geist auch auf diese Art glücklich gegen Schwierigkeiten kämpfen und sie besiegen zu sehen! Herr Simon pflegt zwanzig bis dreißig Wagen vorräthig zu haben, und alle europäischen Höfe bestellen ihre Galawagen bei ihm. Sein Name stand auf der berüchtigten Proscriptionsliste vom 15. März; denn auch er hatte die Adresse an die Staaten unterzeichnet und war ein so eifriges Mitglied der patriotischen Gesellschaft, daß er bereits unter des Kaisers Regierung hatte die Flucht ergreifen müssen. Die Zerstörung seines Hauses und seiner Fabrik war ihm zugedacht; allein er machte die ernstlichsten Vertheidigungsanstalten und ließ in der Stadt bekannt werden, er habe Pulverminen gelegt und wolle auf den Fall eines Angriffs seine Feuerspritzen mit Scheidewasser laden. Diese schreckliche Drohung war hinreichend, van der Noot's Myrmidonen die Lust zum Plündern hier zu vertreiben. Gleichwol ist Herr Simon um seiner persönlichen Sicherheit willen, vor einigen Tagen, nach dem Beispiele anderer Demokraten, aus dem Lande gegangen.

Es kann nicht fehlen, daß nicht auch der Handel unter der gegenwärtigen Tyrannei der Stände und der gewaltsamen Anstrengung, wozu die Selbsterhaltung sie zwingt, wesentliche Einschränkungen leiden sollte. Die Entfernung eines Particuliers wie Eduard Walkiers, dessen Vermögen man auf dreißig Millionen Gulden schätzt, muß auf die Activität seiner Handelsgeschäfte, mithin auf die ganze Circulation in den Niederlanden, einen nachtheiligen Einfluß haben. Man rechnet, daß Walkiers, um die Revolution in Brüssel am 11. und 12. December vorigen Jahres zu bewirken und d'Alton's Truppen durch Bestechung zu entwaffnen, beinahe eine halbe Million verwendet haben soll. Nächst ihm sind die Herren Overmann und Schumaker die reichsten Kaufleute in Brüssel. Sie bewiesen dem Kaiser, daß sie ihm jährlich gegen funfzigtausend Gulden Abgaben zahlten und den inländischen Fuhrleuten beinahe sechzigtausend Gulden zu verdienen gäben. Romberg, der den Speditionshandel von Brüssel nach Löwen zu verlegen suchte, besteht noch ebenfalls als einer der vermögendsten niederländischen Bankiers. Unser Aufenthalt ist viel zu kurz gewesen, als daß er uns gestattet hätte, in diese mercantilischen Verhältnisse und ihre Verwickelung mit dem politischen Interesse einen tiefern und mehr ins Detail bringenden Blick zu thun. Morgen verlassen wir Brüssel; doch zuvor will ich Dir, so müde ich auch bin, von unserer heutigen Spazierfahrt ein paar Worte sagen.

Eine halbe Stunde vor der Stadt, an dem Kanal von Mecheln, liegt das Lustschloß Schooneberg, bei Laeken, welches wir heute in

Augenschein nahmen. Vor acht Jahren erntete man auf dem Platz, den jetzt ein Palast und ein Park mit hohen Bäumen und geschmackvollen Tempeln zieren, noch den herrlichsten Weizen. Der Herzog Albert von Teschen und seine Gemahlin, die Gouvernantin der Niederlande, die Lieblingstochter der Kaiserin Maria Theresia, kauften gleich nach ihrer Ankunft das Landgut, welches diesen Platz occupirt, mit dem alten darauf befindlichen Schlosse, das ihnen zum Absteigequartier diente, so oft sie herauskamen, um den Bau zu dirigiren. Die ganze neue Anlage ist ein Werk des Herzogs, ein herrliches Denkmal seines Geschmacks, seines Kunstgefühls und seines ordnenden Geistes. Nach seinen eigenen Handzeichnungen ward das Schloß in allen seinen Theilen aufgeführt. Es ist ein schön proportionirtes Gebäude mit einer Cupole in der Mitte, die über einem prächtigen Peristyl von zwölf korinthischen Säulen steht. Dieser schöne Saal ist ganz von weißem Stein erbaut, mit Verzierungen nicht überladen, wohl aber reich geschmückt und von den entzückendsten Verhältnissen. Der Fußboden ist mit vielfarbigem Marmor ausgelegt und die Kamine von carrarischem Marmor mit Basreliefs nach den schönsten antiken Mustern meisterhaft verziert. Die Einrichtung und das Ameublement der übrigen Zimmer ist ebenso schön als prächtig und geschmackvoll; besonders sind die Spiegel aus den pariser Gobelins von ungeheurer Größe. Was mir am meisten gefiel, war die edle, elegante Simplicität der kleinen Privatkapelle; sie ist ein Viereck mit einer halben Kuppel zur Nische, worin eine mit sehr viel Geist gearbeitete und sehr sorgfältig nach einem römischen Original vollendete Muse oder Göttin von carrarischem Marmor, mit Krone und Scepter zu ihren Füßen, unter dem Namen der heiligen Christina, die Hausgottheit vorstellt. Der Bildhauer Leroy in Namur ist der Urheber dieses schönen Kunstwerks. Ueber ihrem Haupte ist ein leuchtender Triangel im Plafond angebracht, und in der Mitte des Zimmers schwebt eine Taube an der Decke, schön gearbeitet und den übrigen reichen, palmyrenischen Verzierungen gar nicht heterogen. Man glaubt wirklich in einem Tempel des Alterthums zu sein, und die Illusion wird noch vollkommener werden, wenn erst statt des hölzernen angemalten Sarkophags, der den Altar vorstellt, einer von Porphyr dastehen wird. Die Stühle und Schirme in mehrern Zimmern hat die Erzherzogin selbst mit reicher Stickerei geschmückt. Nie sah ich eine glücklichere Anwendung der japanischen oder chinesischen Porzellantöpfe, die man gewöhnlich in fürstlichen Palästen antrifft, als hier. Eine große Urne war in herrlich vergoldetes Bronze gefaßt, das sich in ein antikes dreifüßiges Untergestell vom schönsten Geschmack endigte. Ueber derselben stand ein langes, cylindrisches Porzellangefäß, mit dem untern durch die Einfassung

verbunden, welche sodann als ein prächtiger Leuchter mit vielen Armen emporstieg und in der Mitte sich in ein Bündel Thyrsus=
stäbe endigte.

Der Park hat schöne Partien und gab uns einen angenehmen Vorgeschmack des Vergnügens, welches wir in England, dem Vater=
lande der wahren Gartenkunst, zu genießen hoffen. Ein gegrabener Kanal, der mit dem schiffbaren Kanal von Vilvoorden zusammen=
hängt, hat völlig das täuschende Ansehen eines sich schlängelnden Flusses. Die Cascade, die freilich nur vermittels einer Feuer=
maschine von der neuen Boulton'schen Erfindung spielt, ist kühn und wild, und steht mit einer ebenso schönen unterirdischen Felsengrotte in Verbindung. Der Cylinder der Feuermaschine hat 44 Zoll im Durchmesser, und wenn die Cascade anderthalb Stunden laufen soll, werden 60 Centner Steinkohlen verbrannt. Die botanischen Anlagen zeichnen sich durch Kostbarkeit, vollkom=
mene Erreichung des Zweckes und Seltenheit der exotischen Pflan=
zen aus. Ein Botaniker würde davon urtheilen können, wenn ich ihm nur einige nennte, die ich in den Treibhäusern sah. Die Orangerie, die Blumenbeete, die Officen, die Menagerie, der chi=
nesische Thurm, sind in ihrer Art zweckmäßig und schön. Der Thurm hat in elf Etagen 231 Stufen und ist über 120 Fuß hoch. Die Aussicht auf dem obersten Gipfel ist unermeßlich: wir sahen den Thurm von St.-Romuald in Mecheln, so trüb auch das Wetter war: wenn aber der Horizont heiter ist, sieht man Antwerpen.

Alles in dieser Anlage verräth nicht blos das Kunstgefühl und den Geschmack der erhabenen Besitzer, sondern auch ihre besondere Liebe für dieses Werk ihrer schönsten Stunden, wo sie ausruhten von der traurigen Geschäftigkeit eines politischen Verhältnisses, welches sie großentheils zu blinden Werkzeugen eines fremden und von ihren Herzen wie von ihrer Einsicht nicht immer gebilligten Willens herabwürdigte. So manche Eigenthümlichkeit in dem De=
tail der hiesigen Gärten führt ganz natürlich den Gedanken herbei, daß je mehrere von ihren Ideen sich hier realisirten, desto werther auch dieser ländliche Aufenthalt ihnen werden mußte, desto voll=
kommener und inniger der Genuß eines von den Fesseln der Eti=
kette und der falschen Freundschaft entbundenen Lebens, das ihrem edlern Sinne angemessen war. Ich läugne daher nicht, daß es mich schmerzte, hier sowol als im Schlosse zu Brüssel die Dienner=
schaft der ehemaligen Generalgouverneurs in voller Arbeit anzu=
treffen, um alle Mobilien, mit Inbegriff der Tapeten, einzupacken und zufolge einer von den Ständen erhaltenen Erlaubniß außer Landes zu schicken. Der Lieblingswissenschaft der Erzherzogin, der Kräuterkunde, der sie hier mit so großer Freigebigkeit ihre Pflege

ratte angedeihen laſſen, ſollte nun auch dieſer Schutz entzogen werden; dergeſtalt, daß in kurzem keine Spur von dem ſchöpferiſchen Geiſte übrig ſein wird, auf deſſen Geheiß dieſe Steinmaſſen ſich im ſchönſten Ebenmaße der griechiſchen Baukunſt erhoben und tauſendfaches Leben aus allen Welttheilen in dieſen Gärten blühte! Dies iſt das Schickſal der allzu zarten Blume der Geiſtescultur; die Sorgfalt und Mühe von ganzen Menſchenaltern, ſie groß zu ziehen, zerſtört ein Hauch der Unwiſſenheit! Wie viele Jahrhunderte würden wol hingehen müſſen, ehe dieſe feiſten Mönche von St.-Michel, von Tongerloo und Everbude, von Gemblour, Grimbergen, St.-Bernard, Vlierbeck und wie die dreizehn Abteien heißen, den echten Menſchenſinn wiedererlangten, daß es etwas mehr in der Welt zu thun gibt als den Leib zu pflegen und das Gebet der Lippen zu opfern? Ehe ſie erkennen lernten, daß .... Nein! wozu ſollt' ich die Danaidenarbeit fortſetzen, und berechnen, wann die Unmöglichkeit möglich werden kann? Wer den Genuß kennt, wo Gefühl und Verſtand, durch täglichen Kampf und täglichen Sieg bereichert, einander unaufhörlich berichtigen, der darf nicht rechten mit dem Schickſal, welches oft die Völker mitten in ihrer Laufbahn aufhält und ihre Entwickelung zu höhern Zwecken des Daſeins eigenmächtig verſpätet. Die Menſchheit ſcheint hier nicht reif zu ſein zu dieſer Entwickelung. Sie iſt nicht unempfänglich für das Gute, allein ihr Wille wankt und ihr Geiſt iſt gebunden. Ganz Brabant vergötterte den Herzog Albert; es war nur Eine Stimme über ſeine Tugend; mitten in den heftigſten Ausbrüchen des Aufruhrs blieb die Liebe des Volks ihm treu und äußerte ſich im lauten Zuruf: Albert lebe! Aber nie dachte dieſes Volk ohne eigene Energie den Gedanken, ſich den Fürſten, den es liebte, ſtatt der Tyrannen zu wählen, die ſeine Prieſter ihm gaben.

Anmerkungen.

Dem Herausgeber möge im Eingang dieser Anmerkungen ein kurzes Wort gestattet sein über die Grundsätze, die ihn bei deren Wahl und Fassung leiteten. Forster's „Ansichten" sind derart geschrieben, daß auch der sonst wohlunterrichtete Leser ohne Erröthen gestehen darf, manchen gelehrten Ausdruck, manche geschichtliche oder kunstgeschichtliche Andeutung nicht verstanden zu haben. Es erschien als Aufgabe der Anmerkungen, dieses Verständniß in möglichst knapper Fassung zu eröffnen, wenn sich auch z. B. von Künstlern und Gelehrten nur ganz kurze biographische Notizen geben ließen. Nachrichten über alle die zahlreichen von Forster im Vorübergehen erwähnten geschichtlichen Persönlichkeiten hätten den Raum eines weitern Buchs erfordert. Allerdings wird man darüber verschiedener Ansicht sein können, wie weit die Grenze des allgemein Bekannten zu ziehen sei; mag der Leser diese oder jene Notiz vermissen, so ist anderntheils um der Gleichartigkeit willen auch manche Erklärung beigefügt worden, welche der Unterrichtete entbehren konnte.

Bei der Wahl der Rechtschreibung war zunächst der Grundsatz maßgebend, daß eine genaue kritische Feststellung des Urtextes, wie wir sie z. B. bei Schiller und Goethe verlangen, bei Forster überflüssig erscheint; anderntheils, daß die Originalausgabe selbst nicht wol als aus Forster's Correctur hervorgegangen betrachtet werden kann und wir nicht die Verpflichtung haben, jede Gedankenlosigkeit oder Unkenntniß des Correctors als classisch zu verewigen. Aus diesen Gründen ist, bei möglichster Schonung des Ueberlieferten, doch manches berichtigt oder geändert worden. So wurde die Schreibweise von Orts- und Personennamen, wenn sie unrichtig oder veraltet war, berichtigt oder modernisirt, wie es bereits in der von Gervinus eingeleiteten Ausgabe der „Sämmtlichen Schriften" (Leipzig, F. A. Brockhaus 1843) theilweise geschah; also z. B. Nahe für Noh, Boppard für Boppart, Köln für Kölln, Burtscheid für Burscheid, Boompjes für Boompaes, Tharand für Darand, Malvern-Hills für Mawbern-Hills u. s. w.; ähnlich schreibt Forster z. B. Dominichino, Corregio,

Snyers, Bolton, Pilatre du Rosier u. s. w. Ebenso wenig ward Bedenken getragen, falschgeschriebene Fremdwörter, wie Carricatur, brittisch, Epopsie, Emphräum u. s. w., ganz veraltete Formen und Schreibweisen, wie Orientaler, Portugall, Abentheuer, Waage, Maaß, Kuhrfürst, Yankies u. s. w., in die richtige oder moderne Form zu bringen, sowie die mehrfach fehlerhaft mitgetheilten lateinischen Stellen zu berichtigen. Bei einer Anzahl von Wörtern, deren Rechtschreibung bei Forster selbst oder wahrscheinlich bei seinem Corrector schwankt, ist eine feststehende, womöglich die jetzt allgemein angenommene Schreibart gewählt worden.

S. 4, Z. 19 v. u.: „Hatto's Thurm" ist der sogenannte Mäusethurm bei Bingen, Schloß Ehrenfels gegenüber.

S. 4, Z. 17 v. u.: „Die Nahe." — Forster schreibt „Noh", der Volksaussprache folgend.

S. 6, Z. 2 v. o.: „Altkönig." — Der am weitesten nach Süden vorgeschobene Berg des Taunus, durch Gestalt und isolirte Stellung weithin kenntlich.

S. 8, Z. 21 v. o.: „Amazonenstadt." — Das Nachfolgende bezieht sich auf den großen Waldstreit der Bopparder mit der kurtrierschen Regierung, von 1788 an. Vgl. „Rhein. Antiquarius", Mittelrhein, II, 5, 558.

S. 11, Z. 19 v. o.: „das ungenähte Kleid des Heilands." — Es ist dieses derselbe ungenähte heilige Rock, welcher gegenwärtig in Trier aufbewahrt wird und dessen Ausstellung im Jahre 1844 zur Entstehung des Deutschkatholicismus Anlaß gab. Dieser heilige Rock ist wol unter der auf S. 9 angeführten „unwichtigen Kostbarkeit" der Festung Ehrenbreitstein zu verstehen.

S. 12, Z. 18 v. o.: „Guyon." — Jeanne Marie Bouvier de la Motte-Guyon (1648—1717), berühmte mystische Schriftstellerin.

S. 12, Z. 20 v. o.: „Duval." — Valentin Jameray Duval, geb. 1695 zu Arthonnay in der Champagne, nach abenteuerlichem Jugendleben Director der kaiserlichen Bibliothek und des Münzcabinets zu Wien, wo er 1775 starb. Vgl. sein Leben in Duval, „Oeuvres", herausgegeben von Koch 1784, gesondert übersetzt von Kayser 1784, wo Duval die religiöse Schwärmerei seiner Jugendzeit offen und kindlich erzählt.

S. 12, Z. 6 v. u.: „Theopornie." — Buhlerei mit Gott.

S. 14, Z. 11 v. u.: „Siebengebirge." — Die neuere Geognosie bezeichnet das Gestein des Siebengebirgs als Trachyt. Wir dürfen wol im allgemeinen bemerken, daß Forster's Ansichten über die vulkanischen Erscheinungen des rheinischen Gebirges durch neuere Forschungen wesentlich berichtigt worden sind. Interessante Vergleichungspunkte mit Forster bietet A. von Humboldt's 1790 anonym erschienenes Erstlingswerk: „Mineralogische Beobachtungen über einige Basalte am Rhein"; es ist Forster gewidmet und legt von einer für das Alter des Verfassers ganz ungewöhnlichen Belesenheit, Kenntniß und scharfen Beobachtungsgabe Zeugniß ab.

S. 15, Z. 19 v. o.: Alexander „Collini", geb. 1727 zu Florenz, gest. 1806 zu Manheim, pfälzischer Historiograph und Director des naturwissenschaftlichen Cabinets, schrieb unter anderm um 1777 verschiedene Werke über den Basalt und die vulkanischen Berge. — William „Hamilton" (1730—1803), englischer Gesandter in Neapel, Kunstkenner, veröffentlichte 1772 seine „Bemerkungen über Vesuv, Aetna und andere Vulkane der Beiden Sicilien", 1776 ein ähnliches Werk: „Campi Phlegraei". — Jean André „de Luc", geb. zu Genf 1727, gest. 1817 zu Windsor, bedeutender Physiker. Er lebte meist zu London und hat zahlreiche Werke über Fragen der Physik, Meteorologie und Geologie geschrieben.

S. 16, Z. 11 v. u.: „Trembley." — Abraham Trembley, geb. 1700 zu Genf, gest. daselbst 1784, geachteter Naturforscher. Forster beschreibt hier den auch von Humboldt in seinem Werkchen ausführlich besprochenen Unkelstein.

S. 18, Z. 20 v. u.: „Nullius in verba jurare." — „Auf niemands Worte schwören", niemand ungeprüft Glauben schenken. Forster läßt das jurare, welches die Gesammtausgabe beifügt, aus.

S. 20, Z. 22 v. o.: „Dr. Nose." — Karl Wilhelm Nose, Dr. med., veröffentlichte „Orographische Briefe über das Siebengebirge und die benachbarten zum Theil vulkanischen Gegenden beider Ufer des Niederrheins" (2 Thle., Frankfurt a. M. 1789—90).

S. 21, Z. 8 v. o.: „Buffon." — Jean-Louis Leclerc, Graf von Buffon, berühmter französischer Naturforscher und Naturbeschreiber, geb. zu Montbard 1707, gest. zu Paris 1788. Seine „Naturgeschichte" (44 Bde.) erschien 1749—1804.

S. 21, Z. 14 v. o.: „Maupertuis." — Pierre Louis Moreau de Maupertuis (1697—1759), berühmter französischer Mathematiker; er lebte seit 1740 meist in Berlin bei Friedrich II., der ihn zum Präsidenten der Akademie berufen hatte.

S. 23, Z. 3 v. o.: „Sömmerring." — Samuel Thomas Sömmerring, geb. 1755 zu Thorn, Forster's Freund zu Kassel und Mainz, 1804 Mitglied der Akademie der Wissenschaften zu München und Geheimrath, seit 1820 wieder in Frankfurt a. M., wo er bereits nach der Aufhebung der mainzer Hochschule als Arzt gelebt und 1830 starb. Er war einer der ausgezeichnetsten deutschen Anatomen und Physiologen.

S. 23, Z. 15 v. u.: „Locke." — John Locke (1632—1704), berühmter englischer Philosoph.

S. 24, Z. 19 v. u.: „Dom." — Gelegentlich Forster's Betrachtungen über den kölner Dom erwähnen wir die verdienstvolle Schrift von Fr. Bloemer: „Zur Literatur des kölner Doms" (Berlin 1857). Darin heißt es S. 1: „Forster wurde für den kölner Dom der Morgenstern, der nach langer trüber Nacht den wiederanbrechenden Tag verkündigte, und bei dessen reinem Lichte die vielen Irrenden und die wenigen unsicher Strebenden die verschüttete Bahn der bessern Erkenntniß und des geläuterten Geschmacks wiederfanden; er wurde für Kölns Dom der Johannes in der Wüste, dessen erschütterndes Wort diesem Werke die nahe Erlösung anzeigte."

S. 25, Z. 13 v. u.: Der „Mann von der beweglichsten Phantasie", dessen Forster hier mit so begeistertem Preise und lebendiger Theilnahme gedenkt und dessen Verkehr ihn zu der anziehenden Abschweifung über die Schauspielkunst anregt, ist vom Schriftsteller selbst nur mit J. bezeichnet. Es war der gefeierte Schauspieler und Schauspieldichter August Wilhelm Iffland, welcher in dem Buche „Meine theatralische Laufbahn" (Leipzig 1798), S. 185, seiner Rheinreise von 1790 gedenkt und berichtet: „Einen Theil dieser Reise machte ich mit dem verewigten Forster. In seinen „Ansichten" gibt er mir in dem Kapitel über den Dom von Köln das Zeugniß, daß ich ihm nicht gleichgültig war. Es ist ein erlaubtes Gefühl, dieses Patent anzuführen."

S. 27, Z. 13 v. u.: „Molé." — François René Molé (1734—1802), berühmter französischer Schauspieler.

S. 27, Z. 12 v. u.: „Garrick." — David Garrick (1716—79), gefeierter englischer Schauspieler.

S. 28, Z. 8 v. o.: „Polyklet." — Eigentlich Polykleitos, Name verschiedener Künstler des Alterthums, unter welchen Polyklet von Argos als Zeitgenosse und Nebenbuhler des Phidias (vgl. S. 219) besonders berühmt war.

S. 29, Z. 1 v. o.: „Demiurg." — Nach der Lehre der gnostischen Philosophie der Geist, welcher die Welt geschaffen.

S. 32, Z. 9 v. o.: „Feder." — Johann Georg Heinrich Feder, geb. 1740 bei Baireuth, gest. 1821 in Hannover, seinerzeit hochgeachteter Professor der Philosophie zu Göttingen: „Praktische Philosophie" (1770); „Ueber den menschlichen Willen" (1779) u. a.

S. 35, Z. 4 v. o.: „Mrs. Piozzi's." — Esther Lynch Piozzi (1739—1821), englische Schriftstellerin: „Beobachtungen auf einer Reise durch Frankreich, Italien und Dentschland" (1789).

S. 35, Z. 17 v. o.: „Abscheulichkeit." — Forster übersieht hier, daß nach der Ueberlieferung der römischen Kirche Petrus auf sein eigenes Verlangen verkehrt ans Kreuz geschlagen wurde.

S. 36, Z. 6 v. u.: „Mönchskloster." — Das hier von Forster geschilderte Trappistenkloster ist das nunmehr in eine Erziehungsanstalt für verwahrloste Kinder u. s. w. umgestaltete Kloster Düsselthal.

S. 37, Z. 6 v. u.: „Galerie." — Die düsseldorfer Gemäldegalerie genoß im vorigen Jahrhundert eines wohlverdienten Rufs. Im Jahr 1805 wurde dieselbe nach München gebracht und bildet jetzt einen Hauptbestandtheil der Sammlungen in der dortigen Pinakothek und zu Schleißheim. Die 1866 aufs neue angeregte Frage, ob die Gemälde als Eigenthum der kurfürstlichen, jetzt königlich bairischen Regentenfamilie daselbst verbleiben oder als Eigenthum des ehemaligen Herzogthums Berg nach Düsseldorf zurückkehren sollen, ist noch nicht entschieden.

S. 41, Z. 1 v. o.: „Akoluthen." — Akoluth (griech.), Diener, Nachfolger, Schüler; in der Sprache der Geistlichkeit Meßdiener; hier ein nur theilweise Eingeweihter, ein Dilettant.

S. 42, Z. 19 v. u.: „Rubens." — Peter Paul Rubens, geb. 1577 zu Siegen in der Grafschaft Nassau oder zu Köln, gest. 1640 zu Antwerpen, ein hochgefeierter, wunderbar vielseitiger und productiver Maler, bewährte sich zugleich auf wiederholten Reisen nach Madrid und London als geschickter und glücklicher Diplomat. Gemeiniglich verweilte er in Antwerpen. Forster nennt ihn hier den Ajax unter den Malern, wol mit Bezug auf Ajas, Oileus' Sohn, welchen Homer als einen besonders behenden Läufer und tapfern Kämpfer preist; ebenso bietet der Trotz des Ajas gegen die Götter und Rubens' kecke großartige Darstellung des Letzten Gerichts Vergleichungspunkte.

S. 47, Z. 7 v. o.: „Aegipanische Gestalten." — Abzuleiten von Aegipan, Ziegenpan. Der ziegenfüßige Pan war der Waldgott des Alterthums. Unter dem etwas gesuchten Ausdruck „Aegipanische Gestalten" mag also Forster ziegenfüßige Scheusale oder Teufelsgestalten verstehen.

S. 53, Z. 13 v. u.: „**Johann Wilhelm**", Kurfürst von der Pfalz, geb. zu Düsseldorf 1658, trat 1690 die Regierung an, war ein großer Freund der Künste, Begründer der düsseldorfer Galerie und starb zu Düsseldorf kinderlos 1716.

S. 55, Z. 6 v. o.: „**Wolfgang Wilhelm**", Herzog von Pfalz-Neuburg, geb. 1578, gest. 1653. Er war der Großvater von Johann Wilhelm.

S. 56, Z. 11 v. u.: „**Doryphorus**" oder Speerträger war eine als Meisterwerk und Musterbild schöner Verhältnisse gefeierte Jünglingsstatue, ein Werk des Polyklet von Argos. (Vgl. S. 216.)

S. 56, Z. 3 v. u.: „**Walltron**." — Der „Graf von Walltron oder Subordination" ist ein klägliches soldatisches Rührstück von Heinrich Ferdinand Möller', geb. 1745 zu Obersdorf in Schlesien, Schauspieldirector, gest. zu Fehrbellin 1798. Joseph Kehrein, in seiner „Dramatischen Poesie der Deutschen" (1840), nennt ihn einen „Dichter roher Spectakelstücke".

S. 56, Z. 3 v. u.: „**Lanassa**." — Karl Martin Plümike, geb. 1749 zu Wollin, gest. 1805 (?) als Regierungsrath in Dessau, schrieb u. a. „Lanassa", Trauerspiel in fünf Acten (1783), nach der „Veuve du Malabar" von Lemierre, kläglich genug, aber doch minder platt als der Möller'sche „Walltron". Es ist derselbe Stoff, welchen Spohr's „Jessonda" musikalisch behandelt.

S. 57, Z. 10 v. u.: „**Luca Giordano**", geb. 1632 zu Neapel, gest. daselbst 1705, genannt Fa presto (Mach' geschwind), ein sehr fruchtbarer aber oberflächlicher Maler der manieristischen Schule.

S. 57, Z. 10 v. u.: „**Annibale Caracci**", geb. 1560 zu Bologna, gest. zu Rom 1609, mit seinen Vettern Ludwig und Augustin Caracci Haupt der bolognesischen Malerschule.

S. 57, Z. 3 v. u.: „**Albrecht Dürer**", geb. 1471 zu Nürnberg, gest. daselbst 1528, der gefeiertste Meister unter den ältern deutschen Malern.

S. 58, Z. 10 v. o.: „**Gerard Douw**" oder Dow, geb. 1613 zu Leyden, gest. 1680, Rembrandt's Schüler, unerreicht in der Sorgfalt, womit er seine meist kleinen Gemälde ausführte.

S. 58, Z. 15 v. o.: „**Hogarth**." — William Hogarth, geb. 1697 zu London, gest. 1764, besonders berühmt geworden durch seine Gemälde und Kupferstiche, welche Charakterbilder zur englischen Sittengeschichte der Zeit darstellen. Lichtenberg hat dieselben geistreich und witzig erläutert.

S. 58, Z. 7 v. u.: „Teniers." — David Teniers, Vater und Sohn, jener geb. zu Antwerpen 1582, dieser, der bedeutendere, geb. daselbst 1610, beide bekannt durch treffliche Genrebilder aus dem niederländischen Volksleben.

S. 59, Z. 12 v. o.: „Schalken." — Gottfried Schalken geb. 1643 zu Dordrecht, gest. 1706 im Haag, war Douw's Schüler ausgezeichnet in Genrebildern mit Kerzenbeleuchtung.

S. 59, Z. 16 v. u.: „Gasparo." — Kaspar Dughet, genannt Poussin, geb. 1613 zu Rom, gest. daselbst 1675, berühmter französischer Landschaftsmaler.

S. 59, Z. 10 v. u.: „Snyders." — Franz Snyders aus Antwerpen, 1579—1657, Rubens' Schüler und Helfer, berühmter Thiermaler. Forster schreibt unrichtig Snyers.

S. 59, Z. 3 v. u.: „Fyt." — Johann Fyt, geb. zu Antwerpen 1609, gest. daselbst 1661, trefflicher Thiermaler; ebenso „De Vos", wol Paulus, welcher im 17. Jahrhundert lebte, geb. 1600 zu Aelst. — „Johann Baptist Weenix", geb. 1623 zu Amsterdam, gest. 1660, malte mit besonderer Vollendung lebendes und todtes Wild u. s. w.

S. 60, Z. 2 v. o.: „van der Werff." — Adrian van der Werff, geb. bei Rotterdam 1659, gest. 1722, pfälzischer Hofmaler zu Düsseldorf, ein seinerzeit hochgefeierter Maler, dessen Eleganz aber bis zur Geleckheit geht.

S. 60, Z. 12 v. o.: „Crayer." — Gaspard de Crayer, geb. 1585 zu Antwerpen, gest. zu Gent 1669, wo er lebte, Historienmaler von Bedeutung.

S. 60, Z. 12 v. o.: „van Dyck." — Anton van Dyck, geb. 1599 zu Antwerpen, gest. 1641 zu London, Rubens' größter Schüler, ausgezeichnet als Historien= und besonders als Porträtmaler.

S. 65, Z. 10 v. u.: „Rafael." — Rafael Santi, geb. 1483 zu Urbino, gest. zu Rom 1520, der König der Maler, Haupt der römischen Schule.

S. 65, Z. 10 v. u.: „Tizian." — Tiziano Becellio, der vorzüglichste Meister der venetianischen Schule, geb. zu Cadore 1477, gest. 27. August 1576, fast hundertjährig, zu Venedig an der Pest.

Anmerkungen.

S. 65, Z. 9 v. u.: „Correggio." — Antonio Allegri von Correggio (1494? bis 1534), ein besonders durch den Zauber seiner Farbe höchst bedeutender Künstler.

S. 66, Z. 3 v. o.: „Phidias." — Phidias von Athen, der größte Bildhauer des Alterthums, gest. 432 vor Christi Geburt. Ein Zeitgenosse des Perikles, verherrlichte er die Tempel zu Olympia, Athen u. s. w. durch unerreichte Kunstwerke.

S. 68, Z. 18 v. u.: „Domenichino." — Domenico Zampieri, genannt Domenichino, einer der besten Meister der sogenannten eklektischen Schule, bedeutender Geschichtsmaler, geb. 1581 zu Bologna, gest. 1641 zu Neapel. Forster schreibt irrig stets Dominichino.

S. 69, Z. 11 v. u.: „Perugino." — Pietro Vannucci von Perugia, genannt Perugino, geb. angeblich 1446, gest. 1524, der beste Meister der sogenannten umbrischen Malerschule, Lehrer von Rafael Santi.

S. 70, Z. 4 v. o.: „Bambino" (italienisch), kleines Kind.

S. 70, Z. 10 v. o.: „Leonardo da Vinci" (1452—1519), das gefeierte Haupt der lombardischen Malerschule, einer der größten Künstler aller Zeiten.

S. 71, Z. 5 v. o.: „Leo." — Der Sage nach beabsichtigte Papst Leo X., Rafael Santi durch Erhebung zum Cardinal zu ehren.

S. 71, Z. 18 v. o.: „Andrea del Sarto." — Andrea di Agnolo, genannt del Sarto, aus Florenz, gest. daselbst 1530, hauptsächlich Heiligenmaler, vortrefflicher Meister der florentinischen Schule.

S. 71, Z. 19 v. o.: „Michel Angelo." — Michel Angelo Buonarotti aus Florenz (1474—1563), ein großartiger Meister, gleich gefeiert als Maler, Bildhauer und Architekt.

S. 72, Z. 10 v. o.: „Pietro da Cortona." — Pietro Berettini von Cortona (1596—1669), Maler und Baumeister der spätern, ausartenden Zeit.

S. 72, Z. 18 v. u.: „Carlo Dolce" aus Florenz (1616—86), ein guter, aber etwas weichlicher Maler der spätern Zeit.

S. 72, Z. 10 v. u.: „Johannes in der Wüste." — Dieses von Forster so hochgepriesene Bild ohne Namen ist ohne Zweifel der jetzt in München befindliche, dem Giulio Pippi, genannt Romano (1492—1546) zugeschriebene Johannes der Täufer. (Dillis, „Verzeichniß der Gemälde der königlichen Pinakothek", 1839, S. 154.)

S. 76, Z. 11 v. u.: „Guido." — Guido Reni, bedeutender Geschichts- und Heiligenmaler der eklektischen Schule, geb. 1575 zu Bologna, gest. daselbst 1642.

S. 77, Z. 22 v. o.: „Empyreum." — Nach der alten griechischen Naturphilosophie der oberste Weltraum, wo sich das als feinstes und leichtestes Element nach oben strebende Feuer sammelt und die leuchtenden Himmelserscheinungen entstehen. Bei den christlichen Philosophen der Ort des Lichts, Himmel.

S. 77, Z. 4 v. u.: „Aretino." — Pietro Aretino aus Arezzo (1492—1556) lebte zu Rom und Venedig; ein satirischer Schriftsteller, theilweise von äußerster Leichtfertigkeit.

S. 78, Z. 12 v. o.: „Paul Veronese." — Paolo Cagliari, genannt Veronese, geb. zu Verona 1528, gest. 1588, der bedeutendste Meister der spätern venetianischen Schule.

S. 78, Z. 12 v. o.: „Guercino." — Francesco Barbieri, genannt Guercino da Cento (1590—1666), mit den Carracci, Domenichino und Guido Reni als hervorragender Meister der eklektischen Schule zu nennen.

S. 78, Z. 13 v. o.: „Tintoretto." — Jacopo Robusti, genannt Tintoretto (1512—94), Tizian's Schüler und bedeutender Meister der spätern venetianischen Schule.

S. 78, Z. 14 v. o.: „Albani." — Francesco Albani aus Bologna (1578—1660), Jugendfreund und Mitstrebender Guido Reni's, besonders bekannt durch mythologische Gemälde.

S. 78, Z. 15 v. o.: „Carlo Maratti" (1625—1713), gemäßigter Manierist der spätern Zeit.

S. 78, Z. 15 v. o.: „Guido." — Guido Canlassi, genannt Cagnacci (1601—81), Guido Reni's Schüler, lebte und starb zu Wien.

S. 78, Z. 16 v. o.: „Spagnoletto." — Jusepe Ribera, genannt Spagnoletto, geb. 1588 zu San-Felipe unweit Valencia in Spanien, Hofmaler in Neapel, gest. 1656, bedeutender, wenn auch nicht anziehender Heiligenmaler.

S. 78, Z. 5 v. u.: „unserer Freunde." — Unter diesen Freunden ist J. G. Jacobi zu verstehen, der Romanschriftsteller und Philosoph, welcher mit seinem anziehenden Familienkreise zu P., d. h. Pempelfort, unweit Düsseldorf hauste.

S. 82, Z. 19 v. o.: „Herr von Dohm." — Christian Wilhelm von Dohm, geb. 1751 zu Lemgo, Kriegsrath im preußischen Ministerium des Auswärtigen, beschäftigt in den aachener und lütticher Händeln, als bedeutender Staatsmann in den Ereignissen der nächsten Jahrzehnte mitthätig. Später königlich westfälischer Staatsrath und Gesandter in Dresden, bat er 1810 um seine Entlassung und lebte fortan bis zu seinem Tode (1820) staatsmännischen Studien auf seinem Gute Pustleben in der Grafschaft Hohenstein.

S. 84, Z. 20 v. u.: „Levellers", Gleichmacher, eine schwärmerische, in der Zeit der englischen Republik unter Cromwell (um 1650) emporgekommene religiös-politische Sekte, welche alle Unterschiede der Stände, des Vermögens, der Macht aufheben und alles gleichmachen, nivelliren (level) wollte.

S. 92, Z. 20 v. o.: „nach physiokratischen Grundsätzen." — Das physiokratische System der Staatswirthschaftslehre ist dasjenige, welches die Hebung der landwirthschaftlichen Interessen für den bedeutendsten Staatszweck hält und deren Förderung derjenigen von Handel und Gewerbthätigkeit vorordnet. Das physiokratische System fand besonders in der zweiten Hälfte des 18. Jahrhunderts großen Beifall.

S. 98, Z. 18 v. u.: „Hämus", jetzt Balkan, Gebirge der europäischen, „Taurus" der asiatischen Türkei. Der „Amanus", ein Gebirgsarm des Taurus zwischen Mittelmeer und Euphrat, bildete die Grenze zwischen Cilicien und Syrien. „Imaus" nannten die Alten ein hohes Gebirge in Mittelasien, vielleicht Mustagh oder Himalaja. Forster schreibt irrig Emaus.

S. 101, Z. 2 v. o.: „Lousberg" (Forster schreibt unrichtig Laufsberg), ein Berg unmittelbar bei Aachen.

S. 105, Z. 10 v. u.: „Graf von Herzberg." — Ewald Friedrich Graf von Herzberg (1725—95), berühmter preußischer Staatsmann, Minister unter Friedrich II. und Friedrich Wilhelm II.

S. 105, Z. 10 v. u.: „General von Schlieffen." — Martin Ernst von Schlieffen, geb. 1732 auf dem pommerschen Familiengut Pudenzig bei Gollnow, trat in hessische Dienste, stieg bis zum Generallieutenant und Minister; 1790 in preußische Dienste tretend, nahm er als commandirender General am Zuge nach Lüttich theil und lebte schließlich lange Jahre auf seinem Gut Windhausen bei Kassel, wo er 1825 starb.

S. 105, Z. 5 v. u.: „Poissarden", die Fischhändlerinnen in Paris, machten sich in der französischen Revolution durch Roheit und Grausamkeit berüchtigt.

S. 105, Z. 15 v. u.: Ueber die damaligen politischen Verhältnisse von Lüttich vgl. den Aufsatz „Der lütticher Executionszug 1789 und 1790", von H. L., in Raumer's „Historischem Taschenbuch", 1866, vierte Folge, siebenter Jahrgang.

S. 117, Z. 17 v. o.: „Cardinal Retz." — Jean François Paul de Gondi, Cardinal von Retz (1614—79), stand mit an der Spitze jener Erhebung des Adels gegen den Cardinal Mazarin, welche um 1648 unter dem Namen der Fronde in der französischen Geschichte bekannt ist. Verhaftet, entwich er, lebte lange im Ausland und kehrte erst nach Mazarin's Tod (1661) nach Frankreich zurück. Er starb zu Paris. Seine Memoiren sind sehr bedeutsam zur Kenntniß der Zeitgeschichte.

S. 118, Z. 22 v. o.: „Epoptie" — Forster schreibt unrichtig Epopsie — (griechisch), das Schauen, letzte und höchste Einweihung der Epopten, d. i. der Schauenden, in die Eleusinischen Mysterien.

S. 121, Z. 12 v. u.: „Lactanz." — Lactantius, ein berühmter Kirchenschriftsteller in der Zeit Constantin's, gest. um 330 n. Chr.

S. 123, Z. 2 v. o.: „Mongibello." — Name des Feuerbergs Aetna in der Volkssprache der Sicilianer.

S. 123, Z. 17 v. o.: „Caput mortuum." — Aelterer Ausdruck der Chemie: unbrauchbarer Rückstand bei einem chemischen Proceß, besonders bei einer Verbrennung.

S. 123, Z. 21 v. o.: „Heraklit" von Ephesus, um 500 v. Chr., ein sehr dunkler griechischer Philosoph von besonders ernster und schwermüthiger Lebensauffassung, während der etwas später lebende Demokrit von Abdera, „der abderitische Weise", die Welt heiter und materialistisch leicht erfaßte. Man hat daher jenen den weinenden, diesen den lachenden Philosophen genannt.

S. 131, Z. 11 v. o.: „Necker." — Jacques Necker, geb. 1732 zu Genf, Bankier zu Paris, national-ökonomischer Schriftsteller, 1777 Generaldirector der Finanzen, 1781 entlassen, 1788 als Finanzminister zurückberufen, bedeutsam durch seine staatsmännische Wirksamkeit bei Beginn der Französischen Revolution, 1790 wieder entlassen, starb 1804 zu Coppet am Genfersee.

S. 133, Z. 3 v. u.: „Levaillant." — François Levaillant, geb. 1753 in Holländisch-Guiana, gest. 1824, studirte Naturgeschichte zu Paris, machte 1781—85 zwei größere Reisen in das Innere des Caplandes, beschrieb dieselben und ist auch als Ornitholog von Bedeutung.

S. 133, Z. 2 v. u.: Die „Encyklopädie" oder „Dictionnaire raisonné des sciences, des arts et métiers", erschienen zu Paris 1751—72, war eine Art Converſations-Lexikon über alle Wiſſensgebiete, unter Diderot's und d'Alembert's Leitung von einer Anzahl der bedeutendſten Gelehrten Frankreichs verfaßt. Das Werk wirkte vornehmlich dadurch, daß es in ſeinen Aufſätzen über Religion, Sitten- und Staatslehre dem Bedürfniß der Zeit nach Befreiung von kirchlichem und weltlichem Despotismus Ausdruck gab.

S. 134, Z. 4 v. o.: „Anacharſis." — „Die Reiſe des jungen Anacharſis in Griechenland" (1788), iſt das Hauptwerk des Abbé Jean-Jacques Barthélémy (1716—95), welcher als Director des königlichen Münzcabinets zu Paris lebte.

S. 135, Z. 18 v. u.: „Matſys." — Quintin Matſys oder Meſſys, geſt. zu Antwerpen 1530 oder 1531, berühmter älterer Heiligenmaler der Niederländer.

S. 135, Z. 13 v. u.: „Coxis." — Michael Coxis, geb. zu Mecheln 1497, geſt. zu Antwerpen 1592.

S. 135, Z. 18 v. u.: „Otto Venius." — Othon van Been, gewöhnlich Otto Venius genannt, geb. zu Leyden 1558, geſt. 1629. Er lebte zu Antwerpen, Haag und Brüſſel und war Rubens' Lehrer.

S. 138, Z. 9 v. o.: „Bollandiſten" ſind die zahlreichen belgiſchen Jeſuiten, welche die von Johann Bollandus (1596—1665), einem geborenen Limburger, 1635 begonnenen „Acta Sanctorum" oder Heiligengeſchichten, eine ſehr umfaſſende, noch nicht abgeſchloſſene Sammlung, fortſetzten.

S. 139, Z. 1 v. u.: „Lipſius." — Juſtus Lipſius (1547—1606), berühmter Sprach- und Alterthumsforſcher, Profeſſor zu Leyden und Löwen.

S. 142, Z. 17 v. u.: „van Thulden." — Theodor van Thulden aus Herzogenbuſch (1607—76), Schüler von Rubens, Geſchichts- und Heiligenmaler.

S. 142, Z. 7 v. u.: „Cimon." — Die Geſchichte von Cimon und Pero iſt ein häufig von den italieniſchen Malern gewählter Vorwurf. Ein alter Athener, Cimon, gefangen und zum Hungertode verurtheilt, wurde durch die Milch ſeiner Tochter Pero erhalten.

S. 143, Z. 7 v. u.: „Beguinen." — Eine im Mittelalter weithin verbreitete, heutzutage nur noch in den belgiſchen Niederlanden vorkommende Genossenschaft von Frauen, welche freiwillig, ohne durch ein festes Gelübde gebunden zu sein, sich zu einem beschaulichen Leben vereinigen. Brügge, Gent u. s. w. haben ausgedehnte und starkbevölkerte Beguinenhöfe.

S. 146, Z. 17 v. u.: „des Prinzen Karl von Lothringen." — Karl von Lothringen (1712—80), österreichischer Feldmarschall im Siebenjährigen Kriege. Wiederholt durch Friedrich II. geschlagen, legte er seine Stelle nieder und ward Statthalter in den Niederlanden, wo er sich ungemein beliebt zu machen wußte.

S. 149, Z. 7 v. u.: „van Cleef." — Die Kunstgeschichte erwähnt mehrere Maler dieses Namens; hier ist wol Johann van Cleef aus Venloo gemeint (1646—1716), Schüler von Craeyer. — „Philipp de Champagne" aus Brüssel (1602—74), berühmter Heiligen- und Porträtmaler, lebte zu Paris und Brüssel.

S. 151, Z. 9 v. o.: „Breughel." — Unter den verschiedenen Künstlern dieses Namens mag wol gemeint sein der zu Antwerpen um 1560 arbeitende Peter Breughel, gest. zu Antwerpen 1569, genannt der Bauern-Breughel, oder sein Sohn Johann, geb. zu Antwerpen 1568, gest. 1625, genannt Sammt-Breughel.

S. 151, Z. 15 v. o.: „Lukas van Leyden." — Lukas Huygens van Leyden, geb. zu Leyden 1494, gest. daselbst 1533, bedeutender Maler und Kupferstecher.

S. 151, Z. 17 v. o.: „Mieris." — Franz van Mieris (Forster schreibt unrichtig Miris), geb. zu Delft 1635, gest. zu Leyden 1681, vortrefflicher eleganter Genremaler.

S. 151, Z. 18 v. o.: „van Goyen." — Jan van Goyen, geb. zu Leyden 1596, gest. im Haag 1656, Landschaftsmaler.

S. 151, Z. 19 v. o.: „Salvator Rosa", geb. 1615 bei Neapel, gest. 1673 zu Rom, sehr bedeutender und eigenthümlicher Landschaftsmaler.

S. 151, Z. 19 v. o.: „Bassano." — Jacopo da Ponte, genannt Bassano (1510—92), Heiligen- und Genremaler.

S. 151, Z. 23 v. o.: „Murillo." — Bartolomé Esteban Murillo, geb. 1618 zu Sevilla, gest. daselbst 1682, der größte der spanischen Maler, Meister des Helldunkels, in Heiligen- und Genrebildern gleich vortrefflich.

S. 151, Z. 17 v. u.: „Rembrandt." — Paul Rembrandt

van Ryn, geb. 1608 bei Leyden, lebte zu Amsterdam, wo er um 1669 starb; der ausgezeichnetste der holländischen Maler, besonders als Meister des Hellbunkels hervorzuheben.

S. 158, Z. 24 v. o.: „Joyeuse entrée" (fröhlicher Einzug) hießen die alten wichtigen Rechte von Brabant, welche die Herzoge bei der Huldigung, jedoch noch vor dem feierlichen Einzug, beschwören mußten. Joseph II. hob die Joyeuse entree auf, sein Nachfolger Leopold II. stellte sie wieder her.

S. 160, Z. 5 v. u.: „Barrièrentractat." — Als im Utrechter Frieden 1715 die span'schen Niederlande an Oesterreich gekommen waren, erhielten durch den 1718 abgeschlossenen Barrièrentractat die Holländer das Recht zuerkannt, mehrere an der belgisch fran ösischen Grenze gelegenen Festungen besetzt zu halten. Joseph II. erklärte diesen lästigen und nutzlosen Vertrag 1781 für aufgehoben.

S. 162, Z. 9 v. u.: „Bonafides", der Klosterbruder in Lessing's „Nathan der Weise".

S. 176, Z. 15 v. u.: „Heinrich van der Noot." — Heinrich Nikolaus van der Noot, geb. 1750 in Brüssel, Advocat daselbst, Hauptvolksführer in der belgischen Erhebung gegen Joseph's II. befreiende Neuerungen. Nach Beendigung des Aufstandes, 1790 durch das Einrücken der Oesterreicher, flüchtete er nach Holland. 1797 kehrte er nach Belgien zurück und starb arm und vergessen 1827.

S. 180, Z. 18 v. u.: „van der Mersch." — Johann Andreas van der Mersch, geb. 1734 zu Menin, Militär in französischen, dann österreichischen Diensten, verabschiedet als Oberst, trat 1789 an die Spitze der belgischen Patrioten, schlug mehrfach die Oesterreicher, ward General, dann aus freisinnig von der klerikalen Partei des van der Noot verhaftet und bis zum Einmarsch der Oesterreicher gefangen gehalten. Er starb 1792 auf seinem Gute bei Menin.

S. 190, Z. 8 v. o.: „Fauxbourdon." — Faux-bourdon, pièce de musique dont toutes les parties se chantent note contre note. („Dictionnaire de l'Académie".) Ein Musikstück von verschiedenen Stimmen, die einander Note für Note begleiten. (Mozin.) Es scheint ein Unisono-Gesang der katholischen Geistlichkeit zu sein.

S. 200, Z. 14 v. o.: „Numantia." — Der Herausgeber hat hier Numantia an die Stelle des von Forster irrthümlich geschriebenen Saguntum gesetzt.

S. 207, Z. 4 v. o.: „Lebrun." — Charles Lebrun aus Paris (1619—90), berühmter französischer Historienmaler.

S. 207, Z. 2 v. u.: „Li=Bu." — Im Jahre 1783 litt der englische Schiffskapitän Wilson auf den Pelew-Inseln, einer Gruppe des Stillen Meeres, Schiffbruch. Die Fremden wurden vom König Abba Thule wohlwollend aufgenommen, welcher ihnen sogar seinen Sohn Li=Bu nach England mitgab. Derselbe nahm durch seine Liebenswürdigkeit und kindliche Natürlichkeit sehr für sich ein, starb aber bald.

S. 210, Z. 10 v. o.: „Feuermaschine von der neuen Boulton'schen Erfindung." — Matthew Boulton (Forster schreibt unrichtig Bolton), geb. 1728 zu Birmingham, gest. 1809 zu Soho, war ursprünglich Arbeiter, vervollkommnete die von Watt erfundene Dampfmaschine, deren Erfindung ihm hier irrthümlich zugeschrieben wird, und begründete eine große Maschinenfabrik.